Angelika Witjes-Hielen/Manfred Hielen/Volker Wieczorek (Hrsg.)

Duisburg zu Fuß

W0108738

Autoren

Helmut Albrecht, Rentner, Vorstand und Schriftführer der Interessengemeinschaft Margarethen-Siedlung (Rheinhausen)

Detlef Böhning, Städtischer Oberbaurat bei der Stadt Moers für die verbindliche Bauleitplanung und Denkmalpflege

Edith Dürbaum, Mitarbeit im Kultur- und Veranstaltungsamt; Mitarbeiterin in der Kulturwerkstatt Meiderich

Wolfgang Ebert, Vorsitzender der Gesellschaft für Industriegeschichte e.V.

Aletta Esser, Autorin, »Heimatforscherin« Rheinhausen, gestorben 14.6.1990

Dr. Wolfgang Gewalt, Direktor des Duisburger Zoos

Volker Heckner, Dipl. Sozialwissenschaftler; Leiter des Geschichtskreises Kultur- und Freizeitzentrum Ratskeller Hamborn

Manfred Hielen, Dipl. Sozialwissenschaftler, Geschichtswerkstatt Duisburg e.V.; Tätigkeit in der Erwachsenenbildung

Hübner Herbert, Soziologe, Professor an der Universität/Gesamthochschule Duisburg, Studiengang Sozialwissenschaften, Arbeitsbereiche Familie, Wohnen, Stadtentwicklung, Gemeinwesenarbeit; Mitglied des Instituts für Sozial- und Kulturforschung Duisburg

Arno Kleine, Freiberuflicher Journalist

Annelie Klother, Gesamtschullehrerin; Initiative KZ-Außenlager Duisburg-Meiderich

Günter Krause, Archäologe des Niederrheinischen Museums Duisburg

Ingrid Lenders, Vorstand im Verein Leben und Arbeiten in Rheinhausen e.V.; Autorin

Susanne Merfeld, Studentin Germanistik

Harald Molder, Mitglied im Heimatverein Hüttenheim

Gerda Peto, Mitglied der Fraueninitiative Krupp-Stahl-Rheinhausen; Verein Leben und Arbeiten in Rheinhausen

Manfred Tietz, Lehrer Steinbart-Gymnasium; Leiter der Geschichtskommission der VVN

Angelika Witjes-Hielen, Dipl.-Sozialwissenschaftlerin; Geschichtswerkstatt Duisburg e.V.; Tätigkeit in der Erwachsenenbildung

Angelika Witjes-Hielen/Manfred Hielen/Volker Wieczorek (Hrsg.)

Duisburg zu Fuß

15 Stadtteilrundgänge
durch Geschichte und Gegenwart

Mit Beiträgen von
Helmut Albrecht, Detlef Böhning, Edith Dürbaum,
Wolfgang Ebert, Aletta Esser, Dr. Wolfgang Gewalt,
Volker Heckner, Manfred Hielen, Prof. Herbert Hüb-
ner, Arno Kleine, Annelie Klother, Günter Krause,
Ingrid Lenders, Susanne Merfeld, Harald Molder,
Manfred Tietz, Angelika Witjes-Hielen

VSA-Verlag, Hamburg 1991

© VSA-Verlag 1991, Stresemannstr. 384a, 2000 Hamburg 50
Alle Rechte vorbehalten
Satz: satz + repro kollektiv GmbH, Hamburg
Druck: Fuldaer Verlagsanstalt
ISBN 3-87975-484-5

Inhalt

Themenkästen

Vorwort

Tief im Westen, wo die Sonne verstaubt! Herbert Grönemeyers Lie-
beslied an seine Heimatstadt Bochum kann als Bekenntnis fast aller
Bewohner des Ruhrgebietes angesehen werden. Was aber macht
dieses Gefühl der Verbundenheit mit dem Kohlenpott aus?
  Duisburg ist eine Stadt, die durch bizarre Industriekulissen
besticht. Eher überraschend tauchen da zwischen Zechen und
neben Fabrikgeländen Grünflächen auf. Flüchtige Besucher des
Reviers verstehen fast nie, wo dieses Gefühl des »Sichwohlfühlens«
zwischen Kühltürmen, Hochöfen und Schlackehalden herkommt.
Man muß schon längere Zeit hier leben, um ein wenig davon zu fühlen, was es heißt, hierhin zu gehören. Ist man jedoch groß geworden
zwischen Kohle und Kappes, zwischen Abraumhalde und Schrebergarten, ist es kaum vorstellbar, woanders zu leben. Wir, die wir
groß geworden sind in Zechen- und Fabriksiedlungen, träumen
zwar immer wieder von einem Leben in unberührter Natur, werden
aber genauso schnell wieder in dieses Revier gezogen. Rote Erde
haftet an unseren Schuhen, und die werden wir nicht los!
  Das Besondere an dieser Industrieregion ist wohl weniger die
Landschaft, hier gibt es kaum Romantik — hier herrscht die Realität. Das Besondere hier sind die Menschen. Ein Zusammengehö-
rigkeitsgefühl verbindet die hier Lebenden, das wohl nirgends so
ausgeprägt ist wie im Ruhrgebiet. Der Druck, der von den Firmen

ausging und bis heute ausgeht, der Druck der Umweltzerstörung, die hier besonders deutlich wird, schweißt die Menschen stärker als anderswo zusammen. Die dichte Besiedelung tat das ihre hinzu. In Duisburg prägt der Niederrhein außerdem Landschaft und Mentalität. In Duisburg stoßen gut ausgebaute Radwege an den Stadtgrenzen ins Leere. In Duisburg leben heißt, auf engstem Raum mit Menschen unterschiedlichster Nationalität zusammen zu arbeiten und zu leben. Dieses über Jahrhunderte normale Miteinander verschiedener Nationalitäten prägte das Gesicht der Stadt. Hier trifft man z.B. Holländer, die schon in der vierten oder fünften Generation in Duisburg leben, noch nie im nahen Holland waren und doch Holländer geblieben sind. Duisburg ist nicht nur europäisch. Duisburg ist international, und das hat eine lange Geschichte. Hier schrubbte schon mein Opa den Rücken seines polnischen Kumpels und ließ sich von seinem italienischen Kollegen den Rücken einseifen. Die verschiedensten Versuche in der jüngsten Vergangenheit und Gegenwart, gegen ausländische Bürger zu polemisieren, können nichts daran ändern, daß der türkische Nachbar, der griechische oder italienische Kollege Kumpel war, ist und bleibt. Hände weg von meinem Kumpel haben viele hier auf ihre Fahnen geschrieben!

Es waren viele bittere Erfahrungen, die den Revierbewohnern gezeigt haben, daß nur Einigkeit stark macht. Und diese Einigkeit und Stärke zieht sich durch die wechselvolle Geschichte dieser Stadt bis hin zur Brücke der Solidarität. Duisburg ist eine Stadt des Reviers. Und das Revier ist nicht in erster Linie eine Landschaft, sondern ein besonderes Lebensgefühl. Es ist das Lebensgefühl, das sich behauptet in einer zerstörten Umgebung. Hier gibt es nichts Fremdes, das einem Angst machen kann. Hier gibt es nur Miteinander. Das ist das Revier.

Die in den einzelnen Rundgängen eingeschlagenen Routen — vorgegeben durch die Reihenfolge der Stationen und Orientierungspunkte — sind Vorschläge, deren Verlauf in den dazugehörigen Karten nicht im einzelnen aufgeführt ist. Genaue Straßen- und (gelegentlich) Hausnummernbezeichnungen in den Randspalten erleichtern die Orientierung. Darüber hinaus sind wichtige Orientierungspunkte durch Ziffern am Rand notiert, die in den Karten wiederauffindbar sind. Jeder/jedem bleibt es indes freigestellt, die Touren anders zusammenzustellen, Stationen auszulassen, andere Ausgangs- oder Endpunkte zu wählen. Die von uns vorgeschlagenen Ausgangs- und Endpunkte, die in der Regel mit öffentlichen Verkehrsmitteln gut zu erreichen sind, haben wir am Beginn der Rundgänge angegeben, ebenso wie die voraussichtliche Dauer. Einzelne Touren erstrecken sich über größere Distanzen. Sie sind daher besser mit dem Fahrrad zu bewältigen.

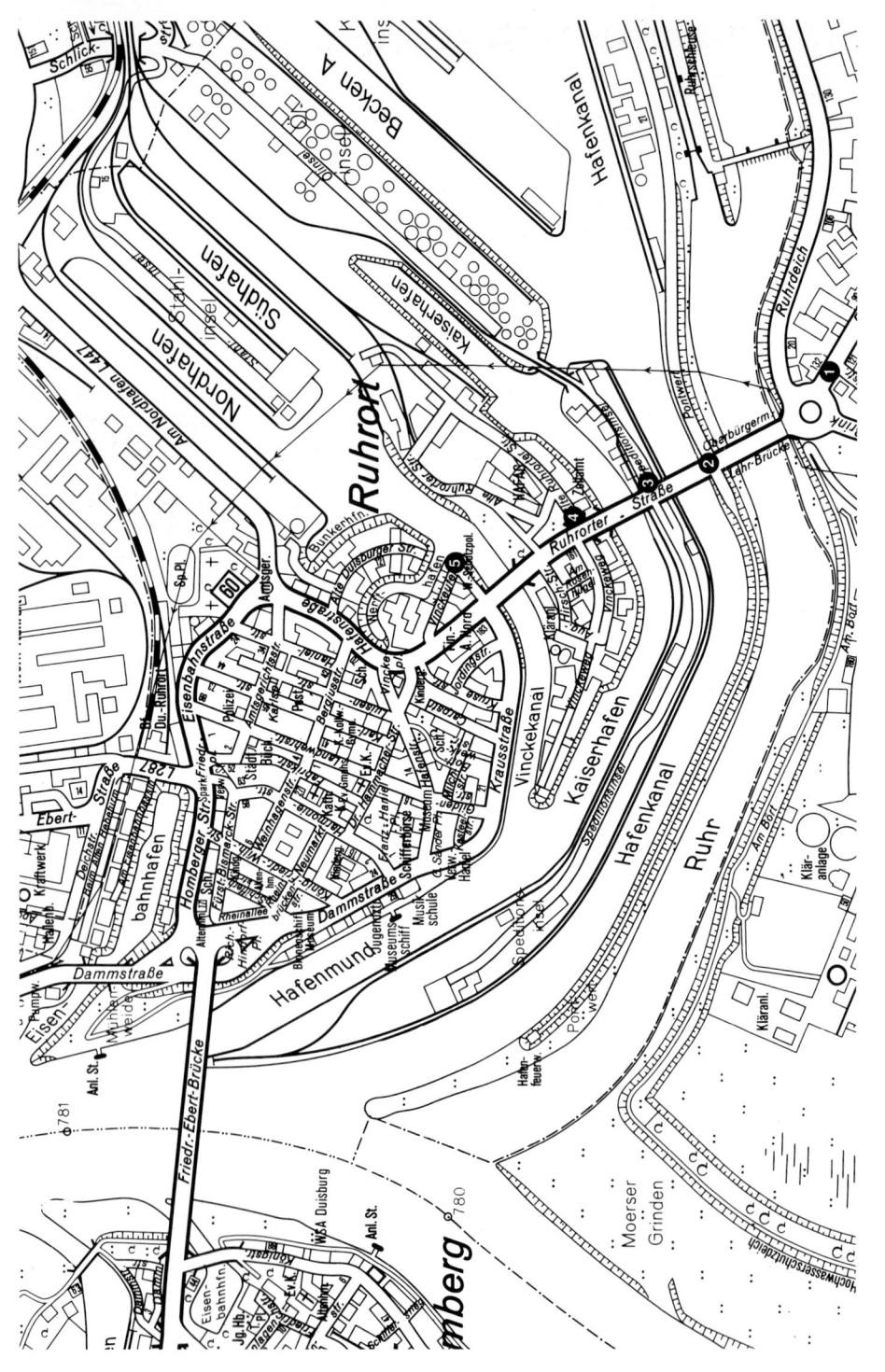

Von gestern nach morgen

Ruhrort/ Hafen

von Annelie Klother und Walter Kropp

Ausgangspunkt: Albertstraße, Linien 901 und 904
Endpunkt: Tausendfensterhaus, Linien 901 und 904
Dauer: ca. 1 1/2 Stunden

Auf dem Gebiet der Stadt Duisburg gibt es viele Hafenbecken, vom weit im Norden gelegenen »Walsumer Nordhafen« bis zum Werkshafen von Mannesmann in Hüttenheim führen zahlreiche Anlagen von der »Rheinschiene« aus nach Westen und Osten. Alle Häfen haben sich mit der Duisburger Eisen- und Stahlindustrie entwickelt.

Spricht man von den »Duisburg-Ruhrorter Häfen« bzw. einfach »dem Hafen«, so sind die öffentlichen Häfen zwischen der Duisburger Innenstadt, Hochfeld, Ruhrort und Meiderich gemeint. Diese Becken werden von der HAFAG (Duisburg-Ruhrorter Häfen AG) unterhalten. Die Verkehrsbeziehungen dieser Häfen gehen in erster Linie nach Rotterdam sowie Amsterdam und Antwerpen, zu geringerem Anteil (insgesamt 30%) rheinaufwärts und ins unmittelbare Umfeld. Die Einfuhr überwiegt die Ausfuhr.

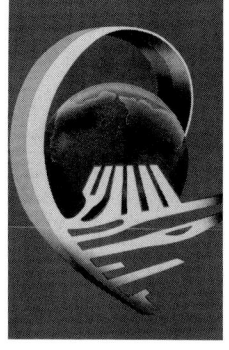

Werbung für die Duisburg-Ruhrorter Häfen

Nördlich und südlich dieses Hafensystems liegen zahlreiche Privathäfen, deren Bedeutung ständig zunimmt. Der Schwelgernhafen (Thyssen) z.b. ist jetzt schon der größte Privathafen Europas. Hier soll nach dem Willen der Thyssen AG ein zweiter Großhochofen entstehen. Eine Sondermüllverbrennungsanlage, die von Thyssen, RWE und der Stadt betrieben werden soll, ist geplant. Die Anlage wird von einer Bürgerinitiative heftig bekämpft. Während die Privathäfen in erster Linie Industriehäfen sind, dienen die öffentlichen vorwiegend dem Transitverkehr. In öffentlichen und privaten Häfen werden Abfallstoffe, Schrott und Zuschlagstoffe für Stahlwerke zwischengelagert.

In den Duisburger Häfen (Parallelhafen, Außenhafen, Innenhafen) werden Stückgüter umgeschlagen, aber auch Salze, Mineralöle und chemische Produkte verladen.

Eine Zukunft gibt man den Ruhrorter Häfen. Hier werden bisher Erze, Kohle, Mineralöle, Schrott, Eisen- und Stahlbleche, -profile und -blöcke umgeschlagen. Ein Containerterminal und eine »Roro-Anlage« ermöglichen seit Beginn der 80er Jahre eine stärkere Orientierung auf Stückgut- und den immer wichtiger werdenden Containerverkehr. (Man erwartet in der deutschen Binnenschiffahrt eine Verdoppelung der Containerzahl bis zum Jahre 2000.) Mit dem Bau des Freihafens und eines Kombibahnhofs verbindet die HAFAG große Hoffnungen. Duisburg soll sich verstärkt an den internationalen Seeverkehr anschließen und ein logistisches Zentrum werden. Obwohl über 350 neue Arbeitsplätze gejubelt wird, ist kaum ein positiver Effekt auf die Duisburger Arbeitslosenrate zu erwarten, da die Umstellung auf modernste Verladetechnik immer Arbeitsplätze vernichtet. Die derzeitige Rationalisierungswelle in der Schiffahrt ist jedoch nicht die erste; schon die Einführung der Dampfkräne oder der Schubschiffahrt kostete viele Schiffer den Arbeitsplatz.

Über die Duisburger Häfen ist viel Interessantes geschrieben worden. Wer sich in die Materie vertiefen möchte und sich für genaue Zahlenangaben interessiert (die wir der Lesbarkeit halber beschränken), dem empfehlen wir eine Hafenrundfahrt von der Ruhrorter Schifferbörse oder dem Duisburger Marientor aus. Aber auch passionierte »SchiffchenfahrerInnen« dürften ihre Freude daran haben.

❶
Albertstraße

Wir beschränken uns auf Einblicke. Da das Hafengelände zu Fuß, mit dem Auto oder Fahrrad nur begrenzt zugänglich ist, überqueren wir von der Albertstraße aus auf der Ruhrorterstraße Ruhr und Hafenbecken zu Fuß und betrachten von den Brücken aus das Treiben im Hafen.

❷
Ruhrorter Str./
Ruhrbrücke

Der Blick fällt auf flache begrünte Ufer, geeignet zum Sonnen, aber kaum wirtschaftlich nutzbar. Wilder und sumpfiger waren die Ufer der zahlreichen Ruhrarme, die zwischen Ruhrort, Meiderich, Mülheim und dem »Casseler Feld« im 18. Jahrhundert ihr Bett suchten. Die Ruhrorter litten oft unter Hochwasser. Mitte des 18. Jahrhunderts befürchteten sie, daß die Ruhr über das Casseler Feld zum Rhein durchbräche und Ruhrort seinen ersten Hafen, den 1715 gebauten »Alten Hafen«, verlöre. Sie dämmten den Ruhrbogen ganz ab und leiteten die Ruhr an der Stadt vorbei. Sie wurde noch mehrmals nach Süden »verlegt« bis dahin, wo wir sie jetzt sehen.

Die Ruhrschiffahrt gewann mit wachsendem Kohleumschlag an Bedeutung. Schon 1780 gelangte Kohle aus Gruben in Witten und Werden über 16 Ruhrschleusen nach Ruhrort. Die Duisburger Ruhrschleuse ist noch in Betrieb. Es lohnt sich, sie von der Brücke oder vom Ruhrdeich aus zu betrachten.

Kohleberge im Nordosten lassen die *Kohleinsel* erkennen. Vom dahinter gelegenen Hafenbahnhof aus gelangt die Kohle über diese Insel auf Schiffe, die sie im wesentlichen nach Rotterdam bringen.

Die Speditionsinsel, von der Ruhrorter Straße aus gesehen; im Hintergrund die Ölinsel

Im 18. Jahrhundert brachten Arbeiter die Kohle auf Karren zum Kai, wo sie dann mit Kohlekippern in die Schiffe befördert wurde. Auf diese Weise schaffte ein Mann pro Schicht 45 t. Heute übernehmen Kohlegreifer, Förderbänder und moderne Schiffsbelader, die 1000 t pro Stunde schaffen, diese Arbeit. Doch trotz des gewaltigen Umschlags und einer modernen Kohlenmischanlage verliert der Kohleumschlag an Bedeutung.

Ölinsel und Freihafengelände, die wir hier von weitem betrachten können, bilden den Vordergrund für das Ruhrorter Stahlwerk und die beiden Ruhrorter Hochöfen. Auch hier Umstrukturierung:

in den 90er Jahren sollen die veralteten Ruhrorter Öfen durch einen modernen am Schwelgernhafen ersetzt werden.

Zum Spaziergang lädt die Ruhr auf beiden Seiten der Brücke ein, der Weg links hinunter führt zu den schönen Kaßlerfelder Rheinwiesen, vorbei an einem ehemaligen Raffineriegelände, das im Zuge der Umstrukturierung für ein »Güterverteilungszentrum« genutzt werden soll.

Steile Wasserbegrenzungen signalisieren, daß wir über eine Hafenanlage blicken. Von hier aus sind mehrere Becken des Industriehafens Ruhrort/Meiderich zu sehen. Wir können hinter der *Schrottinsel,* auf der Europas größte Autoshredderanlage arbeitet, sogar die Einmündung des Hafenbeckens C erkennen. Becken B trennt Schrott- und Kohleinsel, Becken A grenzt an die Ölinsel. Alle 3 Becken wurden zwischen 1903 und 1908 gebaut, als Ruhrort und Meiderich von Duisburg eingemeindet wurden (1905) und die Konkurrenz der Duisburger und Ruhrorter Häfen durch die Gründung der »Interessen- und Betriebsgemeinschaft Verwaltung der Duisburg-Ruhrorter Häfen« 1905 beendet wurde. Auf der *Ölinsel* erkennt man von weither Tanks, in denen Öl aus Rotterdam vor dem Weitertransport gelagert wird. Pipelines führen von hier aus zur »Ruhrchemie« in Oberhausen und nach Gelsenkirchen. Das Öl trat Ende der 50er Jahre in Konkurrenz zur Kohle, verursachte den Niedergang des Kohlebergbaus und brachte wegen des Rückgangs des Kohleumschlags auch tiefgreifende Veränderungen im Hafen-

Pontwert

Die Speditionsinsel 1990, vom Hafenmund aus gesehen

leben mit sich. Weniger offensichtlich wird auf der Ölinsel auch Flüssiggas gelagert — das Lager ist das größte der Bundesrepublik. Von der anderen Straßenseite aus kann man eine Verladestelle auf der Speditionsinsel betrachten.

❸
Speditionsinsel

Diese Insel ist ein bedeutender Umschlagplatz für Kohle und Erze. Schon von weitem fallen zur Linken mehrere Riesenkräne auf, unter denen Schubverbände mit mehreren Leichtern anlegen können. Vom Hafenmund aus kann man das faszinierende Schauspiel näher betrachten. Derartige Kräne wurden früher mit Dampf betrieben, ein ausgedienter Dampfkran kann an der Schifferbörse in Augenschein genommen werden. Wer hier schon einen genaueren Blick auf die Arbeit der Kräne werfen möchte, kann die Insel bis fast zur Nordwestspitze entlanggehen. Je nach Windrichtung wehen einem die verschiedenen auf der Insel zwischengelagerten Materialien auch schon um die Nase.

November '89: Greenpeace belagert den Giftmülltanker »Wedau« an der Speditionsinsel

Daß diese Stoffe nicht immer ungefährlich sind, zeigte eine Aktion von »Greenpeace« auf der Speditionsinsel im November 1989. Die Umweltschutzgruppe legte hier das Schiff »Wedau« der Firma GVS (Gesellschaft für Verbrennung auf See) in Ketten, um sein Auslaufen in Richtung Nordsee zu verhindern. Mit dem Tanker wurde Giftmüll entlang des Rheins eingesammelt und dann zur Seeverbrennung transportiert. Die Giftmüllverbrennung auf See ist mittlerweile verboten, aber das Gift- und Müllproblem ist im Duisburger Hafen weiter vorhanden. Von der Öffentlichkeit unbeachtet werden in den Häfen Abfälle aus der Stahlproduktion zwischengelagert. Die Haniel-Reederei sieht für sich eine Perspektive im Transport gefährlicher Güter. Obwohl der Transport solcher Materialien sicher sinnvoller über das Wasser zu bewältigen ist, stellt sich die Frage nach der Gefährdung von Anwohnern und Schiffspersonal.

Vor dem Betrachter, Richtung Ruhrort, liegt der 1872 gebaute Kaiserhafen, dessen Bedeutung immer mehr schwindet. Deshalb wurden auch Ende der 80er Jahre ein Durchstich zum Hafenkanal und der nördliche Teil des Beckens zugeschüttet, um Gelände zu gewinnen. Ein »Bahnhof für den kombinierten Ladungsverkehr« soll hier entstehen.

Attraktiv ist das Gelände u.a. wegen seiner unmittelbaren Nähe zur »Roro-Anlage« (Roll on/Roll off) am Vinckekanal, über die LKWs direkt in Schiffe ein- bzw. ausrollen können. Auch der Containerterminal am Vincke-Ufer war ausschlaggebend für die Standortwahl. Der Bahnhof soll über eine »Südkurve« nun direkten Anschluß an die Nord-Süd-Verbindungen der Bundesbahn erhalten. In der Vergangenheit mußten die Züge vom Hafenbahnhof zunächst nach Oberhausen, um dort zu rangieren. Die schlechte Nord-Süd- und gute Ost-West-Anbindung ist ein Erbe aus der Zeit, als hauptsächlich Kohle aus den östlichen Gruben des Ruhrgebiets in Duisburg umgeschlagen wurde.

❹
Alte Ruhrorter Straße

Der Vinckekanal wurde 1837 gebaut und »Schleusenhafen« genannt. Der Name weist darauf hin, daß der Hafen durch einen (heute nicht mehr existierenden) Zufahrtskanal mit der Ruhr und der Ruhrschleuse verbunden war. Vom Ufer des Vinckekanals aus sieht man reizvolle Gegensätze: Zur Linken blickend fühlt man sich

Es begann mit der ersten Eisenbahnbrücke

1756 wird das Haniel-Stammhaus als erstes Gebäude außerhalb der Ruhrorter Festungsmauer gebaut. 1779 wird hier *Franz Haniel* geboren. Mit 17 Jahren übernimmt er das elterliche Handels- und Speditionsgeschäft, gibt ihm seinen Namen und baut konsequent die Verbindung von Handel, Transport und Produktion aus. Er setzt sich schon 1820 für den Ausbau der Ruhrorter Häfen ein, schafft durch den Bau der ersten Eisenbahnbrücke über die Ruhr eine engere Verbindung nach Duisburg und seinem Hinterland, bewirkt den Bau der Eisenbahnstrecke von Ruhrort nach Oberhausen und schafft 1832 die technischen Voraussetzungen für den modernen Untertagebau in Tiefschachtanlagen. Auch im Bereich der Binnenschiffahrt setzt Franz Haniel auf modernste Technik. Unter der Haniel-Flagge fahren die ersten Eisenkähne, die ersten Schleppdampfer, die Mitte des 19. Jahrhunderts die Pferdetreidelung beenden und viel später auch der erste Diesel-Motorschlepper.

Auch nach dem Tode Franz Haniels (1868) expandiert das Unternehmen weiter, weltweit werden neue Märkte erschlossen, die Angebotspalette wird gezielt erweitert. Heute ist Haniel ein Verbund von über 100 Gesellschaften im In- und Ausland. Laut Geschäftsbericht 1989 stieg der Umsatz um 8% auf 13,8 Mrd. DM. Der Jahresüberschuß wurde 1989 fast verdoppelt und betrug 508 Mio. DM. Von großer Bedeutung dürfte 1990 der Zusammenschluß von *Thyssen Trans* und *Haniel Spedition* zur *Thyssen Haniel Logistic* (THL) sein, die mit ihrem hochmodernen Informationssystem bald die führende Position auf dem internationalen Transportmarkt übernehmen will.

ins vorige Jahrhundert versetzt, die Hafenanlagen am Werft- und Bunkerhafen (1820 und 1826) stehen unter Denkmalschutz. Zur Rechten liegen die modernen Anlagen des Freihafens, und an der Seite der Containerterminal.

Im Haus gegenüber dem Eingang zum Containerterminal druckten während der Nazizeit kommunistische Schiffer illegal Flugblätter. »Schloß Pippi« (s. S. 33) war nach Razzien als Standort für die Druckmaschine zu unsicher geworden. Das Haus bot sich an, weil es versteckt lag. Darin wohnten *Adolf* und *Franz Mark*, Adolf war als der »Pelerinenmann« bekannt, weil er oft in einem Regenmantel herumlief. Beide kamen wegen ihrer politischen Aktivitäten in den 30er Jahren ins Zuchthaus.

Ruhrortstraße 30

Geht man die Straße am HAFAG-Gebäude vorbei bis zum Ende, so erreicht man das hochwassersichere Gelände der Roro-Anlage.

Dieses »Ufer« säumt eine 1837 entstandene Wasserstraße, den Durchstich vom Werfthafen zum Schleusenhafen (heute Vinckekanal). Benannt sind Straße, Kanal und Platz nach dem *Freiherrn von Vincke,* der sich im vorigen Jahrhundert für den Ausbau der Ruhrorter Häfen einsetzte.

❺
Vinckeufer

Von hier aus kann man gut die Arbeiten am Containerterminal beobachten. Die Anlage wurde 1984 in Betrieb genommen und war eine Antwort auf die Krise der Ruhrgebietsindustrie und damit des Hafens Anfang der 80er Jahre. Gleichzeitig wurde der Vinckekanal als Zufahrt ausgebaggert und modernisiert. Die Ziele: bessere Integration in den Seeverkehr, höhere Geschwindigkeit, effektiverer »Personaleinsatz«.

Blick in den Freihafen
1990

Nun können Seeschiffe mit importierten Produkten am Terminal anlegen, man erwartet eine Steigerung des Seeverkehrs (jetziger Anteil am Umschlag im Hafen: 11%). Ware, die morgens noch aus einem Seeschiff Ruhrort zusteuert, kann binnen Stunden auf LKWs oder Waggons der Bahn verladen werden und über Nacht ins Binnenland geschickt werden, also z.B. am nächsten Morgen in Frankfurt sein. Wer die Arbeiten aufmerksam beobachtet, wird feststellen, daß zum Entladen der Schiffe am Terminal nur zwei Personen benötigt werden. Früher waren damit Dutzende von Arbeitern tagelang beschäftigt.

Auch die von hier aus gut sichtbaren Einrichtungen im Freihafen sollen einer besseren Integration in den internationalen Seeverkehr dienen. Was zählt, ist die Geschwindigkeit des Umschlags, weil Lagerung hohe Kosten verursacht. Wenn langwierige Verzollungen wegfallen, wird ein Transportweg attraktiver.

Die hochmodernen Anlagen, die für die Kunden anziehend wirken, erfordern aber hohe Investitionen. Die staatliche HAFAG (je 1/3 der Aktien halten Stadt, Land und Bund) scheute keine Kosten und investierte Steuergelder: Ein Teil des 1860 gebauten Nordhafens wurde zugeschüttet, um Gelände zu schaffen, auf dem in Windeseile Lagerhallen und Flächen entstanden, die an Privatunternehmer vermietet werden.

Der Hafen soll ein Handels- und Dienstleistungszentrum werden, der Transitverkehr um 100% wachsen. (Die DB erhält zusätzliche Konzessionen.) Massengüter werden Rückgrat des Hafenverkehrs bleiben, aber der Stückgutverkehr soll zunehmen.

Die Unternehmen rüsten sich bereits für den erleichterten Verkehr in der Europäischen Gemeinschaft ab 1992 und hoffen auf Geschäfte mit dem Ostblock. So wird ein Stahl-Servicecenter der Monteferro Coilo GmbH — Kosten 13 Mio. — gebaut. Die Konzerne Thyssen und Haniel bildeten zusammen die »Thyssen-Haniel-Logistic« mit weltweit 7.000 Mitarbeitern. Die Firma versieht die komplette Distributionslogistik für Industrie- und Handelsunternehmen und will nach eigenem Bekunden bald »die Führung des Marktes« übernehmen. Eine Neugründung ist auch die »Teleport Duisburg GmbH«. Teleport ist eine »intelligente« Vermittlungsanlage für Computer. Über Teleport können Computer verschiedener Hafen- und Trans-

portunternehmen (die verschiedene Computersprachen benutzen) miteinander kommunizieren. Das System stellt aber auch selbst Informationen zur Verfügung. Ein Schiffsmakler, der gerade verschiedene Transportanfragen vorliegen hat, kann über Teleport in Sekunden erfahren, welcher Schiffsraum ihm im Duisburger Hafen für welche Frachten zur Verfügung steht.

Investitionen in derartige Projekte können sich nur Großunternehmen leisten. Deshalb führen Krise und Umstrukturierung im Hafen zu einem Konzentrationsprozeß. Das Transportgeschäft wird von wenigen Großen bestimmt.

Die Haniel-Reederei (160 Schiffe) braucht die Auswirkungen der per EG-Verordnung beschlossenen Abwrackaktion der Binnenschiffahrt nicht zu befürchten. 10% der deutschen Binnenschiffe sollen im Zuge dieser Aktion, die wegen Überkapazitäten und niedrigen Frachtraten in der Binnenschiffahrt geplant wurde, vom Markt verschwinden. Haniel wrackt nicht ab. Es trifft die Partikuliere, meist Eigner von Familienbetrieben, die beim Kampf um attraktive Frachten nicht konkurrieren können und in Abhängigkeit von den Großunternehmern stehen. Die Abwrackaktion ist in der BRD kaum sozial abgesichert, obwohl die EG dies empfohlen hatte. Abwrackprämien gibt es nur für Schiffer kurz vor dem Rentenalter mit veralteten, reparaturbedürftigen Schiffen. Jüngere Schiffer konnten sich nur bemühen, z.B. bei Haniel einen der ausrangierten Schubleichter zu kaufen und das eigene alte Schiff dadurch zu ersetzen.

Neben den kleinen Schiffsunternehmen haben die Arbeitnehmer zu leiden. Von den 36.000 Arbeitsplätzen, die 1960 noch vorhanden waren, gab es 1989 noch 10.000. Auf modernen Schiffen arbeitet oft nur noch ein ausgebildeter Schiffer, alle anderen sind schlecht bezahlte Hilfskräfte. Gearbeitet wird in Schichten rund um die Uhr. Der Transport gefährlicher Güter wird bedeutsamer, und damit verschärfen sich auch die Gefahren am Arbeitsplatz der Binnenschiffer. Die Gewerkschaften befürchten, daß sich im Freihafen eine »gewerkschaftsfreie« Zone etablieren könnte, da noch nicht geregelt ist, nach welchen Tarifen Hafenarbeiter bezahlt werden sollen.

Das Gelände, auf dem das westliche Vinckeufer und dieses Haus liegen, war früher eine Insel im ovalen »Alten Hafen« (1820). Der Werfthafen ist nämlich nur der obere Teil dieses 1905 für den Bau der Ruhrortstraße zugeschütteten Hafenbeckens. (Der Bau der Ruhrortstraße besiegelte die Verbindung von Duisburg und Ruhrort und deren Häfen im Jahre 1905.) Ein Oval bildete der Hafen, damit Kohleschlepper hinein- und hinausfahren konnten, ohne zu wenden. Das Tausendfensterhaus wurde 1928 von der Firma »Rheinische Stahlwerke« voll Optimismus eingeweiht. Ursprünglich als wichtiges Verwaltungsgebäude für die Stahlindustrie gedacht, diente es dann sehr unterschiedlichen öffentlichen und privaten Zwecken: Verschiedene Schiffahrtsfirmen residierten hier, die Wasser- und Schiffahrtsdirektion versorgte von hier aus die Rheinschiffer mit Wasserstandsmeldungen, im Krieg diente es als Lazarett, später hatten hier das Finanz- und Arbeitsamt ihren Sitz. Zur Zeit steht das Gebäude leer. Die Firma »Thyssen Haniel Logistic« hat Interesse bekundet, in dem Gebäude ihren Hauptsitz zu errichten. Städtische Planer träumen von einem »Gewerbe-« bzw. »Dienstleistungspark Tausendfensterhaus«: Speditionen, Versicherungsgesellschaften und Verwaltungsstellen zeigten bereits Interesse.

Tausendfenster-haus

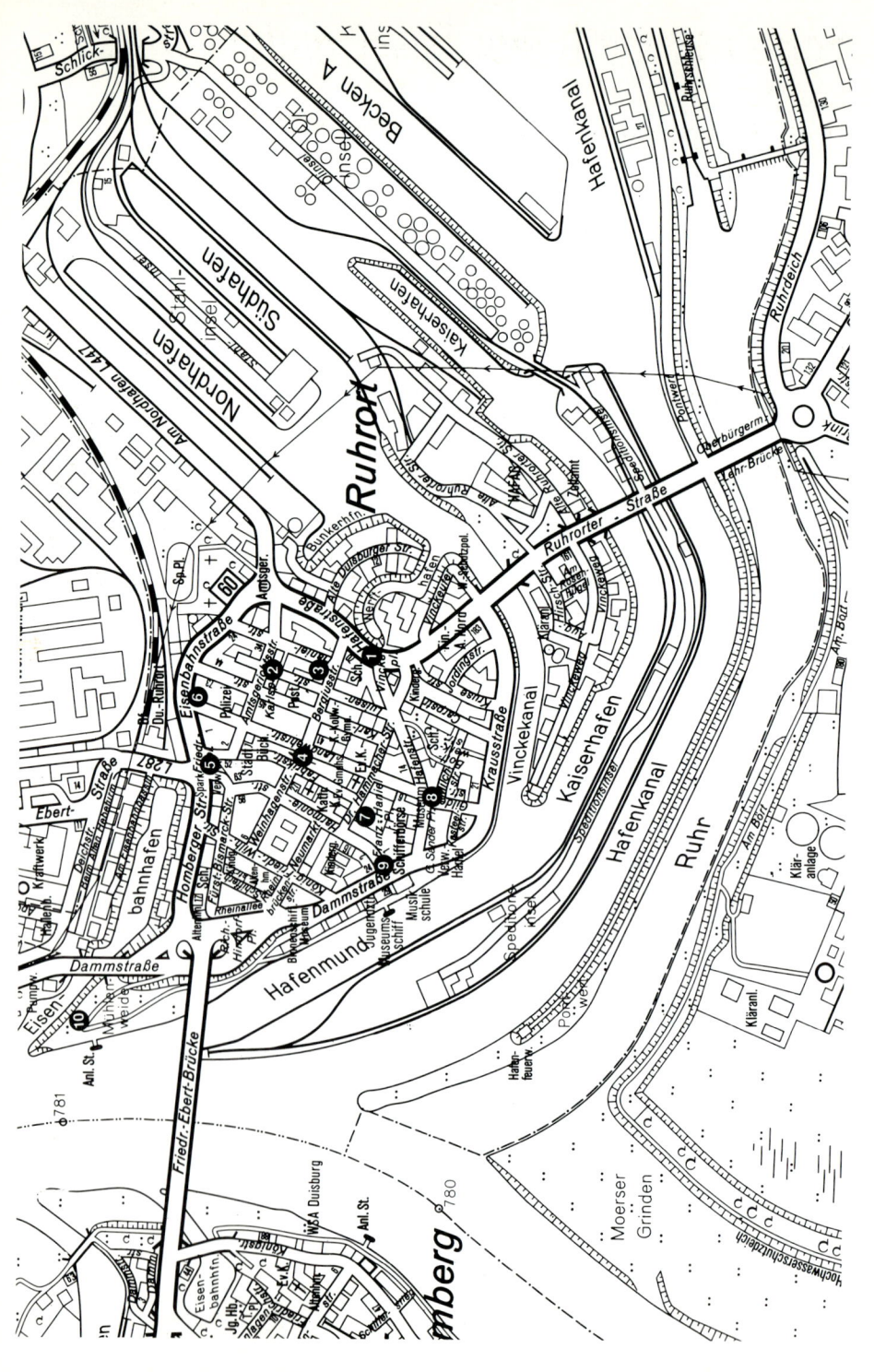

Schon lange keine Insel mehr

Ruhrort

von Annelie Klother und Walter Kropp

Ausgangspunkt: *Hafenstraße, Linie 901 und 904*
Endpunkt: *Mühlenweide/Friedrichsplatz, Linien 901, 904,*
907, 911, 915
Dauer: *ca. 2 1/2 Stunden*

Ruhr-Ort, Insel in der Ruhr, daher kommt der Name dieses Städt-
chens (mit derzeit etwa 6.500 Einwohnern). Doch die Ruhr fließt
längst in einem anderen Bett weiter südlich, und aus der »Freiheit
Ruhrort« ist ein Stadtteil geworden. Aber die Insellage ist geblieben. Alle fünf Zufahrtswege führen übers Wasser oder am Wasser
entlang.

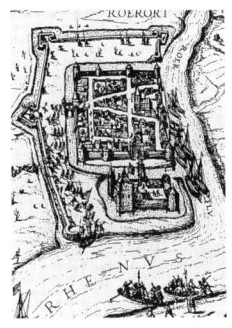

Das Ruhrorter Kasteel

    Schon 1371 erkennt man die günstige Lage der kleinen Schiffer-
und Fischersiedlung. Eine Zollstation wird eröffnet. Schon zwei
Jahre später sichert eine Festung, das Ruhrorter »Kasteel«, Dorf
und Zolleinnehmer. Doch gegen die ungezähmte Ruhr bietet es
natürlich keinen Schutz. Immer wieder ruinieren Hochwasserkata-
strophen manchem Ruhrorter die Lebensgrundlage. Andererseits
beginnt mit dem Bau des ersten Hafens 1716 die Entwicklung Ruhrorts vom Fischerörtchen zum überbevölkerten Schifferstädtchen,
Handels- und Verkehrsknotenpunkt und während des Kaiserreichs
zur Stadt mit der größten Millionärsdichte in Deutschland.

    Ruhrort heute — Paradestadtteil in einem Duisburg, das Ende
der 80er Jahre bestrebt ist, sein »Schmuddelimage« loszuwerden.
Außenherum über Hafen- und Eisenbahnstraße donnert weiterhin
der Durchgangsverkehr zu den verschiedenen Autobahnanschlüs-
sen, in den Duisburger Norden, an den linken Niederrhein oder zu
den Büros, Geschäften und Betrieben in Stadtmitte und dem Duisburger Süden. Im Innern wandelt sich jedoch das Gesicht Ruhrorts
erheblich. Kaum noch Häuser, die nicht frisch gestrichen sind, die
meisten Straßen verkehrsberuhigt, Plätze und Anlagen neu gestaltet. Die jetzige Sanierung Ruhrorts wird geschickter durchgeführt
als die der 60er und 70er Jahre, als die malerische, mittelalterliche
Altstadt mit ihren engen Gassen und ineinander verschachtelten
Fachwerkhäusern komplett abgerissen und durch einfallslose Stan-
dardwohnhäuser ersetzt wurde.

    Aber auch heute werden schöne alte Häuser aufgekauft, »ent-
mietet« und abgerissen, wo sie der Firma *Haniel* — nach *Thyssen*
Duisburgs umsatzstärkster Betrieb und weltweit einflußreicher
Konzern mit Hauptsitz in Ruhrort — im Wege sind. Neuer günstiger
Wohnraum wird diesmal nicht geschaffen. Was aus den Menschen

wird, die durch Arbeitslosigkeit, Wohnraumvernichtung oder (drastisch) steigende Mieten vertrieben werden, das wird in euphorischen Artikeln über die Wohnumfeldverbesserung nicht angesprochen.

Wie wird die Zukunft der Ruhrorter aussehen? Wird der Freihafen die erhofften Arbeitsplätze bringen? Wird Ruhrort zum ›besseren‹ Wohnort, zur Touristenattraktion? Ist Ruhrort ein sterbender oder auflebender Stadtteil oder Vorgarten der Firma Haniel?

❶ Hafenstraße

Schon der erste Blick läßt erkennen, daß man sich in Ruhrort befindet: Auf der Hafenstraße stehen schöne alte Häuser unterschiedlicher Bauweise aus dem 19. und vom Anfang des 20. Jahrhunderts, darin mehrere Kneipen, eine Schiffahrtsfirma. Noch heute besitzt Ruhrort an die 50 Kneipen, es sollen einmal fast 100 gewesen sein. Auf der Hafenstraße trinken immer noch Schiffer, die gerade nicht »fahren«, ihr Bier, LKW-Fahrer machen hier Pause. Aber auch andere Ruhrorter Bürger treffen sich hier in den verschiedenen Wirtschaften.

Der Platz vor der *Carpschule* ist zur Zeit noch unbebaut, einmal im Jahr ist hier Schützenkirmes. Der Kirmesplatz gehört zu dem Gelände, auf dem der Gewerbepark Tausendfensterhaus entstehen soll.

Die Hafenstraße am Vinckeplatz heute

Bei einem Blick durch die Dr. Hammacher-Str. erkennt man schon einen Teil der Hanielfirmenbauten — in weißem Marmor.

Ins Haus *Hafenstraße 56* zog Ende 1918 *Julius Birk*. Er hatte auf einem Rheinschlepper gearbeitet und auch den Krieg als »Kaisers Kuli« (Heizer und Maschinist) glücklich überstanden. 1920 übernahm er den Vorsitz der 10.000 Mitglieder zählenden »Binnenschiffer Rhein« (mit Sitz in Duisburg) des »Deutschen Transportarbeiterverbandes«. Die 20er Jahre bedeuteten für Birk und seine Mitstreiter harte Arbeit. Internationale Kontakte zu holländischen, belgischen und französischen Binnenschiffern, ohne deren Solidarität kein Arbeitskampf zu gewinnen war, mußten ausgebaut und gepflegt werden. Der sogenannte »Ruhrkampf« (1923) gegen die französische Besatzung brachte Entlassungen, Ausweisungen und Verhaftungen auch im Freundeskreis von Birk. Die Arbeiter trugen diesen Kampf entschlossen mit. Hohe Unterstützungszahlungen und die Inflation führten zu einer ernsten Finanzkrise des Verbandes. Aber Julius Birk arbeitete jedoch in den folgenden Jahren zuversichtlich und mit Erfolg weiter. Er wurde am 2. Mai 1933 von den Nazis ermordet.

Hafenstraße 56

Ein paar Schritte weiter nach Norden hat man Gelegenheit, den historischen Werfthafen von der anderen Seite her in Augenschein zu nehmen. Von Schiffsbau und Reparatur zeugen heute noch die Schiffswerft *Lünnemann* und die Reparaturfirma *Kleinholz*, Familienbetriebe mit langer Tradition. Ein Gang durch das kleine Tor am Hafen entlang lohnt sich: ein einzigartiges Biotop mit wildwachsenden Blumen, Sträuchern und dem dazugehörigen Getier, dazwischen alte Anker an die Mauern gelehnt; immer wieder der Blick übers Wasser auf die Werftgebäude und -anlagen. Zum Schluß ein paar Stufen hoch und den Rundblick genießen.

Die Bude am Verteilerkreis

Gegenüber, auf dem Hinterhof, wo heute Garagen stehen, befand sich Mitte der 30er Jahre das SA-Büro, das später an die Hammacherstraße/Ecke Karlstraße verlegt wurde. Am Ruhrorter Friedhof vorbei, der seit 1845 den ältesten Begräbnisplatz in und vor der evangelischen Kirche ersetzt (Grabtafel von 1817), und vorbei an einer alten »Bude«, die ab 6 Uhr morgens Arbeiter, Angestellte des Amtsgerichts und LKW-Fahrer versorgt, gelangt man zum Karlsplatz.

Hafenstraße 66

Das erste Ruhrorter Amtsgericht wurde 1879 an der Bergiusstraße eröffnet. Seit 1902 hat das Amtsgericht hier seinen Platz. Außen wie innen wirkt es viel weniger abweisend als andere Bauten mit vergleichbarer Funktion.

❷
Karlsplatz

Am anderen Ende des Karlsplatzes erinnert das *Restaurant »Postkutsche«* mit interessanter historischer Einrichtung an alte Zeiten. Die erste Wirtschaft entstand hier zwischen 1875 und 1889 und nannte sich »Restauration zur Post«.

Wo heute ein Lebensmittelmarkt seinen Platz hat, konnten die Ruhrorter in den 50er und 60er Jahren Filme sehen. Das *Kino Union* wurde 1968, als die Kohlekrise auch Auswirkungen auf den Hafenbetrieb zeigte und die Schubschiffahrt Arbeitslosigkeit nach sich zog, geschlossen.

Amtsgerichtsstraße 12

Gegenüber der Postkutsche liegt der gelbe Klinkerbau des *Postamtes*, das 1881 eingeweiht wurde. Der Bau des Gebäudes war notwendig geworden, weil schon 1864 die 32 Beamten im alten Postamt nicht genug Platz fanden. 1792 war den Ruhrortern erstmals ein »Postwärteramt« zugestanden worden, das zunächst aber nur aus einem Briefträger bestand.

Hanielstraße

An der Abzweigung zur Bergiusstraße stand bis 1978 das *Hanielstift*. 200-250 Kranke, überwiegend arme Leute, wurden hier betreut. Für 70% von ihnen war die »Wohlfahrt« Kostenträger.

Kaiserswerther Diakonissen führten ein strenges Regiment. Die Hausordnung besagte unter anderem:

Unehrbare und zweideutige Gespräche sowie jedes schamlose Benehmen, Fluchen, Spotten über Religion, nicht minder jeder Wortwechsel über religiöse Angelegenheiten wird strengstens untersagt ... Ohne Vorwissen der Schwestern darf kein Buch in die Anstalt gebracht werden. Karten- oder Würfelspiel sowie jeder unnütze Zeitvertreib ist verboten ...

1934 erging an das Hanielstift wie an die anderen ev. Krankenhäuser die Aufforderung zur Sterilisation von Kranken, deren Erbgut als nicht der Fortpflanzung würdig angesehen wurde.

Im Zuge der Diskriminierung und Verfolgung der Juden wurde dem Hanielstift untersagt, Juden zur Behandlung aufzunehmen.

Das Hanielstift am Karlsplatz

❸

Bergiusstraße

Diese Straße wurde da angelegt, wo im 17. Jahrhundert die Woy geflossen war, ein sumpfiges Bächlein, das Ruhrort nach Osten hin begrenzte. 1859 wurde die *Städtische Realschule* eingeweiht. Haniel hatte den Bau mit 5.000 Talern unterstützt. Schon 1880 gab es 267 Schüler, von denen 79 von auswärts kamen und 27 jüdischen Glaubens waren. Die Juden hatten auch hier schon Anfang der 30er Jahre ihre Schwierigkeiten.

Der Schüler Henrik Keisch z.B. weigerte sich einmal, das Deutschlandlied mitzusingen. Er wäre daraufhin beinahe vom Realgymnasium verwiesen worden, hätten sich nicht einige Lehrer — nach Intervention seines Vaters — für ihn eingesetzt. 1933 emigrierte Keisch. Er arbeitete literarisch und wurde dafür im Beisein von Anna Seghers in Paris 1938 mit dem Heinrich-Heine-Preis ausgezeichnet, die Laudatio hielt Egon Erwin Kisch. Keisch betätigte sich im französischen Widerstand und wurde später zum Vorsitzenden des Pen-Clubs der DDR.

Die gesellschaftliche Entwicklung ging auch am Realgymnasium nicht vorbei: Nach dem Zweiten Weltkrieg wurde die Schule mit dem Max-Planck-Gymnasium zusammengelegt. Das Gebäude wurde dann als Volksschule genutzt, als »Hilda-Heinemann-Schule« beherbergte es behinderte Kinder, bis Ende der 80er Jahre die Sonderschule, die im Zuge der Sparmaßnahmen geschlossen wurde. Heute wird das Gebäude für den Schulpsychologischen Dienst und Ausländerberatung genutzt.

Die Turnhalle hinter der Schule war noch 1929 Übungshalle für den *Arbeitersportverein*, in dem sich Kommunisten trafen. Als ihnen 1932 die Nutzung aller Hallen und Plätze entzogen wurde, spielten die roten Sportler einige Male aus Protest auf der Straße.

Immer unterwegs — Hans de Boer

Er ist längst über 60, aber es war nicht einfach, mit ihm einen Interview-Termin zu finden. Obwohl er sich keine Urlaube gönnt und nur vier bis fünf Stunden Schlaf pro Nacht, sind seine Wochenenden, Abende und Nachmittage für das nächste halbe Jahr verplant. Seine bescheidene Wohnung zeugt von seiner Rastlosigkeit: Überall stehen und liegen Bücher, Zeitungsartikel und Briefe, ein scheinbares Chaos, in Wirklichkeit ist alles wohlgeordnet, die Wohnung ein einziger Schreibtisch. Neben seiner Arbeit als Berufsschulpastor schreibt er, hält Vorträge, predigt, diskutiert auf Kongressen in aller Welt, in Kirchengemeinden, Vereinen, Jugendgruppen. Ob Hunger und Verschuldung in der sogenannten Dritten Welt, der Wahnsinn der Atomkraft, die Probleme von Kirchengemeinden im Ostblock, die Unterdrückung der Indianer, die Arbeitslosigkeit der Duisburger Stahlarbeiter — all das läßt ihn nicht zur Ruhe kommen. Er engagiert sich in einer Weise, daß man sich fragt, wie er das durchhält.»Self-discipline« hatte ihm sein Freund Martin Luther King als wichtigste Tugend ans Herz gelegt, sagt er. So ißt er wenig, überweist die Hälfte seines Gehaltes in die Dritte Welt, hält Termine penibel ein, selbst wenn er nur über Anrufbeantworter versprochen hat, zu einem bestimmten Zeitpunkt wieder zu Hause zu sein. Er ist gewissenhaft nicht nur in der Erledigung selbstauferlegter Pflichten. Was er nicht mit seinem Gewissen, seiner Auffassung von Christentum (nicht die Kirche, sondern Jesus sei sein»Boß«) vereinbaren kann, tut er nicht, auch wenn er dabei üble Erlebnisse in Kauf nehmen muß.

Er nennt seine Arbeit»Erfahrungspädagogik«, und seine Erfahrungen sind vielfältig: Der Sohn eines Hamburger Kaufmannes (der preußischer Offizier und Freimaurer war), gerät frühzeitig in Konflikte mit dem Naziregime. Mit 17 versucht er, sich durch Weglaufen von zu Hause dem Kriegsdienst zu entziehen; nach seiner Verhaftung wird ihm ein Zehennagel ausgerissen. Aber auch in der Strafkompanie schüttet er Zucker in die Benzintanks von Wehrmachtsfahrzeugen. Er arbeitet während des Krieges für den CIA. Nach dem Krieg ist er Adenauer-Anhänger,»weil der gegen die Nazis war«. Als er enttäuscht feststellt, daß Nazis Minister werden, verläßt er Deutschland. Aber auch die Tätigkeit als Kaufmann für die Firma seines Vaters in Südafrika kann er bald nicht mehr mit seinem Gewissen vereinbaren. Als er es nicht mehr aushält, als Christ Kapitalist zu sein, sagt er sich von seiner Familie los und wird enterbt. Es folgt die Ausweisung aus Südafrika.

Er geht nach Indien, wo er — zu seinem Erstaunen — als Held empfangen wird. Die Freundschaft mit Indira Gandhi, die in dieser Zeit beginnt, hält lebenslang. Er bereist Indien und andere asiatische Länder. Die erschütternden Erfahrungen in den hungernden Entwicklungsländern verarbeitet er zum Teil später in seinen Büchern»Unterwegs erfahren« und»Entscheidung für die Hoffnung«. In Kanada studiert er Theologie. Seine Erlebnisse verbieten ihm, sich auf die evangelische zu beschränken, er beschäftigt sich auch mit der katholischen und jüdischen Theologie sowie mit moslemischer Philosophie. Seine breiten Kenntnisse und die Wertschätzung seiner Person verschaffen ihm in den 60er Jahren eine Dozententätigkeit in Indien. Mit seiner indischen Frau, einer Ärztin, geht er im Auftrag des Ökumenischen Weltkirchenrates auf Delegationsreisen nach China, Vietnam und Kambodscha. Bei einer Einheit der kambodschanischen Untergrundarmee angekommen, beschließen die beiden vorerst zu bleiben, um medizinische Hilfe zu leisten. Auch die Rotkreuzbinden retten ihn und seine Frau nicht vor einem»Versehen« der amerikanischen Armee: Die beiden werden im Beisein von US-Offizieren mit Elektroschocks gefoltert und gezwungen, Pferdeurin zu trinken. Seine Frau stirbt daran, ihm bleiben lebenslange Schäden an Leber und Niere. Die USA entschuldigt sich: man habe das falsche Paar erwischt!

Nach diesem herben Einschnitt in seinem Leben läßt er sich in Duisburg nieder. Ein Mann, der mit Jesse Jackson, Angela Davis und Gandhi befreundet ist und auf dessen Wort auch Khomeni, Ghadafi und US-Präsident Bush Wert legten (wie z.B. bei einem Blitzbesuch de Boers in den USA 1986, wo er sich für die Freilassung von deutschen Geiseln der US-Contras einsetzte), ein Mensch, der in fast allen Ländern der Welt zu Hause ist, mit Wohnsitz und Arbeitsstelle in Ruhrort/Duisburg?

Seine Ansiedelung hier war ein wohlüberlegter Entschluß: Er wählte die Rheinische Landeskirche und das Land NRW als Arbeitgeber, weil er hier die politische Offenheit und theologische Toleranz erwartete, die er zum Arbeiten braucht. Er wollte in eine Großstadt, schlug aber auch eine Arbeitsstelle im provinziellen Duisburg nicht aus, weil »pompöses« Wohnen für ihn sowieso nicht in Frage kommt. Nach seinen Erlebnissen in der Dritten Welt hat er von der »Dekadenz des Westens« genug. Er mag die Freundlichkeit und Gastfreundschaft der Duisburger, geht gerne auf der Mühlenweide spazieren und freut sich an den verkehrsberuhigten Zonen in Duisburg, wenn ihm Zeit bleibt.

Er arbeitet bewußt an einer Berufsschule, weil er nach einem Rat seines Freundes, Altbundespräsident Heinemann, für Schüler arbeiten wollte, denen es »geistig nicht so gut geht« wie wohlbehüteten Gymnasiasten. Mahatma Ghandi hat ihm 1947 gesagt: »Wenn du 3% erreichst, hast du viel getan.«. Deshalb ist er auch zufrieden, wenn er nur wenige seiner Schüler für ein engagiertes Arbeiten in seinem Sinne gewinnt.

Er hat Angst vor Wahlen, weil er befürchtet, daß die Braunen an Macht gewinnen werden. Diese Angst ist aber für ihn auch eine positive Triebkraft. Für vorrangige Probleme in Duisburg hält er, der nur wenige Schritte vom Rhein entfernt wohnt, die Rheinverschmutzung (»Dagegen sollten die Duisburger viel mehr tun!«), die Lagerung von radioaktivem Müll in Wanheim, gegen die er sich selbst auch engagiert, und natürlich die Arbeitslosigkeit, deren teils dramatische Auswirkungen er in Gesprächen mit Schülern und deren Eltern miterlebt. Aber von hier aus schlägt er wieder einen Bogen von den lokalen zu den globalen Problemen: »In Indien sind 60% der Bevölkerung arbeitslos, wir lassen täglich absichtlich 100.000 Menschen verhungern, davon sind 40.000 unter 16 Jahren«, weil wir pro Jahr Hunderte von Millionen DM verwenden, um Lebensmittel zu vernichten. Nach dem Gespräch eilt er zum nächsten Termin. In dem »kurzen Leben«, das ihm noch bleibe, wolle er jede Minute tätig sein.

Annelie Klother

Sie hatten sich der »Interessengemeinschaft für rote Sporteinheit« angeschlossen.

Bergiusstraße 36

Wo heute eine Szenekneipe, der »Lemons Club«, zu finden ist, war von 1896-1989 ein Familienbetrieb, die Gaststätte »Zur guten Quelle« der Familie *Heckermann*. Die Wirtin, für viele Ruhrorter einfach »Tante Martha«, setzte sich erst mit 89 Jahren zur Ruhe. Wenn sie Gästen nicht auf dem Klavier vorspielte, erzählte sie gerne von früher, z.B. davon, wie schwierig es für sie als Wirtstochter war, das »Lyzeum« zu besuchen. Mit Lyzeum meinen ältere Ruhrorter das protzige Gebäude im Stil der Gründerjahre Ecke Karlstraße. Bei der Einweihung 1907 wurde es Auguste-Viktoria-Schule genannt.

Ruhrort war nämlich ausgesprochen kaisertreu. Als 1848 Weseler Bürger gegen den späteren Kaiser Wilhelm I demonstrierten, erschienen per Schiff 700 Duisburger und Ruhrorter, um den damaligen Prinzen mit Hurra-Rufen und Blumensträußen zu überschütten und nach Duisburg einzuladen. Sie mußten schließlich vor den Angriffen der Weseler flüchten. König Friedrich Wilhelm und seine Gemahlin Elisabeth konnten sich mit dem Spruch trösten, den die Ruhrorter Bürgerwehr auf ihre Fahnen heftete: »Lisbeth, Lisbeth, weine nicht, Uns bleibt doch noch Duisburg, Ruhrort und Meiderich!« Erst 1947 wurde die Schule in »Käthe-Kollwitz-Gymnasium« umbenannt.

Gegenüber, in dem Haus von 1862, war früher eine Liqueurfabrik. Bis heute kauft man an der nächsten Bude den Kräuterlikör »Ruhrorter Stadtgespräch«. Ruhrorts Geschäftsleute boten früher den Schiffern jede erdenkliche Spezialität an: Es gab mehrere Delikatessenläden, Weinhandlungen, Geschäfte für Süßwaren, Tees und Kaffee.

In den Nachkriegsjahren wurde der Platz vor der Kirche als *Süße Ecke* bezeichnet, weil man hier alles kaufen konnte, was es legal nicht zu kaufen gab ... Als Treffpunkt von Ruhrorter Schiffern und Arbeitslosen hat sich diese Ecke gehalten, obwohl 1989 hier das »Wohnumfeld verbessert« wurde: die etwas verwilderte Grünanlage wich einem »sauberen« gepflasterten Platz, der mit Blumenbeeten geschmückt ist.

Den Schauplatz überragt der Turm der katholischen St. Maximilian-Kirche. Die katholische Gemeinde, die im calvinistisch-protestantischen Ruhrort lange Zeit eine Minderheit darstellte und zeitweise ganz verschwunden war, brauchte 1849 eine neue Kirche, da die 1829 erbaute »Bretterkirche« schon baufällig war. So wurde zwischen 1845 und 1847 nach Entwürfen von Heinrich Johann Freyse eine klassizistische Kirche gebaut. Turm und Hauptschiff davon sind bis heute erhalten. Im neugotischen Stil, der damals als der einzig »christliche« galt, wurden zwischen 1867 und 1871 Querschiff und Choranlage (ebenfalls heute noch sichtbar) nach Entwürfen von Heinrich Wiethase angebaut. Schräg gegenüber sieht man noch einen der kleinen Familienbetriebe, die früher die ausgefallensten Dinge anboten. Die bunten, liebevoll gestalteten Auslagen von Krems zeigen je nach Jahreszeit Bastelmaterial, Andenken, Scherzartikel, Weihnachtsschmuck und, und und ...

Schon lange ist hier eine Geschäftsstraße, und man findet fast alles für den täglichen Bedarf, vom feinen Tee über Naturkost, Brot und Kuchen bis zu den türkischen Lebensmitteln, vom Second-Hand-Laden über ein Radio-Fernseh-Geschäft, eine Drogerie bis zur Apotheke. Bis zum Ende der 30er Jahre gab es auch einige jüdische Läden hier. Das Haus Nr. 26 gehörte zu dieser Zeit *Berthold Benjamin*, der hier das Hutgeschäft *»Kann & Co«* betrieb. Benjamin war ein beliebtes und geschätztes Mitglied der jüdischen Gemeinde: 1928/29 war er Vorsitzender des Ruhrorter »Repräsentantenkollegiums«, eines Gremiums, das die Gemeinde nach außen vertrat. Sein ältester Sohn ahnte anscheinend die Gefahren, die der Familie drohten, und wanderte Weihnachten 1937 nach New York aus. Knapp 9 Monate später, am 9.11.38, zertrümmerten Nazibanden die Schaufensterscheiben und die Ladeneinrichtung und verwüsteten die Privatwohnung. Der Sohn Werner Wolf wurde gleich mitgenommen und ins KZ Sachsenhausen gesperrt. Drei Monate später konnte er fliehen und kam über Dänemark und Schweden in die USA. Berthold Benjamin, seine Frau Selma und ihr Sohn Kurt wurden am 22.4.42 nach Izbica, einem Lager in Mecklenburg, deportiert und mit dem gleichen Datum (!) für tot erklärt.

Den anderen jüdischen Kaufleuten in der Fabrikstraße erging es nicht besser. Der in Ruhrort 1866 geborene Otto Wittgenstein *führte das Installationsgeschäft »Wittgenstein & Horn«. 1938 kam er ins KZ, 1941 ins Judenhaus Klosterstraße 47. Im Sommer '42 folgte die Deportation. Wittgenstein und seine Tochter* Bertha *starben in Theresienstadt, seine Tochter* Margarethe *in Izbica.*

In der Fabrikstraße 43 handelte die Familie Sternberg *mit Strumpfwaren. Der Verbleib der Familie ist unbekannt. Der Familie* Speier, *die ein Schuhgeschäft hatte (Nr. 49), wurden in der Pogromnacht die Scheiben »angeschlagen«.*

Julius Abraham *ließ 1936 sein Geschäft »Haushaltwaren Gerson« in der Fabrikstraße 37 zurück und emigrierte mit seiner Frau nach Paris. Deren Tochter* Gertrud, *Vortragskünstlerin und Sprecherin beim SWF Stuttgart, emigrierte schon 1933 nach Frankreich, verbrachte dort 3 Monate im Internierungslager Gurs, 1942 lebte sie illegal in Marseille, 1944 in Paris. Die Emigration war fast nur den reicher Juden möglich. Ärmere Juden, wie die Familie des Metzgers* Keller *oder des Arbeiters* Morawicki, *wurden einfach deportiert.*

❺ Friedrichsplatz

Auch der Ruhrorter Verkehrsknotenpunkt für Straßenbahnen, Busse, Taxen wurde (auf die übliche Weise) neu gestaltet, dabei ist der runde Kiosk-Bau in der Mitte des Platzes verschwunden, und die durchsichtigen Wartehäuschen bieten dem Auge keinen Anhaltspunkt mehr.

Früher war auf dem Friedrichsplatz die Endstation der Pädsbahn, mit der man ab 1881 in etwa einer Dreiviertelstunde Duisburg erreichen konnte. Es war oft eine Fahrt mit Hindernissen: 6 Weichen waren zu stellen, einige Male entgleiste die Bahn und konnte nur mit Hilfe der Fahrgäste wieder auf die Schienen gehoben werden. Die Bediensteten der Pferdebahn hatten ein hartes Leben. Ihr Dienst dauerte von morgens um 7 bis abends um 10 Uhr. Die Pferdebahn wurde von den Ruhrortern in einem Lied besungen, das ihren typischen Dialekt zeigt, der auffallend denen am linken Niederrhein gleicht:

Ach, wie Ös't gemütlich op de Perdebahn

Dat eene Perd dat hompelt, dat andere dat ös lahm.

De Kutscher ös besoape, de Conduktör is scheel.

On alle fif Minüte do hölt de Perdsbahn stell.

Man konnte nämlich bei der Pferdebahn überall aussteigen!

Ein paar Schritte von hier liegt der Ruhrorter Bahnhof. Heute ist er fast bedeutungslos, in der 2. Hälfte des 19. Jahrhunderts war er aber ein bedeutender Knotenpunkt für den steigenden Güter- und Personenverkehr. 1847 baute die »Cöln-Mindener-Gesellschaft« die Ruhrort-Oberhausener Eisenbahnstrecke. Über eine Eisenbahnfähre gibt es von hier aus einen Anschluß nach Krefeld/Düsseldorf/Aachen, 1856 vereinfachte die Trajektanstalt für die Züge die Überquerung des Rheins. In einem Trajektturm am Eisenbahnhafen wurden Eisenbahnwaggons von der Schiene auf die Fähre und umgekehrt gehoben. Der Ruhrorter Turm wurde 1971 abgerissen, das Homberger Gegenstück kann man noch heute von der Rheinbrücke aus betrachten.

Der Eisenbahnhafen, auch ein beliebter Treffpunkt für Angler,

soll in den nächsten Jahren als Sport- und Museumshafen ausgebaut werden. Jetzt schon trifft sich hier der Motorbootclub, früher
hatte hier der Ruderverein sein Bootshaus. Es lohnt sich, einen
Abstecher am Eisenbahnhafen entlang zu machen (Laarer Seite)
und die wilden, südlich anmutenden Pflanzen an der Hafenbefesti-
gung zu betrachten. Der Eisenbahnhafen soll Teil der Internationalen Bauausstellung Emscherpark werden.

Der Eisenbahnhafen; im Hintergrund der Trajektturm

Eisenbahnhafen

Ein Blick zur anderen Seite zeigt die hinter dem kleinen Bahn-
hofsgebäude aufragenden Hochöfen der *Ruhrorter Hütte*, deren
Zeit vielleicht bald abgelaufen ist. Im Zusammenhang mit dem
Neubau eines weiteren Großhochofens am Schwelgernhafen plant
Thyssen die Stillegung der kleineren Hochöfen in Ruhrort.

Wo heute das Werk Ruhrort liegt, eröffnete 1854 die französische
Aktiengesellschaft »Phönix« das »Etablissement für Eisenindu-
strie«. Die *Phönixhütte* beschäftigte in den folgenden Jahren 1.600
bis 1.800 Arbeiter. Unter Schwierigkeiten entwickelten sich hier
Ansätze einer sozialdemokratisch orientierten Arbeiterbewegung.
Von 1855—57 wohnte in Ruhrort der Maschinenwärter *Caspar
Bergrath* mit seiner Frau *Franziska Kemeter*. Bergrath war einer der
ersten Berufsfunktionäre im Duisburger Raum. Er agitierte in
Ruhrort und Umgebung für den »Allgemeinen Deutschen Arbeiterverein« (ADAV). In Ruhrort war er damit nicht immer erfolgreich.

*Bergrath wurde wegen einer Rede gekündigt und mußte sich nun von Mit-
gliedsbeiträgen des ADAV ernähren. Er ließ sich aber nicht unterkriegen und
agitierte während der Zeit seiner Arbeitslosigkeit weiter.*

*Auch andere Sozialdemokraten hatten Probleme bei der Agitation in
Ruhrort. So bezeichnete das ADAV-Mitglied* Christian Gilles *Ruhrort als*

» konservatives Nest « und die Teilnehmer einer Versammlung am 10.1.1869 als »Spießbürger«. Beim Bergarbeiterstreik 1869 fanden in Ruhrort die Streikverhandlungen statt — vielleicht, weil die Arbeitgeber sich in Ruhrort in Ruhe wähnten?

Ruhrort blieb aber weiterhin von Tarifauseinandersetzungen betroffen: am 17.6.1872 wurde Bürgermeister Weinhagen gebeten, die Ruhrorter Gendarmerie zum Einsatz gegen streikende Duisburger Bergarbeiter »zur Disposition zu stellen«.

Einen Monat später kamen 300 streikende Bergleute, die Arbeit suchten, weil sie ihre Familien nicht mehr ernähren konnten, aus Duisburg und den Zechen nördlich davon mit dem Frühzug in Ruhrort an. Die Ruhrorter Unternehmer zeigten sich hart: Sie weigerten sich prinzipiell, Streikende einzustellen, weil sie selber von Streiks bedroht waren.

1877 versuchten in Ruhrort Polizei und Unternehmer die Arbeiter daran zu hindern, bei der Reichstagswahl ihr Wahlrecht frei auszuüben. Arbeiter mit Stimmzetteln wurden von der Polizei vertrieben und sogar tätlich angegriffen. Arbeitern auf der Phönix-Hütte wurde nur eine halbe Stunde Zeit zum Wählen gegeben, wer nicht rechtzeitig zur Arbeit zurückkehrte, wurde bestraft. So verwundert es kaum, daß die Rhein-Ruhr-Zeitung 1878 stolz vermerkte, daß in Ruhrort keinem Lokal »das Kainsmal der Sozialdemokratie« anhafte. Landrat von Rosenberg-Gruszynski meldete 1878 der Düsseldorfer Regierung, daß in Ruhrort »Kein sozialdemokratischer Verein mehr existiere und sozialdemokratische Versammlungen seit Jahren nicht mehr stattgefunden hätten«.

1931 wurde die Hütte geschlossen. Die Nazis eröffneten sie wieder — Stahl ist wichtig für die Rüstungsproduktion — und erhofften sich einen Propagandaerfolg davon. Die antifaschistischen Arbeiter, die in Ruhrort wie in Gesamtduisburg zu dieser Zeit aber wieder stark vertreten waren, ließen sich davon nicht beeindrucken.

❻
Landwehrstraße

Hier fällt nur wenig aus dem Bild einer ruhigen Wohnstraße heraus. Im schönen alten Ladenlokal Nr. 66 unterhielt Jakob von Aken in den 20/30er Jahren das Büro einer syndikalistischen Gewerkschaft. Gegenüber, im Haus Nr. 63, wo heute psychisch Kranke zwischen Anstaltsaufenthalt und Wiederaufnahme eines »normalen« Lebens wohnen, arbeiteten zu Beginn der 30er Jahre die Juden *Heiber & Nußbaum*. Sie verkauften in der gleichnamigen Firma Möbel und Textilien. Auch sie wurden Opfer des Naziterrors: 1938 wurden beide nach Polen ausgewiesen, im Sommer '39 kehrten sie nach Duisburg zurück. Heiber wurde erneut nach Polen ausgewiesen, wo er starb.

Landwehrstraße 21

Im Hinterhaus befand sich die Synagoge. Sie war 1841 eingeweiht worden, weil das altjüdische Gotteshaus in der Altstadt zu klein geworden war. Im Vorderhaus war die jüdische Schule untergebracht, und hier wohnte bis zur Pogromnacht der Lehrer *Fritz Kaiser*. Seine Wohnung wurde zerstört, 1940 zog er nach Köln. Dann folgten Deportation und Tod. Die Synagoge wurde in der Pogromnacht, wie die jüdischen Gotteshäuser in Duisburg und Hamborn, niedergebrannt.

Eine ganz andere, weniger bedrückende Geschichte hat das Haus Nr. 30. Bis vor wenigen Jahren war hier die Kneipe »Tante Olga« beheimatet. Auch außerhalb Duisburgs bekannt, war sie ein

Überbleibsel des alten berühmt-berüchtigten Ruhrorter Nachtlebens, das mit der Vernichtung der Altstadt weitgehend aus dem Stadtteil entfernt wurde.

An der Kreuzung ergibt sich 1991 ein völlig neues Bild. Auf dem bisher unbebauten Gelände des 1854 geschlossenen Friedhofs schließt jetzt ein neuer Verwaltungstrakt des Hanielkonzerns die Baulücke. Auf dem Grundstück gegenüber stand bis 1990 die alte evangelische Kirche. Um dieses Gebäude gab es seit Beginn der 80er Jahre ein langes Gerangel zwischen Denkmalschützern, der evangelischen Gemeinde und der Stadt. 1990, nach einem Prozeß, erlaubte die zuständige Behörde den Abriß. Allein der Glockenturm bleibt erhalten. Auf dem Gelände des alten Kirchenschiffs soll mit Unterstützung von Haniel ein neuer Kindergarten entstehen.

Landwehrstraße/Dr. Hammacher-Straße

Das Kernstück der Ruhrorter Umgestaltung ist dieser Platz, der sich an das »Packhaus« von 1756 anschließt. Es ist das Stammhaus der Firma Haniel. Im Speicher des Hauses befindet sich das interessante Firmenmuseum, das Einblick in die Entwicklung des Hafens und der Stadt Ruhrort gibt (Voranmeldung ist leider erforderlich).

**❼
Franz-Haniel-Platz**

Der Franz-Haniel-Platz sollte ein »Kommunikationsort für alle Bürger« sein. Die vielen Sträucher sollten der »Unterversorgung Ruhrorts mit Grün« entgegenwirken. So rühmte sich Haniel in seinem Geschäftsbericht 1985. Nicht im Geschäftsbericht steht, daß dieser Park durch Zaun und Gitter vom übrigen Ruhrort abgegrenzt wird, so wie das früher bei reichen Bürgern geschah, die ihre Gärten vor dem Zugriff des Pöbels schützen wollten. Für den einfachen Spaziergänger bleibt der Park verschlossen.

Eintritt verboten: der Hanielpark

Gemeindehaus und Turm der Evangelischen Kirche an der Ecke Harmoniestraße/Hammacherstraße

Auch die drei Kunstobjekte aus Metall — eines davon vom Frankfurter Künstler *Michael Croissant* — kann man daher nicht betrachten.

Ende der 70er Jahre gab es eine Bürgerinitiative, die sich heftig gegen die Einrichtung des Parks wehrte, weil dort ein Kinderspielplatz lag. 1957 hatte Haniel diesen Platz der Stadt Duisburg für einen Kinderspielplatz geschenkt. Als Haniel ihn zum Schmucke des Konzerns wiederhaben wollte, gab die Stadt nach. Ein schöner Ersatzspielplatz am Bollwerk liegt für die betroffenen Mütter und Kinder ungünstig.

Alfred Dahlbender, Besitzer des Hauses Dr. Hammacher-Straße 3, war mit seinem Protest erfolgreicher. Haniel hätte die Villa, die 1870 von der Raddampferreederei *de Gruyter* gebaut worden ist, gerne abgerissen gesehen, um den Park am Stammhaus zu vergrößern. Dahlbender erzwang vor Gericht eine Planänderung.

Die Straße zwischen Markt und Dammstraße — noch in den 80er Jahren einer der schönsten Straßenabschnitte in Ruhrort mit zehn denkmalwürdigen Häusern — wird zerstört.

Es begann mit dem Abriß der Häuser 1d und 1e im Jahre 1988. Haniel kaufte die an die eigene Tennishalle grenzenden Häuser auf und riß sie ab, obwohl die Bauten von einigen für denkmalwürdig gehalten wurden und gerade erst renoviert worden waren. Begründung: Sicherheitsrisiko.

Um eine einwandfreie Kontrolle über das Haniel-Firmengelände zu gewährleisten, müssen die alten Häuser beseitigt werden. Im

Harmoniestraße

Klartext: Die baufälligen Kästen sollen nicht als Terroristenschlupf-löcher genutzt werden können. (WAZ, 1.9.88)

Für die »Haniel-Akademie« und Gästehäuser soll der obere Teil der Harmoniestraße fallen.

Wirft man einen Blick in die untere Straße, so bietet sich genau die Ansicht von Ruhrort, die gerne verbreitet wird: sorgfältig reno-vierte Häuser aus dem 19. Jahrhundert. Die Straße wurde großen-teils um 1840 so gebaut, wie sie jetzt noch aussieht. Auf den Grund-stücken 2 bis 14 stand früher die Ruhrorter Kattunfabrik des Unter-nehmers *Lohmann*. Er baute sich gegenüber ein Wohnhaus, um seine Fabrik Tag und Nacht im Auge zu haben. Sein Wohnhaus steht heute noch.

Fabrikstraße

Das frisch renovierte *Evangelische Gemeindehaus* (Haniel soll sich an der Renovierung großzügig beteiligt haben), hat nicht nur für die Evangelische Gemeinde eine wichtige Funktion. Das Haus ist seit 1902 auch Treffpunkt für niederländische Christen. Zu Beginn dieses Jahrhunderts sammelten sich um die 300 holländi-sche Arbeitsemigranten in Ruhrort, die 1902 die »Nederlandse Gereformerde Kerk« in Ruhrort gründeten. Der deutsche Prediger *Otto Baumann* betreute dann während der 30er Jahre und des Krie-ges außer den holländischen Schiffern und anderen holländischen Christen im weiteren Umkreis auch engagiert holländische Zwangsarbeiter, bis ihm das 1944 durch die Gestapo verboten wurde. Auch der holländische Pfarrer *Cornelius Maan,* den die Gemeinde im Zweiten Weltkrieg nach Ruhrort berufen hatte, erhielt in dieser Zeit keine Wohnerlaubnis. Heute ist das Haus Kon-taktzentrum für holländische Schiffer und Zentrale der »Diaspora-raarbeit« der »Nederlandse Hervormde Kerk«. Hier finden auch regelmäßig Gottesdienste in niederländischer Sprache mit anschlie-ßendem Kaffeetrinken statt.

Dr. Hammacher-Straße 6

Die klassizistischen Häuser an der Ecke wurden 1845/46 gebaut und nach jahrelangem Leerstand in den letzten Jahren sorgfältig renoviert.

Harmoniestraße/ Dr. Hammacher-Straße

Der Name einer Gaststätte am unteren Ende der Landwehr-straße erinnert daran, daß hier einmal das Stadttor zur Bürgerweide gewesen ist. Das Tor, in dem Anfang des 18. Jahrhunderts das Rat-haus, später Wohnungen zu finden waren, wurde 1853 abgerissen. Durch dieses Tor erreichte man den Gildenplatz, der im Mittelalter das Zentrum von Ruhrort, seit Bau der »Neustadt« das Zentrum der Altstadt war. Altstadt — das ist das Karree, das von Hafen-straße, Carpstraße, Krausstraße und Gustav-Sander-Platz einge-grenzt wird.

❽ Weidetor/ Gildenplatz

Die historische Altstadt wurde bis Mitte der 70er Jahre komplett abgerissen. Keins der Häuser aus dem 17. Jahrhundert, keine der malerischen mittelalterlichen Gassen, die teilweise nicht breiter als 50 cm waren, ist noch zu sehen. Trotzdem behaupteten die Sanie-rungsplaner Ende der 60er Jahre, daß »das historische Zentrum der Altstadt am Gildenplatz durch Zurücksetzen der Häuserfronten

Kasteelstraße

erhalten« werde. Man braucht recht viel Phantasie, um sich hier einen mittelalterlichen Platz vorstellen zu können. Auch an das Ruhrorter Kasteel erinnert nur noch ein Straßenname. Bei den Sanierungsarbeiten in Ruhrort hatte man es anscheinend immer recht eilig: Als ein Amateurforscher 1977 bei Bauarbeiten an der Kasteelstraße Reste einer Mauer des alten Schlosses fand, mußte er »bei ununterbrochenem Baubetrieb der Bagger im Matsch die Fundstelle untersuchen« (NRZ; 24.2.77). »Nach Sicherstellung einiger Steine und Scherben mußten die Forscher wieder abziehen« (WAZ; 24.2.77).

In der Altstadt wohnten früher 1.200 Personen in knapp 130 Holz-(Fachwerk-)Häusern, die ineinander verkeilt waren. Das machte später den Sanierern schwer zu schaffen, da sie die Häuser nur straßenzugsweise, nicht aber einzeln abreißen konnten. Die Sanierung war angeblich wegen der mangelhaften sanitären Verhältnisse und der Brandgefahr notwendig. Vor 250 Jahren war deshalb sogar im Sommer das Rauchen auf der Straße verboten.

Blick in die Altstadt, bevor sie abgerissen wurde

Die Altstadt war ein wichtiges Zentrum: 68 Geschäfte und Betriebe waren noch in den frühen 60er Jahren hier angesiedelt. Neben den Ruhrortern kauften hier auch viele Schiffer ein. 1955 schätzte man die Zahl der zusätzlichen Einkäufer auf täglich 3.000.

1933 wurde das Bordell der Altstadt von den SA-Männern Kohl und Motzek aus Beeck überfallen und die Besitzerin mißhandelt. Die Prostituierten hatten nach dem Vorfall mehr Sympathien für die Gegner der Nazis. Wenn Kommunisten für die Angehörigen ihrer Genossen, die im KZ saßen, sammelten, gaben die Frauen großzügige Spenden. Die Altstadt war nicht nur Geschäfts- und Vergnügungszentrum, sondern auch Zentrum des antifaschistischen Widerstands.

Krausstraße

Schloss Pippi war ein hufeisenförmiger Wohnkomplex, der seinen Namen der Tatsache verdankte, daß aus der Kneipe heimkehrende Schiffer hier im Schutze des Torbogens ihr Wasser abließen. Hier wohnten und trafen sich Ruhrorter Kommunisten, die dem (roten) Arbeitersportverein, der Internationalen Arbeiterhilfe und der KPD angehörten.

Die Häuserschutzstafel Oberdammstraße des Rotfrontkämpferbundes (RFB) mußte sich 1932 in Schloß Pippi verschanzen, als ein SA-Trupp angekündigt hatte, das Haus zu stürmen. Daß die Polizei die SA-Leute abfing, habe der Gruppe das Leben gerettet, sagt Gustav Müller, der heute als Rentner in Ruhrort lebt.

Müller arbeitete auch mit Östrich, Wilhelm, Schrör, Scheer und Kienast in der Gruppe Altstadt der KPD: Bis 33 machte man selbst in Schloß Pippi Zeitungen und klebte Plakate, z.B. gegen die Brüningschen Notverordnungen. Danach sorgte man zusammen mit den Gebrüdern Ruiter, die in Schloß Pippi wohnten, und der Gruppe Neustadt der KPD über Mittelsmänner für die Versorgung des ganzen Reichsgebiets mit antifaschistischem Material aus dem Ausland.

Peter und Jan Ruiter gehörten dem Arbeiter-Esperanto-Bund an, der zu einer illegalen KPD-Organisation umfunktioniert war. Zusammen mit Peter-Paul Scholzen aus Ruhrort wurden im »Internationalen Club« unter Binnenschiffern Agenten geworben, die das Material über den Hafen aus Holland herbeitransportierten. Die Ruhrorter Kommunisten wurden als der wichtigste Brückenkopf des technischen Apparats der KPD in Westdeutschland bezeichnet.

Linolschnitt von Heinz Kiwitz

Alle Beteiligten mußten für ihre Aktivitäten teuer bezahlen: Scholzen wurde im Juli '34 verhaftet; Selig und Naumann starben an der Folter, Müller und Wilhelm verbrachten Jahre im Zuchthaus; Scheer wurde zum Tode verurteilt, die Ruiters mit der ganzen Familie ausgewiesen.

Gustav-Sander-Platz

An einen anderen Kämpfer der Arbeiterbewegung erinnert dieser Platz. Gustav Sander (geboren 1881, gestorben 1955) war einer der großen Duisburger Gewerkschafter.

Der gebürtige Duisburger war Schiffsjunge und Matrose auf dem Rhein und Hafenarbeiter in den Ruhrorter Häfen. Er engagierte sich in der SPD und den Freien Gewerkschaften. Meist wegen »Streikvergehens« als Leiter bzw. als aktiv Beteiligter der großen Streiks der Hafenarbeiter (1906) und Rheinschiffer (1912) verbüßte er mehrfach kürzere oder längere Gefängnisstrafen. Nach dem Ersten Weltkrieg wurde er erster Bevollmächtigter des »Deutschen Transportarbeiterverbandes«, ab 1926 außerdem Stadtverordneter der SPD.

In der Nazizeit wurde er ständig von der Gestapo beschattet und mehrmals grundlos inhaftiert. Ab 1945 war er als Vertreter der Sozialdemokraten

neben dem Kommunisten Willy Stock *und dem christlichen Gewerkschafter* Matthias Föcher *Mitglied des Aufbaukomitees der Duisburger Einheitsgewerkschaft. Nach Gründung der Industriegewerkschaften wurde er Gewerkschaftssekretär der ÖTV und blieb es bis zu seinem Tode. 1966 ehrte die Stadt Duisburg ihn (im Gegensatz zu vielen kommunistischen Widerstandskämpfern) durch die Benennung eines Platzes mit seinem Namen.*

⑨
Schifferbörse

Der Platz vor der Schifferbörse war so etwas wie ein Tor zur Altstadt vom Wasser her. Das alte Gebäude der Schifferbörse brannte kurz nach dem Krieg ab. Kurze Zeit hatte hier eine städtische Musikschule ihr Domizil, nach der Wohnumfeldverbesserung der 80er Jahre ist hier ein Nobelrestaurant eingezogen. Die Schifferbörse war in der ersten Hälfte des Jahrhunderts wichtiges Kommunikationszentrum. Hier konnten sich die Schiffer einen Liegeplatz erwerben, hier besorgten sie sich ihre Frachten.

Um sich ein Bild von der Technik der Schleppschiffahrt und dem Leben auf einem Dampfboot zu machen, kann man die *Oskar Huber* besichtigen. Der Radschleppdampfer wurde 1922 gebaut, verließ 1975 als letzter seiner Art den Strom und liegt nun an der Schifferbörse. 1988 verhinderten Ruhrorter Bürger mit einem Spendenaufkommen von 20.000 DM, daß der renovierungsbedürftige Dampfer auf den Schrott kam.

Von der Schifferbörse aus sieht man die Vorderansicht des Haniel-Packhauses. Mit ihm begann der Bau der »Neustadt«.

1748 beschloß der Zollbeseher *Johann Wilhelm Noot,* sich außerhalb der alten Stadt Ruhrort niederzulassen. 1775 erging aus Berlin die Grundsätzliche Genehmigung zur Stadterweiterung. Das Gelände, das heute von der Landwehrstraße im Osten, der Bergius- und der Weinhagenstraße im Norden, der König-Friedrich-Wilhelm-Straße im Westen und südlich vom Vinckekanal begrenzt wird, wurde für den Bau vorgesehen. Das Weide- und Gartenbaugelände gehörte der Königlichen Regierung in Berlin (»Königliche

Gärten«): Der erste Bebauungsplan entstand 1754. Durch den Krieg geriet der Neubau ins Stocken. Das Haniel-Packhaus von Noot, dem Großvater Franz Haniels, war das erste Haus der Neustadt.

Zu den Reichen, die sich in der Neustadt ansiedelten, zählte *Johann Wilhelm Borgemeister*. Er ließ sich zunächst auf dem Gelände seiner Kohlenniederlage ein Haus bauen (1775), das heute noch steht. Das Restgrundstück — das Gelände hinter dem Haus und bis zum Wasser — nutzte er später als Garten, dann für eine Tabakfabrik. 1787 entstand das zweite Haus. Es beherbergte bis Ende 1989 ein Jugendzentrum. Seit Ende der 70er Jahre hatten die jungen Leute das ziemlich heruntergekommene Haus renoviert, soweit es in ihren finanziellen Möglichkeiten lag, und boten hier Veranstaltungen für Jugendliche an. Die Stadt Duisburg zeigte wenig Interesse an einer Unterstützung dieser Arbeit. 1988 erklärte das Ordnungsamt das obere Geschoß des Hauses für baufällig. Die jungen Leute bekamen einen Ausweichplatz angeboten, damit sie das Haus räumten. Es soll renoviert und wieder für eine Schifferkneipe genutzt werden wie in den 60er Jahren.

Richtung Binnenschiffahrtsmuseum hat man die Wahl, über den Leinpfad am Wasser entlang zu gehen oder auf der Dammstraße ausgesprochen schöne Gebäude aus Klassizismus und Gründerzeit zu betrachten.

Das *Binnenschiffahrtsmuseum* wurde erst in den 70er Jahren in dem 1902 erbauten Gebäude eingerichtet, das nach dem Krieg als Ruhrorter Rathaus diente. Schon 1929 war den Ruhrortern ein Museum versprochen worden. Man kann sich hier anschaulich über den Hafen und die Technik der Schiffahrt informieren; wechselnde Sonderausstellungen bereichern das Angebot.

Neben dem Museum, auf seinem Magazinplatz am Ende der Mühlenweide gegenüber der alten Mühle, ließ sich *Friedrich Jakob Westphal* 1801 ein erstes Haus bauen, das ihm einen Prozeß einbrachte: Der Müller verklagt Westphal, weil sein Haus der Mühle den Wind nehme. Das Haus wird 1866 von der Stadt gekauft und als »Gemeindehaus« genutzt. Es überstand den Zweiten Weltkrieg nicht. Die Mühle, 1531 gebaut, wurde 1858 abgerissen.

Eine alte Mauer, eine Garage und ein verwildertes Grundstück: die Reste des ehemaligen jüdischen Friedhofes in Ruhrort. Die »Denkmal«-Plakette sagt nichts über diesen Ort, allenfalls die Putzverzierungen an der Mauer und auf der Umrandung der Garage — ehemals Tor zum Friedhof — lassen den früheren Zweck des Grundstücks erahnen.

1708 wurde der durch die Mauer abgeschlossene Platz »neben der Mühle« erstmals als jüdischer Friedhof benutzt. Juden werden erst 1716 in einem Schriftstück der Stadt Ruhrort erwähnt. Es wird ihnen nicht leicht gemacht, sich in Ruhrort niederzulassen. Jedes Jahr müssen sie eine gewisse Quantität Silber »an die Münze« liefern. Bei Nichtzahlung droht Exekution. Ab 1718 bestand Eigen-

Dammstraße 16

Dammstraße 25

Eingang zum Jüdischen Friedhof

Rheinbrückstraße

Die Rheinbrücke ...

Fürst-Bismarck-Straße

Rheinallee 2

tumsverbot, d.h. Juden durften weder Häuser noch Grundstücke kaufen. Trotzdem wuchs die Gemeinde, und schon 1751 mußte der Friedhof erweitert werden.

Später sollte der Friedhof dem Straßenbau weichen. Der Düsseldorfer Regierungspräsident erklärte ihn 1894 für geschlossen. Die jüdische Gemeinde wehrte sich heftig gegen eine Exhumierung der Leichen, da nach jüdischen Glaubensgrundsätzen eine Störung der Totenruhe nur in besonderen Ausnahmefällen gestattet ist. 1899 kündigte die Stadt schlicht den Pachtvertrag über das (städtische) Grundstück. Da die Lage aussichtslos geworden war, stimmte die jüdische Gemeinde notgedrungen 1907 der Exhumierung von 6 Leichen zu. Sie wurden auf den jüdischen Friedhof in Stockum (Beeck) umgebettet.

30 Jahre lag der Friedhof dann unberührt. 1937 erwähnte der Verwaltungsbericht der Stadt nur kurz, daß der Friedhof aufgehoben sei. Er sei »seit langer Zeit nicht mehr gepflegt gewesen«.

Die »Nikolausburg« wurde 1928 gebaut. Katholische Ordensschwestern kümmerten sich hier um Schifferkinder. Noch heute beherbergt das Gebäude eine Schifferschule und einen Schifferkindergarten. Hier trifft sich auch eine Alkoholikerselbsthilfegruppe.

Das Haus hat eine wechselvolle Geschichte hinter sich: Als das hier ansässige Landratsamt von Ruhrort nach Dinslaken umzog, ließ sich die Industrie- und Handelskammer hier nieder. Zum Einzug 1912 wurde der Bau renoviert und künftig als »Prachtbau« bezeichnet. Als 1953 die IHK auszog, stand das Haus ein Jahr leer, dann benutzte es die Stadt für die Unterbringung von jugoslawischen Gastarbeitern. Von 1955 bis in die 60er Jahre wohnten hier ledige Mütter, dann Aussiedler. Auch im Eigentum des Evangelischen Christophoruswerks beherbergte das Haus danach Aussiedlerkinder. Ende der 80er Jahre lebten hier Flüchtlinge, die vorübergehend das Nationalitätengemisch in Ruhrort (Türken, Holländer, Italiener, Griechen, Polen ...) erweiterten. In den 90er Jahren soll das Gebäude als Altenwohnheim hergerichtet werden.

Im 18. Jahrhundert wurde die Weide hinter der Mühle von den Ruhrorter Bürgern gemeinsam genutzt. Sie liegt an einer Stelle, wo früher die Ruhr in den Rhein mündete, bevor hier das erste Hafenbecken angelegt wurde. Hier fuhr in den Zeiten, als es keine Brücke gab — auch nach den beiden Weltkriegen —, die Fähre nach Homberg ab. Der Tümpel an der Spitze der Mühlenweide wurde zu Beginn des Jahrhunderts »Pädskull« genannt, weil man hier die Pferde tränkte.

⑩ Mühlenweide

Zu Beginn der 30er Jahre spielten hier die roten Sportler des Arbeitersportvereins, noch heute wird hier an schönen Tagen Fußball gespielt, gesonnt, gebummelt, geangelt. Im Sommer findet hier regelmäßig ein Flohmarkt statt.

Wenn man von der Mühlenweide nach Norden blickt, kann man eine kleine Eisenbahn-Brücke sehen, die Knipp-Brücke. Sie ist benannt nach dem Hof »Haus Knipp«, der ungefähr an der Stelle stand, wo heute die Brücke am Ostufer ansetzt. Zwischen Ruhrort und diesem Haus Knipp wurde im Jahre 1514 eine »Hexe« verbrannt. Wieso man die Frau zur Hexe erklärte, ist nicht bekannt.

Am Aufgang der Ruhrorter Brücke gab es zu Beginn des Jahrhunderts eine Weinstube. Von der Terrasse aus hatten die Herrschaften Blick über den Rhein.

Etwa am gleichen Ort standen am 10.12.87 eine mit glühenden Kohlen gefüllte Tonne, an der sich streikende Arbeiter von Krupp Rheinhausen und Thyssen Ruhrort und solidarische Bürger die kalten Finger wärmten: Stahlaktionstag wegen der bevorstehenden Schließung der Rheinhauser Hütte (s. S. 159). Aus Sorge um ihre Arbeitsplätze solidarisierten sich die Arbeiter anderer Stahlwerke. Bis mittags blockierten an diesem Tag Stahlarbeiter in Duisburg und an anderen Stahlstandorten Straßen und Brücken.

Bei Hochwasser ist das Gelände der Mühlenweide häufig ganz überspült, eine Attraktion für die nicht betroffenen Duisburger Bürger. Blickt man über den Eisenbahnhafen hinweg, so sieht man zunächst das Thyssen-Kraftwerk. Man muß schon genauer hinsehen, um davor die Ruhrorter Badeanstalt zu erkennen, ein Jugendstilgebäude, das in den Jahren 1908 bis 1910 errichtet wurde. Damals wurde im Hallenbad nicht nur geschwommen, sondern auch (wannen)gebadet, denn viele Häuser, besonders die in der Altstadt, hatten sehr schlechte Sanitäranlagen. 1987 schloß die Stadt das Bad. Jetzt soll das Binnenschiffahrtmuseum einziehen.

Wer nun noch nicht genug hat, kann den Leinpfad entlang zur Schifferbörse zurückgehen und von da aus eine Hafenrundfahrt machen. Die Haltestelle ist von der Mühlenweide Ende der 80er Jahre dorthin verlegt worden, wie auch das »Hafenkonzert«, das regelmäßig im Radio übertragen wird.

Leinpfad

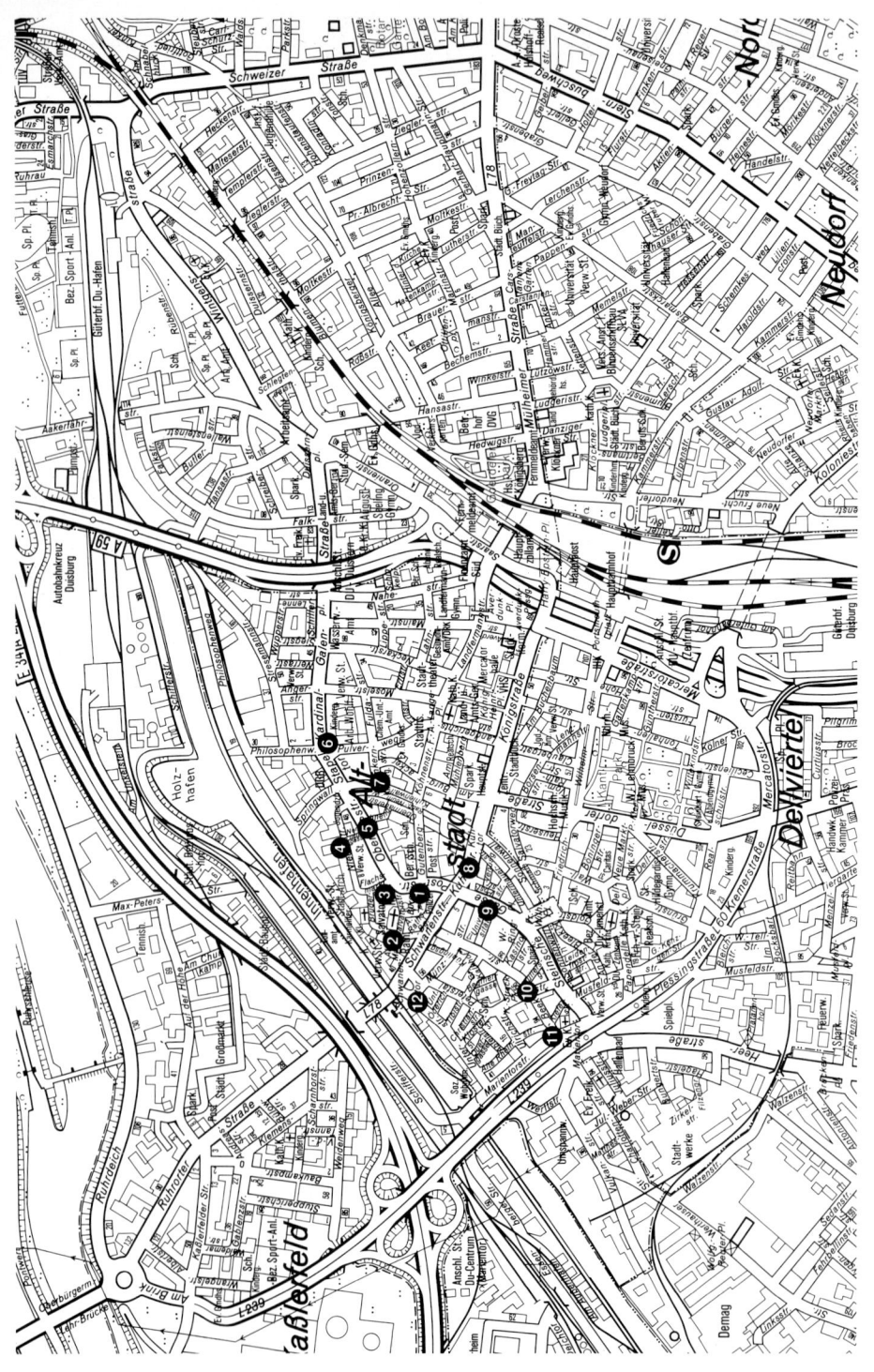

Bevor die Osels Bobbelkes schnupperten

Archäologische Meile und Hinterhof

von Angelika Witjes-Hielen und Manfred Hielen

Ausgangspunkt: Burgplatz, Haltestelle Kuhtor, Straßenbahnen
Linie 901, 904
Endpunkt: Schwanentor, Straßenbahnen Linie 901, 904
Dauer: ca. 2 Stunden.

Der Rundgang orientiert sich an der alten Stadtmauer. Nur wenige Überreste sind heute dort zu finden, wo sie der Gelehrte *Jan van den Corput* 1566 in seinem Stadtplan (Corputiusplan) eingetragen hat.

Der markanteste Punkt des alten Stadtbildes ist die Salvatorkirche mit dem Burgplatz. Auch von der Burg, der königlichen Pfalz, die bis zum großen Stadtbrand im 13. Jahrhundert hier stand, gibt es heute nur Erinnerungen. Auf dem Corputius-Plan stellt der Burgplatz mit kreisfömig angesiedelten Häusern die ehemalige Königspfalz dar.

Der heutige Innenstadtbereich läßt immer noch den Verlauf der Stadtmauer erahnen, und auch einige Straßen verlaufen heute noch so, wie Corputius sie in seinem Plan eingezeichnet hat. Vieles haben Kriege und rigorose Stadtsanierung grundlegend verändert. Eine archäologische Meile erfaßt den alten Stadtkern, allerdings nur in der Nähe des Rathauses.

Um dem 1902 vollendeten neuen Rathaus eine angemessenere Umgebung zu verleihen, wurde die Altstadt von ihrem Gewirr kleiner Gassen und Straßenzüge bereinigt und die Zufahrtstraße begradigt. Der nun freie Burgplatz konnte fortan als Marktplatz und Aufmarschplatz benutzt werden.

Am 8. März 1921 zeigte hier die französische Besatzungsarmee ihre Stärke und marschierte mitsamt ihren Kanonen auf. Aber nicht nur Kanonen brachte die Besatzungsmacht den Duisburgern. Merkwürdige neue Gesetze wurden von den Belgiern eingeführt, die sich die Bürger erst einmal gewöhnen mußten. So wurden die Ortschaften verpflichtet, an den Ortseingängen Schilder anzubringen, und Fuhrwerke durften ab sofort nur noch die rechte Straßenseite befahren. Die Uhrzeit, die bislang von 1–12 Uhr vor- und nachmittags unterteilt wurde, wurde nun von 1 bis 24 Uhr eingeteilt.

Schon um die Jahrhundertwende gab es in dem alten Rathaus eine Frauenberatungsstelle, die seit nunmehr fünf Jahren, nach jahrzehntelanger Unterbrechung, endlich eine Fortsetzung in der Frauengleichstellungsstelle gefunden hat. 1909 erschien eine Anzeige des 1903 gegründeten Vereins »Frauenbestrebungen«, die

Portal des Rathauses mit den Kaisern

Burgplatz

darauf hinwies, daß jeden Mittwoch von 5–7 Uhr kostenloser Rat für Frauen und Mädchen aller Stände im Rathaus Zimmer Nr. 60 erteilt wurde.

Mitte des 13. Jahrhunderts erwarben die Deutschordensritter das Patronat über die Salvatorkirche. Nachdem das Haus der Deutschordensritter dem großen Stadtbrand von 1283 zum Opfer gefallen war, nahm der Orden seinen Sitz genau auf dem Gelände, an dem heute die alte Post steht, gegenüber dem Burgplatz. Am 5. Dezember 1891 wurde das Hauptpostamt eingeweiht, heute ist es ein Nebenpostamt.

Poststraße

Burgplatz

Auf dem Burgplatz steht das Denkmal für die von den Nationalsozialisten ermordeten Duisburger Gewerkschafter.

In den Vormittagsstunden des 2. Mai 1933 wurden Gewerkschaftsangehörige von SA- und SS-Kommandos verhaftet und auf Lastwagen in die Gewerkschaftshäuser Ruhrorter Straße 11 und 19 gebracht. Ein ehemaliger Sekretär im Metallarbeiter-Verband erinnert sich: »Wir wurden in die Kellerräume gestoßen, am Eingang standen Kriminalkommissar Busch und der SS-Sturmbannführer Dr. Weyand ... Im Keller saßen schon einige. Es kamen dann noch mehrere durch die Tür gestolpert ... alles Gewerkschafter, die meisten Sozialdemokraten ... Neben mir hockte Rodenstock ... Schlösser, Birck und Rentmeister waren auch da.« Die Genannten wurden später von den anderen getrennt und in der Nacht vom 2. auf den 3. Mai heimtückisch ermordet. Ihre Leichen wurden erst ein Jahr später im Hünxer Wald gefunden. In der Zwischenzeit wußte niemand, was mit ihnen geschehen war. Die Nationalsozialisten besaßen zu allem noch die Frechheit, am 17. Mai 1933 eine Vermißtenanzeige nach Birck in die Nationalzeitung zu geben und die Lüge in die Welt zu setzen, die vier seien mit unterschlagenen Gewerkschaftsgeldern ins Ausland geflohen.

Denkmal für die ermordeten Gewerkschafter

8.3.1921: Französische Soldaten auf dem Burgplatz

Unter den Verhafteten befand sich auch *August Seeling,* der Alt-Oberbürgermeister der Stadt Duisburg.

Auf der Höhe der Haltestelle Scharnhorststraße befindet sich eine Gedenktafel für die vier ermordeten Gewerkschafter. Mit etwas Glück läßt sie sich finden. Sie wurde an einem Pfahl befestigt und fällt im allgemeinen Schilderwald kaum auf.

Im Rathausbogen stand auf der Treppe der »Triton-Brunnen«, der seit 1970 in der Münzstraße aufgestellt ist. Eine Erinnerungstafel an Kant macht an dieser Stelle auf die enge Verknüpfung Duisburgs mit Königsberg aufmerksam.

Auf der Rückseite des Rathauses befindet sich der Alte Markt. Im alten Stadtplan läßt er sich gut mit den Markttischen und der alten Markthalle erkennen. Dieser in der Neuzeit nie bebaute Platz bietet dem Niederrheinischen Museum jetzt die Möglichkeit, bis in die Frühgeschichte Duisburgs zu graben.

Der Triton-Brunnen

❷ Alter Markt

Auf diesem Alten Markt stand zu Corputius Zeiten der Kaks, der Schandpfahl, an dem u.a. *Neis Michels* im August 1547 zwei Stunden zur Strafe stehen mußte, da er den Pförtner der Marienkirche geschlagen hatte. Wahrscheinlich wurde hier auch die aus Wanheim stammende »Hexe«, deren Name leider nicht überliefert wurde, am 8. Februar 1514 auf dem Scheiterhaufen verbrannt.

Vor ihrer Begradigung stieß hier die Schwanenstraße auf den Weinhausmarkt, dessen Verlängerung der Knüppelmarkt war. Hier stand die Weinschule, wobei der Begriff Schule ein Gebäude bezeichnet, das für Versammlungen Platz bot. In Kriegszeiten war hier das Wachlokal untergebracht.

Der Name Weinhausmarkt erinnert aber auch daran, daß in Duisburg Wein angebaut wurde. Im Herbst 1514 muß die Ernte besonders gut gewesen sein, immerhin war der Wein zu dieser Zeit in Duisburg mit 18 Hellern rund neunmal so teuer wie in Bonn, wo ein Viertel nur zwei Heller kostete.

Da die in Duisburg vorhandenen Kapellen sich als zu klein erwiesen, wurde um 1160 die Salvatorkirche gebaut. Der Name Salvator stammt von dem Stadtpatron, dessen hölzerne Statue in der Kirche bis ca. 1555 aufbewahrt und als wundertätig verehrt wurde.

❸ Salvatorkirche

So wurde 1499, als durch die Brandstiftung eines 14jährigen Waisenkindes die Kuhstraße verwüstet wurde, in höchster Not eine Bittprozession mit dem Bild Salvators durchgeführt. Unterstützung erfuhr man aus der Marienkirche, deren Prozession auf der anderen Seite des Feuers entlangführte.

Am 20. September 1981 wurde in der Kirche ein eindrucksvolles Glasfenster des israelischen Künstlers *Naftali Bezem* enthüllt, das an die vernichtete Duisburger jüdische Gemeinde erinnert. Das Fenster, das mit den lodernden Flammen die Zerstörung der Synagoge und der jüdischen Gemeinde symbolisiert, zeigt einen leidenden Löwen als Symbol der Judenheit. Dieser in Erinnerung an die KZ-Kleidung schwarz-weiß gestreifte Löwe trägt auf seinem Rücken einen Juden in KZ-Kleidung mit einem Davidstern, ein Hinweis auf den Rabbiner *Manass Neumark.* Der obere Teil des Fen-

Die Geschichte unter dem Burgplatz

Erst 1980 haben Ausgrabungen auf dem Burgplatz und dem Alten Markt gezeigt, wie alt Duisburg tatsächlich ist: Bis zu 5 m mächtige Siedlungsschichten zeugen von dörflichen Lebensformen schon im 5. Jahrhundert, also viel früher, als die erste gesicherte Überlieferung vermuten ließ. Aus dem Jahre 883 datiert ist ein Bericht des Abtes Regino des Klosters von Prüm in der Eifel (das Besitzungen in Duisburg hatte): »In diesem Jahr fuhren die Normannen, die aus Dänemark ins Kenemerland (im Norden der Provinz Holland) gekommen waren, mit Zustimmung Godefrieds zu Schiff den Rhein hinauf, und nachdem sie das oppidum Diusburch besetzt hatten, errichteten sie in diesem Ort eine Befestigung in der ihnen gewohnten Weise und verblieben dort den ganzen Winter. Gegen sie errichtete der Herzog Heinrich (von Ostfranken) ein Heerlager und ließ sie so keine Beutezüge unternehmen. Als die Frühlingszeit wiederkam, verbrannten sie das Lager und zogen sich in die Küstengebiete zurück.«

An dieser Quelle orientierten sich die Stadtväter Duisburgs, als sie 1983 das 1100jährige Jubiläum feierten, obwohl das Geburtstagskind nach Meinung der Archäologen mindestens 300 Jahre älter war. Der Burgplatz, auf dem seit dem 10. Jahrhundert eine Pfalz der deutschen Könige stand, ist wohl schon im 5. Jahrhundert das Herz Duisburgs gewesen. Funde vom Burgplatz, Altem Markt und der Beeckstraße sowie historische Nachrichten lassen vermuten, daß sich damals in Duisburg — wahrscheinlich auf dem Burgplatz selbst — ein fränkischer Königshof befand, zu dem eine Siedlung gehörte. Der Rhein reichte zu dieser Zeit bis an den Fuß des Burgplatzes. An keiner anderen Stelle der weiteren Umgebung ließ er sich einfacher überqueren. Es ist daher kein Zufall, daß der aus den Orten kommende Hellweg bis hierher führte und auf die nordsüdlich verlaufende alte Reichsstraße traf. Nur etwa 500 m entfernt mündete die Ruhr in den Rhein. So war Duisburg schon damals ein Knotenpunkt wichtiger Wege und Wasserstraßen, der seine Bedeutung seiner beherrschenden Lage und vor allem dem Fernhandel verdankte.

Die Ausgrabungen zeigten, daß das Gebiet der westlichen Altstadt im 9. Jahrhundert trocken fiel und der Rhein danach seinen Lauf für mehrere Jahrhunderte im Bereich des heutigen Innenhafens direkt unterhalb des Alten Marktes nahm. Seit dieser Zeit besteht dieser Marktplatz, der somit seinen Namen zu Recht trägt. Im feuchten Untergrund des Marktes, der aus vielen übereinanderliegenden, teils gepflasterten Marktschichten besteht, erhielt sich eine große Zahl von Funden aus Holz, Leder, Knochen, Metall, Keramik, Glas usw. Seit dem Ende des 13. Jahrhunderts gab es bereits eine steinerne Markthalle mit mehreren Gebäuden, die erst im letzten Krieg zerstört wurden.

Um den Alten Markt herum konnten bei weiteren Bauarbeiten Reste des alten Duisburg freigelegt und untersucht werden. Die ältesten Siedlungsfunde wurden bisher an der Niederstraße gemacht. Sie gehören bereits in die Mitte des 1. Jahrtausends vor Chr. Eine ununterbrochene Besiedlung der Duisburger Altstadt läßt sich aber bisher erst seit dem 5. Jahrhundert nach Chr. nachweisen. Bereits in den ersten Jahrzehnten des 12. Jahrhunderts wurde die erste Stadtmauer errichtet, von der bedeutende Reste erhalten sind. Aus dieser Zeit stammen auch die ersten steinernen Häuser, während die Wohnbauten der Zeit davor aus Holz und Lehm waren. Im 12. und 13. Jahrhundert entstand das Stadtbild, das bis in den letzten Krieg und die frühe Nachkriegszeit die Duisburger Altstadt prägte. Die Kriegszerstörungen und die Umgestaltung danach haben beinahe zum Untergang des Alten Duisburg geführt. Nur wenige alte Bauten, wie die Salvatorkirche, das Dreigiebelhaus und Teile der Stadtmauer blieben davon verschont. Erst heute, nachdem die Wachstumseuphorie der 50er bis 70er Jahre vorbei ist, besinnt man sich wieder auf eine nicht unbedeutende Vergangenheit. Der Grabungsbereich auf dem Alten Markt mit den Resten der Markthalle wird zu einem Freilichtmuseum hergerichtet, die Stadtmauer am Innenhafen und Springwall restauriert, ein neues, größeres stadtgeschichtlich orientiertes Museum ist in unmittelbarer Nähe entstanden. Man zeigt wieder ein Geschichtsbewußtsein.

Günter Krause

sters gibt vier hebräische Worte wieder: Erhoben und geheiligt sei Sein Name. Dies ist der Anfang des Kaddischgebetes, des sogenannten Totengebetes der Juden.

In einer Urkunde des Herzogs von Limburg werden erstmalig 1265 die in Duisburg ansässigen Minoriten (Franziskaner, mindere Brüder) erwähnt. Die Liebfrauenkirche und Teile der Klostergebäude wurden nach der Auflösung des Klosters 1832 der katholischen Gemeinde übertragen, die Bibliothek des Klosters wurde der neuen Liebfrauenpfarre übergeben.

Während des Zweiten Weltkrieges wurde die alte Liebfrauenkirche fast völlig zerstört. Bei Ausgrabungen 1958 fand man Fundamente des ehemaligen Wohnturmes und Reste eines Totenkellers mit Gebeinen. Hier wurden Mönche und Äbte der Hamborner Prämonstratenser-Abtei beigesetzt. Und, so weiß eine Ordensschwester zu berichten,»normale Sterbliche« auf besonderen Wunsch, wenn sie dem Orden einen besonderen Dienst erwiesen hatten. Dieser Totenkeller kann nach Anmeldung im Kloster besichtigt werden.

Heute ist kaum bekannt, daß auf besonderen Wunsch des Bischofs an die heute bestehende Kirche»Mutter zum Guten Rat« wieder ein Kloster errichtet wurde. 1961 wurde das Karmelkloster geweiht. Die hier lebenden Karmeliterinnen haben sich für ein Leben entschieden, das Klausur, Beten, Schweigen und Einsamkeit in schwesterlicher Gemeinschaft beinhaltet. Soweit es möglich ist, erarbeiten sich die Schwestern ihren Lebensunterhalt selbst.

Der Eingang zum Museum

Hier eröffnete die Volkshochschule das Internationale Zentrum. Neben Kursen und Veranstaltungen wird die Möglichkeit geboten, zu annehmbaren Preisen internationale Speisen zu genießen.

Hinter dem Internationalen Zentrum ist der Kernpunkt der neu angelegten Archäologischen Meile Duisburgs. In dem neuen Gebäude des Niederrheinischen Museums sind die Fundstücke aus Duisburgs früher Besiedelung zu besichtigen. Neben dem Museum steht eine Bronzeplastik, die nach dem Stadtplan Corputius geschaffen wurde und einen Überblick über das Duisburg von 1566 gibt.

Die immense Arbeit, die die Archäologen bewältigten, ist für die Stadtgeschichte von großer Bedeutung. Sie stellen nicht nur allen Interessierten alle verfügbaren Informationen zur Verfügung, sie graben sich überall in der Stadt durch die Geschichte Duisburgs. Meist dort, wo abgerissen oder neu gebaut wird, arbeiten sie gegen die Zeit und die im Hintergrund wartenden Bagger und Raupen, um sonst unrettbar verlorene neue Erkenntnisse über die frühe Besiedelung zu retten.

Die wechselvolle Geschichte des Klosters an der Nieder- und Oberstraße endete vorläufig 1906, als die Textilfirma *Ludwig Esch* es von den Töchtern des 1899 verstorbenen Lehrers *Wrampelmeyer* erwarb. In den Jahren bis 1908 errichtete die Textilfirma auf dem ehemaligen Gartengelände des Klosters ein Fabrikgebäude für die

»mechanische« Konfektion. An diesem Gebäude, mit Eingang von der Niederstraße, blieb der Name »Esch-Haus« haften. Nachdem die Stadt das Gelände 1961 angekauft hatte, wurde im ehemaligen Fabrikhaus ein Jugendzentrum eingerichtet. Das Esch-Haus machte sich als selbstverwaltetes Jugendzentrum über Duisburgs Grenzen hinaus einen Namen. So war es kein Wunder, daß auch aus den benachbarten Städten Unterstützung kam, als Pläne der Stadt bekannt wurden, das Esch-Haus abzureißen. Der aussichtslose Kampf gegen die Interessen der Stadt endete 1986 doch mit dem Abriß. Heute suchen Interessengruppen, wie z.B. »Kunstgriff«, vergeblich nach einem Haus in Duisburg. Mittlerweile wurde auch mit der Innenhafenneubebauung die in ihrer ursprünglichen Form erhaltene Niederstraße vollständig verändert. Ein neues Stadtviertel, das »Corputius-Viertel«, wurde hier hochgezogen. Obwohl die meisten Häuser so angelegt wurden, daß direkt hinter ihnen die alte Stadtmauer die Sicht versperrt, gibt es genügend Interessenten für den raren Wohnraum.

Nonnengasse

An der Ecke Nonnengasse/Oberstraße steht das sehenswerte älteste Haus Duisburgs, das Drei-Giebel-Haus, das (noch nicht mit drei Giebeln) bereits von Corputius eingezeichnet war. 1608 ließen sich hier die Stiftsdamen des Zisterzienserinnenklosters nieder. Erst 1805 wurde das Kloster aufgelöst.

Nach einer kostenaufwendigen Renovierung endete die wechselvolle Geschichte des schon 1536 urkundlich erwähnten Drei-Gie-

*Stipendiat im Atelier,
1978*

bel-Hauses 1976 mit der Ausschreibung des ersten *Wilhelm-Lehmbruck-Stipendiums*. Seitdem finden hier Künstler Ateliers und Wohnraum, um sich mit einer industriegeprägten Umwelt künstlerisch auseinanderzusetzen.

Hier war lange *die* bevorzugte Wohnstraße. Hier wohnten u.a. die Gelehrten *Friedrich-Albert Lange* und *Gerhart Mercator*. Mercators Student *Jan van den Corput* aus Breda, der in Duisburg besser bekannt ist als Johannes Corputius, erstellte 1566 den ersten Stadtplan Duisburgs. Dieser Plan ist so detailliert ausgeführt, daß er genaueste Auskunft über die Lage der einzelnen Häuser gibt.

❺
Oberstraße

Als *Johann Wolfgang von Goethe* 1792 mit dem französischen Flüchtlingsstrom Duisburg erreichte, wohnte er einige Tage in dem Gasthof »Zur goldenen Krone« in der Oberstraße 35. 1899 brachte man eine Tafel an, um an den Goethe-Besuch am 4. und 5. Dezember zu erinnern.

Goethe besuchte in diesen Tagen nicht nur den in der Oberstraße lebenden Professor der Physik und Kameralwissenschaft (Finanz- und Verwaltungswissenschaft) Blasius Merrem, sondern schildert in seiner »Campagnie in Frankreich« sein Erlebnis mit dem Wirt des Gasthofes, der wohl ein Duisburger Original gewesen ist.

F.A. Lange

Der Eingang zur königlichen Burg Duisburgs war das Stapeltor, wie alle anderen Stadttore ein Doppelbau. Von diesem Tor aus gelangte man nach Mülheim. Vor dem Tor waren Steinstapel errichtet worden, die den Reitern das Auf- und Absteigen erleichtern sollten. Diese Stapel oder Staffeln, wie man früher sagte, gaben dem Tor seinen Namen. An dieser Stelle wurde auch das Staffelgericht abgehalten, wobei der Gerichtsherr auf den Steinstapeln Platz nahm.

❻
Stapeltor

Für den Empfang Kaiser Napoleons am 2. November 1811 hatten die Duisburger hier einen Triumphbogen errichtet, der in Latein die Inschrift trug: »Napoleon, dem unbesiegbaren Kaiser und Friedensbringer Deutschlands gewidmet.« Ein zweiter Triumphbogen am Kuhtor trug die folgende Inschrift: »Den erhabensten und frommsten Beschützer geleitet das Duisburger Volk mit seinen glühendsten Wünschen.«

Ein im Rathaus geplanter Empfang konnte nicht durchgeführt werden, da der Reisewagen »seiner Majestät« nicht durch die engen Gassen zum Rathaus fahren konnte. So wurde Napoleon, nachdem ihm um 9.30 Uhr am Stapeltor gehuldigt worden war, »beim Geläute aller Glocken« bis an das Haus des Municipalrates Böninger geleitet. Hier frühstückte er und sprach mit dem Maire und den Professoren der Universität. Der damalige Bürgermeister Dr. Speck erklärte Napoleon zur Notlage der Stadt und dem Konkurrenzkampf mit Düsseldorf um den Bestand der Universität: »Duisburg (sei) eine wohlfeile Stadt und Düsseldorf sei viel zu teuer. Außerdem sei eine Universität in einer kleinen Stadt besser aufgehoben als in einer großen.« Leider verfügte Napoleon, nachdem er noch am gleichen Tag nach Düsseldorf gereist war, die Aufhebung der Duisburger Universität und ihre Verlegung nach Düsseldorf.

Napoleon

❼
Rabbiner-Manass-Neumark-Weg

Hier befindet sich neben dem 1988 eingeweihten *Anne-Frank*-Denkmal das Mahnmal für die Duisburger jüdische Gemeinde. Die

Stadtmauer am Rabbiner-Manass-Neumark-Weg

Reste der Stadtmauer, in die das Mahnmal integriert ist, wurden erst abgerissen, um dann mühevoll mit zum Teil alten Steinen wieder aufgebaut zu werden.

An der Ecke Kuhlenwall/Junkernstraße befand sich seit 1875 die Duisburger Synagoge.

Die Synagoge 1902

In Duisburg traf in der Nacht vom 9. auf den 10. November 1938 ein Fernschreiben der obersten Gestapo-Leitung Berlin ein, in dem es hieß: »Es ist damit zu rechnen, daß Synagogen in Flammen hochgehen.« Die Aktionen, die von SA-, SS- und Parteimobs durchgeführt wurden, richteten sich gegen Geschäfte, Wohnungen jüdischer Bürger und gegen die Synagogen und Betstuben der jüdischen Gemeinden. Rund 24 Stunden tobte sich der Mob am Besitz der Duisburger Juden aus. Die nicht an den Zerstörungen und Mißhandlungen beteiligte Bevölkerung, die sich laut Rhoden passiv verhielt und sogar murrte, stand dabei und sah zu. Sie sah zu, wie die Synagoge in der Junkernstraße, die Betsäle in Hamborn und Ruhrort, die Leichenhalle des jüdischen Friedhofes in Beek ausbrannten und die Inneneinrichtung des jüdischen Gemeindehauses und der jüdischen Schule zerstört wurden. Die Bevölkerung »murrte«, als 25 Geschäfte und 40 Wohnungen demoliert und 60 zum Teil verletzte Juden festgenommen wurden. Es griff auch niemand ein, als der 62jährige Kaufmann Ludwig (Leiser) Windmann vom Sonnenwall 72 am 10. November unter mörderischen Schlägen auf das Pflaster fiel und einen Schädelbruch erlitt, an dessen Folgen er sieben Tage später starb.

Am 11. November konnte die Duisburger Presse über die nunmehr abgeschlossene Aktion berichten. »Übrigens«, las man da, »wurde in den frühen Morgenstunden die Feuerlöschpolizei zur Synagoge bestellt, wo Flammen und Rauchbildung in dem Mauerwerk auf Brand schließen ließen.« Bereits mittags waren die Löscharbeiten beendet, die Synagoge zerstört und die umliegenden Häuser vor einem Übergreifen der Flammen durch die Feuerwehr geschützt. Der städtische Fuhrpark begann mit den Aufräumarbeiten und beförderte im »Interesse des Publikumsverkehrs die Trümmer und Scherben zurück in die offenstehenden Judenläden«. Was der Mob den Juden nahm und zerstörte, gab die Stadt ihnen nun zurück!

Altstadt

Am 4. Juli 1987 wurde auf dem Grundstück der Synagoge eine Kapelle der Evangelischen Kirchengemeinde Innenstadt eingeweiht. Die Kapelle wurde nach einem Entwurf des Architekten *Lutz Voigtländer* zeltförmig gebaut. Die Endpunkte der sechs Firstlinien ergäben bei Verlängerung bis auf den Erdboden und Verbindung dieser Punkte den Davidstern. Neben dem Rest der Apsis vor der Kapelle ist ein Fundamentteil, der den Nordostpfeiler der Synagogenkuppel trug, das einzige erhaltene Mauerstück. Der Fundamentteil wurde im Hof der Kapelle als Brunnen gestaltet und soll so die Hoffnung nach einem Neuanfang im Verhältnis zwischen Christen und Juden ausdrücken. Die Maulbeerfrucht auf dem Kapellendach und der neben den Brunnen gepflanzte Maulbeerbaum sollen diesen Wunsch verstärken.

Am Standort des ehemaligen *Aron Ha Kodesch* (Thoraschrein) sieht man zur Erinnerung ein Fenster und eine Stele des Duisburger Künstlers *Berthold Janke*. Das Fenster zeigt die zehn Gebote in hebräischer auf der äußeren und in deutscher Schrift auf der inneren Scheibe. Die davor stehende Stele besteht aus 1.000 Glasstreifen, die die Gestalt eines Leidenden bilden. Ein bei den Ausschachtungsarbeiten zum Bau der Kapelle entdecktes Knäuel von Stoffresten, Lederstückchen, Kettchen, Metallringen und Bändern konnte als Rest des ehemaligen Thoramantels identifiziert werden. Es sind die letzten sichtbaren Zeugnisse der jüdischen Gemeinde. Jedes Jahr findet hier in der Nacht vom 9. zum 10. November von 19 Uhr bis 7 Uhr eine Gebetsnachtwache statt.

Kapelle zum Gedenken an die ehemalige Synagoge der Jüdischen Gemeinde

Die Kapelle ist zugleich auch Andachtsraum im Integrierten Diakoniemodell der Gemeinde, das Menschen verschiedener Altersgruppen, Behinderte und Nichtbehinderte zusammenführt.

An der Ecke zur Gutenbergstraße steht noch der verfallene Schäferturm. Sein Name geht auf eine Zeit zurück, in der man Türme und Mauerbögen als Wohnungen nutzte. Hier wohnte der Stadtschäfer. Auf dem berühmten Corputiusplan von 1566 ist zwischen dem Kuhtor und dem Schäferturm der »beliebte Mitbürger Jan Seildreher« festgehalten, wie er seine Seile herstellt.

Kuhlenwall

In den 60er Jahren freuten sich die Duisburger über die Möglichkeit, in der kleinen Parkfläche am Schäferturm Erholung zu finden. Die Bänke findet man noch heute, leider von Parkplätzen umgeben.

An der Ecke zur Königstraße stand bis 1833 das Kuhtor. Durch dieses Tor wurden die Kühe auf die Weide außerhalb der Stadtmauer getrieben.

1705 wurde auf dem Glockenturm des Tores eine Uhr installiert, die nach knapp drei Jahren zu ihrer Unterhaltung von einem Fräulein Elisabeth ab Eyck drei Morgen Land erbte! Zwar verschwand 1833 mit dem Abriß des Kuhtors auch die erbberechtigte Turmuhr, doch war die Glocke der Uhr noch lange zu hören, da sie als Bet- und Schulglocke diente. An der Tabakfabrik der Familie Böninger in der Kuhstraße wurde unter die dort eingebaute elektrische Uhr der Dank an Fräulein ab Eyck verewigt: »Zur bleibenden Erinnerung an die Stifterin Fräulein ab Eyck. Gestiftet 1708. Erbaut 1888.«

Die Kuhstraße um 1895

❽
Kuhstraße

Hier gab es noch in den 30er Jahren neben vielen Geschäften Restaurants, Cafés, Gaststätten und Kneipen. So das seit mehr als 100 Jahren bestehende Geschäft des Juweliers *Schmelzer.* Vielen alten Duisburgern wird ein feuchtfröhlicher Abend im Café Picadilly oder im Café Fürstenhof (das Haus steht noch) unvergessen sein. Neben den Feinschmecker-Lokalen wie »Reichskrone« und »Böllert Bräu« gab es die urigen Duisburger Kneipen »Weißes Roß« und »Goldene Schüpp«. Eines der ersten Duisburger Kinos, die »Kammer Lichtspiele«, war fast 50 Jahre in dem Haus des »Duisburger-General-Anzeigers« untergebracht. Was an alter Bausubstanz nach den Bombenangriffen des Zweiten Weltkrieges noch stand, wurde gegen den Willen der Bürger 1962 fast vollständig abgerissen. Der Verbreiterung der Kuhstraße von 14 auf 45 Meter mußte die komplette Kuhstraßen-Nordseite (Häuser 2—14) weichen. Schaut man sich heute die breite Fußgängerzone an und stellt sich vor, daß auch die Straßenbahn bald verschwunden ist (U-Bahn-Bau), so muß man sich fragen, ob dieser Abriß lohnte. Heute könnte hier vieles wieder bebaut werden. Es war ein Abriß für rund 20 Jahre Straßenverkehr!

Ein besonders beliebter Treffpunkt der Duisburger ist in der Mittagszeit das Restaurant »Kuhtor«. Vor allem, wenn man im Sommer draußen sitzen und essen kann, ist dieses Restaurant recht überlaufen.

Bei italienischen Spezialitäten, die man hier u.a. bekommt, sollte man sich daran erinnern, was die Duisburger früher so aßen. Früher achelten (aßen) die Duisburger u.a. Jan im Sack (Reis oder Gerste mit Rosinen und

Korinthen als Brei), Himmel und Erd' (Äpfel und Kartoffeln), Lehm und Stroh (Erbsen am Sauerkraut), oder Pannas (ein aus Wurstbrühe und Buchweizenmehl hergestellter gewürzter Brei, der in Scheiben geschnitten und gebraten wird). Diese Duisburger Gerichte wird man heute wohl vergeblich auf den Speisekarten suchen. Nur den Pannas, den zumindest als geflügeltes Wort (Pannas mit Christbaum) fast jeder im Kohlenpott kennt, kann man in den meisten Metzgereien heute noch kaufen. Zum Glas Wein aß man in Duisburg einen nackten Spatz (Stückchen Käse ohne Brot), was ja viele auch heute noch gerne tun.

Und die Osels (Kinder) bekamen Bobbelkes zu schnuppern. Da die vorhandenen Schnuppereien aber meistens in den Familien unter Verschluß gehalten wurden und nur als kleine Rationen an die Gören verteilt wurden, freuten sich alle ganz besonders auf St. Martin.

1903 wurde hier das neue »Kaufhaus E. Löwe vorm. Philipp Freudenberg« eröffnet. In diesem Geschäftshaus wuchs die am 26. Februar 1900 geborene *Alice Löwe* mit ihrer Zwillingsschwester Martha und ihrem jüngeren Bruder Walter auf.

Münzstraße 1

Am 1. September 1927 wurde Alice von der Stadt als Stenotypistin eingestellt. Zwei Jahre später wurde sie Stadtschwester beim städtischen Gesundheitsamt. Nachdem die nationalsozialistische Fraktion der Stadtverordnetenversammlung am 4. Oktober 1930 den Antrag stellte, weibliche Angestellte durch männliche zu ersetzen, das Gesundheitsamt dies für die Stadtschwester Löwe abgelehnt hatte, wurde Alice Löwe zum 1. Januar 1933 nach Hamborn versetzt. Doch dies reichte den Nationalsozialisten nicht. Am 21. März 1933 forderten sie die Entfernung der »Jüdin Löwe«. Sie bekam die Kündigung und wanderte nach Palästina aus, wo sie am 2. August 1948, nur 48-jährig, starb.

Als erste gepflasterte Straße Duisburgs hat sie ihren Namen redlich verdient.

Steinsche Gasse

Am 15. Oktober 1654 wurde die erste Duisburger Universität eröffnet. Die Hauptgebäude lagen im Bereich der heutigen Universitätsstraße und zogen sich von der Beekstraße bis zur Steinschen Gasse. Es waren die Gebäude des ehemaligen Katharinenklosters, als Auditorium Maximum diente die alte Kirche. Aus Platzmangel wurde der Universität 1726 an Wochentagen die alte Kapelle auf dem Salvatorkirchhof als chemisches Laboratorium und zur Anatomie zur Verfügung gestellt. Mit diesem Provisorium hatte die lutherische Gemeinde, die hier ihren Sonntagsgottesdienst abhielt, lange zu kämpfen, da die Düfte der chemischen Experimente durch die Kapelle wehten und vergessene Leichenteile die Gottesdienstbesucher schreckten. 1748 wurde dann beschlossen, auf dem Universitätshof ein Theatrum Anatomicum zu errichten.

Aus »landesväterlicher Vorsorge« wurde es 1771 verboten, in den Universitätsstädten und ihrer Nachbarschaft Schauspiele aufzuführen. Dieses Verbot sollte verhindern, daß die Studenten ihr Geld für Schauspiele und Schauspielerinnen ausgaben, statt ihre Gebühren zu entrichten.

August von Kotzebue (später Advokat in Weimar und erfolgreicher Bühnenschriftsteller), der von 1778 bis 1779 in Duisburg studierte, versuchte ein »Liebhabertheater« zu errichten. Da der

Universitätsstraße

⑨
Universitätsstraße

⑩
Beekstraße

Magistrat einem »Komödienspiel« jedoch ablehnend gegenüberstand, gelang es nicht, einen geeigneten Saal zu finden. Die Minoriten stellten Kotzebue daraufhin den Kreuzgang ihrer Kirche in der Brüderstraße zur Verfügung. Und dort, schrieb Kotzebue in »Mein literarischer Lebenslauf«, »gaben wir zum Erstaunen, zur Freude und zum Skandal des Duisburger Publikums ›Die Nebenbuhler‹.« Gleichzeitig mit der Schließung der Universität am 18.10.1818 nahm die Bonner Universität ihren Lehrbetrieb auf, ohne sich als Nachfolgerin der Duisburger Universität zu fühlen. Wenngleich auch heute noch die alten Universitätszepter in Gebrauch sind, und die Bestände der Universitätsbibliothek einen guten Grundstock für die dortige Bibliothek ergaben.

Die große Kellerdiskothek »Old Daddy« lockt mit ihrer großen Tanzfläche jedes Wochenende aus dem gesamten Ruhrgebiet Jung- und Altfreaks nach Duisburg.

Bis 1875 in der Junkernstraße der Aufbau der neuen Synagoge begonnen wurde, befand die Synagoge der Duisburger jüdischen Gemeinde sich in dem Haus Nr. 32. Beinahe genau gegenüber, Haus Nr. 29 (früher Nr. 11), hatte seit 1918/19 die kleine ostjüdische Gemeinde zeitweise 3 Gebetsräume.

Um die Jahrhundertwende war hier die Hauptgeschäftsstraße. Hier reihte sich ein Schaufenster an das andere, höchstens unterbrochen von Cafés und Gaststätten. In einem Stadtführer von 1902 schwärmte der Autor: »Namentlich die großen Manufakturgeschäfte suchen sich in der Ausschmückung zu überbieten; sie entfal-

Ostjuden: Nur auf der Durchreise

Vielen ist noch heute unbekannt, daß sich seit Ende des letzten Jahrhunderts um die Universitätsstraße ein Wohnviertel für »Ostjuden« entwickelte. Der zweite Hauptwohnbereich lag in der Charlottenstraße.

Bei der Aufarbeitung der Verfolgung der Juden in Deutschland werden die »Ostjuden« ganz einfach vergessen. Dabei waren sie es, die den wachsenden ganz alltäglichen Antisemitismus zuerst zu spüren bekamen, nicht nur während des Kaiserreiches, sondern auch während der ersten Republik in Deutschland, also lange bevor die Nationalsozialisten an die Macht kamen.

Es gab kaum einen ostjüdischen Mitmenschen, der freiwillig in Deutschland war, die meisten hatten auch nicht vor, hier zu bleiben. Sie waren Durchwanderer, die entweder in das westliche Ausland wollten (zumeist in die Vereinigten Staaten) oder später zurück in den Osten oder nach Palästina.

Nach der ersten russischen Revolution 1905 folgten galizische Juden. Nachdem die Deutschen im Ersten Weltkrieg als »Befreier« Polen besetzt hatten, bedeutete das für viele polnische und russische Juden Deportation und Zwangsarbeit, entweder in den besetzten Gebieten oder in Deutschland. Denn die deutsche Kriegsindustrie benötigte »Arbeitskräfte jeder Art«, um die im Felde stehenden Deutschen zu ersetzen.

Am Ende des Krieges wollte man sich der »Ostjuden« so schnell wie möglich wieder entledigen. Die Stimmung im Volk wurde angeheizt: »Ostjuden« wurden der Lohndrückerei bezichtigt, und man machte sie für Seuchen und Krankheiten verantwortlich.

Auch die jüdische Gemeinde war eher geneigt, die »Ostjuden«, die schon durch ihr äußeres Erscheinungsbild die etablierten »deutschen Juden« zu sehr an die eigene Vergangenheit und das Judentum erinnerten, so schnell wie möglich wieder loszuwerden.

Immer wieder wurden die ostjüdischen Arbeiter aufgefordert, sich zur Abreise auf den Bahnhöfen einzufinden. Viele wurden zwangsdeportiert in zunächst eigens für sie eingerichtete Lager wie Cottbus und Stargard, um dann in eine Heimat abgeschoben zu werden, die ihnen keine mehr war, und wo sie vor weiteren Verfolgungen nicht sicher waren. »Damit die Abschiebung dieser für die einheimische Volkswirtschaft lästigen Juden demnächst ungesäumt erfolgen kann«, wurden die Polizeipräsidenten des Regierungsbezirks Düsseldorf vom Regierungspräsidenten am 27. August 1918 angewiesen, Namenslisten vorzubereiten. Auch zahlreiche ostjüdische Arbeiter in Duisburg waren von dieser Maßnahme betroffen. Die meisten von ihnen arbeiteten in der Sodafabrik *Matthes & Weber,* beziehungsweise beim Hoch- und Tiefbau *Peter Fix und Söhne.*

Einzig in Rabbiner *Manass Neumark* und in dem Rechtsanwalt *Harry Epstein* hatten sie sowohl innerhalb der Gemeinde als auch nach außen Fürsprecher. So wurde auf die Initiative Epsteins im Oktober 1919 das jüdische Arbeitsamt in der Quergasse gegründet. Hier kümmerte man sich um die Vermittlung von Arbeit, Personalangelegenheiten und setzte sich für Verlängerungen der Aufenthaltsgenehmigungen ein.

Als die Stelle 1927 ihre Tätigkeit beendete, waren die meisten ostjüdischen Arbeiter entweder in den Osten Europas zurückgekehrt, nach Westen weitergewandert oder nach Palästina übersiedelt.

Die, die hierblieben, ereilte mit der Machtübernahme der Nationalsozialisten das gleiche Schicksal wie die assimilierten »deutschen Juden«. Bei der »Endlösung der Judenfrage« gab es keinen Unterschied zwischen »Ost- und Westjuden«.

Angelika Witjes-Hielen

ten eine Farbenpracht und einen Toilettenzauber, die jedes Auge fesseln und das weibliche Herz höher schlagen lassen.«

Davon kann heute keine Rede mehr sein. Mit Wehmut erinnern sich »alte« Duisburger an diese einstige Prachtstraße. Heute reihen sich trist die zum Teil sehr heruntergekommenen und verlassenen Häuser im unteren Teil aneinander. Statt Cafés, Kneipen und Geschäften finden sich hier nun Vergnügungslokale, Sex-Shops und Spielhallen. Das Marienviertel mit seiner hohen Lärmbelästigung und der untere Teil der Beekstraße mit seiner tristen Parkplatzfläche bieten wenig Anreize, hier zu wohnen. Früher herrschte hier ein einträgliches »Nebeneinander von Wohnen, Handel und Gewerbe« — heute allerdings mehr »Gewerbe«, Wohnen nimmt weiterhin ab, von Handel keine Spur mehr.

Beekstraße/Ecke Münz-
straße

Ein Stücksken Ruhrdeutsch

Seit Jahr und Tag wird in Duisburg reines Hochdeutsch gesprochen. Sagen die Duisburger. Tatsächlich aber verwenden sie drei Sprachen: das Hochdeutsche, den alten niederdeutschen Dialekt und eine weitere, neue Mundart, die als »Ruhrdeutsch« bezeichnet wird.

Das Hochdeutsche der Duisburger, das vor rund 400 Jahren in die Stadt gelangt ist, klingt zwar leicht eingefärbt, unterscheidet sich aber nur in sehr geringem Maße von der Standardsprache, wie sie z.B. in Norddeutschland gesprochen wird.

Eine Studie aus den 30er Jahren ermittelte, daß einerseits gerade im Ruhrgebiet das Vermögen der Bevölkerung, hochdeutsch zu sprechen, weiter verbreitet sei als in anderen Teilen Deutschlands, aber im privaten Bereich bewußt keine Anwendung finde. Wenn also Duisburger das Hochdeutsche nur in offiziellen und formellen Momenten benutzten, welche Sprache gebrauchen sie dann in ihrer Privatsphäre, der Familie oder am Stammtisch? Eine alternative Ausdrucksform: das Ruhrdeutsche mit typischen regionalen Sprachmerkmalen. Gerade diese ruhrdeutsche Regionalvarietät fällt einem Fremden zuerst auf.

Nach dem Linguisten Arend Mihm stellt das Ruhrdeutsche die jüngste der drei Duisburger Sprachen dar und besitzt folgende Eigenschaften: In der Lautlehre sind vor allem die Konsonanten »t« in dat, allet, »p« in Kopp, Proppen und »k« in bißken und Stücksken kennzeichnend für diesen Dialekt. Bedeutsam ist der Ausfall der Konsonanten »r« und »l« in z.B. wächen wisse (welchen willst du) und Kontraktionen wie hasse (hast du) und kannsse (kannst du), die in dieser Regionalsprache zur Regel geworden sind.

Pluralbildungen wie Kinders oder Pullovers, die Akkusative den Herr, den Junge oder die Possessivform mein Mutter, unser Tante sind für das Ruhrdeutsche kennzeichnend.

Der Akkusativ wird statt Dativ verwendet (und umgekehrt), oder der Akkusativ tritt statt des Nominativs auf (auch umgekehrt).

Nach Präpositionen fehlt meist der Artikel: nach Schule, in Bett, und Possessivkonstruktionen mit Akkusativergänzungen wie »Mein Oppa sein Stock« und »er war schwer am zittern« (Verlaufsform) gehören zu dieser neuen Mundart.

Sagen die Duisburger nun aber: sons (sonst), nich (nicht), gibbet (gibt es) oder wisse (wissen sie) nur aus Bequemlichkeit, weil ihnen der korrekte Gebrauch zu lang erscheint? Sicher gibt es nicht nur sprachökonomische Gründe, denn diese Annahme läßt sich leicht durch Beispiele wie: dat (das) oder Kopp (Kopf) verwerfen.

Auch die zweite These, daß sich das Ruhrdeutsche aus polnischen Einflüssen manifestiert hat, scheint nicht schlüssig, da sich die Eigenschaften des Duisburger Dialekts vollkommen von den Sprachgewohnheiten deutschsprechender Polen unterscheiden.

Eine volkstümliche Erklärung will wissen, daß das Ruhrdeutsch auf die laute Arbeit der Bergleute zurückzuführen ist, die unter Tage nur durch Zurufe kommunizieren konnten. Doch auch diese Auslegung kann nicht zutreffen, da die Forschung ermittelte, daß gerade Arbeiter, die einer Beschäftigung unter erhöhtem Lärm ausgesetzt sind, über eine verstärkte Artikulationsenergie verfügen, die eine überdeutliche Aussprache eintreten läßt, und das trifft auf das Ruhrdeutsch nicht zu.

Arend Mihm hat eine vierte Hypothese: Seiner Meinung nach ist das Ruhrdeutsche aus dem plattdeutschen Dialekt entstanden. Worte wie: dat, Kopp, Stücksken, die Dokters u.a. sind scheinbar unmittelbar aus dem niederdeutschen in den ruhrdeutschen Sprachschatz übernommen worden. Bei einem beträchtlichen Teil der Wörter und Wendungen erkennt man das Bestreben der Sprecher, sich hochdeutsch zu artikulieren und alte niederdeutsche Sprachformen zu meiden: Durst = Duuast (rd) = Dosch (nd). Die Dative des ruhrdeutschen Dialektes sind nach Mihm als Hyperkorrektheit der Sprechergemeinschaft aufzufassen, weil dieser dritte Fall für einen dativlosen Niederdeutschen hochdeutsch und gewählt klang.

Zur Zeit der industriellen Revolution verliert das hier skizzierte »Ruhrdeutsch« endgültig seinen Charakter einer Übergangssprache vom Niederdeutschen zum Hochdeutschen. Damals (1840) wuchs die Bevölkerung in den Städten des rheinisch-westfälischen Industriegebietes in kürzester Zeit auf das Zehn- bis Zwanzigfache an. Das Ruhrdeutsch wurde zum Verständigungsmittel der hinzugezogenen Landbevölkerung und der Einwanderer mit einer anderen Muttersprache. Bis heute bleibt das Ruhrdeutsche eine Gebrauchssprache von Millionen Menschen.

Wie aber sieht die älteste Duisburger Mundart, der niederfränkische Dialekt aus? Dieser Dialekt, der den niederdeutschen Mundarten zugerechnet wird, verweist auf Duisburgs Geschichte.

Die Duisburger Region gehörte früher zur Gemeinschaft der nordseegermanischen Sprachfamilien und ist daher sprachhistorisch eher mit dem Niederländischen und Englischen verwandt als mit dem Hochdeutschen. Dieser alte niederfränkische Dialekt hat sich bis heute in der Stadt erhalten. Doch merkwürdigerweise lautet diese Mundart in den einzelnen Duisburger Stadtteilen keineswegs gleich, denn es lassen sich merkliche Unterschiede beobachten.

Am deutlichsten sind die Verschiedenheiten zwischen dem Niederfränkischen des Duisburger Südens (Huckingen, Rahm, Serm, Mündelheim) und der Mundart der nördlichen Stadtteile. Diese Dialektgrenze, die quer durch das Duisburger Stadtgebiet verläuft, nennt Arend Mihm die »Uerdinger Linie«, da sie bei Uerdingen den Rhein überschreitet. Eine weitere bedeutende Dialektscheide läßt sich entlang der Ruhr erkennen. Der Fluß trennt das Dialektgebiet der Duisburger Altstadt von den Mundartbereichen nördlich der Ruhr.

So sagt man in einem Stadtteil nördlich der Ruhr (Beeck) Besük, während die Bewohner der Altstadt vom Besuk sprechen. In diesen beiden Dialektgebieten unterscheiden sich auch die Ausspracheformen der Personalpronomen, so verwenden die Altstädter: du, mi di, wi; die Bewohner nördlich der Ruhr aber: do, mej, dej und wej.

Eine weitere Mundartgrenze befindet sich am Rhein, der Duisburg in zwei Hälften teilt. In dem Dialekt, den die Homberger, Baerler, Rheinhausener und Rumelner verwenden, spricht man von gister (gestern), während die Bürger der Altstadt von gester reden. (Die Pronomen lauten do, mech, dech im Gegensatz zu du, mi di.)

Wie entstanden aber die Dialektgrenzen innerhalb des Duisburger Stadtgebietes? Oft fördern geographische Umstände Sprachunterschiede. In Duisburg erstreckte sich in früheren Zeiten im Süden der Altstadt ein Waldgebiet. Wälder, Gebirge und Gewässer hemmen vielfach den Kontakt und den Austausch untereinander und führen demzufolge zu Sprachscheiden. Auch Territorialgrenzen (Rhein) bilden Sprachgrenzen, da sie eigene Zoll-, Steuer- und Gerichtsbereiche bilden und sich auf ihre jeweilige Hauptstadt konzentrieren. So auch in Duisburg: Die Altstadt und der Norden gehörten zum Herzogtum Kleve, während der Süden dem Herzogtum Berg unterstand und der Westen vollständig der Grafschaft Moers angehörte. Für Mihm ist der Rhein hinsichtlich der Sprachgrenzen besonders wichtig, da er vom Mittelalter bis zur Neuzeit die wichtigste Handels- und Kulturstraße Mitteleuropas darstellt. Köln nahm daher den Status des kulturellen und geistigen Zentrums am Niederrhein ein und die Kölner Sprache, die als sehr vornehm galt, breitete sich auf das Umfeld, den Rhein entlang, aus. Das Kölner Sprachmerkmal, die Gutturalisierung, gelangte bis Huckingen und Buchholz.

Andererseits drangen von Norden nach Süden, also aus den Niederlanden, sprachliche Strömungen über Kleve südwärts an die Ruhr vor. Duisburg liegt also folglich im Schnittfeld zweier Kulturströmungen.

Trotzdem ließ sich Duisburg sprachlich nicht integrieren, was daran zu erkennen ist, daß neben den Hauptmundarten noch weitere Nebenmundarten existieren.

Susanne Merfeld

Die 1986 gegründete Bürgerinitiative »Altstadt« kämpft seitdem um eine Aufwertung des Wohngebietes der westlichen Altstadt. Im Gegensatz zu dem Altstadtbereich rings um den Burgplatz wurde hier bislang wenig dafür getan, die herrschenden Mißstände abzustellen. Die Bürgerinitiative fordert u.a. Verkehrsberuhigung des Viertels, Gestaltung der Parkplätze zum Markt- und Veranstaltungsraum und eine gezielte Gestaltung der Straßenzüge, um den Wohnwert wieder zu heben. Auf entsprechend wenig Gegenliebe stoßen derzeitige Pläne, auf der Parkplatzfläche ein mehrgeschossiges Geschäftszentrum zu errichten.

Bis 1936 existierte hier die Firma *Gebrüder Alsberg*. Zu Beginn des Monats Mai 1936 ging »die Duisburger Firma Gebrüder Alsberg in den Besitz von *Helmut Horten KG* über und (ist) somit ein rein arisches Unternehmen geworden.« Zu einem späteren Zeitpunkt verlegte das Geschäft seinen Sitz in die Düsseldorfer Straße.

Beekstraße 61

Eines der Zentren gesellschaftlichen Lebens befand sich in den 20er und Anfang der 30er Jahre im Haus Nr. 61. Es war das Gewerkschaftshaus. Kein gewerkschaftliches Verwaltungs- oder Bürohaus, sondern ein Treffpunkt für Versammlungen, Veranstaltungen und Feste der Gewerkschaften. Der Wirt Wilhelm Pennekamp war selbst engagierter Gewerkschafter. Bereits seit 1933 war er Mitglied der Sozialistischen Arbeiter Partei (SAP). In der Zeit der Illegalität leitete er den Vertrieb sozialdemokratischer Widerstandsliteratur. 1935 wurde er verhaftet und zu 2 1/2 Jahren KZ-Haft verurteilt. Nach 1945 war Pennekamp maßgeblich an dem Aufbau der Einheitsgewerkschaft beteiligt.

Wilhelm Pennekamp

Wahrscheinlich im 19. Jahrhundert lebte in der Nähe des Marientores eine Frau, die zwar als Duisburger Original bekannt war, deren wirklicher Name jedoch nicht überliefert wurde.

Die »Pädsköttelkatrin« bekam ihren Namen, weil sie im Marienviertel mit ihrem Handkarren durch die Straßen zog und Pferdeäpfel von der Straße sammelte. Die Bürger machten sich über sie lustig und nahmen an, diese schrullige Frau säuberte die Straßen aus Reinlichkeitsgründen. Aber sie verkaufte den Dung an eine Gerberei in Hochfeld und sparte sich so die stolze Summe von 2.000 Mark zusammen. Gefunden wurden ihre Ersparnisse in einem damals üblichen Sparstrumpf nach ihrem plötzlichen Tod von einem Beamten. Mit diesem Geld konnten eine Weile die Unterhaltskosten für ihren taubstummen Sohn bestritten werden. Aber auch die Stadt hielt die Hand auf, denn die Pädsköttelkatrin hatte zu ihren Lebzeiten Armenhilfe von der Stadt Duisburg erhalten, die diese nun zurückforderte.

Als erste Niederlassung der Johanniter wurde die Kirche zwischen 1153 und 1156 erbaut und 1189 als zweite Duisburger Pfarrkirche anerkannt. 1295 wurde die Kirche in die Stadtmauer einbezogen und gab dem Stadttor den Namen Marientor. Die zu dieser Zeit einschiffige Kirche wurde 1475 um einen spätgotischen Chor erweitert. 1789 mußte sie wegen Baufälligkeit geschlossen werden. Bis 1802 wurde unter Verwendung alter Mauerteile ein schlichter Neu-

Marientor

bau mit Turm an der Ostseite errichtet. Auf dem der Beekstraße zugewandten Gelände der Kirche lassen sich noch einige alte Grabsteine finden.

Bis zum 12. Jahrhundert floß direkt an der Marienkirche der Rhein vorbei. Als der Rhein dann seinen Lauf veränderte und nichts als Schlamm zurückgeblieben war, schickte man eigens Boten aus, um zu erkunden, wo der Rhein geblieben sei. »Wiedergefunden« wurde er Richtung Norden, er floß jetzt von Hochemmerich aus direkt an Essenberg und Homberg vorbei. Zwar entstanden so neue Stadtgebiete (wie zum Beispiel Neuenkamp), und ehemals linksrheinische Gebiete befanden sich plötzlich auf der rechten Uferseite, aber für Duisburg hatte diese Flußverlegung zunächst wirtschaftlich negative Auswirkungen. Die alte Handelsstadt war plötzlich von ihren wichtigsten Handelswegen abgeschnitten. Die für die Wirtschaft wichtige Lage direkt an den Flüssen Rhein und Ruhr war verloren. Um die Wasserstraßen für die Stadt wieder nutzbar zu machen, wurde durch den Kanalbau des Außen- bzw. Innenhafens der Rhein wieder an die Stadt angebunden.

Die Arkadenstruktur der Stadtmauer bot zur Zeit der Industrialisierung ebenso wie in der Obermauerstraße die Möglichkeit, mit geringem Aufwand Wohnraum zu schaffen. Die Arkaden bildeten schon ein halbes Dach und halbe Seitenwände für Häuser, die unter Einbeziehung der Stadtmauer als Rückwand wie Schwalbennester hier entstanden. Dem geringen Aufwand entsprechend entwickelte sich hier eine äußerst ärmliche Wohngegend. Hier lebte ein großer Teil der Kinder, die aus der allgemeinen Not heraus gezwungen waren, Schwerstarbeit im Hafen und auf den Zechen zu verrichten, um die Familie ernähren zu können.

Vom ursprünglichen Charakter der Altstadt ist heute kaum noch etwas erhalten. Was nicht im Krieg zerstört wurde, fiel insbesondere in den 50er und 60er Jahren den städtebaulichen Maßnahmen zum

Unterstraße

Opfer. Im Zuge einer verkehrsgerechten Städteplanung wurden Teile der Stadtmauer, alte Häuser und kleine wohnliche Gassen zerstört.

Die alte Schwanentor-brücke um 1925

Im vorigen Jahrhundert fand sich hier die Gaststätte »Zur Stadt Bremen«, einer der vielen Treffpunkte des ADAV (Allgemeiner Deutscher Arbeiterverein). Heute ist das Straßenbild gekennzeichnet von obskuren Lokalen und Bars, ein Vergnügungslokal reiht sich an das andere. Hier spielt sich das Duisburger Nachtleben ab.

**Unterstraße
Ruhrorter Straße**

Einen Eindruck davon, wie es einmal in der Altstadt ausgesehen hat, vermittelt noch heute die Quergasse, in der auch das Jüdische Fürsorgeamt untergebracht war.

Bis 1815 stand an dieser Stelle das Schwanentor als Verbindung zu Ruhrort. Hier beginnt die Ruhrorter Straße, die noch heute direkt in das benachbarte Ruhrort führt.

Ursprünglich hieß dieses Tor »Schwalentor«, wobei schwalen soviel wie nebelig, dunkel bedeutet. Im 16. Jahrhundert wurde der Name geändert, da in den Niederungen vor dem Tor Schwäne gehalten wurden.

Zur Zeit Corputius nannte man diese Gegend den Spik. Das war ein mit Knüppeln oder Rasenstücken belegter Damm, der zwischen den Wassergräben vom Vieh nicht erreichbare Teil wurde als Bleiche benutzt. Heute befindet sich hier eine künstliche Wasserstraße als Zufahrt vom Rhein über den Außenhafen zum Innenhafen. Von der Anlegestelle unterhalb der Schwanentorbrücke startet die *Duisburger Flotte* zu den empfehlenswerten Hafenrundfahrten.

Ein immer wieder interessantes Schauspiel ist es, wenn die Hebebrücke hochgefahren werden muß, um Schiffe in den Innenhafen passieren zu lassen; allerdings weniger für Straßenbahn- und Autofahrer, deren Geduld mitunter arg auf die Probe gestellt wird.

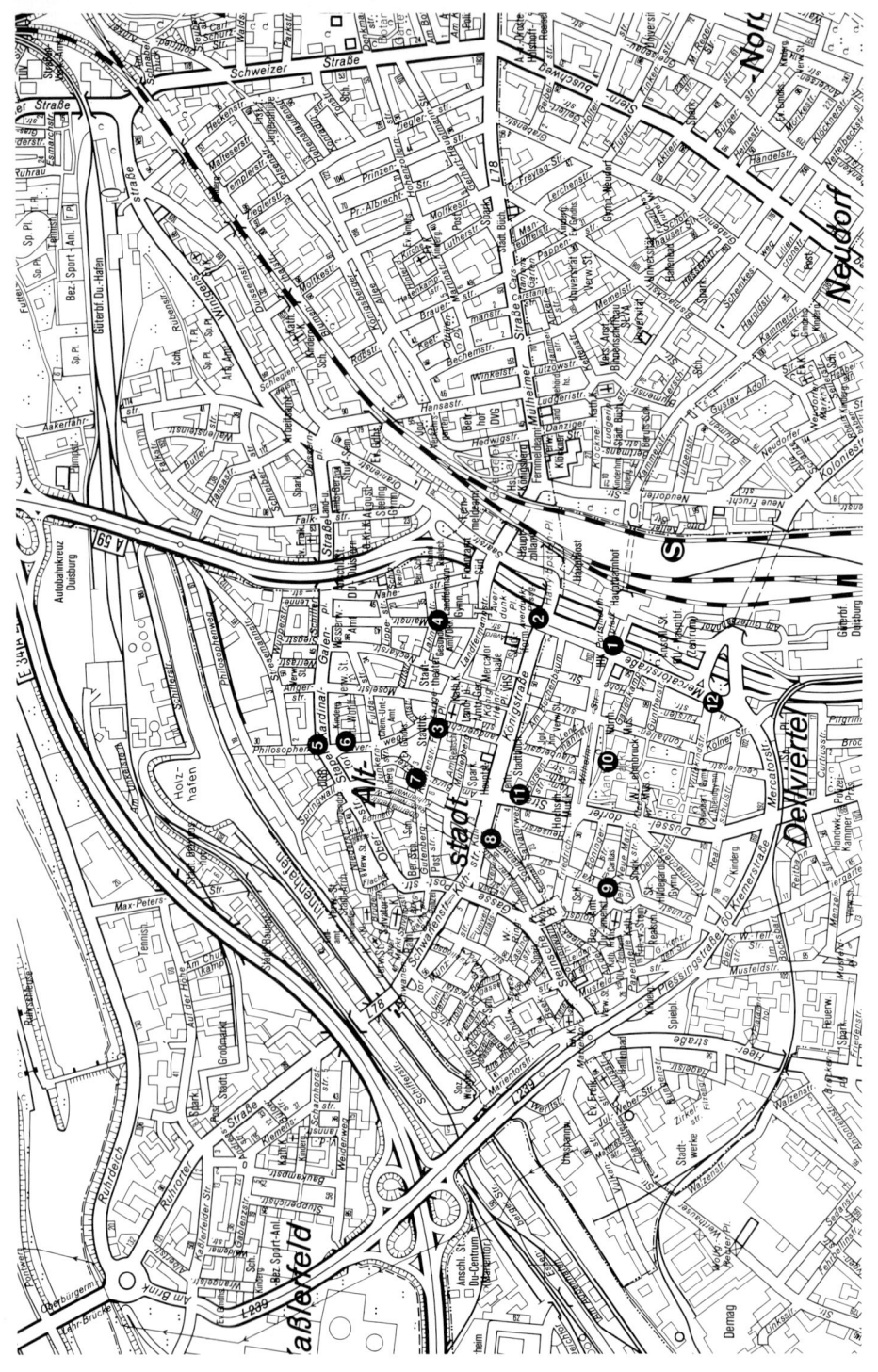

Entree, Kommerz und »Duisburger Dreck«

»Neue« Innenstadt

von Angelika Witjes-Hielen und Manfred Hielen

Ausgangspunkt: *Hauptbahnhof, Straßenbahnen Linie 901, 904,*
909, U79
Endpunkt: *Mercatorstraße, Haltestelle Hauptbahnhof*
Dauer: *ca. 2 Std.*

Nachdem die ursprüngliche Stadt Duisburg, das Gebiet innerhalb
der Stadtmauer rund um die Königspfalz, durch anhaltenden
Zuzug zu eng geworden war, wurde das vor der Stadtmauer liegende Gebiet zur Besiedelung freigegeben. Heute sind die ehemaligen Weide- und Heidegebiete Duisburgs schon lange unter den
neuen Kolonien bis zur Mülheimer Stadtgrenze begraben. Die heutige Innenstadt erstreckt sich nicht mehr innerhalb des historischen
Ostkerns, sondern verläuft vom Rathaus bis zum Hauptbahnhof.

Im Oktober 1886 wurde der neue Hauptbahnhof in Betrieb ❶
genommen. Sehr schnell wurde Duisburgs Inselbahnhof zu einem **Hauptbahnhof**
der wichtigsten Verkehrsknotenpunkte des Ruhrgebiets. Noch
heute passieren ihn fast sämtliche zwischen Hamburg und München
verkehrenden Züge.

Wichtig wurde der Hauptbahnhof in der Zeit des Ersten Weltkriegs und
des Nationalsozialismus. Unzählige Züge mit militärischen Gütern rollten
über Duisburg an die französische Front. Retour kamen Züge erst voller
Kriegsgefangener und dann, als das Kriegsglück sich gewendet hatte, voller
Verwundeter. Alte Duisburger erinnern sich noch heute an die grauenvollen
Szenarien der Krankentransporte, die hier Station machten. Neugierige pil-
gerten zum Bahnhof, um sich die Gefangenentransporte aus den umkämpf-
ten südlichen Gebieten anzusehen. Vielen Gefangenen wurde — obwohl ver-
boten — mit spärlichen Lebensmitteln ihre Tortur erleichtert. Die Bürger
hatten hier ihre erste Begegnung mit den » wilden schwarzen Franzosen «.

Nicht allzulange nach den Transporten französischer Kriegsgefangener
rollten Züge der französischen Besatzungsmacht in Duisburg ein. Der Bahn-
hof blieb Knotenpunkt, auch als die Besatzer wieder aus Duisburg abmar-
schierten.

Ähnliche Transporte wie im Ersten sahen die Duisburger im Zweiten
Weltkrieg wieder. Nachschub für die kämpfenden Truppen, Gefangenen-
und Verwundetentransporte. Aber diesmal konnten sie auch sehen, wie die
» Feinde des Reiches « aus der Stadt abtransportiert wurden. So wurden in der
Nacht des 11. Dezember 1941 viele jüdische Bürger Duisburgs in Viehwag-
gons gepfercht und auf dem Weg über Düsseldorf, Wuppertal, Hamm und
Hannover-Linden in das Konzentrationslager Riga transportiert.
Neben den Juden wurden auch die hier aus dem gesamten Gebiet des Nie-

*Der Hauptbahnhof um
1930*

derrheins in Lagern internierten sogenannten Zigeuner (verkehrstechnisch
günstig) über die Verladerampe in die Vernichtungslager verschoben wie
Vieh.

*Für den regen Widerstand der Duisburger Eisenbahner gegen das blutige
Regime des Nationalsozialismus spielte der Hauptbahnhof eine ebenso entscheidende Rolle wie die Ruhrorter Häfen für die Schiffer. Hier wurden Kontakte zum Ausland geknüpft und illegale Schriften verschickt.*

Harry-Epstein-Platz

An der Nordseite des Hauptbahnhofs liegen die neue Hauptpost
und die Informations- und Fahrkartenverkaufsstelle der Duisburger Verkehrsgesellschaft, die schon für die noch im Bau befindliche
U-Bahn gerüstet ist.

Nach nicht einfachen Verhandlungen mit der Stadtverwaltung
schafften es engagierte Bürger, mit dem Namen des Platzes einen
verdienten Duisburger Juden nachträglich zu ehren.

Der am 26. August 1879 geborene *Harry Epstein* machte sich als
Rechtsanwalt und Notar einen Namen. Besonders engagierte er
sich für die Gleichberechtigung der ostjüdischen Einwanderer. Er
kämpfte für die Überwindung der inneren Gegensätze zwischen
Ost- und Westjuden und für die Schaffung einer jüdischen Volksschule, die dann 1927 gegründet wurde.

Seit 1932 war Epstein eines der aktivsten Mitglieder des Landes-
vorstandes der zionistischen Vereinigung für Deutschland. Nach
der Mißhandlung des Ostjudenvorstehers *Bereisch* im März 1933
durch die Nationalsozialisten floh Epstein nach Brüssel. Jedoch
kehrte der von den neuen Herren Duisburgs Gesuchte kurze Zeit

später zurück, um sich um seine Firma Cohen & Epstein zu kümmern. Durch nochmalige Flucht konnte Epstein sich der Verhaftung entziehen, kehrte vermutlich Anfang 1934 erneut zurück, um seinen Haushalt aufzulösen und sein Haus an der Parkstraße zu verkaufen. Am 24. September 1934 siedelte er endgültig nach Palästina, wo er am 25. August 1973, fast 94jährig, starb.

Heute ist der Eingang zur Königstraße, die mittlerweile Fußgängerzone geworden ist, das *Averdunk*-Zentrum. Die »Duisburger Kö« ist das Herzstück der Stadt. Hier finden in den Sommermonaten Feste, Märkte (wie der Blumen- und Keramikmarkt, der Handwerkermarkt oder die »Sommerwochen«) und im Winter der Weihnachtsmarkt statt. 1989 zur Universiade erkannten die meisten Duisburger ihre Fußgängerzone kaum wieder. Die damals noch nicht renovierte untere Fassade des ehemaligen Kalderoni-Hochhauses (heute »Haus Duisburg«) auf dem Averdunk-Platz wurde hinter einer großen Bretterwand versteckt, die mit sportlichen Motiven verziert war.

Harry Epstein (1879–1973)

➋ Königstraße

Die Sammlungen Duisburger Altertümer hat in der Hauptsache Prof. *Heinrich Averdunk* zusammengetragen. Er baute nicht nur im Dachgeschoß des Rathauses eine umfangreiche Sammlung der Geschichte und Kultur Duisburgs auf, sondern veröffentlichte auch als Stadtarchivar eine Reihe heimatkundlicher wissenschaftlicher Arbeiten. So gab er u.a. zusammen mit seinem Kollegen *Josef Müller* 1914 eine der besten Mercator-Biographien heraus.

In diesem Anfang der 80er Jahre fertiggestellten Einkaufszentrum finden die Duisburger eine der wenigen Möglichkeiten, in der Innenstadt Lebensmittel zu kaufen. Fußgängerzonen in anderen Städten bieten oft eine bunte Palette miteinander konkurrierender Lebensmittelläden und Supermärkte, das fehlt in Duisburg.

Lohnenswert ist ein Besuch des Averdunk-Zentrums, um im Hollywood-Programmkino gute und rare Filme zu genießen. Tagsüber ist das Kino beliebter Treffpunkt der Szene, wenn es denn so etwas gibt.

Heinrich Averdunk (1840–1927)

Früher war hier eine rechteckig angelegte Parkfläche, an der rechten Seite von der Tonhalle, auf der linken vom Gerichtsgebäude und auf der Stirnseite vom Theater begrenzt. Die Mercator-Halle nimmt heute die Stelle der alten Tonhalle ein, die 1887 für Konzerte gebaut und im Krieg zerstört wurde. Die angrenzende Grünfläche wird im Sommer von vielen Sonnenhungrigen zur Erholung genutzt. Zur Zeit der Tonhalle fand im Park am 11. Juni 1925 der Niederrheinische Frauentag an Holzgartentischen statt, die von Kellnern bedient wurden, die wohl ebenso zugeknöpft waren wie die heutigen auf der Terrasse der Mercator-Halle.

König-Heinrich-Platz

An den Park, auf dem Knüppelberg, grenzte der alte Duisburger Kirchhof, der 1870 wegen Überfüllung geschlossen werden mußte.

Vor dem Gerichtsgebäude sollte man sich der nationalsozialistischen Herrschaftsjahre erinnern. Am 14. März 1933 forderte der »Bund Nationalsozialistischer Deutscher Juristen« dazu auf, alle

Tonhalle

Königstraße

Landgerichts-Straße

❸
König-Heinrich-Platz

Gerichte von Angehörigen fremder Rassen zu säubern. Acht Tage nach dieser Forderung verlangte die eben erst gegründete Ortsgruppe des NS-Juristenbundes die Suspendierung aller jüdischen Rechtsanwälte. Einen Tag nach dieser Forderung wurden sämtliche im Justizbereich tätigen Juden suspendiert. Und die Presse jubelte: »Wir wollen deutsches Recht: Flaggenwechsel auch beim Landgericht.«

Gleich hinter dem Gerichtsgebäude befindet sich noch heute das Gefängnis. Hier wurden Gewerkschafter und Widerstandskämpfer inhaftiert, gefoltert und verhört.

Um den »notorisch traurigen lokalen Verhältnissen« in Sachen Kultur abzuhelfen, wurde 1886/87 auf dem mit schönen alten Bäumen bestandenen Gelände des ehemaligen Carstanjenschen Gartens eine Konzerthalle errichtet. Da die »Theatergenüsse« auf der Bühne der Tonhalle durch die Theatergemeinschaft Duisburg-Bochum jedoch bescheiden blieben, wurde die »Gebefreudigkeit der Bürgerschaft« für einen Theaterbaufonds angerufen.

Am 7. Mai 1912 wurde das Theater dann endlich eröffnet. Nicht nur in, sondern auch vor dem Stadttheater fanden unzählige Aufführungen und Feste statt. Den Abzug der französischen Besatzung 1925 feierten die Duisburger mit einem großen Fest vor dem Theater. Einen Tag, bevor die heranrückende amerikanische Armee Duisburg erreichte, wurden auf Anordnung des Polizeipräsidenten 38 Menschen, in der Mehrzahl sowjetische Kriegsgefangene, ermordet. Die US-Armee begrub die Leichen auf dem König-Heinrich-Platz vor dem Theater und zwang die Duisburger Bürger im Rah-

Mit Kultur Akzente setzen

Duisburg setzt »Akzente«, und zwar seit 1977 regelmäßig unter einem bestimmten Themenschwerpunkt. Mit einem Theatertreffen für nordrhein-westfälische Bühnen wurden die »Akzente« aus der Taufe gehoben und haben sich inzwischen — Kinder werden ja bekanntlich auch größer — zu einem vielfältigen Kultur-Spektakel ausgewachsen, das mittlerweile über nordrhein-westfälische Landesgrenzen hinaus Beachtung findet.

»Kreiert« wurde das Kulturfestival vom 1974 gegründeten »Sekretariat für gemeinsame Kulturarbeit in Nordrhein-Westfalen« mit Sitz in Wuppertal. 1977 machte Shakespeare den Anfang. Die »Akzente« waren nicht als irgendein neues Festival für eine kunstinteressierte Minderheit geplant. Eine möglichst breit gefächerte »kulturelle Gesamtschau« soll vielmehr eine breite Öffentlichkeit für Themen begeistern, mit denen sie sich für gewöhnlich nicht auseinandersetzt.

Außerdem sollte den stadtgeographischen Gegebenheiten Duisburgs mit seinen zahlreichen von der City entfernten Zentren Rechnung getragen werden, also eine Konzentration der Veranstaltungen in der Innenstadt vermieden werden.

Was ist aus diesen Ansprüchen geworden? Die ständig steigenden Besucherzahlen sprechen für sich. Von ca. 27.000 Besuchern bei 60 Veranstaltungen der »Shakespeare-Akzente« 1977 stieg die Zahl 1985 bei »Italien — Sehnsucht und Wirklichkeit« mit 145 Veranstaltungen auf 177.300 Besucher.

Themen und Veranstaltungen der »Akzente« sind vielfältig und anspruchsvoll. Von aktuellen Zeitfragen wie »Eine Taube macht noch keinen Frieden« 1982 und »Ist die Zukunft noch zu retten?« im Orwell-Jahr 1984, reicht die Palette über historische Akzente (»Das Erbe 1933/1983« und die Revolution mit dem Untertitel »Freiheit, Gleichheit, Brüderlichkeit — Der Traum seit 1789«) bis hin zur Auseinandersetzung mit anderen Kulturen (»Rußlands große Realisten« 1980). Einmalig war auch die größte Präsentation von DDR-Kultur in der Bundesrepublik 1987.

Was die breite Streuung der Veranstaltungen über das gesamte Stadtgebiet betrifft, müssen Abstriche gemacht werden. Es gibt Veranstaltungen in den Stadtteilen. Ausstellungen und Lesungen finden auch hier statt, und ortsansässige Kulturgruppen werden in die Veranstaltungen eingebunden. Zahlenmäßig konzentrieren sich jedoch die meisten Angebote auf die Innenstadt. Dort ist eben das Theater mit seinen bühnentechnischen Finessen, der Konzertsaal, dort sind die Museen und das Kommunale Kino.

Wer den Weg dorthin nicht scheut, kann in vier »Akzente«-Wochen nahezu jeden Abend aus dem reichhaltigen Angebot aus Theater, Oper, Konzert, Lesung, Vortrag, Diskussion, Film, Seminar und Ausstellung schöpfen.

Bei aller Pflege der »hohen Kultur« kommt aber auch die Jugend nicht zu kurz. Was 1985 als Projekt »Schulkultur« im Rahmen einer Arbeitsbeschaffungsmaßnahme ins Leben gerufen wurde, findet seine umfassendere Fortsetzung nun in einer neuen Konzeption der »Jugendkultur«. Viele wurden ermutigt, mit ihren Darbietungen aus Schulaulen und Probekellern heraus an die Öffentlichkeit zu treten. Die »Jugendkultur« soll noch weiter greifen, die gesamte Duisburger Jugend ansprechen und ortsnahe, dezentrale und kontinuierliche Kulturveranstaltungen von jungen Leuten und für junge Leute anbieten.

Einen weiteren wichtigen, wenn auch weniger spektakulären Akzent im Duisburger Kulturleben setzt zweifellos das der Volkshochschule angegliederte Filmforum. Es war das erste Kommunale Kino in der Bundesrepublik, wenn auch die Idee in Frankfurt geboren wurde und ihr geistiger Vater der dortige Kulturdezernent Hilmar Hoffmann war. Ein Kommunales Kino wurde allerdings dort erst später eingerichtet.

Zum einstimmigen Beschluß im Kulturausschuß der Stadt zur Gründung des Kinos genügte es übrigens 1970, aus der Tagespresse die Titel der Filme vorzulesen, die an diesem Tag die kommerziellen Kinos anboten.

Das Konzept ist folgendes: Bestimmte Tage der Woche sind bestimmten Genres vorbehalten. Es gibt Filme in der Originalsprache, bei denen keine deutsche Synchronisation den
Genuß schmälert, Literaturverfilmungen, Schauspieler- und Regisseur-Porträts, experimen-
telle Filme und Filme zu tagespolitischen Themen, die oft in Kooperation mit Gruppen wie
Amnesty International oder Greenpeace gezeigt werden. Gelegentlich werden cineastische
Leckerbissen präsentiert: Stummfilme mit der Originalmusik vom Piano sollen den Eindruck
der frühesten Kinozeit für den Besucher nachvollziehbar machen.

Die festen Spieltage haben sich bewährt; seit 1984 registriert das Kino steigende Besucherzahlen, wozu auch der erschwingliche Eintrittspreis beiträgt. Seminare zur Filmanalyse sind
ständig ausgebucht. Hier können die Zuschauer dem Regisseur »bei seiner Arbeit über die
Schulter schauen«.

Besondere Veranstaltungen einmal im Jahr sind darüber hinaus die »internationalen duisburger amateur filmtage«, und die »Duisburger Filmwoche«, die ihren Platz unter den etablierten Filmfestivals hat. Neben Dokumentarfilmen sind dabei auch Filme im Programm, die
Spielfilmelemente aufweisen. Alle Formen der Wirklichkeitsdarstellung sollen präsentiert werden. Aber nicht nur Filme gibt's im Kino, auf einer vor der Kinoleinwand aufgebauten Bühne finden auch Musik- und Theaterabende statt.

Edith Dürbaum

men einer Readucation- (Umerziehungs-) Maßnahme dazu, den Platz »zu
umkreisen«. 1946 stieß die Organisation » Werwolf« in einer Nacht- und
Nebel-Aktion sämtliche Grabkreuze um. Die Alliierten entschlossen sich,
die Leichen der Ermordeten auf den Waldfriedhof umzubetten, wo ein
Ehrenmal für die Opfer des Faschismus errichtet wurde.

Heute hat Duisburg kein eigenes Theaterensemble, sondern wird
von den umliegenden Städten durch Theatergemeinschaften
»bedient«. Im September 1989 wurde der »Theater-Keller« aus
einem langen Dornröschenschlaf rechtzeitig zur Universiade wieder geöffnet.

Neben dem Theater befindet sich der »Duisburger Hof«. Mit der
Eröffnung des Hotels am 28. Juni 1927 durch den Reichsminister
a.D. und Oberbürgermeister Duisburgs *Dr. Jarres* erhielt Duisburg
einen Hotelneubau, der den Duisburgern »einen großen und selten
vornehmen Rahmen für ihre Festlichkeiten« gab.

In einer Schrift von 1928 heißt es, daß sich ein Hotel wie der Duisburger
Hof als Notwendigkeit für die Stadt erwiesen habe »und ein großes Kontin-
gent von Reisenden nach sich zieht, die bisher in den Großhotels der umlie-
genden Städte übernachteten. «

Die »großmächtige Industrie« und die zur »Macht emporgeführte Groß-
stadt des Reiches« ließ für 7 Millionen das Hotel nach den Plänen der Archi-
tekten Pfeifer & Großmann *aus Mülheim a.d.Ruhr und Karlsruhe bauen.*
Mit dem Bau ließ man »Kunst und Kunsthandwerk unserer Zeit in einer
Vielfalt sprechen«, wie es eine Seltenheit sein dürfte. »Die Lage am vor-
nehmsten Platz der Stadt gewährleistet größtmögliche Ruhe und die nach
drei Seiten freie Front eine geradezu ideale Voraussetzung für die Anordnung
der Gesellschafts- und Produktionsräume. «

Der Hotelbetrieb wurde mit einem Café, Restaurant, Weinrestaurant, mit
Festsälen und Bar verbunden. Acht Ausstellungsräume mit insgesamt 500
Quadratmetern Ausstellungsfläche boten auswärtigen Firmen die Möglich-
keit, Duisburger Geschäftsleuten ihre Ware vorzuführen. Mit »Spiegel-

Saal«, »Gobelin-Saal«, »Pfeilersaal«, »Hindenburg-Saal«, »Intarsien-
Festsaal« und »Schmuck-Hof« wurde das »erste Haus am Platze« errichtet,
was es bis heute geblieben ist.

Die Damen vom Ballett

Heute ist dieses Hotel Herberge prominenter Künstler, die in
Duisburg gastieren. Neuerdings feiert einmal im Jahr die Universität wieder ihren großen Ball in den ehrwürdigen Räumen. Allerdings können sich die meisten Studenten die Eintrittspreise nicht
leisten.

Das Wasserviertel, in dem alle Straßen Flußnamen tragen, war
und ist noch immer ein beliebtes Wohngebiet in der Innenstadt.
Viele alte Häuser sind noch erhalten und wurden liebevoll renoviert. Ruhige Wohnstraßen könnte man hier finden, wenn nicht die
zum Einkaufen in die Innenstadt Fahrenden hier ihre Autos parken
würden. Störend ist auch die direkt angrenzende Stadtautobahn, die
den Schulhof der Berufsschule für Technik und Gestaltung am
Schinkelplatz direkt berührt.

❹
Mainstraße 15

Hier gab es bis zur friedlichen Revolution der DDR-Bürger die
Bert-Brecht-Buchhandlung, einen Treffpunkt Lesefreudiger. Mit
der Schließung dieser Buchhandlung hat Duisburg auch einen
wichtigen Ort literarischer Veranstaltungen verloren.

❺
**Philosophenweg/
Stapeltor**

Hier, ganz in der Nähe der Synagoge, befand sich der alte jüdische Friedhof Duisburgs. Aber es gab auch grüne Wiesen, wo heute
alles dicht bebaut ist. Der aus Neudorf stammende Mechaniker
Karl Strack fand hier kurz vor der Stadtmauer genügend Raum für
den Start zu seinem ersten Motorflug. Bei dem nur wenige Minuten
dauernden Flug in seiner selbstgebauten fliegenden Kiste erreichte
Strack, der sich zuvor schon einen Namen mit seinem selbstgebauten Motorrad gemacht hatte, eine damals respektable Höhe von
drei Metern.

❻
Pulverweg

»Ich gehöre zu meiner Gemeinde«

Der erste und einzige Rabbiner der Jüdischen Gemeinde trat knapp 30jährig, am 1. April 1905, sein Amt in Duisburg an. Der am 19. Mai 1875 in Posen geborene *Manass Neumark* war Sohn des *Hersch Neumark,* der ein Konfektionsgeschäft betrieb. Erst zwei Jahre alt, verlor Manass Neumark seinen Vater. Er wuchs zusammen mit seinen sieben Geschwistern unter der Obhut der Mutter in einem traditionsgebundenen Schtedtl auf, das durch den westlichen Einfluß stark beeinflußt war. Ein Onkel Manass Neumarks ermöglichte dem begabten Jungen durch finanzielle Hilfe den Besuch der Höheren Schule und den Anfang der Studienzeit. Ab 1893 besuchte Neumark das orthodoxe Rabbinerseminar *Eriel Hildesheimers,* geriet jedoch mit der hier vertretenen Lehrmeinung in Konflikt, so daß er noch im letzten Studiensemester aus dem Seminar austrat und seine Prüfung vor einer liberalen Kommission ablegte.

Als Neumark 1905 sein Amt in Duisburg antrat, fand er ein für ihn völlig fremdes Land vor. Dem Germanisten mit stark deutschem Patriotismus sagte ein Leben am Rhein zwar außerordentlich zu, jedoch unterschieden sich die hier existierenden Gemeinden stark von allem, was er kannte. Er unterrichtete die Duisburger Gemeinden und an den höheren Schulen in Religionslehre. Neumark war zwar kein Zionist, dennoch arbeitete er eng mit dem für den Zionismus agitierenden *Harry Epstein* bei der Hilfe für die Ostjuden zusammen. Wie sehr der Duisburger Rabbiner von allen Gruppierungen innerhalb der jüdischen Bevölkerung Duisburgs, aber auch von den christlichen Vertretern geehrt und geschätzt wurde, zeigte sich bei der Feier zu seinem 25jährigen Amtsjubiläum im April 1930. Der Verband jüdischer Frauen für die Palästinaarbeit pflanzte in Neumarks Namen zwei Bäume.

Zu seinem 60. Geburtstag schenkte seine Gemeinde dem Rabbi eine Palästina-Reise. Den vielen aus dem nationalsozialistischen Duisburg geflohenen ehemaligen Mitgliedern seiner Gemeinde, die er in Palästina traf und die ihn häufig baten, zu bleiben, antwortete Neumark, er gehöre zu seiner Gemeinde. Was mit ihr geschähe, geschähe auch mit ihm. »Wir leben doch in einem Rechtsstaat, was kann uns denn geschehen, wenn wir uns keines Unrechts schuldig machen?«

Manass Neumark kehrte nach Duisburg und dem verbliebenen Rest seiner Gemeinde zurück, hilflos mußte er die Verfolgung jüdischer Bürger mitansehen. Als dann in der sogenannten »Reichskristallnacht« die Synagogen in Flammen aufgingen, wurde auch die von Neumark und seiner Schwester Hulda bewohnte Wohnung in der Fuldastraße 1 zerstört. Die bereits aus Deutschland emigrierten Kinder Neumarks bedrängten ihren Vater, ebenfalls zu fliehen, doch der Rabbiner wollte seine Gemeinde in dieser für sie schweren Zeit nicht verlassen. Neumark lebte weiter in dem Haus Fuldastraße 1, das von den Nationalsozialisten in ein sogenanntes »Judenhaus« umfunktioniert worden war. Dies bedeutete, daß man auf möglichst engem Raum so viele Juden wie nur möglich zusammenpferchte. In Duisburg gab es mehrere derartige Häuserghettos, doch wird das Haus in der Fuldastraße für die bedrängten jüdischen Bürger eine besondere Bedeutung gehabt haben. Hier lebte sie mit dem Kopf ihrer immer kleiner werdenden Gemeinde zusammen, der ihnen mit seinem persönlichen Mut und seiner Kraft eine große Stütze gewesen sein muß.

Bis zum 10. Juli 1942 lebte Manass Neumark mit seiner Schwester noch in der Fuldastraße 1, dann wurden sie durch die Nationalsozialisten in das große »Judenhaus« in der Baustraße 34/36 in Meiderich ausquartiert. Nur 15 Tage später wurde mit dem Duisburger Rabbiner fast der gesamte Rest der ehemals großen Duisburger jüdischen Gemeinde in das Konzentrationslager Theresienstadt deportiert. Der Rabbiner Manass Neumark, der seine Gemeinde nicht im Stich lassen wollte, begleitete sie in den Tod. Am 21. Oktober 1942 starb er im Konzentrationslager Theresienstadt. Heute erinnern zwei Stellen in Duisburg an den Rabbiner. Auf dem Friedhof am Sternbuschweg befindet sich der Grabstein seiner Ehefrau Martha, auf dem auch eine Inschrift an seinen Tod erinnert. Am 9. November 1984 wurde im Beisein seiner vier Kinder ein neuer Fußweg am Kuhlenwall zum »Rabbi-Manass-Neumark-Weg« benannt.

1914 bezog eine bemerkenswerte junge Frau ihre Wohnung Am Burgacker 46. Die am 27. Mai 1888 in Witten geborene *Rosi Wolfstein*, die sich Zeit ihres Lebens für das Frauenwahlrecht und den Frieden eingesetzt hatte, war 1913 nach Duisburg in die Fuldastraße gezogen und arbeitete als Kontoristin im Konsumverein »Eintracht«. Schon am 14. November 1913 hielt sie ihre erste Rede in dem Versammlungslokal »Grambinus« am Friedrich-Wilhelm-Platz« zum Thema: »Warum sind wir Sozialdemokraten?«

❼
Burgacker 46

Manass Neumark

Bereits 1908 in die SPD eingetreten, besuchte die bereits als temperamentvolle Rednerin und Agitatorin bestens bekannte Rosi Wolfstein 1912/13 einen Kurs der zentralen SPD-Parteischule in Berlin. Hier lernte sie die dort als Lehrerin tätige Rosa Luxemburg kennen, mit der sie bis zu deren Ermordung freundschaftlich verbunden blieb. 1913 schrieb Rosa Luxemburg in einem Brief an Rosi Wolfstein, sie solle sich durch die Hetze »von gewisser Seite« nicht entmutigen lassen. »Machen Sie es wie ich: Pfeifen Sie auf die Erbärmlichkeiten und gehen Sie ihren Weg weiter.« Und Rosi Wolfstein ging ihren Weg konsequent weiter. Selbst als Gegnerin der sozialdemokratischen Burgfriedenspolitik war Rosi Wolfstein Kreisvorstandsmitglied der Duisburger SPD und engagierte sich für Frauen- und Jugendarbeit. Als radikale Kriegsgegnerin leitete sie Ostern 1916 eine Delegation der Duisburger Arbeiterjugend auf der illegalen Jugendkonferenz in Jena. Ebenfalls als Delegierte des Gründungsparteitages der USPD und Vertreterin der Spartakusgruppe erlebte sie im April 1917 in Gotha die Spaltung der Sozialdemokratie. Hier hielt die gerade 29jährige den USPD-Führern vor, so lange in der alten Partei verharrt zu haben, bis sie durch Fußtritte hinausgejagt worden seien.

Die radikale Kämpferin für Frieden erhielt Redeverbot und wurde mehrmals als politische Gefangene in der Duisburger Strafanstalt inhaftiert. Wohl gerade wegen dieses unerschrockenen Einsatzes für den Frieden gewann Rosi Wolfstein das Vertrauen der Duisburger Arbeiter, die sie nach Beginn der November-Revolution 1918 als eine der ganz wenigen Frauen in Deutschland in den Arbeiter- und Soldatenrat wählten. Rosi Wolfstein zog aus diesem Grunde 1918 von Duisburg nach Düsseldorf.

Zu ihrer Beteiligung in der Frauenbewegung sagte sie: »Es war eine zusammenhängende Frage: Wer für die Sozialdemokratie war, der war auch gleichzeitig für die Emanzipation der Frauen.« Da aber die »ganzen Grundlagen« von Männern geschaffen worden seien, habe sie sich auch gegen die Männer in ihrer Partei durchsetzen müssen.

Wolfstein, die 1948 ihren Lebensgefährten Paul Frölich heiratete und als »zweite Rosa Luxemburg« in der Weimarer Republik bekannt wurde, wurde von den ehemaligen Parteigenossen in Berlin verfolgt. Als Anhängerin Luxemburgs und Liebknechts war sie den regierenden Sozialdemokraten ein Dorn im Auge. Später trat sie in die SAP ein und mußte als »Rote« bereits 1933 vor den neuen, diesmal braunen Machthabern Deutschlands über Paris und ein Internierungslager in Marseille nach New York fliehen. Sie hatte zu sehr gegen das aufkommende Terrorregime gekämpft. Erst Ende 1950 kehrte Rosi Wolfstein-Frölich nach Deutschland zurück und ließ sich in Frankfurt/Main nieder. Fast hundertjährig starb sie dort am 11. Dezember 1987.

1848 standen noch rechts und links Bäume und Büsche. Die Straße aber war kaum begehbar und wurde im Volksmund entsprechend »Dreckswall« genannt. Im Laufe der Jahre entstand hier eine

❽
Sonnenwall

der wichtigsten Geschäftsstraßen der Stadt und präsentiert sich heute als Fußgängerzone von der »sonnigen« Seite.

Das »Café Dobbelstein« ist das älteste Café des Ruhrgebiets, noch heute in der nunmehr vierten Generation in Familienbesitz. Am 28. April 1858 eröffnete *Friedrich Otto Dobbelstein,* den wahrscheinlich die Liebe nach Duisburg verschlagen hatte, die Konditorei auf dem Burgplatz. Nachdem das Geschäft wegen der Erweiterung des Rathauses 1859 zur Poststraße, Ecke Knüppelmarkt 1, verlegt werden mußte, wurde 1860 hier die erste Duisburger Kaffeestube eingerichtet.

1944 war wie so vieles auch das Café zerstört. Am 3. Dezember 1949 wurde auf dem Sonnenwall 8 die neue Konditorei eröffnet. 1953 schloß der alte Betrieb auf dem Knüppelmarkt, und gleichzeitig wurde der Erweiterungsbau in der Untermauerstraße fertiggestellt.

1970 übernahm der heutige Inhaber den Betrieb von seinem Vater. Er bildete sich zu einem Kaffeespezialisten, der noch immer Wert darauf legt, daß der Kaffee handgefiltert wird. Die Liebe zur Tradition und zum Kaffee spricht auch von den Wänden. Neben alten Spekulationsformen, die zum Teil vom Gründer des Unternehmens stammen, ist hier eine Sammlung von rund 550 Kaffeemühlen ausgestellt, die demnächst auf 800 erweitert werden soll. Als die ersten 5 oder 6 Kaffeemühlen als Dekoration aufgehängt wurden, brachten die Duisburger Stammgäste auch ihre alten Mühlen. Selbst ein Polizist aus Utrecht vermachte dem Café 60 Kaffeemühlen. Fast jedes Jahr nach Ostern steht hier auch die größte funktionsfähige Kaffeemühle der Welt. Mit der 2,50 m hohen Kaffeemühle, deren Nachbildung über dem Eingang zu sehen ist, ist Dobbelstein im Guinnessbuch der Rekorde verzeichnet.

Wenn auch die Kaffeemühlensammlung über Duisburg hinaus bekannt ist, so ist doch das Bemerkenswerteste an diesem Café, daß noch immer 25 Angestellte nach alten Familienrezepten in der Konfiserie Pralinen von Hand herstellen. Es gibt hier 20 verschiedene Sorten Trüffel, feinstes Teegebäck, Duisburger Ruhrkohle und den Duisburger Dreck (beides Konfektsorten). Als die Stadt in den 70er Jahren ihre qualmenden Schlote noch stolz präsentierte und von Umweltschutz noch nicht die Rede war, konnten die Duisburger ihren Dreck bereits genießen. Zwar zeigten sich die Stadtväter verärgert, aber der Siegeszug dieser Spezialität war unaufhaltsam.

In der sogenannten guten alten Zeit fand hier jeden Mittwoch der Hauptwochenmarkt statt. Zwar kann man auch heute noch jeden Mittwoch einen Markt besuchen, nur ist er sehr geschrumpft. 1902 schrieb *Friedrich Brinkmann*, daß kein Fleckchen frei bliebe. Natürlich überwögen die Hausfrauen, deren eifrigstes Bemühen darauf gerichtet sei, die Preise zu drücken.

⑨
Dellplatz

Bis 1988 behielt der alte Marktpatz durch die an seiner Begrenzung stehenden alten Gebäude sein ursprüngliches Gesicht. Jetzt aber ist er modernisiert und mit seinem Kunstwerk, das bei der Installation erhebliche Probleme aufwarf, für einen Markt kaum noch nutzbar. Vom großen Wochenmarkt übriggeblieben sind vier bis fünf Marktstände.

Jedes Jahr ist der Dellplatz Ausgangspunkt der Duisburger Ostermarschierer.

Rings um den Dellplatz befinden sich einige kulturelle Zentren. Der Besuch des Kultur- und Freizeitzentrums ist nicht nur wegen des guten griechischen Restaurants lohnend, sondern auch wegen der Kultur-Veranstaltungen in der oberen Etage. Gleich neben dem Kulturzentrum befindet sich das erste kommunale Kino Deutschlands.

Dellplatz 16

Der Dellbunker

Keine Angst vor dem »Frisörkollektiv Kahlschlag«! Zwar lassen sich hier einige Unerschrockene wirklich einen Kahlschlag verpassen, doch auch auf Dauerwelle versteht sich das Frisörkollektiv.

In Eigeninitiative haben die meist jugendlichen Arbeitslosen sich aus ihrer Situation befreit, gegen viele Widerstände durchgesetzt und frischen Wind und Farbe in die Duisburger Haarlandschaft gebracht.

Das alte Gebäude des Steinbart-Gymnasiums wurde völlig zerstört und durch einen zwar zweckmäßigeren, aber weniger attraktiven Neubau ersetzt. Ein Vergleich zwischen dem Steinbart- und dem Landfermann-Gymnasium in der Mainstraße ist lohnenswert, um zu sehen, was hier durch den Krieg zerstört wurde.

Das Steinbart-Gymnasium besuchten einige später berühmt gewordene Schüler. So drückten u.a. *Heinrich von Thyssen, Admiral Canaris, Harro Schulze-Boysen, Walter Kaufmann* und *Jürgen Hingsen* hier die Schulbank.

Harro Schulze-Boysen (oben Mitte) mit seinen Klassenkameraden nach dem Abitur am 6.3.1928

Der bekannteste Duisburger Widerstandskämpfer ist zweifellos Harro Schulze-Boysen. *Als Verwandter des Großadmirals* Tirpitz *wuchs er in der Karl-Lehr-Straße 9 in einem recht national eingestellten Elternhaus auf. Zwar trennte er sich später von den national-konservativen Eltern, machte jedoch als Luftwaffenoffizier Karriere in Berlin. Nachdem Göring Trauzeuge seiner Hochzeit gewesen war, wurde er Referent im Luftfahrtministerium. Schulze-Boysen verriet dabei allerdings nicht seine Einstellung gegenüber dem nationalsozialistischen System und wurde einer der führenden Köpfe des sogenannten »Inneren Kreises«. Dieser von den Nationalsozialisten als »Rote Kapelle« bezeichnete Widerstandskreis wurde durch die zufällige Entschlüsselung eines Funkcodes entdeckt. Nachdem Schulze-Boysen am 30. August 1942 mit vielen anderen verhaftet worden war, wurde er zusammen mit 9 FreundInnen und seiner Frau ermordet. Auf Befehl Hitlers wurde die Gruppe am 23. Dezember 1942 in Berlin-Plötzensee an eigens herbeigeschafften Fleischerhaken erhängt.*

Weniger bekannt ist, daß neun 14-15jährige Schüler des Gymnasiums, nachdem sie nach Bad Mergentheim in »Sicherheit« gebracht wurden, kurz vor Kriegsende sterben mußten. Sie wurden von der Waffen-SS mit Kleidung, Stahlhelmen und Waffen versehen und gezwungen, eine Straße gegen die heranrollende amerikanische Armee zu »verteidigen«. Nach diesen sinnlosen Opfern wurde der Film »Die Brücke« gedreht. Eine Schale in der Eingangshalle des Gymnasiums erinnert an die neun Schüler.

⑩ Immanuel-Kant-Park

Hinter dem Schulgelände erstreckt sich eine der wenigen grünen Lungen in der Innenstadt und ein Erholungsgebiet der Einkaufsmüden. Haupteingang: Düsseldorfer Str. 51, Nebeneingang: Kant-Park.

Hier steht das Museum zu Ehren *Wilhelm Lehmbrucks,* der in Duisburg-Meiderich geboren ist. Aus den Aktivitäten des 1902 gegründeten Museumsvereins und des 1934 konstituierten Städtischen Kunstmuseums enstand ein Museum, das heute eine Sonderstellung einnimmt. Mit dem künstlerischen Lebenswerk Lehmbrucks, mit Preisen und Stipendien, ist es zu einem Zentrum internationaler Plastik des 20. Jahrhunderts geworden. Nach den Plänen Manfred Lehmbrucks wurde das Museum zwischen 1959 und 1964 gebaut und zwischen 1985 und 1987 wesentlich erweitert. Die städtebaulich hervorragende Lage im Zentrum der Großstadt stellt das Museum »mitten ins Leben«. Gleichzeitig bleibt es durch seine Einbettung in den Immanuel-Kant-Park ein Ort der Ruhe und Besinnung.

Schon bei der Planung des Museums sollten die Parkanlagen geschont werden. Die enge Verknüpfung von Museumsbau, Skulpturenhof und Parkanlage bietet besonders Kindern die Möglichkeit, Kunst tatsächlich zu begreifen, und im Museum ermöglicht die ständige Präsentation der Werke Wilhelm Lehmbrucks dem Besucher, sich einen Überblick über das Werk des bedeutendsten Bildhauers zu Beginn dieses Jahrhunderts zu verschaffen. Daneben werden in regelmäßigen Wechselausstellungen Werke der historischen und zeitgenössischen Kunst gezeigt. Durch die hervorragende Arbeit des *Museumspädagogischen Dienstes* ist es gelungen, unterschiedliche Gruppen mit Kunst in Kontakt zu bringen.

Düsseldorfer Straße

⑪

Börsenstraße

*Getreidebörse Düsseldor-
fer Straße/Börsenstraße*

Lenzmannstraße

Gegenüber der Hochschule für Musik befindet sich das Kaufhaus »Horten« mit einem Glockenspiel, das zu bestimmten Zeiten mit wechselnden Melodien die Innenstadt erfüllt.

Nachdem sich Duisburg durch seine Lage an den zwei wichtigsten Wasserstraßen Deutschlands zu einem bedeutenden Getreidehandelsplatz entwickelt hatte, wurde hier wie in den Nachbarstädten eine Getreidebörse eröffnet. Obwohl die Essener Getreidebörse lange dagegen gekämpft hatte, war es am 5. September 1892 soweit. Vorläufig jedoch mußte die Getreidebörse, die eigentlich eher einen Großmarkt für den Getreidehandel mit der gesamten Welt darstellte, in verschiedenen angemieteten Räumen tagen, da ein eigenes Gebäude fehlte. Um die Konkurrenz mit den anderen Kohlenpottstädten auszuschließen, durfte die Duisburger Börse nur Montagvormittag stattfinden. So strömten 7.000 bis 8.000 Kaufleute aus dem Gebiet von Wesel bis Koblenz und von Aachen bis Bielefeld jeden Montagmorgen nach Duisburg. Am 12. Februar 1910 konnte dann endlich ein Gebäude in unmittelbarer Nähe des Hauptbahnhofs eingeweiht werden. Versteigerungen konnten gegen ein Eintrittsgeld von einer Mark von Interessierten besucht werden. In dem Gebäude befanden sich auch ein Hotel und ein Restaurant mit einem 2.000 Personen fassenden Konzertsaal.

Viele Studenten der Universität finden hier Werke, die sie in der Universitätsbibliothek vergeblich suchen. Empfehlenswert ist in der dritten Etage die umfangreiche Sammlung von Literatur über Duisburg. Leider sind sehr viele Bände dem Vandalismus zum Opfer gefallen.

Regelmäßig finden abends in der Bibliothek Lesungen statt, die sich großer Beliebtheit erfreuen. Auch Kinder kommen hier auf ihre Kosten. Bei Internationalen-Kinderbuch-Tagen (IKIBU) können Kinder erste Kontakte mit der Literatur bekommen. Aber auch Erwachsene nehmen das Angebot gerne an, Märchenerzählern zu lauschen, Kindern beim Drachenbauen zu helfen, oder einfach nur die strahlenden Gesichter der Kleinen zu beobachten, die hier begeistert einem Clown oder Marionetten zusehen.

Auf dem Gelände zwischen Lenzmannstraße und Tonhallenstraße stand lange eine der bekanntesten Duisburger Brauereien. Die Schützenburg war Brauerei und Gaststätte in einem. Der Eingang zur Gaststätte lag an der Friedrich-Wilhelm-Straße, wo heute die Tonhallenpassage steht.

Als am 26. Februar 1871 eine Versammlung des » Comites für eine nationale Reichstagswahl« durchgeführt wurde, tauchten » etwa 150 disziplinierte Lärmmacher« auf, um durch » unausgesetzten infernalischen Spektakel« die Versammlung zu stören. Als besonders schlimm empfand man, daß die »Sozial-Demokraten« zu dem ausgebrachten Hoch auf Kaiser Wilhelm I. » die kaum begreifliche Unverschämtheit hatten, in demonstrativer Weise sitzen zu bleiben«: Zudem hatten die Lärmmacher die Frechheit besessen, als »Staffage« » Weiber mit Säuglingen« mitzubringen. Nach etwa dreiviertel Stunden ununterbrochenem »Lärmen, Toben, Schreien, Pfeifen«, mußte die

Versammlung geschlossen werden, »womit die Sozial-Demokraten ihren Zweck erreicht hatten.«

Während des Nationalsozialismus fand man in der Lenzmannstraße einige wichtige Ämter der NSDAP. Im Haus Nummer 2 waren die Kreisleitung der NSDAP, das Amt für Beamte und die Ortsgruppe Stadtmitte untergebracht.

Heute findet man in der Lenzmannstraße die Galerie Tuschita und die Stadtgalerie.

»Mama Leone« ist als Pizzeria und Restaurant sehr zu empfehlen. Weniger zu empfehlen ist es, sich im Sommer an den Tischen auf dem Bürgersteig niederzulassen. Die stark befahrene Mercatorstraße bietet kaum die Gelegenheit zu einem ungestörten Essen.

⑫
Mercatorstraße 14

Als Sohn deutscher Eltern wurde Gerhart Mercator 1512 in Rupelmond bei Antwerpen geboren. Nach seiner Studienzeit an der Universität Löwen stellte er astronomische Instrumente her und begann mit der Anfertigung geographischer Karten und Globen. Nachdem er 1544 unter dem »Verdacht des Abfalls von der katholischen Kirche« eingekerkert und 1552 den Protestanten endlich religiöse Duldung zugesichert worden war, siedelte er nach dem toleranten Duisburg über. Bis zu seinem Tod am 2. Dezember 1594 arbeitete er an der Herstellung von Erd- und Himmelsgloben. Seine Ausarbeitung eines neuen Gradnetzes, der sogenannten Mercatorprojektion, machte ihn bis heute berühmt. Die Mercatorprojektion stellt die Lösung der Schwierigkeit dar, die gekrümmte Erdoberfläche auf ein Kartenblatt zu übertragen. Hierbei werden die Breitenkreise zu gleichlangen Strecken mit dem Äquator gemacht. Die dadurch zu den Polen steigende Vergrößerung wird ausgeglichen durch die zu den Polen im gleichen Verhältnis wachsenden Längengrade. Durch das so entstehende Kartennetz war es endlich möglich, den Weg eines mit unverändertem Kurs fahrenden Schiffes exakt einzutragen und zu berechnen. Für die Seefahrt war die Entdeckung die geniale Lösung der bestehenden Probleme. Bis heute werden, nach einigen Verbesserungen, unsere Weltkarten noch immer nach der Mercatorprojektion hergestellt.

Gerhard Mercator (1512—1594). Kupferstich von Nicolaus Larmessin

Alb. Windgassen

Reparaturen an Automobilen, Fahrrädern und Nähmaschinen aller Systeme werden in meiner mechanischen Reparatur-Werkstätte prompt und billigst besorgt. Fahrräder werden zur Reparatur abgeholt u. schnellstens wieder zugestellt.

Emaillieren und **Vernickeln** in sauberster Ausführung.

Mercatorstr. 56

Zu der bevorstehenden Saison bringe ich mein großes Lager in

Fahrrädern,

nur erstklassige Fabrikate, in empfehlende Erinnerung, wie Adler, Seidel & Naumann, Humber u. s. w.

Automobile aller Systeme

wie Luxus- u. Geschäftswagen, von den berühmtesten Fabriken, wie Adlerwerke, Cudell & Co., Benz & Co.

Blickt man auf die andere Straßenseite, sieht man das Gebäude des Hauptbahnhofes in seiner gesamten Breite. Davor kann man, nicht nur durch den Lautstärkepegel, die Stadtautobahn erahnen. Früher befand sich an dieser Stelle ein Sportplatz. Hier wurden auf einer 800 Meter langen Bahn internationale Radrennen gefahren. Vielen, die Duisburg mit dem Zug erreichen, fehlt hier ein altes Wahrzeichen. Hier stand der »Gläserne Hut«, Schnellimbiß, Restaurant und Bar in einem.

Ein schönes Café findet man in den oberen Räumen der Atlantis-Buchhandlung. Hier stellen viele der bedeutendsten zeitgenössischen Autoren ihre Werke vor.

Mercatorstraße 4

Innenstadt   73

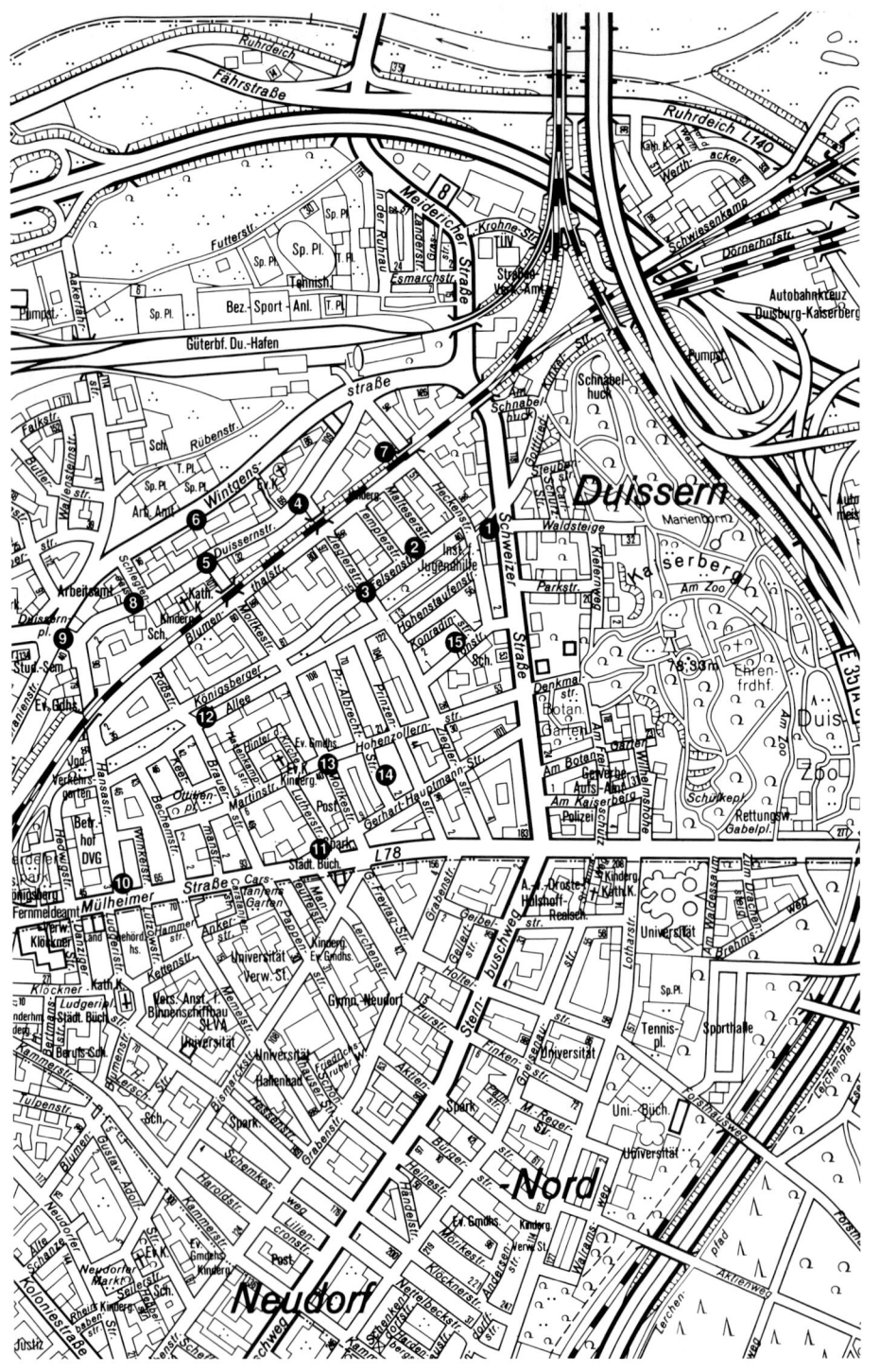

Das Königreich im Schatten des Kaiserbergs

Duissern

von Manfred Tietz

Ausgangspunkt: *Haus Schwerdt*
Endpunkt: *Botanischer Garten*
Dauer: *2 Stunden*

Duissern ist anders: kein Hafenmilieu, keine Arbeitersiedlungen, wenig Ausländerbevölkerung. Und keine Studentenkneipen — trotz Uninähe ist der studentische Einfluß gering, anders als im angrenzenden Neudorf.

Duissern ist weitgehend ein Wohnvorort des Mittelstandes, am Kaiserberg gar ein vornehmes Domizil der Großkaufleute und der höheren Beamten. In Duissern sind Zoo, Stadtwald, Botanischer Garten, Ruhrwiesen, Park, gepflegte Kleingarten- und Freizeitanlagen (Aakerfähre) und feine Speiselokale. Daher ist der Stadtteil ein Ausflugsziel des gesamten Niederrhein-Ruhrgebietes. Am Kaiserberg (Zoo-Parkplatz) treffen sich zum Beispiel jeden Sonntagmorgen die Motorradfans der Region, zum Teil aus Holland. Sie kommen, um zu sehen und gesehen zu werden, um Informationen und Ersatzteile (auch geklaute) auszutauschen. Auch die Duisburger strömen nach Duissern, in den Zoo vornehmlich; viele kommen unfreiwillig und unwillig; denn hier sind TÜV und Arbeitsamt.

Ihr »Königreich Duissern« nennen es die BewohnerInnen, liebevoll und hochmütig zugleich. Nobelrestaurants wie die »Wilhelmshöhe«, Straßen wie die Prinzenstraße, Feudalbauten am Kaiserberg wie die Klöcknervilla unterstreichen den fürstlichen Anspruch. Im Mittelalter hatten sich in Duissern »adelige Fräuleins« eines Stifts niedergelassen, in jüngster Zeit der großbürgerliche Geldadel: zum Beispiel Kaufhaus-König *Helmut Horten* (gestorben 1988), Förderer des Kaiserberg-Zoos und der FDP, oder Klöckner-Chef *Dr. Günter Henle* (1979); der CDU-MdB und Adenauer-Intimus gehörte zu den einflußreichsten Top-Managern der jungen Bundesrepublik. Heute wohnen hier u.a. *Dr. Leo König,* Brauherr eines weltbekannten königlichen Pilseners — oder *Jörg A. Henle,* der jetzige Herr der Klöckner-»Silberburg«; zuletzt machte er Schlagzeilen durch Millionenverluste des Firmenimperiums und durch Parteispenden-Prozesse (Zeuge z.B. *Graf Lambsdorff*).

Dagegen wirkt der Schauspieler *Manfred Krug* (»Liebling Kreuzberg«, »Spur der Steine«), der in Duissern geboren und aufgewachsen ist, eher »proletarisch«, äußerlich der Typ des Arbeiters, wie er auch in Duissern zu finden ist. Denn der Stadtteil ist nicht nur Domäne des Bürgertums. Hier sind auch kleinbürgerliche Wohninseln wie die Klinkerhaus-Siedlung in der *Ruhrau* oder »proletarische« Einsprengsel wie früher die *Unterwelt* östlich des Kaisebergs, die ehemalige *Dörnerhofsiedlung,* wo einst »Zigeuner« sowie Arbeits- und Obdachlose hausten. Leute, die ihre Miete nicht zahlen konnten und vom städtischen Gerichtsvollzieher mit Sack und Pack vor die Tür gesetzt wurden. Diese nichtbürgerlichen Stadtteil-Ecken liegen zum großen Teil auf der Schattenseite des Viertels — in der Nähe der Schienen, Gleisdreiecke, Eisenbahnbrücken und Autobahnen. Zahlreiche Duissernschen finden ihren Kiez gar nicht so fein, sie klagen über Verkehrslärm und Dreck.

Die BewohnerInnen, zumal die älteren, gelten als geschichts- und traditionsbewußt. Ein sehr aktiver Bürgerverein bemüht sich (seit 1903) um Traditionspflege und Heimatverbundenheit. Der ehemals vaterländische Jubelclub kümmert sich um die Verschönerung des Viertels und organisiert die Duissernfeste im August. Um Traditionstreue sorgen sich Heimatdichter wie *Edi Bungardt* (»Sunndagsbesühk im Königrick Duissere« u.a.); sie erzählen, zum Teil in Platt und in Versen, Dönekes aus dem Leben der Duissernschen und aus der Geschichte des Stadtteils; sie überschlagen dabei — fast immer — die schattigen Seiten des Duisserner Geschichtsbuches.

Haus Schwerdt

Tradition hat das Haus Schwerdt. Hier — in der Duisserner Heide, am Fuße des Kaisebergs — ist historischer Boden. In der Nähe von Haus Schwerdt fand man römische Münzen sowie prähistorische Grabhügel und Urnengräber. Auf dem gegenüberliegenden Kaiserberg wurde eine steinzeitliche Siedlung entdeckt, und von der Schweizerstraße aus führte ein vorgeschichtlicher Straßenzug, der Mauspfad, in Richtung Süden.

Duis-sern ist älter als Duis-burg. Namensforscher meinen, die Düssernschen seien die »Duisburgleute« gewesen, erstere sehen es oft umgekehrt. Sei es, wie es sei: das Haus Schwerdt ist uralt und steht unter Denkmalschutz. Das Wirtshaus markiert die Zeit, in der das alte Ratsdorf Duissern sich über seine jahrhundertealten Grenzen ausweitete und eine Kolonie zwischen der Schweizerstraße und der Mülheimerstraße entstand. Die Chronik des Hauses Schwerdt vermerkt: »Hier ließ sich Anno 1770 der Hufschmied *Henrich Pottmann* aus dem Ratsdorf Duissern als erster Siedler in der Duisserner Heide nieder und errichtete das Haus«, dessen Fachwerk und Trägerbalken noch im alten Zustand erhalten sind.

Weitere Siedler kamen 1770 — 14 Familien aus der Pfalz und aus Hessen-Darmstadt, die noch 100 Jahre später die Gründung ihrer Kolonie feierten, dann aber allmählich ihren Ursprung vergessen haben. Die Duisserner Bauern (»burmester«) hatten ihnen Pachtland gegeben. In dem öden, kargen Heidestreifen bauten sie u.a. Kartoffeln an. Auf diese Tatsache und auf eine Anekdote führt das Haus Schwerdt seinen heutigen Namen »Kartoffelkiste« zurück. Erst mit einer Pulle Kartoffelschnaps habe Friedrich II nach dem siebenjährigen Krieg, da Hunger herrschte, die Bauern der Region vom Nutzen der Knolle überzeugt. Fortan brannten sie daraus nicht nur Schnaps. Weil so viele Kartoffeln übrigblieben, wurden die »Reste« als Topf- und Pfannengerichte verwertet. Letztere werden heute neben dem obligatorischen Kartoffelschnaps in der Kartoffelkiste serviert — als Duissernpfanne oder als deftiges »Himmel und Erde«.

Die Wirtschaft ist urgemütlich, sowohl drinnen in den historischen Stuben wie draußen auf der schattigen Gartenterrasse. Schon vor 200 Jahren war das Wirtshaus — damals *Lakmanns Hof* genannt — ein Ausflugslokal, wo bei Kaffee und Kegelspiel »Duisburgs Welt in frohem Kreise sich bewegt«. *Friedrich W. Curtius*, Begründer der chemischen Großindustrie in Duisburg, erinnert sich, daß »man von der Stadt in einem Stündlein dorthin wandelte«. Der Weg sei durch Wiesen und Felder gegangen, vorbei an Hecken und Baumdächern. Ältere Duisserner erzählen, daß früher »die Meidericher und die Ruhrorter, Gesangvereine und Kegelclubs, mit klingendem Spiel zu Haus Schwerdt kamen«. Der Wirt habe einen kleinen Privatzoo mit Affen und Papageien gehabt, und hier sei »immer was los gewesen«.

Neben »Haus Schwerdt« befand sich vor Jahren noch die Töpferei Ostermann, ein letztes Zeugnis der alten Töpferkolonie Duissern. Im 18. Jahrhundert hatten sich in der Heide auch »Duppenbäcker« aus Moers niedergelassen. Den Ton zum Backen ihrer Dachziegel und irdenen Gefäße brachen sie aus dem nahen Kaiserberg. Nur noch die Straßennamen erinnern an die Zeiten, wo die Duissernschen neben der Landwirtschaft von der Töpferei und der Weberei lebten (Tonstraße, Zieglerstraße sowie die Schweizerstraße, die nach einer Schweizer Weberei benannt ist).

Auch der Name der Straße hinter »Haus Schwerdt« ist eine Reminiszenz. Hier erstreckte sich einst die Dornenhecke, die das Dorf Duissern von der Heide trennte und die Feldfluren vor den Wildpferden des Waldes schützte. Kaum vorstellbar, daß in dem heute dichtbesiedelten Viertel einst dörfliche Idylle war. Und es »schockt« noch ein anderer Gegensatz. Aus der »besten Wohngegend« Duisserns, dem »Kaiserbergviertel« kommen wir unvermittelt in eine Gegend mit hochgeschossigen Genossenschaftshäusern mit zum Teil bröckelnder Fassade. In ihnen wohnten überwiegend ArbeiterInnen, kleine Beamte, Eisenbahner, RentnerInnen.

In der NS-Zeit herrschte hier offener Terror. Duissern war eine Nazihochburg; schon bei den Wahlen 1930 feierte die NSDAP in dem Stadtteil ihre größten Erfolge. Spuren aus der Nazizeit sind noch an einzelnen Häuserwänden zu erkennen — große »Wandmalereien«, die arischen Familien- und germanischen Naturkult ebenso zur Schau stellen wie bäuerlichen Blut- und Bodenmythos. Die geschmacklosen Wandbilder, charakteristisch für die »artgemäße Neue Deutsche Kunst«, stammen von 1938.

In der Felsenstraße gab es Widerstand. KommunistInnen, viele von ihnen im *Rotsport* organisiert (Arbeiter-Sportverein Duissern 1930) hatten hier eine revolutionäre Straßenzelle und antifaschisti-

Heckenstraße

Felsenstraße

❷
**Felsenstraße/
Malteserstraße**

Felsenstraße

Duissern   77

sche Straßenstaffeln gebildet. Die Putzmacherin *Mia Pantzer* schrieb zusammen mit ihrer Mutter *Margaretha* geheime Wandparolen und verteilte verbotene Schriften, die vor Hitlers Kriegsplänen warnten. Razzien folgten. Opfer der Verhaftungswellen wurden u.a. Mia Pantzer und ihr Freund *Georg Fackin* sowie *Gertrud* und *Wilhelm Heinskill.* Alle wurden in KZ-Lager verschickt.

Hitlers Krieg hatten die AntifaschistInnen nicht verhindern können. Davon zeugt der Hochbunker. Er ist einer der 18 Groß-Bunkeranlagen, die bis April 1941 vom Baubataillon einer Festungspioniergruppe errichtet wurden. Die ersten Bombenangriffe auf Duisburg hatten gezeigt, wie schutzlos die Bevölkerung trotz aller Beteuerungen und Vorkehrungen der Nazis dem Bombenterror ausgeliefert waren.

Die Felsenstraße führte früher über die Waldsteige zu den künstlichen Felsgebilden auf dem Kaiserberg (daher der Name); sie reichte in südlicher Richtung weit über den kleinen Markt hinaus, wo sie heute endet. Besonders an Markttagen herrscht hier etwas Leben. In Marktnähe sind einige Lädchen und Lokale. In ganz Duisburg kennt man/frau die Bäckerei *Welp* (Ecke Felsenstraße/ Malteserstraße); es heißt, dort gebe es die leckersten Brötchen der Stadt. Solche Läden sind selten in Duissern. Nie hat sich in dem fast reinen Wohnvorort ein Geschäftsleben entwickeln können wie etwa in Marxloh oder in Hochfeld.

Hinter Bahndamm und Schienen, wie abgeschnitten, liegt die ehemalige Dorfstraße, früher wie heute ein wichtiger Verbindungsweg in Richtung Mülheim (ehem. Hellweg) bzw. Wesel (über die

Georg Fackin (links): Zusammen mit seinen beiden Brüdern Willi und Arthur (rechts) wurde er 1933 ins KZ verschleppt. (Foto um 1929)

Aakerfähre, alte Postkutschenstraße). Das Ratsdorf Duissern (erste urkundliche Erwähnung 1234: »to duisseron«) reichte vom Schnabelhuck am Fuße des Kaiserbergs bis zum heutigen Duissernplatz.

❹
Duissernstraße

Dr. August Christian Borheck, ordentlicher Professor der Geschichte und Beredsamkeit bei der Duisburgischen Universität, beschrieb das Dorf im Jahre 1800: »Die Wohnungen der Landleute, worunter die neueren aus Fachwerk recht gut gebaut sind, liegen zu beiden Seiten des breiten Fahrweges zwischen Gärten und Bäumen dicht an dem Fuß des Berges. Nach der Zählung im Jahre 1798 besteht das Dorf aus 46 Feuerstellen und einer Leinwandbleiche (gegenüber der Heckenstraße). Und die Einwohnerzahl beläuft sich auf rund 300 Köpfe, nämlich ein Schulhalter (...), 12 Bauern, 10 Kötter, ein Schäfer, ein Böttcher, ein Hirte, fünf Leineweber, ein Schmied, zwei Schneider, 13 Hausleute und Einlieger, 51 Frauen und Witwen, 36 Söhne über und 41 unter 10 Jahren, 23 Töchter über und 52 unter 10 Jahren, 24 Knechte, zwei Dienstjungen und 24 Dienstmägde...«.
Von dem Dorf ist kaum eine Spur geblieben. Die industrielle Revolution hat seit der Mitte des 19. Jahrhunderts die ehemals dörfliche Struktur vernichtet. Der Strünkmannhof, inmitten eines großen Obstgartens gelegen, wurde 1914 abgebrochen. Bäuerliche Gehöfte wie der Schwiesenkampshof in den Ruhrwiesen wurden durch Hitlers Autobahnbau (seit 1934) verdrängt. Vom alten Ruhrlauf, der einst dicht an der Dorf- (Duissern-)straße vorbeiführte, »an der Kante« der Niederterrasse, ist nur noch ein schmaler Graben vorhanden. Vom Schlegtendalshof, der wie andere bäuerliche Wasserburgen östlich der Dorfstraße lagen, ist nur eine große Kastanie geblieben, die unter Naturschutz steht. Der Hof stand hier — als letzte Bastion der von Wassergräben und z.B. von Zugbrücken umgebenen Wehrinseln — bis 1947. Die Duisserner Bauern hatten einst an der Ruhr — abseits von den Wohnhäusern und Stallungen — viele solcher Speicherbauten (»Spiker«) auf kleinen künstlichen Inseln angelegt, zum Schutz vor Hochwasser usw.

❺
Moltkestraße

❻
Wintgenstraße

❼
Duissernstraße 98

Erhalten blieb nur das alte niedersächsische Bauernhaus, ehemalige Kate eines kleinbürgerlichen Betriebes. Trotz der Kriegsschäden 1941 hat es sein Aussehen kaum verändert. Hier war nach dem Krieg — seit dem 17.2.1949 — die erste Duisburger Jugendherberge untergebracht (Alt-Oberbürgermeister *August Seeling,* der sie einweihte: »Es war wie ein Leuchtfeuer zu jener Zeit«; denn die alte Böningermühle war zerstört). U.a. war die neue Einrichtung dem Oberschullehrer *Otto Löwenstein,* genannt »Löwenherz«, zu verdanken. Der Gründer des DJH-Ortsverbandes Duisburg, der als Jude in der Nazizeit viele Demütigungen ertragen mußte, war mit Duissern eng verbunden, hatte er dort (1898—1907) doch an der Volksschule unterrichtet. Das Duisserner Bauernhaus diente zehn Jahre als städtische Jugendherberge, war jedoch auf Dauer mit seinen 33 Betten zu klein. 1959 überließ die Stadt Duisburg das Bauernhaus »einschließlich Garten« der Sozialistischen Jugend Deutschlands »Die Falken« als Jugendfreizeitheim — als Ersatz für das im Krieg zerstörte Falkenheim.

In den Räumen des alten Bauernhauses, wo heute die Duisburger Falken ihre beliebten Feten feiern — hinter dem früheren »Groten Dör« — wurde einstmals das Stroh gedroschen, das Vieh gefüttert und wurden Kindtaufen, Erntefeste, Hochzeiten gefeiert. Die

Niedersachsenhaus
Duissernstraße 98

Die Waffen nieder!

Unser die Zukunft

Duisserner feiern heute noch gern. Schräg gegenüber dem Bauernhaus steht die Wirtschaft »Alt-Duissern«, Vereinslokal des S.V. Duissern 25.

Besonders an Karneval feiert hier in der kleinen gemütlichen Kneipe das »Königreich Duissern« (auch Name eines Karnevalsvereins). Auf eine längere Geschichte und Festkultur blickt das »Haus Heintges« von 1705 zurück. In der heute gutbürgerlichen »Wirtschaft Heintges« wurde am 19.2.1885 der Turnerkreis Duissern gegründet (am Anfang mit 28 aktiven Turnern), der in dem Lokal einen Übungsraum hatte und hier auch seine Sieger der Kaiserbergfeste feierte (1901 z.B. Wilhelm Simpelkamp).

Die Duisserner DorfbewohnerInnen müssen ein immer schon lebenslustiges Völkchen gewesen sein, trinkfest und schlagkräftig. Alte Akten beklagen »Sauf- und Wollust bis in die späte Nacht« (1688) oder »Söfferei und Schlägerei beim hinteren Wirt zu Dusseren« (1707/08). Vors Kirchengericht zitiert wurden »die jungen Leute von Düssern (...) ihres Spielens und Tanzens und Saufens wegen« (1700) oder »die Düsserschen Jungleute: Wilhelm Driessen, Hermann Betgens, Arndt aufm Kloster, Diederich Krachten, Feiken Schallert, Anna Maas und Margaretha Tielen, welche aufm Schwiesenkamp mit Saufen, Spielleuten und Tanzen sich ärgerlich aufgeführt haben« (1718). Moniert wurde, »daß nach der Predigt die Wirtshäuser besuchet werden« (1688) oder »daß die zu Düssern wiederum ein verbotenes Vogel- oder Zielschießen gehalten, dabei sich selbst Weibsleute mit Tanzen ärgerlich gehalten« (1707).

An bescheidenere Freuden der Dorfjugend erinnert sich Karl Heintges: »Welch großes Ereignis für uns Jungen war es, wenn jährlich große Treibjagden auf Niederwild in der weiten Duissernschen Feldmark abgehalten wurden und auf einem Leiterwagen die erlegten Hasen und Kaninchen aufgereiht anlangten. Gern erinnere ich mich des letzten Fischers, der Dickmann hieß. Er holte aus der klaren, fischreichen Ruhr Pferdekarren voll Maifische, die er selbst verkaufte. Welche Freude brachten uns der Bau und die Eröffnung der Straßenbahnlinie, die über die Duissernstraße führte.« Mit der Straßenbahn verschwand die Aakerfähre, machte der Aakerfährbrücke Platz, die jetzt über die Ruhr nach Meiderich führt.

Viele Erinnerungen ranken sich auch um die Duissernsche Schule, die heute die *Niederrheinische Musikschule* beherbergt. Die Anfänge lagen schon im 17. Jahrhundert, und das erste noch kleine Schulgebäude, das sich ständig erweiterte und verlagerte, lag an der Ecke Zieglerstraße. Ende des letzten Krieges waren im heutigen Schulgebäude unter ärgsten Bedingungen »Fremdarbeiter« untergebracht.

❽ Duissernstraße 16

Das alte Arbeitsamt ist steinernes Sinnbild einer Stadt, in der immer das Problem der Arbeit bzw. der fehlenden Arbeit dominierte. Die »Stadt Montan« hält auch heute einen Spitzenplatz in der Hitparade der Arbeitslosigkeit. Die wirtschaftliche Monostruktur — mit dem hohen Anteil an Schwerindustrie — macht die Stadt krisenanfällig. Jede neue Krise (z.B. das Zechensterben in den 60er Jahren) hat katastrophale Auswirkungen für Arbeiterschaft und Kleingewerbe. Besonders lebhaft ist in der älteren Bevölkerung Duisserns die Erinnerung an die Zeit haften geblieben, in der Duisburg die »Hauptstadt der Erwerbslosen« war. 1932/33 lebte hier jeder zweite von der »Wohlfahrt«. Schlimm waren die Verhältnisse, vor allem die sanitären — im Duisserner Dörnerhof; in der Siedlung der »Zwangsgeräumten« waren in provisorisch aus Platten zusammengesetzten Häuserblocks und in »Ungezieferbaracken« Hunderte von kinderreichen Arbeiterfamilien auf engstem Raum zusammengepfercht. Solche Zustände sind passé, doch das Schicksal der Arbeitslosigkeit bleibt aktuell.

Duissernplatz

So war im alten Arbeitsamt der Verwaltungsaufwand so groß, daß in den letzten Jahren ein neues Dienstgebäude ganz in der Nähe, in der Wintgensstraße, errichtet werden mußte: das »Mutteramt des Arbeitsamtes Duisburg« — mit modernster Technologie (z.B. Computeranschlüssen) ausgerüstet — ist die neue Hauptstelle für die Arbeitsvermittlung und zugleich Berufsinformationszentrum (»BIZ«).

In der Nähe lag die Wohnung *Theodor Bückers',* eines aktiven Gewerkschafters und Sozialdemokraten. Im Juni 1933 erhielt der Angestellte des Städtischen Arbeitsamtes Berufsverbot.

Hansastraße 125

Und drei Jahre später gehörte er — im Schwurgerichtssaal des Duisburger Landgerichts — zu den 167 Angeklagten im »Brotfabrik-Prozeß«. Theodor Bückers wurde zu Gefängnishaft wegen Widerstandes verurteilt. Er hatte zu den »Brotkunden« des sozialdemokratischen »Germania«-Widerstandskreises gezählt. Sein Genosse *Sebastian Dani* hatte die 7köpfige Bückers-Familie nicht nur mit Brot und Zwieback beliefert, sondern gleichzeitig mit illegaler Aufklärungsliteratur der verbotenen »Sozialistischen Aktion«.

Schräg gegenüber dem alten Arbeitsamt wurden im Jahre 1925 Mauerreste gefunden. Hier soll — westlich des Dorfes — von 1234–1590 das Duissernsche Zisterzienser-Nonnenkloster gestanden haben.

❾ Hansastraße/ Oranienstraße

Das Kloster, »Via celi« oder »Porta celi« (Himmelsweg oder -tor) genannt, war reich, reich an Ländereien. Hochangesehen waren die Nonnen und die »Abdisse des adeligen Klosters und Gotteshauses Dusseren«. Der Monninghof war verpflichtet, der Äbtissin eine Dienstmagd zu stellen und bei Ausritt zwei Pferde »mit egalem Haar«. Doch häufig war Krieg. Mehrmals wurde das Kloster niedergebrannt und wiederaufgebaut. Mehrmals zogen die Nonnen um — einmal für wenige Jahre in die Ruhrwiesen, an den Nordostabhang des Kaiserbergs, doch hier war der Boden rutschig und morastig. Lange noch sprach man/frau in Duissern vom »versunkenen Kloster in der Unterwelt« (Busch am Marienborn). 1590 wurde das Nonnenkloster am Duissernplatz endgültig abgerissen. Das »Stift der Duissernschen Juffern« (Jungfrauen) kam nach Duisburg. 1806 wurde das Kloster aufgehoben. Übrig blieb der Hof des »adligen Convents Düssern«: Er kam in den Besitz der »Ackerwirte« Klostermann (daher Klostermannshof).

Hansastraße 90

In der Nähe des Duissernplatzes liegen kleinere Läden und Gaststätten. Ein beliebter Treff ist das griechische Restaurant »Syrtaki«. Bei Retsina und Ouzoplatte läßt sich gut plaudern, zum Beispiel über den teuren und umstrittenen U-Bahnbau. Eine unterirdische Trasse verläuft unter den Wohnbauten der Hansastraße und kreuzt

**Hansastraße/
Blumenthalstraße**

die Bahnanlage (Ecke Blumenthalstraße). Bei den Bohrungen hier stieß »Duissy«, die Tunnelvortriebsmaschine mit dem riesigen Schneiderad, auf unerwartete geologische Hindernisse: 60 m lange Felsvorsprünge, die hydraulisch gesprengt werden mußten. So kostete der Teilabschnitt 6 — Duissern der künftigen Stadtbahn Rhein-Ruhr allein 50 Mio. DM. Der Tunnel, der 6 bis 20 m unter dem Erdreich Duisserns verläuft und unter Hafenbahn, Aakerfähr-Kleingärten, A 2, Ruhr und Kanal nach Meiderich führt, soll 1992 fertiggestellt sein. Die Tunnelfahrt bringt dann die Duisburger 17 Minuten schneller nach Meiderich. Manch einer fragt: »Ob sich der Aufwand lohnt?«

Doch gehört der U-Bahn die Zukunft. Ausgedient hat dagegen der alte DVG-Betriebshof. Jahrzehntelang rollten hier die Straßenbahnwagen und Busse der DVG (Duisburger Verkehrs-Gesellschaft) ein und aus. Seit Sommer 1990 liegt das große Depot still, zum Teil Baustelle, zum Teil Großspielstätte der Duisserner Kinder. Noch stehen die alten Betriebsbahnhöfe — eindrucksvolle Monumente moderner Industrie- und Verkehrsgeschichte. Was aus dem Gelände wird, ist noch unklar. Es gibt Pläne, das alte Depot in eine große Kulturmeile einzubauen, die von der Mülheimer Straße, vom jetzigen »Museum Haus Königsberg« ausgehen würde.

Mülheimerstraße

Die Mülheimerstraße trennt das »Königreich Duissern« von der »Republik Neudorf«. Die heute so verkehrsreiche Straße wurde 1834 nach Abriß des Kuhtores angelegt und einige Jahre später nach dem Bau des Duisburger Bahnhofs in eine vornehme Ulmenallee umgewandelt, die zum Duissernschen Berg hinführte. Auf beiden Seiten der Straße finden sich ehemalige Industriellenvillen, Bürohäuser, Geschäfte, Hotels, Cafés und Gaststätten, auf der Duisserner Seite zum Beispiel die sehr frequentierten Restaurants »Schinderhannes« und die »Lindenwirtin«. Ein Filmtheater, das es hier noch Ende der siebziger Jahre gab, ist nicht mehr. Krieg und Nachkrieg haben auch die meisten der Großvillen, die hier standen, verschwinden lassen.

Die ehemalige Keetmann-Villa an der Mülheimer-straße 39

Abgerissen wurde das »Haus der Societät«, eine spätklassizistische Prunkvilla aus dem Jahre 1874. In den geräumigen Gesellschaftszimmern hatte sich über viele Jahrzehnte hinweg die Gesellschaft »Societät« bei Kartenspiel, Billard, Musik, Theater, gelehrigen Vorträgen usw. unterhalten; in der Besatzungszeit hatten sie die Räume allerdings mit dem französischen Offizierskasino teilen müssen. Der Honoratioren-Männer-Club war im Jahre 1774 gegründet worden »aus den Mitgliedern der wohlhabendsten Gelehrten und Kaufleuten zusammengesetzt«; »Frauenzimmer erscheinen hier nicht«, heißt es in einem Reisetagebuch von 1803. Nach dem Abriß der Villa zog die »Societät« in die ebenfalls vornehmen Räume der Zooterrassen, ebenfalls auf der Mülheimer Straße, um. Und immer noch bestimmen Einkommen und bürgerliche Reputation über die Mitgliedschaft in dieser vornehmen Gesellschaft, die gerne unter sich bleiben will.

Mülheimerstraße 35

Erhalten blieb die Villa des Großindustriellen *Keetmann*, die aus der Zeit der Reichsgründung stammt und seit 1968 das »Museum Haus Königsberg« beherbergt. Die Lage ist ideal. Das Haus liegt in Bahnhofsnähe, am Rande der Innenstadt — eine kleine historische Insel gegenüber Klöckner-Hochhaus, U-Bahn und Straßenbahn-haltestelle. Beeindruckend in seiner äußeren Schlichtheit wirkt der zweistöckige neoklassizistische Putzbau mit seinem Schmuck: vorderem Mittelrisalit und kleinem Seitenporticus. Mit Wintergarten, Terrasse, Renaissanceraum vermittelt das alte Patrizierhaus etwas von der kalten Pracht großbürgerlicher Wohnkultur des Wilhelminischen Zeitalters, drinnen wie draußen. Das Museum, Ausdruck der Patenschaft zwischen Duisburg und Königsberg, gilt als »bedeutendstes Museum einer Stadt des deutschen Ostens«. In der Tat werden bedeutende Ausstellungsstücke gezeigt: Bernsteinmöbel, Zeichnungen und Plastiken von Käthe Kollwitz, Kant-Originalwerke und Porzellane, Bücher und Manuskripte des von den Nazis verfolgten Dichters Ernst Wiechert ... Doch stört der unkritische Preußenkult, die kommentarlose Zurschaustellung des preußisch-deutschen Militarismus: die Jagdflieger-»Helden« und Kampfgeschwader-Kommandeure in Uniform, die mit Haken-

Mülheimerstraße 39

kreuz versehenen Kriegsorden, Kampfflieger-Modelle und Ost-Preußenführer. Zudem ist besonders in der Eingangshalle der Geist des Revanchismus präsent — in Tafeltexten, Vertriebenenschmökern oder »Ostpreußenblatt«.

Keine Frage: Die Ostpreußenschau paßt in einen Stadtteil, der Vereine wie den DSC Preußen 01 hat und Straßen, die nach preußischen Prinzen und Feldherren benannt sind. Allerdings muß die Preußen-Ausstellung im Herbst 1991 umziehen. Trotz der Proteste der »Stadtgemeinschaft Königsberg« kommt sie als Teil des neuen Stadthistorischen Museums in das Kampfmeyer-Silo am Innenhafen. In die alte Keetmann-Villa dagegen, wo in den Nachkriegsjahren das städtische Kunstmuseum bzw. das Niederrheinische Museum (bis 1968) untergebracht war, soll ein Luxus-Schlemmer-Lokal einziehen.

Hedwigstraße 1/ Mülheimerstraße

Am Goerdelerpark (nach dem wegen Widerstands von den Nazis hingerichteten ehemaligen Oberbürgermeister von Leipzig *Karl Goerdeler* benannt), liegt eine weitere Großvilla aus der Gründerzeit, heute Sitz der Bauunternehmung *Hitzbleck* GmbH & Co KG. Die Firma verkörpert ein Stück Duisburger Industrie- und Baugeschichte.

Der Firmengründer Karl Hitzbleck (1874—1949) kam von einem Bauernhof in Duissern. Vor der Jahrhundertwende hatte der Baugewerksmeister mit einem kleinen Baugeschäft begonnen und sich aus kleinsten Anfängen emporgearbeitet. Mit dem 1928 gegründeten Tochterunternehmen Wohnungsbau AG, die in drei Jahren allein in Wanheimerort über 800 Wohnungen errichtete, gab K. Hitzbleck der baulichen Entwicklung der Stadt Duisburg viele Impulse und prägte ihr Gesicht, auch im Industriebau. In der Nazizeit war die Firma am Bau der Reichsautobahn beteiligt. Zugleich gab der erfolgreiche Bauunternehmer verfolgten Gewerkschaftern und Sozialdemokraten wie dem späteren Oberbürgermeister August Seeling Schutz und Stellung. August Seeling über den »Seniorchef«: »Er fühlte sich den sozialen Bestrebungen sehr verbunden ... er war als junger Mann August Bebel nachgereist, um ihn zu hören.« In seinem Haus verkehrten in der Weimarer Repu-

blik SPD-Größen wie Otto Braun *und* Karl Severing. *Heute wird das Familienunternehmen Hitzbleck in dritter Generation geführt und ist an vielen Großprojekten beteiligt wie dem Bau von Autobahnbrücken.*

Etwas weiter östlich auf der Duisserner Seite, zwischen Bechem- und Keetmannstraße, wurde ein weiteres Kapitel Duisburger Industriegeschichte geschrieben. Hier stand bis 1907 das Stammwerk der weltbekannten Maschinenfabrik DEMAG (heute Mannesmann-AG). Die Anfänge waren bescheiden. Die Duisserner Ketten- und Hufeisenfabrik, 1862 von dem Ingenieur *A. Bechem* und dem Industriekaufmann *T. Keetmann* übernommen, beschäftigte anfangs nur 15 Arbeiter. Beim Tode Keetmanns im Jahre 1907 waren es 1200.

Allerdings war das Werk zuvor an den Rhein nach Hochfeld verlagert worden. Der Transport der schweren Erzeugnisse — Hebezeuge, Walzwerkmaschinen, Anker- und Schiffsketten — war in Duissern mühsam gewesen; um die Wagen, welche die Schwergewichte von der Mülheimerstraße zum Bahnhof rollten, zu ziehen, mußten jedesmal mindestens 20 Pferde vorgespannt werden. Nur noch Straßennamen erinnern an die ehemalige Maschinenfabrik »Bechem & Keetmann« ebenso wie an die beiden Bierbrauereien, die in Duissern bis Ende der 50er Jahre standen (Brauerstraße).

⓫ Lutherstraße

1919/20 war hier das Waffendepot des »Stoßtrupps Kaiserberg«. Die antidemokratische Wehrtruppe — aus reaktionären Offizieren und jungen Bürgersöhnen zusammengesetzt — hatte sich als Teil der Duisburger Einwohnerwehr gebildet, nachdem im Februar 1919 Oberbürgermeister *Jarres* von rebellierenden Arbeitermassen gewaltsam vom Burgplatz bis in seine Duisserner Wohnung geführt worden war; zeitweise hatte er die rote Fahne tragen müssen, sein Haus an der Mülheimerstraße war von den Hungernden nach Lebensmitteln durchsucht worden. Einige Monate später, am 22.6.1919, stand der »Stoßtrupp Kaiserberg« in der Lutherstraße Gewehr bei Fuß. Man wollte sich hier mit dem berüchtigten Freicorps *Schultz* aus Mülheim vereinigen, um gegen die Republik loszuschlagen, wurde doch just an dem Tag der Versailler Friedensvertrag in der Nationalversammlung entschieden. Aus dem geplanten Militärputsch gegen den »schändlichen Friedensvertrag« wurde nichts. Dagegen konnte der »Stoßtrupp Kaiserberg« Mitte März 1920 sein Waffenarsenal auf der Lutherstraße gegen republiktreue ArbeiterInnen einsetzen. Erst nachdem es viele Tote und Verwundete gegeben hatte, wurde die Entwaffnung der Einwohnerwehr verkündet. Zuvor hatten die Gewerkschaften und die Vertreter aller Arbeiterparteien vergeblich diese Entwaffnung von OB Jarres gefordert, da die Einwohnerwehr offensichtlich mit den Kapp-Putschisten sympathisierte.

Um Aufarbeitung dieser Vergangenheit u.a. bemüht sich heute das Evangelische Familienbildungszentrum im »Haus der Familie«. **Hinter der Kirche 34**

Die Umgebung — Lutherkirche (1892/95 erbaut), Martin-Luther-Heim usw. — macht die lutherische Prägung Duisserns sichtbar.

Das »Haus der Familie« versteht christliche Familienbildung auch als gesellschaftlichen Auftrag. Seine Aktivitäten — im Haus selbst oder in den Gemeinden — Einsatz für »Minderheiten« wie Asylanten, Ausländer, »Zigeuner« usw. — sind manchem ein Dorn im Auge. Das hinderte die MitarbeiterInnen nicht, das Haus zur »atomwaffenfreien Zone« zu erklären, für eine gesunde Umwelt und (Vollwert-)Ernährung einzutreten, Nachbarschaftstreffs gegen die Verödung der Stadtteile einzurichten oder Arbeitslosen-Selbsthilfegruppen zu initiieren (»AHA«-Arbeitslose helfen Arbeitslosen). »Wider das Vergessen« werden antifaschistische Stadtrundfahrten, Ausstellungen, Vorträge durchgeführt.

Auch in Duissern gibt es vieles, das ohne aktive Erinnerungs- und Trauerarbeit verdrängt und »vergessen« würde. Verfolgungen in der Nazizeit erlitten zum Beispiel die Mitglieder der Duisburger Freimaurerloge *»Zur deutschen Burg«*. Ihr Haus am Kuhlenwall, in dem sie fast 100 Jahre lang logierte, beschlagnahmten die Nationalsozialisten 1935.

⑫
**Königsberger
Allee 49a**

Seit 1865 ist die ehemalige Geheimgesellschaft aus der Aufklärungszeit (1829 gegründet) in Duissern. Die Logenbrüder, oft in Konflikt mit Staat und Kirche, fühlen sich humanistischen Idealen verpflichtet — Toleranz, Freiheit, tätiger Menschenliebe. Bis heute ist die Duisburger Loge wie alle anderen seit über 250 Jahren bestehenden Freimaurerlogen ein reiner Männerbund geblieben, duldet keine Frauen in ihrer stark hierarchisch aufgebauten Gesellschaft, die strenge Ritualien kennt. Allerdings hat das soziale Engagement der Logenbrüder in Duisburg Spuren hinterlassen: 1832 initiierten sie den Bau einer Schule für Arbeiterkinder und legten damit den

Nachkriegs-Gottesdienst in Duissern unter freiem Himmel

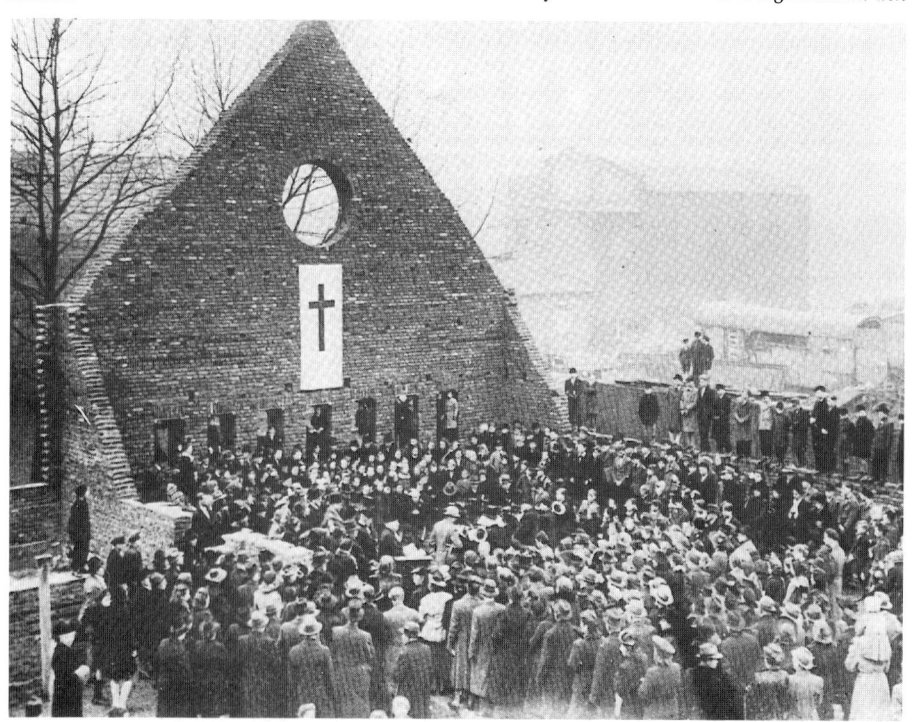

Grundstein für die gewerbliche Berufsschule. Die damalige »Sonntags-schule für Handwerker und Fabrikarbeiter« heißt heute — nach ihrem ehe-maligen Schulleiter — »Friedrich-Albert-Lange-Schule«. Heute unterstützt die Loge »Zur Deutschen Burg« sozial benachteiligte Kinder und Behin-derte, spendet Geld für das Hilfswerk »Humanitas« oder für die Niederrhei-nische Musikschule in Duissern.

Opfer schlimmer Naziverfolgungen wurde auch eine Duisserner Familie. Am 28. November 1934 kam die Gestapo zum wiederholten Male in ihre Wohnung. Bei der Haussuchung fand sie u.a. verbotene Flugblätter: »Wachet auf, Verdammte dieser Erde!«. Verhaftet wurden der Elektriker Wilhelm Sandhövel, seine Frau Gertrud, eine Näherin, sowie sein Bruder Heinrich, ein Schmiedegeselle. Alle drei hatten im Untergrund sehr aktiv gegen das System gearbeitet, das Terror, Rassenwahn und Krieg bedeutete. Im März 1935 standen sie vor Gericht in einem Massenprozeß, in dem 108 KPD-Mitglieder, in der Mehrzahl aus Duissern und Neudorf, angeklagt waren. Wilhelm Sandhövel (geb. am 16. Juni 1900 in Duisburg) bekam 7 Jahre Zuchthaus. Nach seiner Entlassung holte ihn die Gestapo erneut und verschickte ihn ins KZ Sachsenhausen, wo er am 10. Oktober 1944 zusam-men mit 26 weiteren politischen Gefangenen im Maschinengewehrfeuer der SS starb — »wegen Meuterei und Widerstand im Lager«; u.a. hatte der Elek-triker insgeheim einen verbotenen Radiosender für die Lagerhäftlinge zusammengebaut. Im ehemaligen KZ Sachsenhausen bei Berlin erinnert eine Tafel an den Duisserner Widerstandskämpfer, in Duissern nichts. Das Haus, in dem er wohnte — es stand kurz vor der Ecke Moltkestraße —, ist im Krieg zerstört worden.

Königsberger Allee 60

Wilhelm Sandhövel (1900—1944)

Auch von der früheren kommunistischen Hochburg Duisburg — die KPD war hier vor 1933 die stärkste aller Parteien — ist nichts mehr zu sehen. Das DKP-Parteibüro auf der Moltkestraße wurde Anfang 1990 aufgelöst, nachdem kein Geld mehr aus dem Osten floß und der Vorstand zurückgetreten war. In das Gebäude — in den Hinterhof — zog im Sommer 1990 neues Leben ein. Vielleicht ist die lichtdurchflutete Kunsthalle, die hier aus einem alten Maschi-nenraum entstand, ein Symbol. Zumindest versinnbildlicht das »Cubus Forum der bildenden Kunst und Galerie« die enge Ver-flechtung von Kultur und Industrie in der Stadt. Nur mit Unterstüt-zung großer Duisburger Firmen konnten die kostspieligen, umfang-reichen Renovierungsarbeiten durchgeführt werden. Einen »Kon-trapunkt« setzte die erste Ausstellung im Juli 1990: Gezeigt wurden die Werke von 16 Künstlern, die für eine Kunstschau im Lehm-bruck-Museum abgelehnt worden waren. Damit wurde ein Zeichen gesetzt, die verkrustete Duisburger »Kunstszene«, zumindest das Auswahlverfahren der hiesigen Kunstverbände für eine öffentliche Anerkennung, aufzubrechen.

Moltkestraße 45

Unklar ist noch, wie in Zukunft das große Firmengelände der Espera-Werke GmbH genutzt werden soll. Das Unternehmen, das etwa 200 Beschäftigte hat und seit über 60 Jahren in Duissern ansässig ist, wird spätestens 1993 nach Mülheim-Speldorf verlagert werden. Das Duisserner Werk ist für die expandierende Firma, die moderne Waagen und Etikettendrucker konstruiert, zu klein geworden. Im Krieg war auf dem Firmengelände ein »Fremdarbei-ter«-Lager. Viele Arbeiter sind bei den Bombenangriffen ums

⓭ **Moltkestraße 17—23**

Leben gekommen, die auch die später wiederaufgebauten Werksanlagen fast völlig zerstörten.

Tragisch verlief das Leben jüdischer Familien, die in den angrenzenden Straßen wohnten. Die existentielle Bedrohung wurde schon früh sichtbar. 1927 zog ein Trupp von Jungstahlhelmern durch die Gerhart-Hauptmann- (damals Kaiser-Wilhelm-)Straße und sang das »Lied der Schwarzen Reichswehr«: »Schmeißt sie raus die Judenbande, schmeißt sie raus aus unserm Vaterlande!« 1933 war offener Terror. In der Prinzenstraße zum Beispiel wurden jüdische Menschen durch die Straße getrieben, mit Hohn und Spott. Zu den Gejagten gehörte Dr. Sally Kaufmann, der letzte Vorsitzende der jüdischen Gemeinde Duisburg. In der »Kristallnacht« wurde seine Wohnung demoliert — wie viele andere Wohnungen in Duissern. Kaufmann wurde verhaftet und ins KZ Dachau verschickt. 1940 wurde sein Wohnhaus »arisiert«, d.h. für ein Spottgeld verkauft. Als Sally Kaufmann

⑭
Prinz-Albrecht-
Straße 17

Das letzte Foto von Johanna und Sally Kaufmann in ihrer Wohnung in der Prinz-Albrecht-Straße 17

und seine Frau Johanna *am 25.6.1943 schließlich in den Tod deportiert wurden (Auschwitz), bedeutete dieser »letzte« Transport die praktische Auflösung der Jüdischen Gemeinde Duisburg, die seit Jahrhunderten bestanden hatte.*

Zuvor hatte Kaufmann *(geb. 5.3.1886 in Duisburg) erleben müssen, wie viele seiner Nachbarn ins Exil, in Duisburger »Judenhäuser« und in die Vernichtungslager getrieben wurden. Sein* Sohn Walter *hatte allerdings im Januar 1939 mit einem Kindertransport vor der Vernichtung flüchten können. Im fernen Exil, in Australien, begann Walter Kaufmann seine Erlebnisse aufzuschreiben. Viele Erzählungen und Romane des Schriftstellers, in viele Sprachen übersetzt, handeln von der Prinz-Albrecht-Straße und von Duissern, von Widerstand und Verfolgung (z.B. »Stimmen im Sturm«) und von der ausgebliebenen »Wiedergutmachung« (z.B. »Flucht«). Die offiziellen Bücher zur Geschichte Duisburgs dagegen verschweigen dieses Kapitel. Alle jedoch schreiben von der Prinz-Albrecht-Straße; denn hier wurde, als die ersten Wohnhäuser gebaut wurden, ein fränkischer Friedhof gefunden. In den Frankengräbern wurden Gefäße entdeckt, die auf einer Drehscheibe hergestellt worden waren. Den Männern waren Waffen beigegeben worden, den Frauen Glas- und Bernsteinketten.*

Nichts — kein Stein, keine Plakette — erinnert in Duissern an den letzten Vorsitzenden der jüdischen Gemeinde Duisburg oder an seine Leidensgenossen. Zum Beispiel die Familie Lauter: *Für Billiggeld mußte sie ihr Warenhaus (»Alsberg«) und ihr Wohnhaus an den Ex-Schlipsverkäufer* Helmut Horten *verkaufen. Das war 1936. In der Zeit, als* Ernst Lauter *(geb. 24.6.1898 in Duisburg) 59jährig, verarmt und verbittert, im amerikanischen Exil starb (1956), hatte* Helmut Horten, *der das Lauter-Haus bewohnte, seine zweite Karriere als Warenhaus-Milliardär begonnen.*

Der Schriftsteller Walter Kaufmann, 1984

Prinz-Albrecht-Straße 1

Gab es in der Nazizeit Solidarität mit den Verfolgten und Bedrängten? »In der Prinz-Albrecht-Straße nicht« sagt *Walter Kaufmann,* »vorher nicht und auch nach '45 nicht.« Als der Schriftsteller 1955 nach Duisburg zurückkehrte, fand er »in der Prinz-Albrecht-Straße alle Türen verschlossen«. Ein Fall von Solidarität ist allerdings überliefert. Die Jüdin *Clara Mies,* Verkäuferin bei »Alsberg« in der Konfektion, wohnte zunächst in der Moltkestraße 16, dann in der Prinzenstraße 6. Zunächst half ihr Mann, ein »Arier«, zu überleben und wurde deshalb in ein Zwangsarbeitslager verschickt, dann wurde Clara Mies in den letzten Kriegsjahren von der sozialdemokratischen Familie *Steinfels* unter ständiger Lebensgefahr versteckt gehalten — als »Tante Else aus Magdeburg«. Doch sind solche Fälle in Duisburg selten gewesen.

Prinzenstraße 6

Das *Carl-von-Ossietzky-Zentrum,* 1990 entstanden, bemüht sich um kritische Aufarbeitung der Duisserner Geschichte — in Zusammenarbeit mit der Neudorfer »Weltbühne«, der DFGVK Duisburg (Deutsche Friedensgesellschaft Vereinigung der Kriegsgegner) und dem DISS (Duisburger Institut für Sprach- und Sozialforschung) auf der Realschulstraße 51. Es ist ein Treffpunkt junger Kriegsdienstverweigerer, FriedenskämpferInnen und AntifaschistInnen. Sie beobachten wachsam jede Aktivität von rechts und treten neofaschistischen Tendenzen entgegen. Von diesem Friedenszentrum bis zum Café Botanischer Garten (»Wiener Caféhaus«) ist es nur ein Sprung.

Tonstraße 11

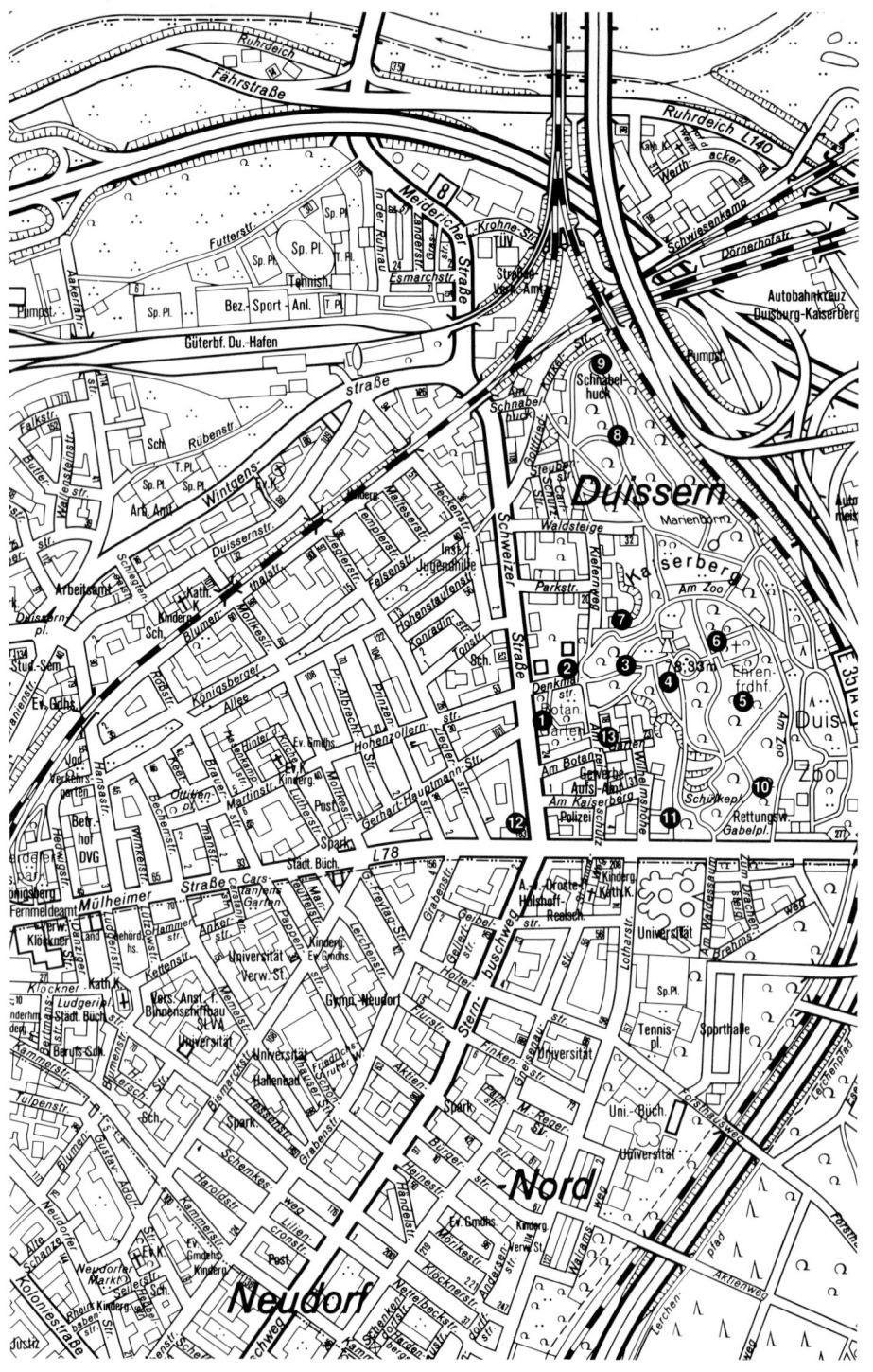

Mons Dusseren

»Kaiserberg-Viertel«
von Manfred Tietz

Ausgangs-und
Endpunkt: *Botanischer Garten, Schweizerstraße 24*
Dauer: *ca. 2 Stunden*

Auch Nicht-Duisburgern ist der Kaiserberg ein Begriff. Sie kennen ihn als überregionalen Motorrad-Treff oder als »Kreuz« für AutofahrerInnen. Tischtennis-Fans ist der *D.S.C. Kaiserberg 47 e.V.*, vor allem die erfolgreiche Damenabteilung, bekannt. Und nicht nur (und nicht alle) TierfreundInnen lieben den Kaiserberg-Zoo.

Für die DuisburgerInnen ist der bewaldete Hügel ein sonntägliches Ausflugsziel oder ein bevorzugtes, aber teures Wohnpflaster; für die Duisserner, die das Glück haben, hier zu wohnen, ein täglicher Spaziergang mit oder ohne Hund; für die Kinder, die in der Umgebung aufwachsen, ein großer Abenteuer-Spielplatz (zum Beispiel der unterirdische Stollen mit seinen labyrinthartigen Gängen). Ein Ort für Freizeitaktivitäten zudem: hier sah man/frau in schneereichen Wintern RodlerInnen beim Kufenspaß oder Zoo-Schlittenhunde beim Training — und zu allen Jahreszeiten Jogger und Joggerinnen. Ein nützlicher Berg zudem: für die ScherbenwissenschaftlerInnen eine riesige archäologische Fundgrube. Für DeutschtümlerInnen eine nationale Kult-, Gedenk- und Feierstätte. Für die Duissern-Neudorfer Töpferkolonie einst eine Bruchstelle für ihren Ton. Für Krieger ein Ort, wo man sich verschanzen und verstecken konnte ... Und vor über 100 Jahren wurde der Berg, wie *Walter Fest* schrieb, »der alljährliche Sammelplatz deutscher Turner« (Turnerinnen waren noch nicht gefragt) zu edlem Wettstreit. Bei den Kaiserbergfesten wurde auf dem Hügel geturnt, gerungen, gehantelt, Stein gestoßen ... Und nicht nur für die »tüchtigsten Jünger Jahns« war der Berg da: Alljährlich am Sedanstag marschierte die Duisburger Schuljugend in geschlossenem Zug zur Sedanswiese — hier gab's neben markigen Jubelreden und -geschrei allerlei Brezel, Stütchen, Streuselkuchen, Limonade. Früher wie heute aber ist der Kaiser-(Duissern-)Berg für die NaturfreundInnen Ausgangs- und Zielpunkt für ausgedehnte Wanderungen.

Dem Auge präsentiert sich der Kaiserberg als ein länglich runder Hügel, eine bewaldete Bergkuppe. Er liegt auf der sogenannten »Hauptterrasse«, 40 bis 60 m hoch über der hochwasserfreien Talsohle des Ruhrmündungsgebietes. Zur »Hauptterrasse« gehört südlich der Mülheimerstraße noch die Hochfläche, auf der die

Zoo Duisburg

RodlerInnen am Kaiserberg, 1932

Wolfsburg und Haus Hartenfels liegen. Diese bewaldeten Höhen sind uralt.

Einst schlugen die Nordseewellen bis nach Duissern und ließen den Kaiser-(Duissern-)Berg entstehen. Es war »die Zeit, da die Niederrheinische Tiefebene (Kölner Bucht) und das Westfälische Becken infolge ungeheurer Schollenbewegungen in die Tiefe sanken und das Meer noch einmmal bis an ihre Randgebiete vordrang.« Die Wassermassen lagerten ihren Schlamm als feinen Ton ab, der am Kaiserberg in 40 m mächtigen Lagern gefunden wurde. Die Wasserfluten von Rhein und Ruhr trugen dann das ihrige dazu bei, die Hauptterrasse zu zerschneiden, Täler wie tieferliegende Terrassen auszugraben und damit dem Duissernschen Berg seine heutige Gestalt zu geben. Aus dieser Mittelterrassen-Eiszeit stammen die Findlingsblöcke, die u.a. am Westhang des Berges im Botanischen Garten zu sehen sind. Die Steinbrocken sind Teile der End- und Grundmoränen, d.h. der vom Gletscherdruck bewegten und zerriebenen Gesteinsmassen, die beim Abschmelzen des Eises als Schuttablagerung zurückblieben. Auf dem Kaiserberg wurde ein Seekuh-Skelett ausgebuddelt, 36 Mio. Jahre alt — ein Beleg für die Geburt des Berges aus dem Wasser. Übrigens, wer geologisch interessiert ist, kann sich die einzelnen Ablagerungen und Gesteinsschichten in einem Steinbruch östlich des Berges anschauen, und zwar auf dem Mülheimer Kassenberg (Saarnerstr.)

Erst im Jahre 1881 wurde der Duissernsche Berg (1334 urkundlich schon als »mons Dusseren« erwähnt) per Ratsbeschluß in Kaiserberg umgetauft. 10 Jahre nach der Reichsgründung! Beim Jubelfest für den Kaiser hatten die Duisburger schon vergessen, was ihnen der kaiserliche Obrigkeitsstaat beschert hatte und wie undankbar sich das neue Vaterland gegenüber den Opfern der Kriege erwies: Etwa 800 Tote hatte als Folge der Kriegsperiode eine Cholera- und Pockenepidemie gefordert, und der Unterstützungssatz für die Kriegerwitwen und -waisen lag weit unter dem Existenzminimum.

Ein Verschönerungsverein kümmerte sich um die Ausschmük-
kung des kaiserlichen Berges. Ein Werk dieses Vereins ist der *Botanische Garten.* Seit mehr als 100 Jahren dient er der Bevölkerung
zur Entspannung und zur Bereicherung ihrer botanischen Kenntnisse. An schönen Tagen sind die Bänke und Wege voller Menschen. Vor allem die SeniorInnen des Stadtteils treffen sich hier zu
einer Atem- und Ruhepause und plaudern von alten (schöneren?)
Zeiten — inmitten exotischer Pflanzen, kleiner Zierteiche, duften-
der Naturkräuter und großer Findlingsblöcke aus Gletscherzeiten.
Ein idealer Ort der Erinnerung sind das *Alpinum* (1903), das *Nym-
phäum* (1912), eine *Pergola* (1914) und ein Brunnentempelchen.
Nicht vergessen werden sollte, daß 1945 das Ende der »grünen
Oase« gekommen schien: Zur Versorgung der hungernden Bevölkerung wurde der Botanische Garten als Grabeland aufgeteilt. Und
heute erweist sich der Botanische Garten wieder in alter Weise als
nützlich: für schulbankmüde Klassen und Kurse zum Beispiel, die
hier Biologieunterricht im Freien machen. Seit 1893 tauscht die
Duisserner Anlage zudem Samen und Pflanzenteile mit anderen
Botanischen Gärten aus und veröffentlicht alljährlich ein Samen-
verzeichnis.

Vor rund 200 Jahren führten zwei geschlängelte Fichtenpfade
auf die Berghöhe hinauf. Heute gibt es viele schöne Aufgänge — vor
dem Zoo zum Beispiel oder an der Waldsteige. Bewußt wählen wir
den Aufstieg über die *Denkmalstraße.* Geschichte und Gegenwart
des Kaiserberges sind hier am ehesten greifbar. Zur Linken liegen
zwei Hochhäuser, dahinter Terrassen- und Reihenhäuser. Sie lassen
erkennen, daß auch das Villenviertel am Kaiserberg zum Spekulationsobjekt wurde. Ende der 70er, Anfang der 80er Jahre gab es
hier gegen den Abriß zweier alter Villen »sanften« Protest und
Widerstand, nicht vergleichbar aber mit der Besetzungsaktion an
der naheliegenden Mülheimerstraße oder dem »Häuserkampf« um
den Bahnhof Neumühl.

Vergeblich wehrte sich eine Duisserner Bürgerinitiative gegen
den Abriß von »Haus Duissernberg«. Die Villa fiel im Jahre 1979.
Sie war 1953 als Haus der Offenen Tür bzw. als »Institut für Jugendhilfe« eingerichtet worden. Junge Leute hatten hier eine Art Nachbarschaftshilfe geleistet, älteren Menschen im benachbarten Altenheim bei Einkäufen oder Botengängen geholfen. Wenige Jahre
nach dem »Haus Duissenberg« fiel auch die benachbarte »Rote
Villa«, so benannt nach kommunistisch orientierten StudentInnen
und LehrerInnen, die hier jahrelang wohnten.

*Die »Rote Villa« war ein etwa 100 Jahre altes Patrizierhaus mit Fachwerk,
Turm, Gesindehaus, Wintergarten, alten Stallungen ... Hinzu kam ein großer
Garten mit uraltem Baumbestand, einem Teich und Rhododendren. Gegen
die Zerstörung dieses »paradiesischen Fleckens« fanden die BewohnerInnen Rückendeckung in der Duisserner Bevölkerung: »An einem einzigen
Sonntagmorgen«, erinnert sich Engelbert W., »haben wir über 2.000 Pro-
testunterschriften gesammelt und am »Tag der Offenen Tür«, wo wir die*

**❶
Schweizer Straße**

**❷
Denkmalstraße**

*Eine alte Villa (Schwei-
zerstr. 54) gibt noch (!)
einen Eindruck, wie die
abgerissenen Patrizier-
häuser aussahen!*

**Schweizer Stras-
se 56–58g**

Bevölkerung eingeladen haben, kamen viele hundert Menschen.« Die »BesetzerInnen«, die das Haus nicht verbarrikadiert hatten, wurden jedoch von Polizei und Abrißbagger sehr plötzlich überrascht und vertrieben.

Erfolgreich war dagegen 1989 eine Protestversammlung der Duisserner, unter ihnen zahlreiche MillionärInnen des »Kaiserbergviertels«, gegen den Abriß uralter Bäume, die angeblich die am Waldrand liegenden Terrassenhäuser gefährdeten.

Denkmalstraße

Von der Wohnraumzerstörung am Kaiserberg haben nicht nur die Spekulanten und die neuen BesitzerInnen der sehr teuren Eigentumswohnungen profitiert, sondern auch die Duisburger SpatenforscherInnen. Im Bereich von *Haus Duissernberg* hatte der Meidericher *K. Hofius* in einer Baugrube vorgeschichtliche Scherben gefunden. Das war im November 1978. Es folgten Ausgrabungsarbeiten, stark behindert durch die Wurzeln der dichtstehenden hohen Bäume. Steinzeitliche Werkzeuge — Kratzer, Stichel, Klingen etc. — wurden zutage befördert. An der Stelle befand sich vor etwa 10.000 Jahren ein eiszeitliches Jagdlager. Von ihrem natürlichen Hochstand aus beobachteten die Wildbeuter Rentierherden, die auf der Suche nach Nahrung über die Rheinniederung und das Ruhrtal zogen. Von ihren Fellbooten aus erlegten sie dann ihre Beute.

In höherer Lage entdeckten die AusgräberInnen des Niederrheinischen Museums außerdem Siedlungsspuren der vorrömischen Eisenzeit, die wahrscheinlich in einem Zusammenhang mit dem Grabhügelfriedhof von Wedau stehen. Fragmente eines Armrings und eine Rollkopfnadel aus Bronze, einige Spinnwirteln und Reste von Webgewichten wurden ausgebuddelt, Gebäudespuren entdeckt (5.—4. Jahrhundert v. Chr.). In der Nähe wurde zudem ein gut erhaltenes germanisches Brandschüttungsgrab freigelegt (Ende 2./Anfang 3. Jahrhundert n. Chr.). Die in der Grabgrube gefundene

Urne und Bilderschüssel: Funde im Brandgrubengrab vom Kaiserberg

❸ Denkmalstraße

schwarze Urne enthielt neben Leichenbrand die Reste einer verschmolzenen zweiteiligen Bronzefibel.

Für SpaziergängerInnen deutlicher sichtbar als die vorgeschichtlichen Siedlungsspuren sind die Reste der ehemaligen *Kaskadenanlage*; sie wurde kurz nach der Jahrhundertwende angelegt. Das Wasser sprang früher über Stufen hinweg und mündete in einen kleinen Teich am Fuße der Denkmalstraße. Das alte Rohrleitungssystem ist noch vorhanden, und seit 1957 verspricht die Stadt Duisburg, die Kaskadenanlage auf Wunsch der BürgerInnen wiederherzustellen. Doch bisher hieß der Tenor: Kein Geld! Die Generalprobe der Feuerwehr, die vom Aussichtsrondell herab Wasser den Berg hinabfließen ließ, genügt den DuisburgerInnen jedoch nicht. Die Forderung nach Restaurierung des »optischen Gesundbrunnens« bzw. der Kaiserberg-Wasserfälle bleibt bestehen, vor allem nachdem im Norden der Stadt, im Mattlerbusch, eine ähnliche Anlage realisiert wurde.

Gut sichtbar ist der vermauerte Eingang des *Kaiserberg-Stollens.* Der Tiefbunker wurde im zweiten Kriegsjahr mit bergmännischen

Mit Moby Dick fing es richtig an

Der eigentliche Start des »Duisburger Tierpark« genannten Abenteuers fand nicht unter den Baumwipfeln des Kaiserbergs statt, sondern »im Saale«: »Dr. Wetjes Duisburg-Hamborner Tierparkverein e.V.« hatte eine »Interessante Tierwelt-Werbeschau« auf dem Parkett der Duisburger Societät veranstalten lassen. Und das hatte 1934 eine erstaunliche Resonanz, die ersten Uhu-Volieren, Eichhörnchen-Türme, ein »Aquarium« aus Fichtenstangen wuchsen aus dem Waldboden. Daß dem frisch abgesteckten Tierpark sogleich die frisch abgesteckte Reichsautobahn in die Quere kam, blieb ein »Duisburg special«, ansonsten ging es weiter, wie es mit Deutschlands Zoos und Zoogründungen damals allenthalben ging: Sie wuchsen und gediehen, bis die Apokalypse von Krieg und Zusammenbruch auch sie wie ein Axthieb traf; noch fast 400.000 Besucher im Jahr 39 blieben indessen Beweis, daß Duisburgs Zoo einem Bedürfnis entsprochen hatte.

Wiederaufbau, Wirtschaftswunder, Wir-sind-wieder-wer — kein spezielles Zoo-Thema; nur daß seine Akteure Stunde-Null-Geschichte verdeutlichen helfen: Dr. Schlott im benachbarten Wuppertal hatte davor den Zoo Breslau geleitet, Dr. Thienemann kam vom Zoo Königsberg und wußte dann — 1946–1965 — entscheidend dafür zu sorgen, daß zu den Eichhörnchen eines Tages Elefanten kamen, daß auch Duisburgs »Heimattiergarten« wieder ein Tierpark wurde. Wenn der inzwischen zum Zoo, sogar zum Weltzoo heranwuchs, liegt das u.a. an Moby Dick, womit wir endlich bei der Zoologie sind.

Moby — verirrter Arktis-Weißwal — war Mai '66 mit mir fast gleichzeitig nach Duisburg gekommen, daß er uns dann 4 Wochen lang laufend bzw. schwimmend entwischte, für »Bild«, »Express« und »Prawda« natürlich eine Extragaudi; und außerdem der Grund, daß Duisburg nun gerade ein Zentrum der Walverwandtschaften wurde! Daß Aufsichtsrat H. Horten (1959 waren die Tierparkfreunde »AG« geworden, heute liegt der millionenschwere 90-Mann-Betrieb weitgehend in städtischer Hand) ein paar Florida-Flipper im Tragluftzelt hatte auftreten lassen, war noch »Versuchsballon« gewesen, nun aber wurden Delphine Duisburgs Wappentier. War mit dem 1962er Äquatorium das »größte Affenhaus der Welt« entstanden, prämierte NRW das 1968 eröffnete Delphinarium als »Richtungweisendes Bauwerk der Nachkriegszeit«; wobei das »richtungweisend« durchaus wörtlich genommen werden darf — Duisburger Delphinariums-Knowhow ist inzwischen vom Yangtze bis an die Memel gefragt. Nach dem Delphinarium kamen Tonina-Pool und Walarium, kamen Expeditionen vom Orinoko bis ins Ewige Eis. Mobys »wilde« Vettern kamen — Hudsonbay-Belugas — aus Kanadas Norden, langschnäbelige Flußtümmler aus der Fieberhitze des Rio Apure. Die Jacobitas kamen vom Ende der Welt, das Kap Hoorn heißt, und allmählich kamen auch alle Fachleute (wieder), die das vorher für unmöglich erklärt hatten: Ultraschall-Spezialisten aus Nanking und Dänemark, Öko-Fans von Chile bis Venezuela. »Artenschutz« hat man im Zoo schon praktiziert, als Wahlredner nicht einmal die Vokabel kannten; alles, was wir von Tieren wissen und für ihren Schutz brauchen, basiert auf jenen, die wir in der Hand, im Labor, im (Zoo)-Gehege halten. Hier im Zoo Duisburg ward die European Association für Aquatic Mammals (=Europ. Ges. f. Wassersäugetiere) gegründet, trifft sich die IMATA (= International Marine Animal Trainers Association), tagen in Fach-Symposien Vertreter von über 40 Nationen; basteln Kieler und Wiener Studenten an Doktorarbeiten zum Farbsehvermögen des Weißwals oder Werkzeuggebrauch bei Inia geoffrensis, werden die »Spuren der Wale« literarischer, das »Using air-bubbles as toys« (»Benutzung von Luftblasen als Spielgeräte«) ethologischer (Ethologie = Wissenschaft von den angeborenen Verhaltensweisen) Geheimtip.

Doch um zum Jahr 1934 und der »Handvoll tierinteressierter Bürger« zurückzukehren: natürlich wurde Duisburgs Zoo nicht für 100 Forscher sondern für »normale« Menschen gegründet; 40 Millionen sind es demnächst, weitgehend unzoologische Normalverbraucher, die sich an unseren Tieren lediglich freuen wollen; und freuen sollen, denn nur was man kennt und schätzt, ist man auch zu schützen bereit. »Volksbildung« klingt ein wenig verstaubt, doch wenn heutige Grundschüler 55 Autotypen statt Frosch und Kröte auseinanderhalten, muß wenigstens noch im Zoo etwas Nachhilfe möglich sein. »Biologie« heißt »Wissenschaft vom Leben«, wir müssen auf der Hut sein, daß nicht die Wissenschaft vom Überleben daraus wird. Wer in Duisburgs Zoo lernt, daß Wale nicht nur für den Trankessel taugen, gehört schon zur Habenseite des Naturschutzes; aber selbstverständlich hat ein Waldzoo noch anderes als Salz- und Orinokowasser zu bieten: Da gibt es das Afrikanum, auf dessen »Duisburger Serengeti« erstmals Zebraherden mit Nashörnern konfrontiert wurden, von der welteinzigen Zucht kostbarer Pinselohrschweine ganz abgesehen. Da wären das Haus der 1000 Fische mit Riesensalamander und dem babygroß werdenden Goliathfrosch zu nennen, die Löwensteppe der modernen Großkatzenanlagen oder das Arterhaltungsprogramm für Sibirische Tiger und Nebelparder, für Netzgiraffen und die fast unbekannte Fossa Madagaskars. Einen »Vogelwald« gibt es, in welchem uns bunte Tropenbewohner ohne trennendes Gitter ins Ohr zwitschern (oder zwicken), einen Kinderbauernhof, wo Lämmchen, Ferkel und Zwergziegen Entsprechendes bei den jüngeren Zoobesuchern versuchen. Gorillas sind hinter Panzerglasscheiben, Orang-Utans auf hohen Urwaldstämmen zu bewundern, dem mächtigen Kodiakbären kann man beim Stromschnellen-Fischfang à la Alaska zuschauen, den putzigen Waschbären beim »Waschen« an den Ufern ihrer neuen 5-Inseln-Anlage. Der Chinesische Garten — Stein für Stein, Bambus für Bambus Duisburgs ferner Partnerstadt Wuhan entstammend — läßt uns mit Lotos und Schleierschwanz, Sechseck-Pagode und Katzenpanda den ganzen Zauber alt-asiatischer Traditionen spüren, auf der Wildhund-Rennbahn nebenan ist dagegen »action« angesagt — dort jagt das Rudel der afrikanischen Hetzjäger 2 x täglich einem »künstlichen« Zebra, Duisburger Patent, hinterher. Die Meeresakrobatik von Nico und Playboy, Lucy oder Flapine hat auch nach einem Vierteljahrhundert noch nichts, aber auch gar nichts von ihrer Rasanz verloren, dazu gehört nach den Geburten von Duphi und Kai auch die Tümmlerzucht mittlerweile zum festen Programm.

Wolfgang Gewalt

Methoden in den Berg vorangetrieben, und zwar von einem nach Duisburg abkommandierten Baubataillon einer Festungspioniergruppe.

Für zahlreiche DuisburgerInnen ist der Bunker mit unvergeßlichen, schmerzlichen Erinnerungen verbunden. Vor allem in den letzten Kriegswochen waren der Berg und seine Umgebung unter ständigem Artillerie- und Tieffliegerbeschuß. Viele Menschen wagten sich gar nicht mehr aus dem »sicheren« unterirdischen Versteck hervor: oft blieb keine Gelegenheit mehr, die Toten draußen zu bergen und zu begraben. Alice S. aus Duisburg war ausgebombt und erlebte das Kriegsende im Stollen: »Es war ein schreckliches Warten. Der Stollen voll Mütter, Kinder und einiger Männer. Ein Trupp deutscher Soldaten setzte sich in unseren Stollen ab. Sie schleppten Panzerfäuste und Granaten ran. Wir hatten furchtbare Angst.«

Nach Kriegsende hausten noch viele Jahre lang Hunderte von Obdachlosen und Flüchtlingen in dem Stollen. Auch später noch muß er Obdachlosen als Schlafstelle und Notunterkunft gedient haben: Im Stollenlabyrinth sind noch alte Zeitungsfetzen aus den 50er und 60er Jahren zu finden. Und auch in den letzten Jahren passierte es schon mal, daß Asylsuchende oder wagemutige Kinder einige Steine wegnahmen, um in den Bauch des Berges hineinzukommen.

Dort, wo einst das Kaiser-Wilhelm-Denkmal und der Wasser- ❹
turm als Wahrzeichen des Berges gestanden haben, ist heute noch
Wiese. Der Wasserturm war 1875 errichtet worden. Die Cholera-
und Pockenepidemie hatte bewußt gemacht, wie dringlich für die
Stadt eine Versorgung mit sauberem Wasser ist. Der Turm gehörte
zum städtischen Wasserwerk an der Ruhr, Nähe Aakerfähre. Er
wurde im Frühjahr 1945 durch Artilleriebeschuß schwer beschädigt
und später ganz abgerissen, obwohl ein Duisbuger Unternehmer
angeboten hatte, ihn zu einem Café auszubauen. An gleicher Stelle
erhebt sich heute ein Sendemast der Bundespost.

*Das Kaiser-Wilhelm-Denkmal wurde 10 Jahre nach dem Tod des ersten
Willem eingeweiht, am 2. September 1898, am Sedanstag, der zugleich mit
der Enthüllung des Reiterstandbildes gefeiert wurde. Das Denkmal trug die
Inschrift: »Wilhelm I., die dankbare Stadt Duisburg!« Wofür dankbar, geht
indirekt aus einem Stadtführer von 1911 hervor: »Auf der Höhe des Berges
steht der 28,5 m hohe Wasserturm (Besteigung 10 Pfg.) und auf dem freien
Platz vor ihm das vielbewunderte Kaiser-Wilhelm-Denkmal. Links vom
Pferde reicht die walkürenhafte Germania dem Heldenkönige die Kaiser-*

Wasserturm und Kaiser-
Wilhelm-Denkmal um
1900

krone, und gegenüber hält der deutsche Aar in seinen Fängen die Kriegs-
beute. Die Seiten des Sockels sind mit den Bildnissen Bismarcks und Moltkes
geziert. Vorne rauscht ein Wasserstrom über die Felsblöcke.« Fürwahr, ein
echtes Preußenmal, geschaffen von einem preußischen Professor, dem
Königsberger Friedrich Reusch. Im Juni 1942 — ein schwerer Luftangriff
auf Duisburg war vorhergegangen — wurde das Denkmal abmontiert und
wegtransportiert, für die Metallspende des Deutschen Volkes. Der Sockel
blieb bis 1957 stehen.

Auf der heutigen Grünanlage läßt sich auf Ruhebänken träumen
— von alten oder neuen Zeiten. Wann wird Duisburg seinen Kaiser
wieder aufstellen, nachdem es die Kölner und die Koblenzer schon
getan haben? Und wieder mit dem Gesicht zur Stadt hin? Eine
andere Kultstätte nationaler Heldenverehrung besteht noch: der
Ehrenfriedhof. Eine Treppe geht hinauf wie zu einem Tempel. Die
Stufen führen zu einem Ehrenhain, in dessen Mitte ein bronzener
»Siegfried« mit Schwert auf einem Sockel thront. Die Jünglingsfigur *Netzers* gilt als »Prototyp der NS-Plastik« (Wolbert, 1982). Sie
wurde 1921 als schon lange zuvor geplanter Teil des Ehrenfriedhofes aufgestellt. Adolf Hitler und sein Favorit, der Bildhauer *Arno
Breker,* schätzten den Kaiserberg-»Siegfried«. Die Schwärmerei
ging soweit, daß Breker, ein Netzerschüler, den Bronzejüngling für
die Neue Reichskanzlei in Berlin kopieren ließ. Titel »Bereit-
schaft«. Bereit zum Krieg, so wollte Hitler sein Volk. Und die Figur
auf dem Ehrenfriedhof wurde auch reichlich für die Kriegspropa-
ganda des Faschismus genutzt.

Dagegen entsprach *Lehmbrucks* »Sitzender Jüngling«, der
ebenfalls — allerdings als Mahnung gegen den Krieg — den Ehrenfriedhof schmückte, nicht dem Kunstverständnis der Nazis. Er
wurde 1944 entfernt, nachdem das Werk des Duisburger Künstlers
schon Jahre zuvor als »entartet« verfemt worden war. Wie durch ein
Wunder hat der »Sitzende Jüngling« den Krieg und die NS-Kunst-
vernichtung überlebt. Doch bis heute ist er — trotz Forderung der
Duisburger Friedensbewegung — nicht an seinen alten Platz
zurückgekehrt. Und immer noch ist der Geist des Militarismus
lebendig, aus dem einst der Ehrenfriedhof entstand.

*Bei der Einweihung am 13. Dezember 1914 (4 Monate nach Kriegsbe-
ginn!) feierte ihn die Duisburger Lokalpresse als » eine würdige, stille Stätte
vaterländischer Heldenverehrung«. Oberbürgermeister Jarres stellte heraus,
die Duisburger Bürgerschaft sei » die erste (gewesen), welche die Anlage
eines besonderen Ehrenfriedhofes für ihre Kriegshelden beschloß«. Vorgesehen war die » geweihte, heilige Stätte« für 104 Grabstellen, doch dann starben (»fielen«) mehr Soldaten als erwartet: Es wurden Gräber für 829 Tote
angelegt, viele von ihnen sind in den Duisburger Lazaretten gestorben. OB
Jarres hatte 1914 » namens den Bürgerschaft Groß-Duisburgs« gelobt, » daß,
solange deutsche Art hier etwas gilt, diese Gräber und die Tapferen, die sie
bergen, in Ehren bleiben werden«.*

Die Nazis haben die Kultstätte genutzt, um hier mit düsterem
Pomp ihre Toten- und Gedenkfeiern zu zelebrieren. Und heute
noch gibt es die »deutschgearteten« Ewiggestrigen, die trotz der

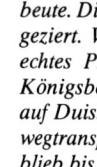

*Am Ehrenfriedhof
Kaiserberg*

Erfahrung zweier Weltkriege an dem Gelöbnis ihres Ex-Oberbür- *Die »Siegfried«-Figur*
germeisters festhalten wollen. Zum Eklat kam es am Volkstrauertag *nach einer Sprühaktion*
1983 anläßlich einer Gedenkfeier vor der »Siegfried«-Statue. Zu
den Teilnehmern zählten Ex-Krieger-Vereine (Marinekamerad-
schaft Admiral Dönitz u.a.), der Stahlhelm und militante Neonazi-
verbände. Der Hauptredner diffamierte Teile der Friedensbewegung. Es kam zu Gegenveranstaltungen und -demonstrationen der
Duisburger Friedensinis, zu Verhaftungen und Prozessen. Radika-
lere Kreise besprühten zudem die »Siegfried-Figur« und amputier-
ten die Jünglings-Statue.

Stein des Anstoßes aber war vor allem der *Nazi-Gedenkklotz* auf ❻
der Höhe des Berges. Wie schon die Texte auf den steinernen Tafeln
am Westausgang des Ehrenfriedhofes dient die Sockelinschrift des
1933 errichteten Steines der Kriegsverherrlichung. Dort heißt es im
Stabreim:

»Reckt auf die Riesen die ragenden Steine!
Und finden die Zeichen die Enkel später,
Hört wie sie stammeln; Gott, nur das eine,
Mach uns so eisern, so deutsch wie die Väter!«

Auf dem Spazierweg ist eine Tafel eingelassen mit den Worten:
»Wanderer steh still/ Gedenke derer, die für dich starben«. Bei
einer Kaiserberg-Begehung brachten die Duisburger Friedensini-
tiativen am NS-Gedenkklotz eine eiserne Tafel gegen den Krieg an,

geschaffen von Stahlarbeitern der Gießerei Meiderich. Doch wurde sie noch am selben Tag von der Polizei entfernt. Immerhin: Die SPD-Fraktion im Rat der Stadt Duisburg beschloß im März 1985 die Umgestaltung des Ehrenfriedhofs auf dem Kaiserberg. Der »Wallfahrtsort für Unbelehrbare« solle zu einem Mahnmal für den Frieden gemacht werden«. Der »Ehrenfriedhof« heißt heute »Kriegsgräberstätte«, sonst hat sich nichts verändert.

❼
Rondell

Zur Kaiserberg-Kultstätte gehörte auch die *Sedanwiese.* Sie wurde 1872 angelegt, zwei Jahre nach dem Sieg Deutschlands über Frankreich bei Sedan. Alljährlich am 2. September wurden auf der Wiese nationale Feiern abgehalten, die mit einem Kinderfest verbunden waren. Im Mittelpunkt stand dabei die Hetze gegen den französischen »Erbfeind«. Und auch für andere nationalsozialistische Festlichkeiten bildete die Sedanwiese den geeigneten Ort (siehe auch den Gedenkobelisk!).

Ein Beispiel unter vielen: Im März 1933 feierten hier die Nazis und ihre Verbündeten anläßlich des sogenannten »Tags von Potsdam« ihren Sieg über die Demokratie. Auf dem tiefsten Punkt hatte man einen Altar errichtet: »ein hohes weithin leuchtendes braunes Holzkreuz auf schwarz ausgeschlagenen Stufen hinter einem mit der Hakenkreuzfahne geschmückten Rednerpult als der Kanzel für den Prediger ... « Die Feldpredigt hielt Pfarrer Specht aus Hochfeld, der das »Dritte Reich« als Vollendung der deutschen Geschichte darstellte, die Naziführer in höchsten Tönen pries und aufrief, die NSDAP tatkräftig zu unterstützen, da sie von »Gott ... gesandt« sei.

Allerdings gab es auch immer Gegenstimmen und Gegenaktionen gegen den »nationalen Rummel«. Eine Stimme war der Justus Horchler (1885–1947). Er war der Vorsitzende des »Allgemeinen Deutschen Gewerkschaftsbundes« in Duisburg. Am 1. Mai 1932 sprach er auf dem Kaiserberg, warnte vor Krieg und Faschismus. Ein Jahr später wurde er von den Nazis verhaftet und zusammen mit anderen Gewerkschaftern durch die Duisburger Innenstadt getrieben. Unter den Schlägen der SS brach der weißhaarige ADGB-Sekretär zusammen.

Duisburgs Gewerkschaftsvorsitzender Justus Horchler bei seiner Rede auf dem Kaiserberg am 1. Mai 1932

Den heute lebenden Duisburgern sind die geschichtlichen Zusammenhänge wenig bekannt. Sie kennen den Kaiserberg als Rodelberg, die abschüssige Sedanwiese vor allem. Nach Osten hin ist eine Betonbahn, von den Einheimischen respektvoll »Todes- oder Teufelsbahn« genannt. Wer hat in seiner Kindheit oder Jugend auf dieser Piste nicht Kopf und Kragen riskiert — mit Schlitten, Gleitschuh oder Fahrrad? Sommers wie winters? Die kleine Schlucht (»Marienborn«) soll übrigens früher als heidnische, später christliche Kultstätte gedient haben; ein alter, noch erkennbarer Pfad führte hierhin.

In der Nähe der Sedanwiese (Rundweg »Am Zoo«) befindet sich das *Henning-Denkmal* mit der Inschrift »In dankbarer Erinnerung — Der Ruhr-Turngau 1907«. *Dietrich Henning* (1850–1906), Vorschul- und Turnlehrer am Steinbart-Realgymnasium, war einst Duisburgs Vor- und Oberturner gewesen, ein begeisterter Anhänger des »deutschen Turnens«. Als Vorsitzender des Verbandes der Duisburger Turnvereine und als Gauturnwart leitete er 1893–1900

die Kaiserbergfeste. Einige Monate nach seinem Tod fand daher in der Tonhalle eine Henning-Gedenkfeier statt, wo für den Henning-Gedenkstein-Fonds so viel Geld zusammenkam, daß das Denkmal noch im selben Jahr errichtet werden konnte: ein unbehauener Stein mit dem Bronzerelief Hennings.

Er hat die Kaiserberg-Feste mitgeprägt. Bei seinen »kernigen Ansprachen« auf dem Kaiserberg betonte der Gauturnwart stets das hohe Niveau der Wettkämpfe: »Bei keinem Volkswett-Turnen im ganzen Deutschen Reich (werden) so hohe Anforderungen ... an die Turner gestellt«. Die Höchstnote 10 bekam man für 11 m Hangeln, 550 cm Steinstoß, 270 cm Stabhochsprung ... Die Wiese am Wasserturm war bei den ersten Kaiserberg-Turnfeten (seit 1883) Festplatz und Wettkampfstätte. Zelte standen hier, der Turm war mit Fahnen geschmückt. Auf dem Hochbassin befand sich der Rennplatz (200 m mit Wendemarkt). Zum Turnfest gehörten Militärkapelle und Marschmusik, »Gut-Heil«-Transparente und Fahnendeputationen, markige Reden und »gemeinschaftliches Singen« vaterländischer Lieder (»O Deutschland hoch in Ehren!«), ein dreifaches Hoch auf »Seine Majestät den Kaiser« und aufs Vaterland, Eichenkränze für die Sieger und ein Hornsignal zur Eröffnung. Und viel Kraft- und Saft-Sport: Ringen, Stemmen mit 75-Pfund-Hanteln, Steinstoßen und seit 1900 Kugelschocken ...

Das Turnspektakel fand großen Anklang. Tausende kamen. 1883 transportierte die Straßenbahn Duisburg-Monning etwa 4.000 Menschen zum Kaiserberg und 1.800 brachte die Duisburg-Ruhrorter Bahn. Der Aufmarsch auf den Kaiserberg (Mülheimer Chaussee) war wie der Abgang vom Berg durchorganisiert, zackig-militärisch. Der Schlußakkord war deutschnational: »Begeisterte Gut-Heil-Rufe und der Gesang der Nationalhymne durchbrausten den bereits in die Abenddämmerung gehüllten Wald!«

Die heutigen Kaiserbergfeste haben mit dieser Tradition wenig gemein. Vielleicht die Friesenwettkämpfe mit Fechten und Schießen? Doch hat sich der Charakter des alljährlichen Sportfests gewandelt: Es findet im Stadion statt, unter Beteiligung der »Kaiserbergfestriege« (70 Jahre und älter) sowie von Mädchen und Frauen (!).

Henning-Denkmal auf dem Kaiserberg

❽

❾
Aussichtsrondell

Von der Sedanwiese führt ein Weg zum *Schnabelhuck*; der Berg endet hier in Form eines Entenschnabels, daher der Name (»Huck«, holländisch »Hoek« = Ente). Vom Weg aus ist ein etwa 40 m breites Wall- und Grabensystem zu erkennen. Es stammt aus dem Mittelalter. Steht die Anlage in Zusammenhang mit der eisenzeitlichen Siedlung? Oder geht sie auf eine Duissernsche Fliehburg zurück, wie früher angenommen wurde? Ist sie evtl. ein Abschnitt der mittelalterlichen Landwehr, die den Nordzipfel des Kaiserbergs, den »Schnabelhuck«, als Aussichtspunkt in ihre Verteidigungslinie mit einbezog? Viele Fragen, doch fehlen bisher ausführliche Grabungen in dem Gelände, um hieb- und stichfeste Beweise für die eine oder andere These zu erbringen.

Vielgerühmt, vielbeschrieben ist das Kaiserberg-Panorama. Doch versperren heute hochgewachsene Bäume den Blick. Nur dieser Platz erlaubt einen Teilblick auf den Norden der Stadt. Mehr sah im Jahre 1800 der Duisburger Uni-Prof. Borheck. Er schrieb: »Die Fläche, worin die Stadt Duisburg sich ausbreitet, liegt hier mit ihren Ackerfeldern, Weiden und Gärten am Fuß des Berges wie ein schöner Teppich, zur Linken umschlossen gleich einem Kranz vom Duisburger Wald, zur Rechten, gleich am Fuß des Berges, an das Dorf Duissern hingestreckt. Und noch weiter rechts strömt die Ruhr durch Wiesen voller Vieh in mannigfachen Krümmungen dem Städtchen Ruhrort und dem Rhein zu.«

Bildhafter und langatmiger besingt der Theologiestudent und Hobbypoet Johann Christian Nonne (1785—1833) den Blick von »Duisburger Fichtenberg« aus. In seinen »Wanderungen durch Duisburgs Fluren« (1808 hg.) dichtete der spätere Pfarrer: »Sei mir gesegnet, Düsserns kleiner Berg!/Froh blicke ich voll überselger Lust/Von Deiner Höh hin in ein Doppelthal/Das in der lieblichsten Vermischung mir/Die heilgen Wunder der Natur enthüllt...«
Er sah Felder, Wiesen, Wald (»Sternwäldchen« z.B.), weidende Rinder auf den Ruhrauen, Segelschiffe auf dem Rhein, Fischerkähne auf der Ruhr, Lindenalleen zwischen den Stadttoren, Meidrich's Auen, »Düsserns stille Flur« mit seinen »Häuserchen und Hütten«... Wenig schwärmerisch, jedoch patriotischer beschrieb etwa 100 Jahre später der Journalist Walter Fest den Kaiserberg-Ausblick: »... Von seiner Höh ... kann (man) den Blick schweifen lassen über Duisburg, D-Meiderich und über das etwas zurückliegende D-Ruhrort ... ein Gelände, arm an Reizen, die nach landläufiger Anschauung landschaftliche Schönheit geben, aber reich an Zeugen deutscher Intelligenz, deutscher Arbeit, deutscher Kraft, deutscher Leistungsfähigkeit ... der Kaiserberg.«
Keine Spur mehr von der bukolischen Naturidylle, die einst Nonne beschrieb, aber deutsch, deutsch, deutsch ... Wie die Industrialisierung das Bild der Stadt bestimmt, kommt auch in der Beschreibung Walter Rings (Stadtarchiv) aus dem Jahre 1927 zum Ausdruck: »Nach Eintritt der Dunkelheit bieten, von der Höhe des Kaiserbergs aus betrachtet, die zahllosen Lichter der Stadt und der Fabriken, die Lampengirlanden der Höfen und die flammenden Hochöfen einen Blick von einzigartigem Reiz«.

Und heute? »Flammende Hochöfen« sind selten. Zu viele wurden und werden stillgelegt. Doch immer noch faszinierend ist der nächtliche Blick auf den Norden der Stadt, die Lichter-»Girlanden«

des Hafens und der Hütten. Und tagsüber? Das »Silber der Ruhr«, »des Himmels Blau«, die J.C. Nonne sah, sind nicht mehr. Die Ruhr ist durch die Dächer des TÜV und der Firma Krohne zum Beispiel verdeckt, sie wirkt, wie man/frau weiß, auch mehr schwarz; und an sonnigeen Tagen sind Himmel und Horizont voller Dunst und Rauch, besonders in Richtung Thyssenhütte/Hamborn. Verschwunden ist vor allem die »Stille« auf dem Kaiserberg. Der Weg, der am östlichen Bergrand Richtung Zoo führt, ist von intensiven Geräuschen begleitet: den Schreien der Zootiere, dem Rattern der Hafenbahn, dem Lärm der Autobahn ...

Am Wegesrand, auf den Buchenrinden, haben Generationen von Kaiserberg-Besuchern ihre Handschrift hinterlassen, vor allem die Liebespärchen: neben den Jahreszahlen, den Herzchen mit den Initialen, sieht man/frau auch Nazirunen (Hakenkreuze z.B.) oder Graffiti von Türkeifans (»Istanbul«). Wer hat die Jahreszahl 1919 oder 1920 eingeritzt? Rotarmisten, die sich damals auf dem Kaiserberg gegen die Reaktion verschanzt hatten? Oder Mitglieder der Reichswehr bzw. des »Stoßtrupp Kaiserberg«? Auch auf Sitzbänken findet man/frau Inschriften, nicht immer erfreuliche, ausländerfeindliche zum Beispiel.

Baum-Graffiti am Kaiserberg

Ausländerfeindliche Parolen auf einer Bank am Kaiserberg

Die Ruhrplätze, Wege, Anlagen sind ein Werk des Duisburger Verschönerungsvereins (seit 1842). Doch geht der größte Teil der heutigen Parkanlagen auf Notstandsarbeiten zurück, die Ende der 70er Jahre des 19. Jahrhunderts hier durchgeführt wurden. Eindrucksvoll die künstlichen Felsen und die beiden Zierteiche. Vom Felsen aus sind Teile der Stadt und des Stadtwaldes zu sehen. Hier am Südhang des Kaiserbergs verkehrte ein stadtbekanntes Original: der »Vogelprofessor« *August Thiel.* Von 1920−42 fütterte er an den Teichen am Schülkeplatz die Vögel mit Mehlwürmern und Körnern, die Eichhörnchen mit Nüssen. Sie fraßen ihm aus der Hand, und »er sprach mit den Vögeln«. TierfreundInnen unterstützten ihn durch Spenden für den Kauf des Futters. Am 19.2.1942 starb er in der Laube des Schrebergartens, wo er wohnte.

Um die Verschönerungen des Kaiserbergs und die Erschließung des Waldes hatte sich besonders Kommerzienrat *Julius Curtius* (†1885) verdient gemacht. Ihm setzte die Duisburger Bürgerschaft

⑩ Schülkeplatz

Mülheimerstraße

**Mülheimerstraße
197/199**

daher ein Denkmal am Ausgang des Kaiserbergs (Nähe Zoo/Mülheimer-Straße).
Früher war es eine Ulmenallee, die von Duisburg zum Duissernschen Berg führte. Hier entstanden beiderseits der Ulmenallee im 19. Jahrhundert Großvillen einzelner Industrieller im neuklassizistischen und später im Wilhelminischen Stil (einige von ihnen tragen heute noch die Namen aus der Gründerzeit wie die *Küppers*- oder die *Kohlstedt*-Villa).
Die große Villa war 1945 von der Militärregierung beschlagnahmt worden. Hier befanden sich 1946 bis 1949 die Diensträume des »Entnazifizierungsausschusses für den Stadtkreis Duisburg«. Er wurde auf Anordnung der englischen Militärbehörde eingerich-

Denkmal für den Kommerzienrat Julius Curtius

tet zur »Säuberung von Wirtschaft und Verwaltung von nazistischen Elementen«.

Seit Mai 1946 arbeiteten hier 50 Angestellte und 17 DolmetscherInnen. Doch schon am 1. August 1948 verließen die Duisburger KPD-Mitglieder die Hauptentnazifizierungsausschüsse und Berufungskammern. Sie schrieben an Oberstadtdirektor Klimpel, in der Praxis habe sich die »Reinigung der deutschen Wirtschaft und Verwaltung von den wirklichen Schuldigen des Naziregimes ... als voll von Widersprüchen, als eine Farce erwiesen«. In der Tat waren viele kleine Parteigänger hier bestraft worden, doch einen Persilschein bekam — dank Manipulationen und gefälschter Unterschrift — der Ex-Generalsekretär der DEMAG, W. Reuter. Auch Wehrwirtschaftsführer wie die am Kaiserberg wohnenden Helmut Horten und Klöcknerchef Günter Henle hatten zwar die 131 Fragen des Entnazifizierungs-Fragebogens ausfüllen müssen, konnten aber gerichtlich nicht belangt werden: Sie hatten schon Internierungshaft durch die Militärbehörden hinter sich.

Haus Klucken

Hier wurde manche Schlacht geschlagen. Die harmlosesten waren noch die »Walnußschlachten«, die alljährlich in den Herbstferien zwischen den »Düssernschen Jongens« und den »Heidschen« aus Neudorf ausgetragen wurden (»met Fliezeboge, Lehmknubbeles, ... Prengels un Latten«). Ernsterer Natur waren die Kämpfe, die hier nach dem Kapp-Putsch stattfanden. Zur »Abwehr der Reaktion« hatten sich auch am Kaiserberg Rotarmisten verschanzt. Am 20. März 1920 kam es gegenüber »Haus Klucken« und auf der Schweizerstraße zu schweren Gefechten, als die bewaffneten Arbeiter abziehenden Reichswehrtruppen den Weg nach Norden absperren wollten. Es gab Tote, Verletzte, Gefangene.

Noch schlimmer sah es hier — ein Vierteljahrhundert später — in den letzten Kriegstagen aus: »Von der Schweizerstraße ab liegt in der Mühlheimerstraße Brandbombe neben Brandbombe«, notierte Ex-Korvettenkapitän und 1. Präsident der IHK Niederrhein *Erich Edgar Schulze*, als er im März 1945 von seiner Wohnung auf der Prinzenhöhe zu seinem Arbeitsplatz bei der DEMAG ging.

Die Duisburger Schützengesellschaft hatte hier seit 1829 ihren Schießstand und ein Festlokal. Hier standen auch die Nationalbrauerei am Kaiserberg und der Ausschank (heute Architekturbüro Heinz *Conle*). Die Nationalbrauerei konnte im Jahre 100.000 hl Bier produzieren, die Lagerräume faßten allein 30.000 hl. An dieser Stelle sollten wir an Gaumen und Magen denken. Die Auswahl ist überwältigend. Wer Schickimicki liebt, geht zu den Zoo-Terrassen oder ins italienische Restaurant »La Villa«, zum »Haus Klukken« oder zur »Wilhelmshöhe«, »die idyllisch gelegene Gaststätte am Kaiserberg«. Im Sommer vor allem sollte man/frau nicht an der »Landwirtin« vorbeigehen (altes Fachwerkhaus, schöne Gartenwirtschaft) oder am »Haus Schwerdt« (»Kartoffelkiste«) anhalten. Für den kleinen Hunger und Durst gibt es eine Baguetterie oder ein kleines Kebab-Restaurant ganz in der Nähe.

Und wer nur einen Kaffee trinken will, der kehre zurück zum Botanischen Garten und seinem Wiener Caféhaus.

Am Freischütz 16

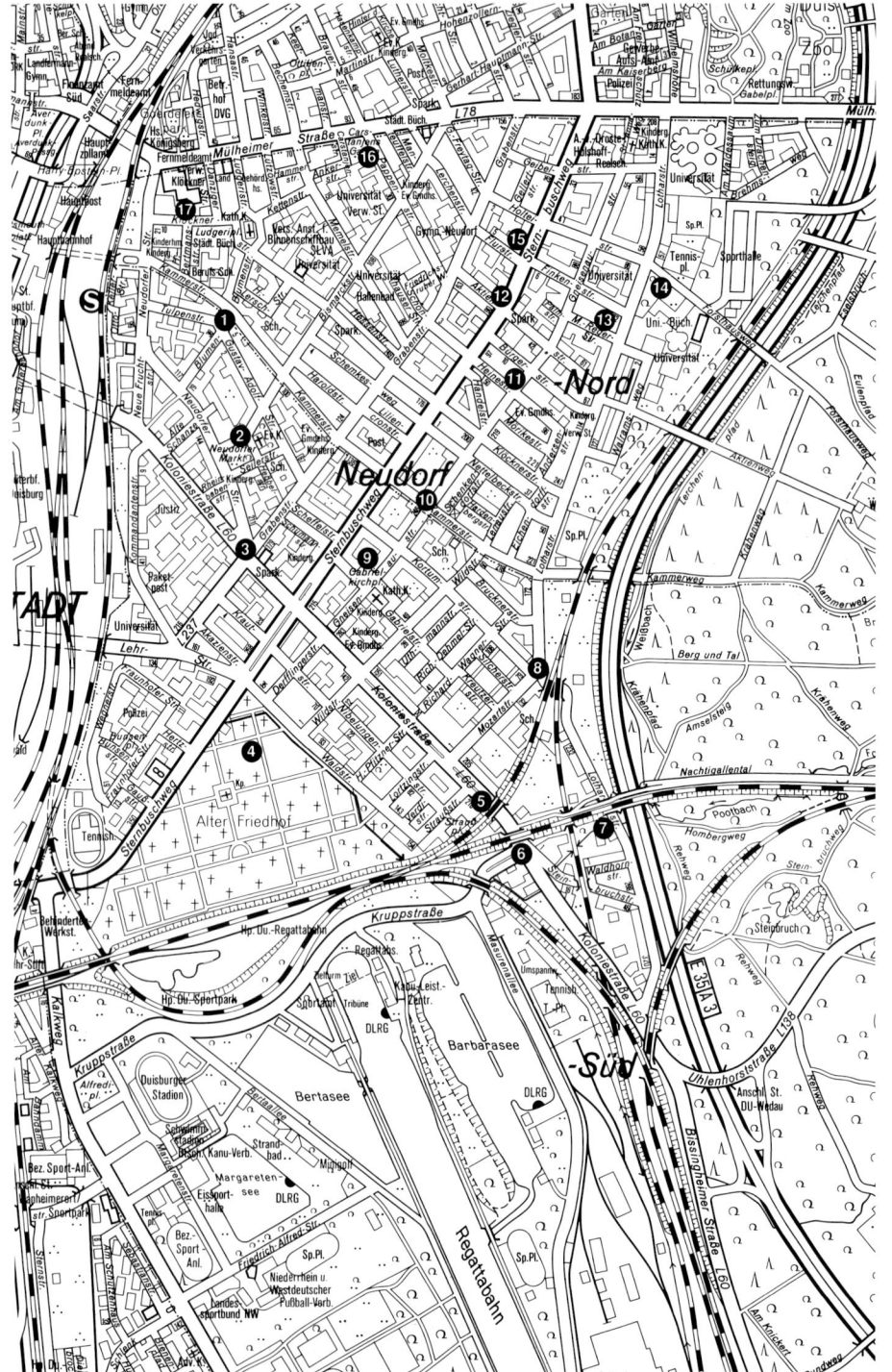

»... man soll Großzügigkeit spüren«

High Tech in Neudorf

von Herbert Hübner

Ausgangs- und
Endpunkt: *Hauptbahnhof*
Dauer: *ca. 3 1/2 Stunden*

Wer am Duisburger Hauptbahnhof mit dem Zug ankommt, dem stehen zwei Ausgänge zur Wahl. Der Hauptausgang im Westen durch die große Halle führt »in die Stadt«, ins traditionelle Geschäftszentrum. Der Ostausgang, an der Rückseite des Bahnhofs gelegen, ist die Verbindung nach Neudorf. Diesen Ausgang gab es nicht immer; er wurde 1934 der damaligen Reichsbahn bei der Erweiterung des Bahnhofs durch die Neudorfer Bürger buchstäblich abgetrotzt. Deren gestiegenes Selbstbewußtsein ließ es nicht zu, in einem Stadtteil zu wohnen, dessen Haupteigenschaft darin bestand, »hinter dem Bahnhof« zu liegen. Sie wollten ihren eigenen Zugang zum Bahnhof, und den haben sie jetzt.

Die heutige Situation trägt dem Rechnung: Immer mehr Reisende verlassen den Bahnhof durch den Ostausgang. Ihr Ziel ist die Universität mit ihren inzwischen über 15.000 Studenten, Professoren und anderen Wissenschaftlern und Bediensteten. Oder es sind die zahlreichen neuen Forschungs- und Entwicklungseinrichtungen, die in Neudorf Fuß gefaßt haben. Neudorf ist »in«. Wer heute in Duisburg politisch oder wirtschaftlich an verantwortlicher Stelle handelt, der bekommt beim Namen Neudorf leuchtende Augen. Eine Art Gründungsfieber macht sich breit. Neudorf tritt aus dem Schatten, in dem es die »Stadt Montan« hatte schlummern lassen, ins Rampenlicht des »High-Tech«-Zeitalters — so jedenfalls ist der Eindruck, den die vielen Hochglanzbroschüren vermitteln, die von flinken Werbefachleuten allenthalben erstellt werden. Und seit Ende 1990 nimmt manches von dem, was man sich für Neudorf ausgedacht hat, architektonische Gestalt an.

Goldgräbersituationen, bei denen das Gebiet zwischen dem Stadtwald und dem heutigen Eisenbahngelände gründlich umgekrempelt wurde, hat es hier mehrere gegeben. In ganz kleinem Maßstab war schon die Gründung Neudorfs vor 220 Jahren, als per königlich-preußischem Erlaß eine kleine Gruppe von Kolonistenfamilien sich außerhalb der Stadt »op de Heid« niederließen, etwas Sensationelles, jedenfalls für die Beteiligten. Ihr kleines Dorf, das zur Keimzelle des Stadtteils werden sollte, träumte aber lange Zeit vor sich hin, bis Mitte des 19. Jahrhunderts die Industrialisierung wie eine gewaltige Welle auch nach Neudorf schwappte und jählings aus der Idylle einen bevorzugten Ort für die Ansiedlung von Fabriken machte. Wie ein Spuk war aber schon nach wenigen Jahrzehnten der größte Teil der Industrieanlagen aus Neudorf wieder verschwunden. Vom Beginn unseres Jahrhunderts an entwickelte sich Neudorf zu einem attraktiven Wohnstandort. Dieser Umstand und vor allem die Entwicklung der Universität seit Beginn der 70er Jahre mit ihren Forschungseinrichtungen gaben den Ausschlag für die jüngste Entwicklung.

Beginnen wollen wir unseren Streifzug auf dem Platz vor dem Neudorfer Bahnhofsausgang. Dieser Platz weist aber nichts sonderlich Sehenswertes auf. Daher verlassen wir ihn gleich wieder, überqueren die Neudorfer Straße und folgen zunächst der Kammerstraße, die uns in den Stadtteil führt. Eine der Nebenstraßen ist die Gustav-Adolf-Straße, eine für Neudorf charakteristische Wohnstraße mit Häusern vorwiegend aus den 30er Jahren unseres Jahrhunderts. Hier umfängt uns die Ruhe, die große Teile von Neudorf als begehrtes Wohngebiet nahe beim Stadtzentrum auszeichnet. Die Häuser, überwiegend von ihren Eigentümern bewohnt, sind als Reihenhäuser gebaut und haben in der Regel zwei Stockwerke. Die Innenhöfe der Blöcke sind sehr groß und mit gepflegten Gärten versehen.

Die Gustav-Adolf-Straße kreuzt die Bismarckstraße dort, wo diese in den Neudorfer Markt mündet. Dieser Platz sollte einmal Bestandteil eines dichtbebauten großstädtischen Stadtteils Neudorf werden. Im Jahre 1878 wurde für Neudorf ein Bebauungsplan erstellt. Danach sollte das gesamte Gebiet des heutigen Neudorf zwischen der Bahnanlage im Westen und dem Stadtwald im Osten, zwischen dem Alten Friedhof im Süden und der Mülheimer Straße im Norden mit einem Netz von Straßen und Plätzen überzogen werden, die mit überwiegend dreigeschossigen, an den Hauptstraßen viergeschossigen Wohnhäusern bebaut werden sollten. Dieser Plan wurde mit der vorgesehenen Bebauung im Grunde nur an den beiden Hauptachsen des Stadtteils, am Sternbuschweg und an der Koloniestraße, stärker verwirklicht. Abgesehen von diesen beiden Straßen wurde in der Zeit um 1900 und kurz danach nur vereinzelt an diesem Plan herumgestrickt. Mal entstand einen ganzen Block lang eine geschlossene Bebauung, mal wurden in einer anderen Straße irgendwo ein paar Häuser, mal nur ein einziges errichtet — je nachdem, in welchem Umfang private Investoren ihr Geld in den Wohnungsbau steckten. Diese allein brachten das Wachstum des Stadtteils weiter oder auch nicht. Was zunächst frei blieb, wurde mit ganz anderen architektonischen und städtebaulichen Ideen erst in den beiden Jahrzehnten nach dem Ersten und dann beim Wiederaufbau nach dem Zweiten Weltkrieg abgeschlossen. Auf diese Weise entwickelte sich Neudorf zu dem stilgeschichtlichen Flickenteppich, der ihm zwar eine Geschlossenheit und Einheitlichkeit

❶
Gustav-Adolf-Straße

❷
Neudorfer Markt

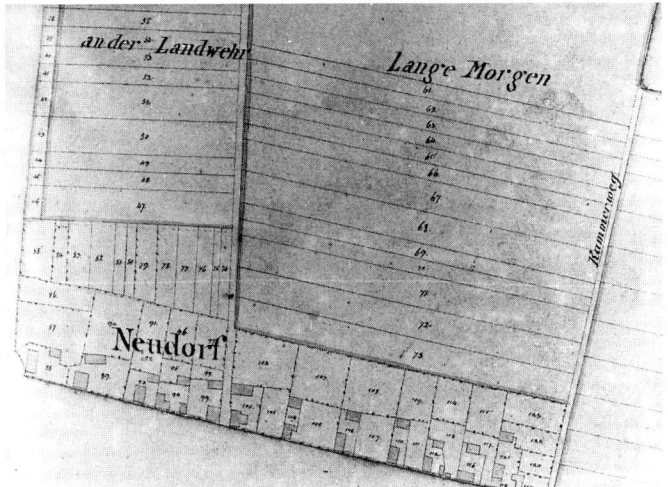

vorenthält, ihm aber auch, wie wir noch sehen werden, einen Charme ganz besonderer Art verleiht.

Doch zurück zum Neudorfer Markt. Er sollte einer der Höhepunkte des Stadtteils werden und wurde auch weitgehend durch eine Bebauung an seinen vier Seiten vollendet. Doch den ihm zugedachten Zweck als Markt hat er nie erfüllt.

Die Nordostseite wird durch die evangelische Christuskirche abgeschlossen. Mit dem Bau dieser Kirche wurde der Architekt *Friedrich Ratzel* aus Karlsruhe beauftragt, der um die Jahrhundertwende das heutige Duisburger Rathaus entworfen hatte. 1905 wurde der Grundstein gelegt. Die Kirche ist nur noch in ihrer äußeren Form erhalte. Beim Wiederaufbau in den 60er Jahren nach erheblichen Kriegszerstörungen ist ein völlig neuer Innenraum entstanden. Die ursprünglich überaus reiche Innenausstattung der Kirche, eine Mischung aus historisierenden Formen und Jugendstilornamenten, war ein Ausdruck der hohen Kunstfertigkeit dieses Architekten im Umgang mit Details, wie man es noch heute im Rathaus sehen kann.

Neudorfer Markt, Christuskirche

Die Neudorfer Straße hatten wir schon am Bahnhof überquert. Diese alte Straße diente früher vor allem dem Austrieb des Viehs in die Weidegebiete außerhalb der Stadt durch das Kuhtor. Nach einem kurzen Stück Weg mündet die Neudorfer Straße in die Grabenstraße ein. Hier, an der Landwehr, endete früher der geschützte Bereich rund um die Stadt. Der Graben — daher der Name — und ein dazugehöriger Wall, auf dem eine dichte Hecke wuchs, schirmte die außerhalb der Stadtmauer gelegenen Ländereien vor Eindringlingen ab. Obwohl hiermit wohl auch, wie man nachlesen kann, Schmuggler gemeint waren, hatte die Landwehr im heutigen Neudorfer Bereich vor allem die Aufgabe, das riesige Gestüt verwilderter Pferde des Grafen von Berg, die offenbar zu Tausenden im Stadtwald lebten, fernzuhalten.

Grabenstraße

Koloniestraße

In der Nähe der Kreuzung Grabenstraße/Koloniestraße liegt das traditionelle Gasthaus »Bütefür«. Für Neudorfer Patrioten betreten wir hier gewissermaßen geweihten Boden. Denn dieses Gasthaus erinnert an die Gründung Neudorfs. Es wurde 1867 auf den Grundmauern eines jener Gebäude errichtet, die nach 1770 von den ersten Neudorfern gebaut worden waren.

Nach dem siebenjährigen Krieg, den Friedrich II. von Preußen gegen Österreich führte und der ihm nicht nur den Besitz Schlesiens einbrachte, sondern auch ein ausgezehrtes Land hinterließ, wurde der Versuch gemacht, durch die Ansiedlung von Fremden Land zu kultivieren und die eigenen Bevölkerungsverluste von außen wieder auszugleichen.

Also wurde von der preußischen Kriegs- und Domänenkammer, die heute der Landesregierung entsprechen würde, aus Kleve bei der Stadt Duisburg nach Möglichkeiten zur Ansiedlung von Kolonisten nachgefragt. Die vorsichtige Antwort aus Duisburg enthielt den Hinweis, trotz des sehr sandigen Bodens sei auf der Heide wohl noch Platz zum Bau von einigen Häusern, »wenn nur die Colonisten einig Vermögen haben zur Erbauung der Häuser und Anschaffung des nötigen Viehes, welches letzteres daselbsten wegen der Düngung ohnentbehrlich ist.« Da den Kolonisten noch weitere »Beneficien« wie Befreiung von bestimmten Steuern und vom Militärdienst, volles Bürgerrecht sowie das Recht, zweimal pro Woche im Wald Holz zu sammeln und das Vieh auf der Heide zu weiden, zugesagt wurden, gelang nach mehreren Versuchen 1770 die Ansiedlung von 13 hessisch-darmstädtischen Familien »op de Heid«, wie das Gebiet damals genannt wurde.

Bis zur Mitte des 19. Jahrhunderts hatte Neudorf als kleines Dorf Bestand. Mit der Ansiedlung der Stadt und dem Beginn der Industrialisierung verlor es aber nach und nach seine landwirtschaftliche Basis und verschmolz mit dem übrigen Stadtteil.

Das letzte Kolonistenhaus, um 1950

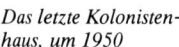

Einige der ursprünglich angesiedelten Familien zogen schon bald aus Neudorf wieder fort. Sie wurden durch andere Familien aus der näheren Umgebung ersetzt. 1778 wurde der Familie *Bütefür* aus Homberg einer der freigewordenen Plätze zugewiesen. Die Bütefürs sind die einzige Familie, die heute noch dort wohnt. Ihre Gastwirtschaft »Zur Linde«, wie sie damals hieß, war ein beliebtes Ausflugslokal der Duisburger. Im Garten gab es Tische und Stühle für 700 Gäste. Außer dem Lokal und dem Namen »Koloniestraße« erinnert heute nichts mehr an die Gründungszelle Neudorf. Einige Häuser hatten den letzten Krieg überdauert; sie fielen erst in den 50er Jahren einer Verbreiterung der Koloniestraße zum Opfer.

In der Nähe der Kreuzung Wildstraße, wo sich heute eine Tankstelle befindet und wo bis 1955 das letzte Koloniehaus stand, war zu Beginn des Zweiten Weltkrieges ein freier Platz. Offenbar war dies die Stelle, wo 1940 ein »Zigeunerlager« bestand. Hier lebten einige Familien, zum Teil Artisten, in ihren Wohnwagen. Um diese Zeit wurden auch die »Zigeuner« Opfer des NS-Rassenwahns; sie galten wie die Juden als minderwertig. In einer Nacht- und Nebel-Aktion am 16. Mai 1940 wurde von der Gestapo das Lager aufgelöst und der größte Teil seiner Bewohner zum Abtransport in die Konzentrationslager des Ostens verschleppt, wo die meisten umkamen. Das traurige Kapitel der Duisburger »Zigeuner« ist in Vergessenheit geraten.

An der ebenso verkehrsreichen wie städtebaulich trostlosen Kreuzung Koloniestraße/Sternbuschweg bietet sich die Gelegenheit zu einem Abstecher zum Alten Friedhof. Der Name »Sternbuschweg« wird durch ein Wäldchen erklärt, das sich in der Nähe des heutigen Friedhofseingangs befand. In seiner Mitte trafen sich sternförmig mehrere Wege. Bis in das 19. Jahrhundert waren die Toten auf den Kirchhöfen in der Altstadt bestattet worden. Als diese Bereiche aber zunehmend für den Bau von Wohn- und Geschäftshäusern und von Verwaltungsbauten in Anspruch genommen wurden, ging man in der zweiten Hälfte des 19. Jahrhunderts dazu über, neue Friedhöfe an den damaligen Stadträndern zu gründen, so auch hier. Im Jahre 1871 wurde der Friedhof am Sternbuschweg eingerichtet. Inzwischen heißt er »Alter Friedhof«, nachdem weiter im Süden wieder ein neuer entstand.

Von der Friedhofskapelle gibt es einen Ausgang in nördlicher Richtung. In dieser eher kleinstädtisch-dörflichen Straße kann man, vor allem an der Ecke Lortzingstraße, mehrere Arbeiterhäuser sehen, die zu Beginn unseres Jahrhunderts errichtet wurden. Sie sind heute überwiegend in Privatbesitz.

Am Ende der Waldstraße liegt eine Siedlung von »Behelfsbauten«, wie sie in den Bauunterlagen genannt wurden, die von der Stadt Duisburg um 1925 als Maßnahme gegen die krasse Wohnungsnot in jener Zeit errichtet worden waren. Die Lage der Siedlung am äußersten Stadtrand direkt neben einem Eisenbahngleis war immer ungünstig; freiwillig wohnte in den kleinen Wohnungen

❹ Sternbuschweg

Grabstätte der Neudorfer Unternehmerfamilie Carstanjeb

Waldstraße

❺ Straußkolonie

mit minimaler Ausstattung niemand, und die Bewohner, überwiegend kinderreiche Familien mit geringem Einkommen, galten wenig im Stadtteil.

Als Ende der 20er Jahre ein heftiger Regenguß zwei Wohnungen unter Wasser setzte, zogen die betroffenen Familien in Begleitung des kommunistischen Reichstagsabgeordneten Thesen *zum Hotel Duisburger Hof, um dort untergebracht zu werden. Zugleich sollte hiermit auf die schlechten Wohnverhältnisse aufmerksam gemacht werden. Der Protest hatte Erfolg; die Familien bekamen von der Stadt Duisburg geeignete Wohnungen zugewiesen. Dieses Beispiel machte Schule. Tags darauf zogen andere Familien aus der Straußsiedlung zu der gerade fertiggestellten Einschornsteinsiedlung und besetzten leerstehende Wohnungen — eine Form des Protests, der uns nicht erst aus der heutigen Zeit bekannt ist.*

Gegenwärtig bemüht sich die städtische Wohnungsgesellschaft um eine Verbesserung des sozialen Ansehens der Siedlung. Häuser und Wohnungen werden modernisiert, und über soziale Arbeit sollen nachbarliche Kontakte unter den Bewohnern entstehen und verbessert werden.

Kruppstraße

Wo die Siedlung im Norden an die Koloniestraße grenzt, wird sie von zwei der vielen Industriegleise überquert, die als Teil des dichten Eisenbahnnetzes während der Industrialisierung in Neudorf entstanden. Hinter diesen Überführungen biegt rechts die Kruppstraße ab, die zum Sportpark Wedau führt. Dieses großzügige Gelände mit Stadion, Regattasee und zahlreichen anderen Sportanlagen wurde in den 20er Jahren angelegt. Die Firma *Krupp* erwarb das ehemalige Waldgebiet aus staatlichem Besitz, um dort zunächst für ihre in Hochfeld am Rhein gelegene Johannishütte Sand zu baggern. Dieser Sand wurde per Eisenbahn nach Hochfeld transportiert. Die entstandene Grube wurde auf der Rückfahrt mit Schlacke, die auf der Hütte entstand, wieder gefüllt. 1894 sollte auf dem Gelände eine neue Hütte des Kruppkonzerns entstehen. Der Rhein als Wasserstraße erwies sich aber als wirtschaftlich attraktiver, und man entschied sich für Rheinhausen als neuen Standort — zum Glück für die Wedau. Denn das Gelände wurde nicht mehr industriell benötigt. Nach dem Ersten Weltkrieg verschenkte das Kruppsche Unternehmen es an die Stadt Duisburg, die bald darauf mit dem Bau des Sportgeländes begann. 1926 fand die Eröffnung statt. Zu Ehren der Familie Krupp wurden Straßen und künstliche Seen auf dem Gelände nach den Vornamen der Familienmitglieder der Krupps benannt.

❻

Die hölzernen Wohnbaracken, die an der Kreuzung Koloniestraße/Kruppstraße stehen, sind vor fast 70 Jahren als Maßnahme zur Linderung der Wohnungsnot entstanden. Anlaß war der passive Widerstand, der während der Ruhrbesetzung nach dem Ersten Weltkrieg insbesondere von Bediensteten der Eisenbahn den französischen Besatzungstruppen geleistet wurde. Die streikenden Eisenbahner wurden daraufhin mit ihren Familien nach Westfalen deportiert. Nach ihrer Rückkehr waren ihre Wohnungen teils durch

Barackensiedlung der 20er Jahre, Koloniestraße

andere Familien besetzt, teils verwüstet. Zur raschen Unterbringung errichtete die Reichsbahn ihnen daraufhin diese Baracken. Sie sind bis heute bewohnt. Der Bedarf an preiswertem Wohnraum ist jederzeit aktuell.

An der gleichen Kreuzung beginnt die Steinbruchstraße, die ehemals ungehindert in den Duisburger Stadtwald führte. Heute müssen hier Eisenbahn und Autobahn überwunden werden. Nach einer Fußgängerunterführung unter einem Eisenbahngleis mündet die Steinbruchstraße vor der lärmenden Autobahn in die Lotharstraße. Hier gehen wir nach links. Die Lotharstraße wird von einem weiteren Bahngleis überquert. Sofort hinter dieser Unterführung, die noch aus der Zeit kurz vor 1900 stammt, führt rechts eine Treppe den Bahndamm hinauf. Parallel zum Bahngleis muß man die Autobahn überqueren und auf der anderen Seite wieder eine Treppe abwärts gehen. Wer sich dann nach links und an der Autobahn nochmals nach links wendet, kommt nach einigen Windungen zum Steinbruch, einem kleinen See, an dessen zum Teil felsigem Ufer sich die ehemalige Nutzung noch erkennen läßt.

Steinbruchstr.

Der etwas verschlungene Weg hierher ist deshalb so genau beschrieben,weil Ortsunkundige ihn nur schwer finden. Der Steinbruch war im hohen Mittelalter Gegenstand einer kleinen, für die Stadt Duisburg aber hochbedeutsamen Episode der großen Geschichte. Hier förderten die Duisburger Steine, die sie insbesondere für den Bau der Stadtmauer benötigten. Hierüber entbrannte zwischen ihnen und dem Verwalter des königlichen Forstes, einem Herzog *Walram von Limburg,* ein heftiger Streit. Walram forderte von den Duisburgern für das Brechen der Steine Abgaben. Während eines Aufenthalts *Lothars III.* in Duisburg im Jahre 1129 wurde den Duisburgern das Recht zugestanden, entsprechend ihrem

❼

Lotharstr.

8
Einschornstein-siedlung

Einschornsteinsiedlung, Zentrales Versorgungsge-bäude, Zustand 1990

9
Gabriel-Kirchplatz

Bedarf kostenlos weiter den Steinbruch zu nutzen. Die königliche Entscheidung wurde urkundlich besiegelt. Das Original der Urkunde ist das älteste Dokument im Duisburger Stadtarchiv.

In der Lotharstraße, die nach jenem *Lothar von Sachsen* benannt ist, dem die Duisburger ihr Steinbruchprivileg verdankten, liegt das Gasthaus »Steinbruch«, Restaurant, Café und Kneipe, das für allerlei Kulinarisches gut ist und außerdem literarische und musikalische Veranstaltungen durchführt. Vor dem sonntäglichen Morgenspaziergang zum Stadtwald empfiehlt sich ein reichhaltiges Frühstücksbüffet.

Wo hinter zwei weiteren Eisenbahnunterführungen die Lotharstraße wieder ins belebtere Neudorf führt, liegt an der Kreuzung Mozartstraße/Kortumstraße eine Siedlung, die in den 20er Jahren die Architekten *Johannes Kramer, Werner Kremer* und *Hermann Bräuhäuser* entworfen haben und die 1929 fertiggestellt wurde. Eine großzügige Grünflächenplanung geht auf den bekannten Landschaftsarchitekten *Leberecht Migge* zurück. Die Siedlung besteht aus 2- und 3-geschossigen Zeilenbauten mit 360 Wohnungen und aus 81 2-geschossigen Einfamilien-Reihenhäusern. Sie war nicht als Arbeitersiedlung geplant, sondern als Wohnquartier für mittelständische und Angestelltenfamilien. Entsprechend waren die Wohnungen etwas größer und die Ausstattung besser.

Fortschrittlichkeit der Siedlung fand ihren besonderen Ausdruck darin, daß eine Reihe von Versorgungseinrichtungen zentral zur Verfügung gestellt wurden. Vor allem wurden die Wohnungen durch ein zentrales Heizwerk mit Wärme und Warmwasser versorgt. Der große Schornstein gab der Siedlung den Namen. Aber auch eine Wäscherei, eine Gastwirtschaft und ein Festsaal, dazu ein Kindergarten und eine Garage mit Autowerkstatt wurden in einem zentralen Gebäude eingerichtet, wobei der Gedanke eine Rolle spielte, daß zahlreiche alltägliche Aufgaben aus der Wohnung ausgelagert und gemeinsam erledigt werden könnten.

Seit einer Reihe von Jahren steht das Zentralgebäude der Siedlung mit seinem markanten Schornstein leer. Weder der Eigentümer, eine Wohnungsgesellschaft, noch die Stadt Duisburg sehen sich offensichtlich in der Lage, dieses Gebäude zu erhalten. Es ist zu hoffen, daß seinem Verfall Einhalt geboten wird und daß man sinnvolle Nutzungen für das Gebäude findet.

Vom Zentrum der Einschornsteinsiedlung gelangen wir zur katholischen St. Gabriel-Kirche. Der großzügige Platz ist Teil des Bebauungsplans von 1878. Lange Zeit war dieses Gebiet unbebaut. Als erstes Gebäude wurde 1912 die Kirche fertiggestellt. Dabei diente die Oberweseler Liebfrauenkirche nicht nur als Vorbild, sie wurde gewissermaßen buchstäblich abgekupfert. Auch die St. Gabriel-Kirche wurde im letzten Krieg, wie übrigens das gesamte Gebiet in der Nachbarschaft, durch Bomben stark beschädigt. Der Innenraum wurde in den 50er und 60er Jahren neu geschaffen.

An dem Platz beginnt die mit einer stattlichen Baumallee verse-

Gabrielkirche, ursprünglicher Zustand

hene Gneisenaustraße. Sie führt durch ein dichtbebautes Wohngebiet, das überwiegend in den 20er Jahren errichtet wurde und das heute noch immer so begehrt ist wie zur Zeit seiner Entstehung. Hier kreuzt die Kammerstraße, die am Hauptbahnhof beginnt und bis in den Wald führt. Ihr Name wird mit der bereits erwähnten preußischen Kriegs- und Domänenkammer in Verbindung gebracht. Eine der Parallelstraßen ist die Heinestraße. Durch einen Bogen kommt man in einen Wohnbereich von idyllischer Intimität. Die Vorgärten, die zum Sitzen einladenden Treppen vor den Haustüren, die schräggestellten Erker mit Fenstern, die zum Herausgukken geradezu auffordern — dies sind nur einige der Merkmale einer Straße mit einer besonders hohen Wohnqualität.

Gneisenaustr.

 Kammerstr.

 Heinestr.

⑫ **Aktienstr.**

Einen ganz anderen Charakter finden wir zwei Straßen weiter. Hier wurden zwischen 1892 und 1895 anderthalbgeschossige Doppelhäuser gebaut. Bauherr war die damalige Gemeinnützige Aktien-Baugesellschaft, deren Aufgabe im Bau und der Vermietung von preiswerten Wohnungen für Arbeiter bestand. Darüber hinaus hatte sie den Auftrag, den Erwerb von Hauseigentum durch Arbeiter zu fördern. Fast jede Generation hat den Häusern ihren Stempel aufgedrückt und führt uns auf diese Weise ein interessantes wie auch amüsantes Stück Kulturgeschichte des Wohnens vor.

Hier sehen wir eine noch großenteils als Einheit erhaltene Wohnstraße mit einer sehr abwechslungsreichen Architektur, wiederum aus den 20er Jahren.

⑬ **Max-Reger-Straße**

Die Universität an der Lotharstraße ging aus der 1972 erfolgten Zusammenlegung der Pädagogischen Hochschule und der Fachhochschule, der ehemaligen Staatlichen Ingenieurschule, zur

⑭ Universität

Gesamthochschule hervor. Seit 1980 darf sie sich Universität nennen, mit dem Zusatz »Gesamthochschule«. Dieser Begriff steht für Reform. Denn Anfang der 70er Jahre machten sich reformfreudige Politiker in Nordrhein-Westfalen für einen neuen Typ von Hochschule stark, zu dem auch Arbeiterkinder, die nicht auf geradestem Wege das Abitur machen konnten, Zugang haben sollten. Was ihnen zum Weiterstudieren fehlte, konnten sie im Verlauf des Studiums nachholen.

Die Geschichte der Duisburger Universität ist um einiges älter. Gedanken zur Gründung einer Universität in Duisburg reichen zurück bis zur Mitte des 16. Jahrhunderts. Ein Jahrhundert später, nämlich 1655, wurde die Duisburger Uni als Klevische Landesuniversität gegründet. Mit ihren vier Fakultäten, Rechtswissenschaft, Medizin, Philosophie und Theologie, hatte sie bis zum Jahre 1818 Bestand. Damals trat die Bonner Universität an ihre Stelle. Zirka 6.000 Studenten wurden in diesen 1 1/2 Jahrhunderten ausgebildet. Heute sind an der Duisburger Universität mit etwa 14.500 mehr als doppelt so viele Studentinnen und Studenten auf einmal eingeschrieben. Die meisten der 11 Fachbereiche sind technischer und naturwissenschaftlicher Ausrichtung, und solche Fächer, ergänzt durch die Wirtschaftswissenschaften, sind auch die begehrtesten bei den Studenten.

Den technisch-naturwissenschaftlichen Schwerpunkten in der Ausbildung entspricht auch die Gewichtsverteilung in der Forschung. Hier wird die Verknüpfung der Universität mit dem Stadtteil Neudorf deutlich. Als Folge der Forschungsarbeit an der Universität siedeln sich in deren Nähe andere Einrichtungen an, die sich mit gleichen oder verwandten Aufgaben befassen. »Silicon Valley«

Universität Duisburg. Die »Keksdosen« an der Mülheimer Straße

wäre da wohl etwas hochgegriffen, aber die Parole »Köpfchen statt Kohle«, mit der der technologische Umbau des Ruhrgebietes einmal salopp gekennzeichnet wurde, trifft für einige Bereiche Neudorfs zu.

Als Ende der 60er Jahre die Pädagogische Hochschule Ruhr von Kettwig nach Duisburg verlegt wurde, erhielt sie hier am Rand des Stadtwaldes ihr neues Domizil. Die damals errichteten Waschbetongebäude sollten mit der Gründung der Gesamthochschule durch ein Bausystem ergänzt werden, das zum Glück einem langjährigen Grundstücksstreit zum Opfer fiel. Denn ursprünglich war geplant, ein trostloses Gewirr von vorfabrizierten Betonklötzen als Hochschulbauten auf dem Gelände eines benachbarten Tennisklubs zu errichten. Da der Klub das von ihm gepachtete Gelände nicht freimachen wollte, konnten die Hochschulbauer mit ihren Plänen jahrelang nichts ausrichten — zum Glück so lange, daß sich die Einsicht durchsetzte, daß öffentliche Bauten auch fantasievoller gestaltet werden können. In geringer Entfernung von dem zentralen Bereich an der Lotharstraße wurde daher vor einigen Jahren an der Mülheimer Straße ein Komplex interessanter Rundbauten mit begrünten Innenhöfen errichtet. Im Jargon der Uni sind diese Gebäude die »Keksdosen«. Das einzige Gebäude, das von der ursprünglichen Planung gebaut wurde, ist der lange Jammer oben am Forsthausweg.

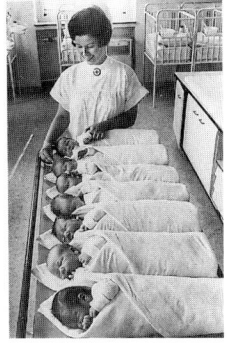

Mütter- und Säuglingsheim, Neugeborene

Forsthausweg

An der Ecke Forsthausweg wurde Ende der 20er Jahre, als der Wald noch bis an die Lotharstraße reichte, die Städtische Frauen- und Kinderklinik errichtet. Hier kamen bis in die 70er Jahre wohl die meisten Duisburger Kinder zur Welt. Seither ist das Klinikgebäude Teil der Hochschule.

Auf dem Weg zu den »Keksdosen« liegt gegenüber der neuen Mensa an der Lotharstraße ein kleines eingeschossiges weißes Wohnhaus mit grünen Fensterläden. Vermutlich ist es das älteste Wohnhaus Neudorfs. Es wurde wohl ganz zu Beginn der Industrialisierung gebaut. Bekannt ist, daß es 1869 vergrößert wurde.

Das Verhältnis der Neudorfer zur Universität ist eher distanziert. Die Hochschule wird hier vor allem als Verkehrsproblem wahrgenommen. Der typische Duisburger Student, so scheint es, pendelt mit dem Auto ein. Zunächst sucht er ausgiebig einen Parkplatz in allernächster Nähe seines Hörsaals oder Seminarraums. Nach einer Weile findet er auch einen, meistens in etwas größerer Entfernung. Und nach zwei Seminaren oder Vorlesungen pendelt er zurück nach Oberhausen oder nach Neukirchen-Vluyn. Zwei Drittel der fast 15.000 Studentinnen und Studenten kommen aus Duisburg und aus den unmittelbar angrenzenden Städten und Kreisen. Und ihre Kontakte haben sie dort, nicht in Neudorf. Auch ihr Verhältnis zum Stadtteil ist nicht gerade überschwenglich. Ein studentisches Leben hat sich in Neudorf bisher kaum entfaltet. Fast reduziert es sich auf ein einziges Lokal, auf den »Finkenkrug«, wenige Minuten von der Lotharstraße entfernt an der Finkenstraße/Ecke Sternbuschweg. Auf halber Strecke hat der Finkenkrug kürzlich ein weiteres Lokal eröffnet. Einige Minuten weiter liegt am Sternbuschweg/Ecke Bürgerstraße das Lokal »Bürgerhof«.

⑮
Flurstraße

Auf dem Weg zum Finkenkrug liegt an der Ecke Gneisenau-straße das Fraunhofer-Institut für mikroelektronische Schaltungen und Systeme. Es ist eins der Institute, die sich als Folge des Ausbaus entsprechender Forschungen an der Universität in Neudorf ange-siedelt haben.

Gegenüber vom Finkenkrug beginnt hinter einem überbauten Bogen, der sehr entfernt an die Seufzerbrücke in Venedig erinnert, die Flurstraße. Die rechte Seite der Straße wurde kurz vor 1900 mit Arbeiterwohnhäusern bebaut. Was die Häuser kennzeichnete, war Enge: viele kleine Wohnungen, dazu kaum Freiflächen. Die Errich-tung dieser Häuser war eine Maßnahme zur Unterbringung woh-nungsloser Arbeiterfamilien. Daß die Wohnbedingungen nicht akzeptabel waren, stellte der Bericht einer Revision durch Beauf-tragte der Stadt im Jahre 1902 unzweifelhaft fest. Die Häuser galten als »überfüllt und in sittlicher Hinsicht bedenklich«. Gleichwohl mußte man sich damit abfinden.

Bis heute gilt die Flurstraße im bürgerlichen Neudorf als Ghetto. Heute wohnen dort überwiegend türkische Familien. In den letzten zwei Jahren wurde in der Flurstraße mit einer umfangreichen Modernisierung begonnen. Sie geht zurück auf eine Initiative der »Stiftung Zusammenleben«, die von dem Schriftsteller *Günter Wallraff* ins Leben gerufen wurde, nachdem er mit seinem Buch »Ganz unten«, in dem er seine Erfahrungen als Türke Ali in Duis-burger Industriebetrieben beschreibt, großes Aufsehen erregt hatte. Einen großen Teil des Erlöses aus diesem Buch brachte Wallraff in die Stiftung ein, die sich dort zusammen mit der städtischen Woh-nungsbaugesellschaft um Verbesserung der Beziehungen zwischen türkischen und deutschen Familien bemüht.

⑯
Pappenstraße

Der Name dieser Straße erinnert an die Produktion von Teer-pappe, die von der Firma *Carstanjen* hier betrieben wurde. Von die-ser Fabrik und von den zahlreichen anderen größeren und kleineren Industriebetrieben, die in diesem Bereich, vor allem entlang der Mülheimer Straße, in der zweiten Hälfte des 19. Jahrhundert errich-ter wurden, ist so gut wie nichts übriggeblieben.

Nach ein paar Schritten hat an der Pappenstraße die »Zukunft erster Klasse« schon begonnen. Hier, in der Nähe der Universität, haben sich eine Reihe von Forschungs- und Entwicklungsinstitu-ten, Produktionseinrichtungen und Dienstleistungsunternehmen insbesondere der Mikroelektronik angesiedelt. Angeworben und gefördert wurden sie durch Initiative der Stadt und der lokalen Wirtschaft. Vorläufig sind sie auf ältere Arbeitsräume beschränkt. In Zukunft aber soll auf dem gleichen Gelände und weiter an der Pappenstraße entlang bis zur Mülheimer Straße ein umfangreicher Technologiepark entstehen. Er wird aus einer Reihe von Instituts-gebäuden mit gemeinsamem Glasdach bestehen, das einen klimati-sierten Außenraum schafft. Der Anfang dieses Projektes ist gemacht. An der Ecke Bismarckstraße und weiter an der Mülhei-mer Straße entstehen die ersten Neubauten, ebenfalls »High Tech«,

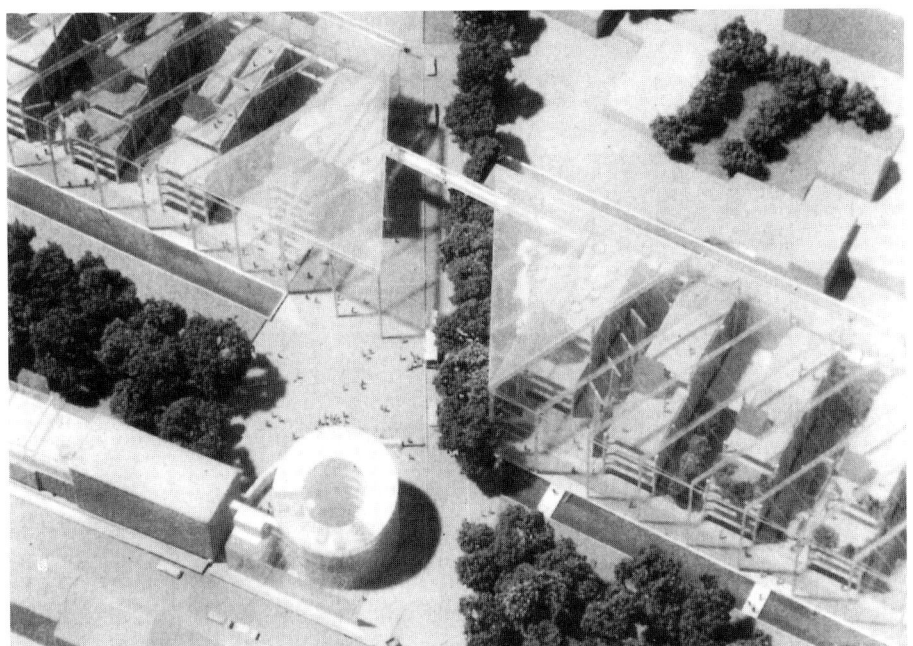

wenn sie schon Zukunftstechnologien und deren Management beherbergen sollen.

Der englische Architekt *Norman Foster,* mit der Planung beauftragt, bürgt für höchste Qualität der neuen Strukturen. Gespannt sein darf man in Neudorf vor allem auf die Erfüllung einer der planerischen Aufgaben: »Sozialer und ökologischer Konsens mit dem Umfeld«.

Technologiepark, der zukünftige Bismarckplatz, Modellfoto

In der Nähe der Kreuzung Pappenstraße/Bismarckstraße, dem zukünftigen Bismarckplatz, liegt die Memelstraße. Ihr früherer Name »Zechenstraße« verweist auf die Zeche »Neu-Duisburg«, die Mitte des 19. Jahrhunderts hier hinter der heutigen Schweißtechnischen Lehr- und Versuchsanstalt angelegt wurde. 1861 begann die Kohleförderung, die aber bald wieder eingestellt werden mußte, da man um diese Zeit mit den Wassereinbrüchen noch nicht fertig wurde.

Memelstr.

In der zweiten Hälfte des 19. Jahrhunderts war der gesamte Bereich links und rechts der damaligen Zechenstraße mit Industriebetrieben dicht besetzt. Die Namen Hammerstraße und Kettenstraße erinnern noch an industrielle Produkte und Produktionsvorgänge. Zwischen diesen beiden Straßen wurde um die Jahrhundertmitte eine Maschinenfabrik gegründet, die 1862 in den Besitz der beiden Unternehmer Bechem *und* Keetman *überging und wegen des besseren Standortes zehn Jahre später nach Hochfeld an den damaligen Rheinkanal, den heutigen Außenhafen, wechselte. Aus diesem Betrieb ist die heutige DEMAG des Mannesmann-Konzerns hervorgegangen.*

An der Kreuzung Bismarckstraße/Memelstraße liegt das griechische Restaurant »Plaka«, bekannt und beliebt nicht nur wegen seiner Mittagskarte, sondern auch als Gaststätte, zu der viele Duisburger abends essen gehen.

Zwischen Memel- und Klöcknerstraße liegt der dritte Gebäudekomplex der Universität, unter anderem mit den Fachbereichen Elektrotechnik, Schiffstechnik und, ganz in der Nähe, Hütten- und Gießereitechnik. Hier standen die Gebäude der ehemaligen Rheinisch-Westfälischen Hüttenschule, die wegen der gestiegenen Bedeutung Duisburgs als Industriestandort von Bochum nach Duisburg verlegt wurde und kurz darauf die Bezeichnung Königlich-Preußische Maschinenbau- und Hüttenschule erhielt. Eine Schule dieser Art im Ruhrgebiet galt offenbar zu Kaisers Zeit als ungefährlich; eine wissenschaftliche Hochschule im heutigen Sinn hätte man damals wegen der Gefahr der Subversion, die man inmitten eines wachsenden Industrieproletariats bei den Studenten befürchtete, nicht zugelassen. Aus dieser Anstalt ging die Fachhochschule Duisburg hervor, die, wie bereits erwähnt, mit der Pädagogischen Hochschule zur Gesamthochschule verschmolzen wurde.

⑰
Klöcknerstraße

Die Klöcknerstraße, zu Ehren des bekannten Duisburger Industriellen *Peter Klöckner* so genannt, hieß früher Oststraße. Unter diesem Namen hat sie sich als wichtigste Einkaufsstraße in Neudorf eingebürgert.

Mit der Stadtverwaltung gab es jahrelanges Fingerhakeln, das seinen sichtbarsten Ausdruck im ständigen Überkleben der Straßenschilder mit dem Namen »Oststraße« fand. Heute ist der Teil der Straße, in dem die Geschäfte liegen, zu einer verkehrsberuhigten Straße aufgepäppelt worden. Das hat vielleicht die Gemüter beruhigt. Nur die Straßenschilder fehlten — Ende 1990 — noch, jedenfalls in dem neuralgischen Abschnitt. Man darf gespannt sein, wie sie heißen werden. Aber der »Tag der Oststraße« jedes Jahr im Sommer wird nicht umbenannt werden — da kann man sicher sein.

An der »Oststraße«, nennen wir den Teil der Straße einmal so, lädt in der warmen Jahreszeit die italienische Eisdiele »de Nadal« zum Besuch ein, nicht nur wegen des guten Eises, sondern auch wegen des »Cappuccino«, den man dort zwar auch »con panna« bekommt, mit dicker Sahne, wie es die Deutschen mögen. Aber auf Wunsch wird er auch »con latte« serviert, mit geschlagener Milch — und schon träumt man von der Toscana ...

Noch ein Tip: Nicht weit von hier, an der Kreuzung Schemkesweg/Grabenstraße, gibt es den »Fischkutter«, ebenfalls eine interessante Mischung aus Kneipe und Restaurant, und dabei gar nicht modisch. Der Name verrät es: Die Spezialität ist Fisch.

Nicht an der »Oststraße«, sondern an der Klöcknerstraße liegt die katholische Kirche St. Ludgeri, eine im neogotischen Stil erbaute Kirche von 1897/1898. Auf dem Platz neben der Kirche ist jeden Dienstag und Freitag ein farbenprächtiger und vielbesuchter Wochenmarkt.

Markt auf dem Ludgeriplatz, im Hintergrund die Ludgerikirche

Der Platz wurde lange Zeit Bischoffsplatz genannt, weil er vor dem Stahlwerk *Bischoff* lag, das hier während der kurzen, aber intensiven Industrialisierungsphase produzierte. Heute steht auf dem ehemaligen Werksgelände die Gertrud-Bäumer-Schule, eine berufsbildende Schule vor allem für Frauenberufe.

Gegenüber der Schule liegt, vom Ludgeriplatz aus gesehen etwas zurück, das Klöcknerhaus. In ihm sind die Verwaltungen von zwei Unternehmen gleichen Namens, beide vom Namenspatron der Klöcknerstraße gegründet, untergebracht. Das Gebäude mit 1.750 Arbeitsplätzen hat das renommierte Düsseldorfer Architekturbüro *Hentrich, Petschnigg u. Partner* entworfen und 1979 fertiggestellt.

Neudorf ist gastlich. Daher am Ende unseres Rundgangs noch zwei weitere Empfehlungen: Am Ludgeriplatz liegt das italienische Restaurant »Costa Azzurra«, und es ist köstlich, vor allem, wenn man viel Zeit hat. Wem der Sinn nach Fernöstlichem steht, dem sei das »Shere Punjab Tandoori« an der Neudorfer/Ecke Klöcknerstraße empfohlen. Wer die indische Küche mag, ist dort bestens bedient.

Wer den Rundgang genau an der Stelle beenden will, wo wir ihn begonnen haben, braucht nur noch wenige Schritte zu gehen bis zu dem Platz vor (oder auch hinter) dem Bahnhof.

» Tag der Oststraße«

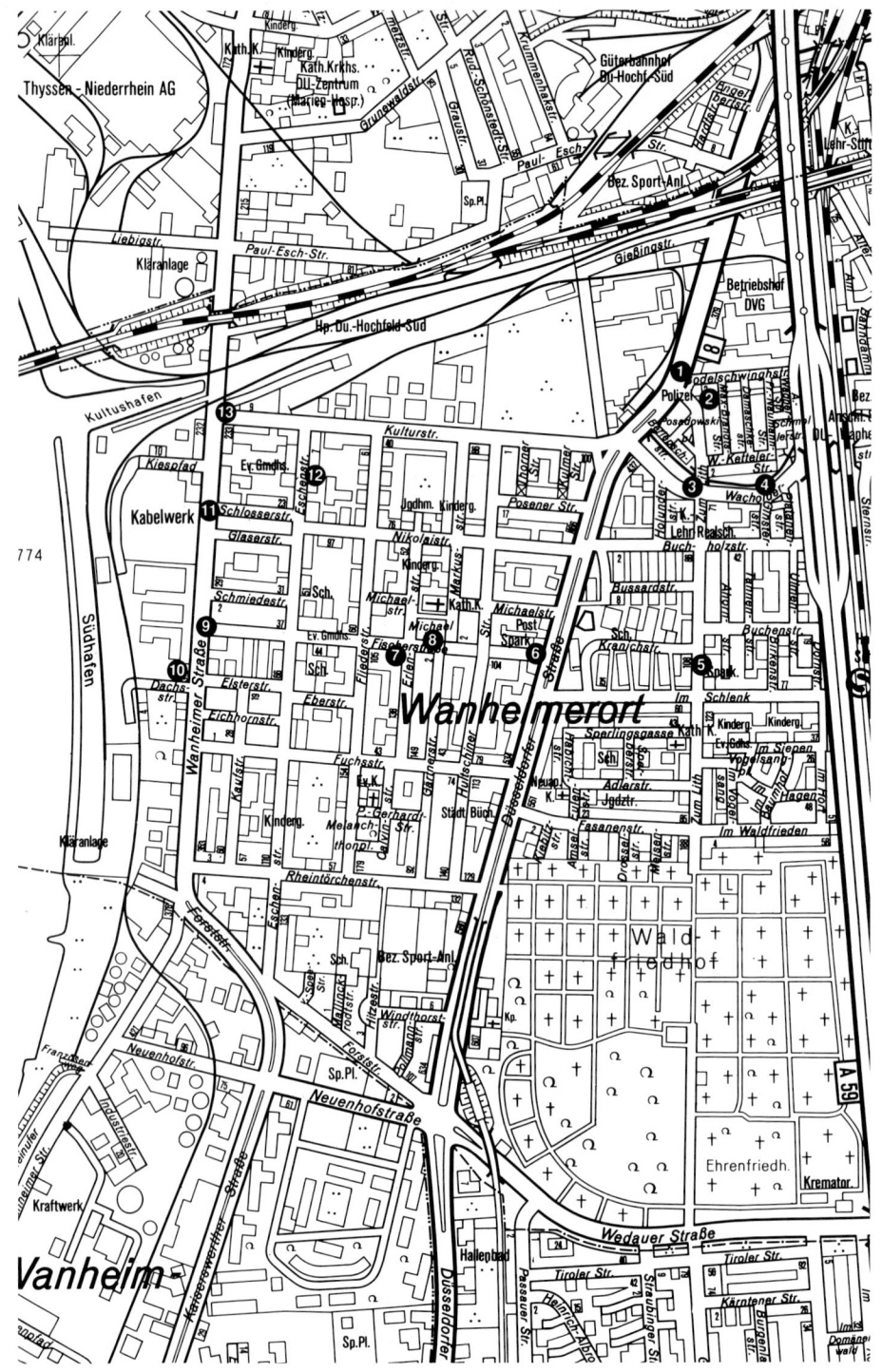

Türkenhaus, Ketzerburg und blutiger Teppich

Wanheimerort

von Manfred Tietz

Ausgangs- und
Endpunkt: *Dickelsbachsiedlung (Polizeiwache)*
Dauer: *2 1/2 Stunden*

»Wahnemer Orth« hieß die schmale, später weggebaggerte Rheininsel, die dem Stadtteil den Namen gab. Vor 150 Jahren war überall Wald. Letzte Überreste sind der Waldfriedhof und »Zu den Rehwiesen«. Zudem erinnern Straßennamen an den Wald und an die früheren »Bewohner«: Vogelsang, Im Baumfrieden, Fuchsstraße, Eberstraße ...

Rodung und Industrie haben den Wald weggefressen. Die Industrie kam im 19. Jahrhundert und brachte Fabriken, Häfen, Gleisanlagen, Werkssiedlungen und -wohnungen. Die düsteren Ecken Wanheimerorts dienten u..a. als Kulisse für Schimansky-»Tatort«-Filme mit *Götz George.* Sie liegen überwiegend in Rheinnähe.

Als Wohnviertel ist Wanheimerort weniger attraktiv als das benachbarte industriefreie Wedau oder Buchholz. Doch gibt es bevorzugte Wohngebiete, insbesondere im Osten des Stadtviertels und in der Umgebung des Waldfriedhofs wie des DSV-Sportplatzes. In der Nähe sind Erholungszonen wie die Sechs-Seenplatte und der Sportpark Wedau.

Der Stadtteil hat bedeutende Einrichtungen wie die modernen Städtischen Kliniken am Kalkweg (seit 1977), eine Bezirkssportanlage, den Zentralfriedhof für Duisburg südlich der Ruhr und die Kaserne der britischen Rheinarmee, die durch IRA-Terroranschläge Schlagzeilen machte.

Wanheimerort wirkt auf den ersten Blick eintönig. Stadtautobahn, Eisenbahn, Hafenbecken und zwei Hauptstraßen durchschneiden wie große Adern das Ortsviertel. Die Straßen sind geradlinig, schachbrettartig angelegt. Doch wird die Monotonie durch die Vielfalt und Gegensätzlichkeit der Siedlungstypen und der Menschen durchbrochen.

Der Stadtteil, die Menschen hier sind voller Dynamik. Er befindet sich wie früher in stetigem Umbau und Umbruch. Nach dem letzten Krieg waren noch überall Wiesen, Äcker, Gärten. Sie wurden vor allem in den 50er Jahren bebaut — triste Wohnblocks und Kleinindustrie (z.B. nördlich der Kulturstraße) entstanden. Das Geschäftszentrum verlagerte sich von der Wanheimer- zur Fischerstraße. In den letzten Jahren ist eine ganze Straße abgerissen worden: die Dachsstraße. Eine einzige große Baustelle ist gegenwärtig das Gebiet am Kultushafen zwischen Wanheimerstraße und Hochfelder Bahnhof; hier entsteht über dem Gewirr der Schienen, Bahnschranken, Straßen eine Hochstraße, die den Verkehr flüssiger machen wird.

❶
Düsseldorfer-
Str. 382

Unser Rundgang beginnt mit den *Didier-Werken.* Wie die meisten Duisburger, die nach Wanheimerort wollen, kommen wir über Hochfeld und Grunewald die Düsseldorferstraße entlang. Sie ist Teil der Fernverbindung Frankfurt-Niederlande und neben der Wanheimerstraße die Hauptverkehrsader des Stadtteils — wie früher schon, als sie die Königspfalzen Duisburg und Kaiserswerth verband.

Zwischen der Düsseldorfer Chaussee und der Wanheimerstraße ist Wanheimerort entstanden. Hier wurde nach 1841 der Wald — 642 Morgen groß — verkauft, gerodet und in Parzellen aufgeteilt. Hier, vor allem entlang der beiden Hauptwege, ließen sich die ersten Siedler nieder, Bauernsöhne aus Wanheim mit ihren Familien. Der erste war Matthias Höschen, *genannt der »kruse Matthes«.*

Hier, an der alten Düsseldorfer Landstraße, ebenso wie an der Wanheimerstraße, an der Rheinfront, wird die industrielle Prägung des Ortsteils sichtbar: die Straßenbahnschienen, der Bahndamm, der die nördliche Grenze Wanheimerorts bildet, der DVG-Betriebshof, das Arbeiterviertel am Dickelsbach, die Fabrikhallen,

Didier-Werke, Herbst
1990

-türme, -mauern der *Friedrich Kemper-* und der Didier-Werke. Den besten Überblick über diese Industrielandschaft mitten im Stadtgebiet bietet die Stadtautobahn, unmittelbar vor der Ausfahrt Wanheimerort.

Riesig wirkt das Areal der Didier-Werke zwischen Eisenbahnlinie, Kultur- und Düsseldorferstraße. Der Betrieb, 1876 als »Fabrik feuerfeste Steine« gegründet, bekam seinen Namen von *Friedrich Ferdinand Didier,* der das Werk 1883 übernahm. Das Baustoff-Unternehmen liefert hitze- und säurefeste Spezialsteine für die Chemie- und Hüttenindustrie, auch ins Ausland. Im letzten Krieg beschäftigten die Didier-Werke zahlreiche ausländische SklavenarbeiterInnen ebenso wie die auf der anderen Straßenseite liegenden Friedrich Kemper Kupfer- und Drahtwerke.

Die in den Didier-Werken auf der Gießingstraße, der heutigen Verladestraße, untergebrachten Kriegsgefangenen aus Frankreich konnten sich recht frei bewegen und wurden relativ gut behandelt — im Gegensatz zu den 145 Weißrussen. Sie wurden in einem hermetisch abgeschlossenen Barackenlager eingesperrt, das auf dem Gelände des heutigen Rohstofflagers stand, in der Nähe des Bahndamms. Für die Zwangsverschleppten des »Russenlagers« gab es Prügel, Schwerstarbeit an den Maschinen und Knetfässern, Wassersuppe als tägliche Ration (Betriebsratvorsitzender Tannhäuser: *»Die Russen schrien immer 'Hunger, Hunger, Hunger!'«). Die Wachleute übten brutale Selbstjustiz, schlugen Frauen, Männer, Kinder mit Stöcken und Gummischläuchen. Ein Beispiel nur: Der »Ostarbeiter« Dimitrov Lobanenko wurde erschossen, als er bei einem Luftangriff auf der Balalaika* *In der Dickelsbach-siedlung*

spielte (2.2.1944). Bei den Bombenangriffen 1944 kamen zahlreiche russische Menschen um, da ihnen als »Schutz« nur ein Splittergraben zur Verfügung stand. Das Werk selbst war am Ende des Krieges zu 90% zerbombt, wurde jedoch wiederaufgebaut und beschäftigt heute viele ausländische Arbeiter; zeitweise betrug der Anteil der Ausländer, in der Mehrzahl Türken, an der Belegschaft 58%. Doch sind in den letzten Jahren viele von ihnen den Rationalisierungsmaßnahmen zum Opfer gefallen.

**Düsseldorfer
Str. 399**

Unmittelbar in der Nähe von Didier und Kemper liegt wie ein Getto die *Dickelsbachsiedlung.* Sie wurde im Bauboom der 20er Jahre für kinderreiche Familien errichtet (daher »Klapperstorch« — bzw. »Karnickelstall«-Siedlung genannt!). Auch heute noch sind an schönen Tagen die Spielplätze voll mit Kindern. Doch ist die Zahl der Kleinkinder gesunken, die der älteren BewohnerInnen gestiegen. Nicht wenige leben hier seit vielen Jahrzehnten, manche in zweiter oder dritter Generation.

**❷
Düsseldorfer
Str. 399**

Der alte Wandspruch neben der Polizeiwache bekräftigt diesen Hang zur Seßhaftigkeit, zur Verbundenheit mit dem Stückchen Land, das jede (r) hier »besitzt«. Doch hat sich im Lauf der letzten beiden Jahrzehnte die Struktur der Bevölkerung verändert: Heute sind es in der Mehrzahl ungelernte und ausländische Arbeiter, die mit ihren Familien die Siedlung bewohnen. Andere zogen aus, weil sie sich eine größere Wohnung mit Bad leisten konnten.

*Polizeiwache Dickels-
bachsiedlung 1930*

Mit diesem Wandel in der Bevölkerungsstruktur verschwand auch das einstmals »rote Viertel«, das noch in der Nachkriegszeit ein Agitationszen-

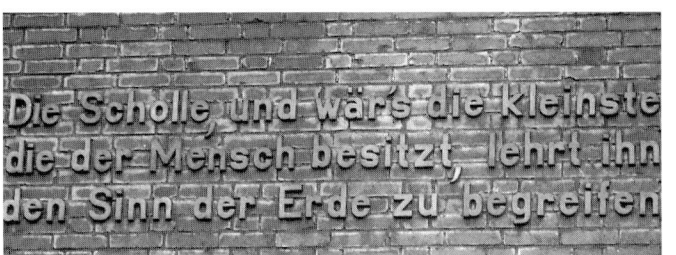

trum der Kommunisten war. »*In der großen Wohnküche unten hing der
Sowjetstern, wenn Du reinkamst. Oben in den Schlafräumen, da sahst du den
Marx, den Lenin, den August Bebel an der Wand«, berichtet ein älterer
Bewohner über die Wohnung seiner Eltern in den 20er Jahren. Zur besseren
Überwachung der roten Siedlung wurde hier im Jahre 1930 ein Polizeirevier
eingerichtet, das sich zuvor auf der Schmiedestraße befunden hatte:* »*Das
war zum Teil berittene Polizei. Die patrouillierte hier ständig in unserer Siedlung herum«, erinnert sich ein früherer Bewohner. In der Nazizeit herrschte
in der Siedlung offener Terror. Die Polizeiwache am Dickelsbach war für
zahlreiche NS-GegnerInnen erste Station der Verfolgung. Die Verhafteten
mußten in der Siedlung antifaschistische Parolen abwaschen oder überma-
len, bevor sie zur Gestapo ins nahegelegene Polizeipräsidium gebracht wurden.*

*Dagegen ließen die Beamten der Polizeiwache in der Dickelsbachsiedlung
Nazimörder unbehelligt, zum Beispiel im Fall des ermordeten* Kurt Loer. *In
der Nacht vom 3. auf den 4. Februar 1933 hatte die SS die Siedlung überfallen und von der Wohnung eines bekannten Nazi aus — Wilhelm-Kettler-
straße 20 — antifaschistische Wachtposten beschossen. Tödlich getroffen
wurde der Arbeiter Kurt Loer, der auf der benachbarten Marx Brandtstraße
34 wohnte. Die Mordtat rief in der Siedlung Wut, Trauer und große Unruhe
hervor: K. Loer war als Funktionär der Roten Hilfe, die politische Gefangenen half, in der Arbeiterkolonie sehr beliebt gewesen. Die Beerdigung auf
dem nahen Waldfriedhof wurde zu einer Protestdemonstration gegen den
faschistischen Terror.*

Der Dickelsbach umfließt die Siedlung. Die Idylle scheint perfekt
— kleine Brücke, Gebüsch, ein Spazierweg am Ufer. Wenn da nicht
im Hintergrund der häßliche Autobahn- und Eisenbahndamm
wären, die Fabrikschlote der Didier-Werke ...

Der Bach floß früher überirdisch auch über das Gelände dieses
Betriebes, Richtung Hochfeld und Hafen. 1927/28 wurde ein Teil
des Baches kanalisiert: ein 1.020 m langer Kanal führt unter der
Kulturstraße hindurch zum Kultushafen. In seinem Unterlauf,
einem alten Rheinbett, war der Bach eingedeicht; daher kommt
sein Name (Dickel = kleiner Deich). Der Dickelsbach trieb früher
zahlreiche Wassermühlen und hatte auch ansonsten für Alt-Duisburg eine große Bedeutung als Ersatzrhein und -hafen.

»Dickelsbach«- bzw. »Kittelbach-Piraten« nannten sich in den
Kriegsjahren junge NazigegnerInnen, die besser bekannt sind unter
dem Sammelbegriff »Edelweißpiraten«. Sie schlugen sich mit
Angehörigen der von ihnen gehaßten Hitlerjugend. Zu einer
schweren Auseinandersetzung kam es Anfang 1943 in der heutigen
Karl-Lehr-Schule, als die HJ dort in der Turnhalle ein Führertreffen

Wacholderstr. 12

Zwei Wanheimerorter in der deutschen Fußball-Nationalmannschaft: Toni Turek (kniend Mitte) und Addi Preissler (stehend, 2. von rechts). Nach dem Sieg in Wien (Deutschland/Österreich 2 : 0) am 23. September 1951

hatte; es gab blutige Zusammenstöße und Verhaftungen. Die ehemalige »Schule am Dickelsbach«, am 27.4.1929 eingeweiht, blickt auf eine wechselvolle Geschichte zurück. Für die damaligen Verhältnisse war sie vorbildlich eingerichtet: u.a. hatte sie eine Waschund Kochküche, Werkräume, einen Musikraum mit Flügel, eine Turnhalle mit den modernsten Geräten etc.

In ihrem Ostflügel beherbergte sie eine sog. »Freie« bzw. »Weltliche Schule«. Nach großen Kinder-Demonstrationen und einem 6-wöchigem Schulstreik war sie 1922 schon von der Arbeiterbevölkerung des Stadtteils durchgesetzt und zunächst in der Birkenstraße eingerichtet worden. Sie war eine Alternative zu den bestehenden Lernfabriken: es gab keine Prügelstrafe und Lebenskunde statt Religion. Selbsttätigkeit und Selbständigkeit waren gefragt sowie praxisnaher Arbeitsgruppen- und Projektunterricht. Direktor der Freien Schule am Dickelsbach war der Sozialist Fettweiß, auch die übrigen Lehrer waren KPD- oder SPD-Mitglieder. Auf dem Schulhof gab es einen unsichtbaren Trennungsstrich zwischen den bekenntnislosen »Dissidenten«-Kindern und den Konfessionellen, doch Schmähverse und Steine flogen hin und her. 1931 streikten die SchülerInnen an der Freien Schule am Dickelsbach — gegen die Streichung der Butterbrote für Erwerbslosenkinder. Am Schuljahresende gab es Zeugnisse und Versetzungen, doch keine Noten. Nach der Machtübernahme zerschlugen die Nazis die Freie Schule wie alle anderen Errungenschaften der Arbeiterbewegung. Die Kinder wurden umverteilt, die Lehrer versetzt oder mit Berufsverbot belegt. Die Schule, jetzt konfessionell, wurde umgetauft in Hans-Schemm-Schule nach dem NS-Kultusminister. Drill, Prügelstrafe, Rassenkunde, vormilitärische Ausbildung zerstörten alle Ansätze einer zuvor freiheitlichen Erziehung; die Mehrzahl der SchülerInnen trat in HJ oder BDM ein.

Nach dem Krieg sollte ein demokratischer Neubeginn sein. Besonders engagierte sich hier die örtliche FDJ (Freie Deutsche

Jugend), auch nach ihrem Verbot im Jahre 1951. Die heutige Realschule ist seit dem 1.4.1960 nach dem ehemaligen Duisburger Oberbürgermeister *Karl Lehr* (1879 - 1914) benannt. Sie ist die einzige weiterführende Bildungseinrichtung des großen Stadtteils. SchülerInnen, die aufs Gymnasium wollen, müssen in die Innenstadt oder nach Huckingen fahren.

Die Turnhalle der Schule wurde seit den Anfängen von den örtlichen Sportvereinen genutzt. Traditioneller Treffpunkt ist nach dem Training die gegenüberliegende »*Sportecke*«. Freitagabends ist hier »Oldie-Treff« mit Musik aus den Fünfzigern und Sechzigern. Beim Pils und Korn werden Erinnerungen ausgetauscht, zum Beispiel an die großen Spiele des DSV 1900 (Duisburger Spielverein) und an die Fußballstars, die aus der Ecke stammen: Weltmeister-Torwart *Toni Turek* (Dickelsbachsiedlung), Nationalspieler und Bundesligatrainer *Addi Preißler* (Im Schlenk), Sportidol *Hennes Hoffmann*, der in der Eckkneipe hier verkehrte. Dem Einsatz und der Schnelligkeit des Mittelstürmers vor allem verdankte der DSV seinen Aufstieg in die legendäre Oberliga West. Das war 1954.

❸
Zum Lith 71

Mehr als ein halbes Jahrhundert zuvor hatte der »Altmeister« DSV den Fußball in Duisburg und Westdeutschland populär gemacht. »Sein Name und seine Erfolge sind für immer in die Geschichte des Fußballsports eingeschrieben«, notierte DFB-Chef Dr. P. J. Bauwens im Jahre 1950. Die Mannschaft im blau-weißen Dress, ein reiner Amateurclub, war vielfacher westdeutscher Meister und 1913 deutscher Vizemeister gewesen. Der DSV, dessen Anfänge am Grunewald lagen, hat heute seinen Sportplatz, sein Clubhaus und Vereinslokal an der Düsseldorfer-Straße in Wanheimerort. Doch sind seit 1963 — der Verein ging mit »1848/99« zusammen und spielt heute in der Landesliga — die Glanzzeiten dahin; in der im selben Jahr neugegründeten Bundesliga knüpfte der MSV im traditionellen Blau-Weiß an die Erfolge an.

❹
Ginsterstr. 14

Dieses Haus hat ein bewegendes Kapitel Duisburger Geschichte hinter sich. Hier wohnte *Michael Rodenstock* (11.3.1885–2.5.1933), 1. Vorsitzender des SPD-Ortsvereins und des »Reichsbanners Schwarz-Rot-Gold«. Zugleich war er in Duisburg Stadtverordneter zunächst der KPD, dann der SPD (1919–1933) und Gewerkschaftssekretär. Mehrmals war er wegen seiner Gesinnung — so 1920 als Rotarmist — in Haft gewesen. Am 2. Mai 1933 drangen SS-Leute in seine Wohung, durchsuchten sie, beschlagnahmten Bücher, Akten usw. Michael Rodenstock selbst wurde abgeführt und zu den Gewerkschaftshäusern in die Ruhrorter Straße gebracht. Nach einem »chinesischen Verhör« wurde er im Keller des Hauses Nr. 11 zusammen mit drei Gewerkschaftskollegen erschlagen.

Als Gipfel des Zynismus wurde der Tote als »vermißt« bzw. als »geflüchtet« gemeldet, im »Duisburger Generalanzeiger« eine Vermißtanzeige aufgegeben. Der Ermordete wurde der Korruption bezichtigt, ins Haus Ginsterstraße 14 kam ein Kündigungsschreiben; seine Frau Auguste und seine Tochter Elisabeth wurden in tiefes materielles Elend gestürzt. Die Leichen der Erschlagenen wurden ca. 1 Jahr später im Wald gefunden, die »Affäre« auf Befehl vertuscht.

Michael Rodenstock (1885–1933)

Das Haus »Zum Lith« 115, in dem sich Büro und Archiv der VVN, BdA-Kreis Duisburg — befinden

❺
Zum Lith

Im Schlenk

❻
Fischerstr.

Um »Wiedergutmachung« für die Opfer des Faschismus und ihre Hinterbliebenen bemüht sich bis heute die Vereinigung der Verfolgten des Naziregimes/Bund der Antifaschisten. *Büro und Archiv der VVN/ BdA*, Kreisverband Duisburg, befinden sich in einem der ältesten noch erhaltenen Häuser Wanheimerorts. Die beiden langjährigen Vorsitzenden der Vereinigung kommen aus dem Stadtteil, wo sie in den Kriegsjahren als *Edelweißpiraten* Widerstand geleistet haben

Das Haus, in dem die VVN arbeitet, stammt aus dem Jahre 1898. Es ist ein massiver Ziegelsteinbau mit ausgebautem Satteldach. Im Hof befindet sich noch die alte Waschküche aus der Zeit des Erstbesitzers *Hohn* (Baugeschäft Im Schlenk 61), der keine Erben hatte und seine Häuser der katholischen Kirche vermachte. Das kleine Eckhaus (Zum Lith/Im Schlenk) gehörte dem ebenfalls recht reichen Bäcker *Fr. Kühn* und ist noch einige Jahre älter. Als die beiden Häuser errichtet wurden, befanden sich auf der »Schlenker Seite« Wanheimerorts, also östlich der Düsseldorferstraße, nur wenige Häuser. Die Einfamilienhäuser zwischen Lith, Tannen- und Buchholzstraße gehörten zur ersten Eigenheimkolonie in Wanheimerort. Sie wurden von der Gemeinnützigen Baugesellschaft errichtet, seit den 70er Jahren des 19. Jahrhunderts.

Die Siedlung »Zum Lith« entstand zwischen Bahndamm und Nord-Südstraße, ein gitterartig angelegtes Quadrat, in gleich große Parzellen aufgeteilt. »Gevierteilte« Einfamilienhäuser wurden dort gebaut. An der Ecke Ahorn-/Tannenstraße ist ein solches Muster noch zu sehen: In einen viereckigen Garten wurde ein quadratisches Haus gesetzt, in vier Teile zerlegt, so daß vier Siedlerfamilien zugleich hier ein eigenes, recht preisgünstiges Heim fanden.

Diese Straße war ursprünglich ein Waldweg, »Strucks Weg« genannt — nach dem Besitzer eines Häuschens an der Düsseldorfer Chaussee, das am Ende des Weges lag. Nach Osten hin führte der Weg zum Dickelsbach, der der heutigen Straße ihren Namen gab. Der Bach schlenkerte hin und her in wilden Krümmungen und hinterließ »Schlenken« (=tote Wasser). Heute ist die frühere Waldgegend Zum Lith und Im Schlenk dichtbesiedelt und belebt. Zahlreiche Ladenlokale und Kneipen finden sich hier. Die Straßen sind verkehrsreich, sie führen zu dem vielbesuchten Waldfriedhof und ins heutige Geschäftszentrum, das von der Düsseldorfer- und Fischerstraße gebildet wird.

Es ist ein Geschäftszentrum, »das durch die Branchenstreuung, die Größe und aufwendige Ausstattung einiger Spezialgeschäfte und durch das Auftreten von zwei Warenhäusern besticht«. Doch fehlen in Wanheimerort kulturelle Einrichtungen. Wer ins Theater, zum Konzert, ins Kino will, muß in die Innenstadt fahren. Früher gab es im Stadtteil eine Reihe Kinos, z.B. das »Odeon« war dort, wo heute *Aldi* ist; dann gab es noch Kintopp am Grunewald und in der Fuchsstraße — das Rolandkino, in dessen Vorführraum auch politische Versammlungen abgehalten wurden; zum Beispiel trafen sich hier nach dem Krieg SPD und KPD, um über eine mögliche Vereinigung zu diskutieren.

Auf 800 m ballen sich, vor allem auf dem östlichen Teil bis zur Erlenstraße, etwa 100 Ladenlokale. Einer Bürgerinitiative ist die Fußgängerzone (bis Gärtnerstr.) zu verdanken: sie sammelte Unterschriften, nachdem es mehrere Unfälle gegeben hatte. Die Fischerstraße hat sich erst nach dem Wirtschaftsboom der fünfziger Jahre zur Haupt-Einkaufsstraße enwickelt: »Früher waren hier nur einige Lebensmittelgeschäfte, ein Kartoffelhändler, ein Metzger, ein Bäcker, eine Apotheke — ansonsten Wiesen und Gärten.« Heute sind hier auch Banken, Supermärkte, Arztpraxen, ein türkisches Spezialitätenlokal (»Ali Baba«), ein griechischer Gyros-Grill ... Und eine Trinkhalle, eine Spielhalle, zahlreiche Kneipen, wie es bezeichnend ist für ein Arbeiterviertel.

Ins Auge fallen einige zwei- bis dreistöckige Mietwohnhäuser mit schönen Stuckfassaden — im »Stil der Gründerzeit«. Obwohl die Industrie sehr nah ist, findet man/frau hier keine fabrikeigenen Mietskasernen wie etwa in *Hochfeld* oder in *Bruckhausen*. Dagegen finden sich in der Fischerstraße und den Seitenstraßen vereinzelte Häuschen, die vor der Jahrhundertwende von Arbeitern gebaut wurden, die dort kleine Gärten anlegten und Vieh hielten, um sich selbst zu versorgen. Sie hatten sich in Wanheimerort ein Stück Land gekauft, um sich hier niederzulassen; denn die Wege zur Arbeitsstätte waren lang. (»Mein Opa hat hier gebaut. Er wohnte zuerst in den kleinen Krupp-Häusern am Kalkweg, die heute nicht mehr stehen. Er mußte täglich zu Fuß zur anderen Rheinseite, zur Johannishütte nach Rheinhausen. Das war ihm zu weit...«).

Eine »Proletenstraße« war die »alte« Erlenstraße; der nördliche Teil der Straße galt dagegen als »eher kleinbürgerlich«. In der »roten« Straße wohnten zahlreiche Anarchisten und Kommunisten, unter ihnen Onkel und Tante des berühmten Opernsängers *Rudolf Schock* (Erlenstr. 108). Im Gesangverein, der in der schräg gegenüberliegenden Eckkneipe übte, begann seine Karriere. Die Wirtschaft, die heutige Marktschänke, hieß damals F. Cassiepe. Gegenüber wohnte und wirkte, vor allem nach dem Zweiten Weltkrieg, der bekannte Anarchist *Alfred Metz* (Fischerstr. 76), von Beruf Waschkauenwärter. Die anarcho-syndikalistische FAUD (Frei Arbeiter Union Deutschlands) hatte in Wanheimerort eine starke Bastion. Vorsitzender der Duisburger Organisation war bis zu seinem Tod im Jahre 1928 der Betriebsratsvorsitzende der Kabelwerke, *Prasse*, gewesen. Sein Sohn Fritz Prasse führte seine Arbeit im Stadtteil weiter. 1937 zerschlugen die Nazis für einige Zeit die Organisation, die für eine freie sozialistische Gesellschaft eintrat. Im Duisburger Anarchistenprozeß wurden auch Arbeiter aus Wanheimerort zu hohen Zuchthausstrafen verurteilt, unter ihnen *Alfred Metz*, *Albert Herzog* und *Max Siewert* (Erlenstr. 56).

Im 1. Stock über dem heutigen »Erlenkrug« wohnte die Polstereiarbeiterin *Wilhelmine Struth* mit ihrer Familie. Am 2. Februar

Erlenstraße 127a. In der Wohnung über dem »Erlenkrug« wurde Wilhelmine Struth am 2.2.1933 von SS-Leuten erschossen

Fischerstr. 78

❼
Erlenstraße 127b

❽
Michaelplatz

1933, kurz nach Hitlers Machtübernahme, stand sie am Fenster ihrer Wohnung, als ein SS-Trupp durch die Erlenstraße kam. Mit gezielten Kopfschüssen wurde sie ermordet.

Wie die Kirche ist der Platz nach dem heiligen Michael, dem Drachentöter, benannt. Die stattliche Backsteinkirche wurde 1903 durch den Weihbischof *Graf von Galen* eingeweiht, jedoch erst 1929 vollendet. Wegen der Krisenzeiten konnte nur einer der beiden Türme bis zur vollen Höhe ausgebaut werden. Auf dem Platz findet heute zweimal in der Woche ein Markt statt. Ansonsten ist er Parkplatz — oder aber Fest- und Kundgebungsplatz.

1905 zum Beispiel war das Stiftungsfest des Wanheimerorter Arbeitergesangvereins »Morgenrot«. Der feierliche Umzug führte auch über Fischerstraße und Michaelplatz. Hier gab es ein Festkonzert mit roten Fahnen, Blumen, Bändern. »Einen so großen Festzug hatte man in Wanheimerort nie gesehen«, schrieb der Chronist. Die Duisburger Arbeitersportvereine waren dabei, allen voran die Arbeiterradler von der »Solidarität«. 50 Jahre später feierte auf dem Platz der TV Wanheimerort 1880 sein 75jähriges Jubiläum mit Fackelschwingen der Turner und Tanzspiel der Turnerinnen. Und heute findet — seit über 10 Jahren — ein großes Straßenfest auf der Fischerstraße statt. Alljährlich im Oktober. Mit viel Gaudi für die Kinder und einem Kunst-, Antiken- und Handwerkermarkt, in den auch der Michaelplatz mit einbezogen wird.

Der Platz hat auch Szenen des Terrors erlebt. Im März 1933 zum Beispiel: SA und SS veranstalten eine Menschentreibjagd. Auf den Platz getrieben werden drei kommunistische Arbeiter aus Hochfeld und Wanheimerort (Eichhornstraße) sowie der jüdische Ladenbesitzer Hugo Steinweg

»FDJ lebt«: Parole auf dem Erdbunker am Michaelsplatz 1951

(»Geschwister Levi«, Wanheimerstr. 160). Unter Schlägen und Stiefeltritten werden sie gezwungen, Hitlerlieder zu singen, sich in rote Fahnen einzuhüllen, die sie auf dem Michaelplatz verbrennen müssen.

In der Nähe war auch jahrzehntelang das Postamt des Stadtteils. Das Gebäude gehörte dem Metzger *G. Eiermann*, der Im Lith **Fischerstr. 75** wohnte. Sein Reichtum und seine Besonderheiten waren sprichwörtlich in Wanheimerort. »Für den alten Eiermann«, erzählt ein 85jähriger, »haben wir als Kinder Spatzeneier gesammelt, die er vor unseren Augen gleich aufaß. Pro Ei gab es einen Pfennig Belohnung.« Viele Erzählungen ranken sich auch um die alten Schulen auf der Eschenstraße, 1870 bzw. 1874 gebaut: »Mein Großvater **Eschenstr. 53** und meine Großmutter mußten vorher nach Hochfeld zur Schule. Hier an der Eschenstraße hatten die Räume nur Kohlenofenfeuerung, und im Winter haben wir Kinder oft gefroren. Die evangelische Schule hatte keinen Turnsaal, und wir mußten zum Turnunterricht außerhalb gehen, in eine Kneipe, die gegenüber in der Schlosserstraße lag.« »Doch habe auf dem Schulhof die Feuerwehr geübt; ein Steigerturm und ein Spritzenhaus seien da gewesen. Die alten Schulgebäude stehen heute noch trotz zahlreicher Schulschließungen in Duisburg. An der Eschenstraße sind heute eine Gemeinschaftsgrundschule und -hauptschule untergebracht, wobei hier der Ausländeranteil recht hoch ist.

Am Ende der Fischerstraße steht ein großes Eckhaus, unten das ⑨ neueingerichtete Steakhaus »El Gaucho«. Am 27.8.1984 war das **Wanheimer Str. 301** Haus angesteckt worden. 7 türkische Menschen verbrannten in den Flammen, 27 wurden verletzt. Die Brandstifter sind bis heute nicht ermittelt. Vor dem Anschlag hatte es Drohungen gegeben sowie Hakenkreuzschmierereien an dem auch *»Türkenhaus«* genannten Gebäude. Neonazi-Flugblätter waren kursiert, die zur Gewalt gegen Türken aufriefen und Pogrome ankündigten. Nach dem Brandanschlag stand das Haus jahrelang als rußgeschwärzte, ausgebrannte Ruine. Zur Erinnerung an die ungesühnte Tat und zur Mahnung gegen die wachsende Ausländerfeindlichkeit führte die örtliche VVN-Gruppe noch 1988 eine Gedenkdemonstration zu dem Haus durch.

Das sog. »Türkenhaus«, früher Wirtschaft Alfred Kahlen

Im Haus war früher die Wirtschaft *Alfred Kahlen:* »Das war eine gutbürgerliche Gaststätte — ganz im Gegensatz zu den zahlreichen Arbeiterkneipen auf der Wanheimerstraße wie Roßkothen, Bruns oder Schwaetzer.« Andere BewohnerInnen des Stadtteils erzählen, nach dem Krieg sei hier ein Tanzlokal gewesen: »Da haben wir geschwoft. An der Tür stand ein Stehgeiger.« Tatsache ist: Alfred Kahlen (vormals Joh. Borgards) war das Stammlokal des ältesten Vereins von Wanheimerort gewesen, des Bürgervereins von 1874; zu dieser Zeit bildeten Wanheimerort und Hochfeld noch die sogenannte Feldmark. Der Ortsname hat sich erst nach 1885 offiziell eingebürgert, als eine Poststelle auf der Wanheimerstraße eingerichtet wurde. Der Bürgerverein war in seinen Anfängen ein nationalistischer Jubelclub. In Wilhelminischen Zeiten organisierte

Kunstradfahrer des Rot-
sportvereins »Frei-Weg«
Wahnheimerort bei einer
Übung in der Wirtschaft
»Friedel Schwaetzer«
(genannt »Roter Tep-
pich«) 1928. 2. von
rechts: Robert Schroer

er Herrenabende und Kaisergeburtstagsessen. In der Nazizeit huldigte er dem »Führer«. Heutzutage bemüht sich der Bürgerverein um die Verschönerung des Stadtteils, wie zuletzt die Begrünungsaktion am Hochbunker in der Eberstraße.

»Alfred Kahlen« war lange Jahre auch Vereinslokal des Spiel- und Sportvereins »Germania 1900 e.V.«. Bei Hugo Kahlen dagegen trafen sich die Taubenzüchter (Im Schlenk 100). Das Vereinswesen — Krieger-, Turn-, Gesang-, Schützen-, Kleingartenverein usw. — bestimmte weitgehend das gesellige Leben der Wanheimerorter. Hier fanden sie Spaß, Spiel und »Erholung«, wie sich der Männergesangsverein von 1880 nannte. Die Kneipen auf der Wanheimerstraße waren zugleich die bedeutendsten Vereinslokale des Stadtteils.

Wanheimer Str. 295

Wanheimer Str. 237 a

Wanheimer Str. 265

In der Wirtschaft *Aug. Ganser* tagte die Garde-Vereinigung Wanheimerort. Bei *Roßkothen*, einer Hafenarbeiterkneipe in der Nähe des Hochfelder Bahnhofs, übte der Arbeiter-Gesang-Verein »Morgenrot«; später vereinigte er sich mit dem Frauenchor »Freiheit« zu einem gemischten Chor, der sich wie überall in Duisburg »Volkschor« nannte. Bei *K. Bruns* (vorher *Spieker*), Ecke Schlosserstraße, trafen sich die Turner des TV Wanheimerort 1880. Am Anfang turnten sie in einer niedrigen Kabelwerk-Werkshalle; das Dach hatte ein großes Loch, damit die Turner ihre Schwungübungen am Reck durchführen konnten. Wehrturnen und Gepäckmarsch gehörten zum (vormilitärischen) Übungsprogramm des Vereins, der heute sein Clubhaus und seine Jahnkampfbahn am

Kalkweg hat. *Friedel Schwätzer* war vor 1933 das Versammlungslokal der KPD und Übungsstätte der Rotsportvereine Wanheimerorts wie »Frei-Weg« zum Beispiel. Das Lokal (Ecke Dachsstraße) war im Oktober 1932 auch Streiklokal, als beim Kabelwerk gegen Lohnabbau (Papensche Notverordnungen) gestreikt wurde. Es hieß im Volksmund auch »Roter« oder *»Blutiger Teppich«*, weil es hier viele Schlägereien gab.

Alle diese (Vereins-)Kneipen gibt es nicht mehr; die Häuser sind zumeist abgerissen. Zuletzt verschwanden der »Rote Teppich« und die Häuser an der Dachsstraße, die einst für die Wanheimerorter den Zugang zum Rhein bildete. Hier stehen nur noch die alten Bäume, die 1916 von russischen Kriegsgefangenen gepflanzt wurden. Lebendig geblieben ist das Vereinswesen, wenn auch gewandelt. Gegenüber von »El Gaucho« ist ein Treff des »Vereins für evangelische Jugendsozialhilfe«. Einige Schritte weiter nördlich hat ein türkischer »Sport- und Kulturverein« sein Stammlokal.

Die Wanheimerstraße, einst Geschäftszentrum des Ortsteils, wirkt heute verwahrlost. Hinter langen Fabrikmauern eine ungenutzte Halle des Kabelwerks. Zahlreiche Ladenlokale, die leer stehen.

Hier häufen sich ausländische Geschäfte, Gaststätten, Reisebüros, Cafés. Eine kleine türkische Moschee. Alle Häuser sind verfallen, sanierungsbedürftig. Und der Verslumungsprozeß geht weiter. Saniert werden müßten auch die Wohnblocks weiter südlich. Dort, wo früher Wiese war, hat die Gemeinnützige Baugesellschaft ab 1949 in aller Schnelle Billigst- und Kleinstwohnungen hochgezogen. Bis Ende der 60er Jahre entstanden hier immer neue graue Wohnblocks; denn die Bevölkerung des Stadtteils wuchs schnell: von 1950 bis 1961 von 25.000 auf über 30.000 Einwohner.

Das große Gelände zwischen Wanheimer-, Düsseldorfer- und Rheintörchenstraße war zuvor unbebaut. Die Gnadenkirche, 1908/09 errichtet, ragte als einsames Wahrzeichen des Stadtteils über den Wiesen empor. Auf »Tillmanns Wiese« spielten die Kinder und Jugendlichen früher Fußball o. dergl.

Abgerissen ist das Haus des Bauunternehmers *Heinrich Raider*, an der Ecke Fuchsstraße gelegen. Wo jetzt eine Tankstelle steht, befand sich ein SS-Heim, »SS-Stall-Raider« genannt. Die ehemalige Folterstätte ist heute noch ein Alptraum für ehemalige WiderstandskämpferInnen aus Wanheimerort. Noch steht die alte *»Ketzerburg«*, die ehemalige Verwaltungsstelle der Nazis — der NSDAP, der SA und der DAF (Deutsche Arbeitsfront). Sie gehörte ursprünglich zur Dampfkesselfabrik *H. Ketzer* G.m.b.H. (seit 1896), die der NS-»Burg« ihren Namen gab. Heute sind hier Büros der *Rütgerswerke*.

An der Rheinfront, entlang der Wanheimerstraße bzw. des Süd-(Längs-)hafens, konzentrieren sich die Industriebetriebe. Doch sind hier — im Gegensatz zu anderen Stadtteilen — keine großen Hütten gebaut worden. Zu eng war der Raum zwischen Rhein und

⑩
Wanheimer Str. 316

⑪
Fischer-/
Schlosserstr.

Wanheimer Str. 327

Wanheimer
Str. 334—336

Wanheimer
Str. 336—342

Wanheimerstraße, der als Wanheimer Weg schon in sehr alten Zeiten bestand. Zuerst kam die Chemie nach Wanheimerort: *F. W. Curtius* errichtete 1839 am Eichelskamp eine »Alaun- und Tonerdefabrik«. Die Schwefelsäurefabrik »Curtius« (zuletzt Teil der Hamm Chemie GmbH) wurde 1983 stillgelegt. Dagegen existiert noch ein kleinerer Chemiebetrieb, der 1878 gegründet wurde als Ölwerk von *Heinrich Giesen*. Die Chemische Fabrik GmbH. Giesen produziert heute Bautenschutzmittel und Mineralölprodukte. Erhalten blieb auch die Teerdestillation (seit 1874). Der Chemiebetrieb schloß sich 1905 den Berliner Rütgerswerken an. Seit 1964 ist hier zudem eine Zweigniederlassung für die »Caramba, Auto- und Industriechemie«; im gleichen Jahr vereinigte sich die Wahnheimerorter Teerverwertung mit dem Meidericher Werk.

Rheintörchenstraße 24

Wanheimer Straße 270—76

Das bedeutendste Unternehmen des Stadtteils ist das *Kabelwerk*, heute ein Betrieb der AEG Kabel AG. Die Firma wurde 1894 vom Ingenieur *Oskar Schäfer* gegründet und noch im gleichen Jahr von der AG »Kabelwerk Duisburg« übernommen. Ein Minibetrieb zunächst: 16.000 m² Betriebsgelände, ein kleines Fabrikgebäude — 2 Stockwerke hoch, 12 Angestellte und 40 Arbeiter. 1980 waren es circa 92.000 m² Betriebsfläche, 250 Angestellte, 1.400 Arbeiter. Seit dieser Zeit expandiert die Firma weiter, allerdings nimmt die Zahl der Beschäftigten ab (Rationalisierung!). Das Werk stellt die gesamte Palette an Kabeln und Leitungen für den Schwachstrom- und Starkstrombereich her. Von Anfang an versorgte es die Montan- und Hüttenindustrie mit Kabelmaterial. Beliefert werden traditionell neben der Industrie die Elektrizitätswerke, Elektrogroßhändler sowie Post und Eisenbahn. Der Betrieb verfügt über Bahnanschluß und direkte Verladungsmöglichkeit im Hafen, so daß seine Produkte von hier aus nicht nur ins Inland, sondern in alle Welt gehen.

In den Laboratorien des Kabelwerks arbeitet ein ganzer Stab von Physikern, Chemikern und Ingenieuren, so daß auch die Forschungsleistung erheblich ist. Nicht ohne Stolz notiert die Werkschronik daher, daß das Kabelwerk 1939 zum »nationalsozialistischen Musterbetrieb« gekürt und mit der Goldenen DAF-Fahne ausgezeichnet wurde. Weniger begeistert vom »Musterbetrieb« waren die Beschäftigten, in der Mehrzahl Frauen. 1939 betrug ihr Stundenlohn 17 Pfennige bei einer Wochenarbeitszeit von 48 Stunden, die im Krieg noch verlängert wurde. Hinzu kam mit Kriegsbeginn noch Akkordarbeit, die erst nach dem Bombenangriff vom 13.5.1943 und dem Großbrand im Werk ein Ende fand. Schon im Oktober 1932 hatten die ArbeiterInnen des Kabelwerks gegen die Hungerlöhne und den angekündigten Lohnabbau von 20% einen 10tägigen Streik geführt, zahlreiche Frauen hatten Streikposten unterstützt. Und auch in den Kriegsjahren zeigten besonders die Arbeiterinnen des Werks Solidarität mit den im Betrieb eingesperrten »Fremdarbeiterinnen« aus der Ukraine, die bei »trockenem Brot und Wasser« Schwerstarbeit leisten mußten. Nach dem Großbrand wurden die »Russenfrauen« unter primitivsten Bedingungen in den Fahrradgaragen des Kabelwerks untergebracht, da ihr Lager zerstört war. Die Überlebenden wurden erst im April 1945 aus der faschistischen Gefangenschaft befreit. Die Amerikaner hatten am 18. März 1945 vergeblich versucht, Duisburg zu erobern. In der Höhe des Kabelwerks hatten sie über den Rhein künstlichen Nebel gelegt. In seinem Schutz hatte eine Kompanie Soldaten versucht, in Schlauchbooten das Rheinufer zu erreichen. Doch wurden sie kurz vor Erreichen des Ufers beschossen, mehrere Boote sanken, und acht Soldaten wurden gefangengenommen.

Im Krieg hat Wanheimerort relativ wenig Zerstörung erlitten. Vor allem Wohnhäuser, die in der Nähe der Werke lagen, wurden getroffen. Zum Beispiel in der Schmiedestraße. Hier wurde die frühere Stempelstelle ein Opfer der Bomben, ebenso wie das berüchtigte SA-Heim, in dem von 1908 bis 1930 das erste Polizeirevier des Ortsteils untergebracht gewesen war. An den letzten Krieg erinnert noch der *Hochbunker*. Mit seinen vergitterten Fenstern und den Dach-Mansarden-Käfigen sieht er aus wie eine Wohnung aus dem Mittelalter. In den verwinkelten Gängen des Bunkers und den mit Eisentüren verschlossenen Zellen fühlten die Menschen sich in den Bombennächten einigermaßen sicher. Die Legende erzählt, der Bau habe noch nicht einmal gezittert und gewackelt, als eine große Luftmine in der Fliederstraße detonierte. »Im Bunker wurden Hochzeiten gefeiert und Kinder geboren«, erzählt ein ehemaliger Edelweißpirat von der Schmiedestraße. »Und wir haben hier trotz SA-Verbot Gitarre gespielt«. In ihren Liedern sahen Jugendliche sich »im Kampfe gegen Hitler seine Bande«; ihr Motto lautete »Schlagt dem (HJ-) Streifendienst den Schädel entzwei«. Zahlreiche Edelweißpiraten aus Wanheimerort mußten ihren handfesten Protest gegen die NS-Zwangsherrschaft mit Arrest, Karzer, Gestapohaft und Gefängnis bezahlen. Die meisten jedoch wurden zur Wehrmacht geschickt.

Im Bunker an der Eschenstraße wird heute wieder musiziert und gesungen. Hier übt ein Wanheimerorter Kinder- und Jugendchor, der sich 1957 gegründet hat und von einem Angestellten des Kabelwerks geleitet wird. In einer Stadt, in der weitgehend Musik-Proberäume für junge Leute fehlen, ist der Bunker ein idealer schalldichter Übungsplatz.

Für die Entwicklung des Stadtteils sind Rhein und Häfen bedeutsam gewesen. Von Interesse auch für die BewohnerInnen: »Die Einwohnerschaft Wanheimerorts hat stets mit großem Interesse die lebhafte Tätigkeit in den Häfen verfolgt, mehr aber noch die abwechslungsreichen Bilder des Verkehrs auf dem Rheine«. Bizarre Bilder einer Eislandschaft präsentierten sich in den Jahren, in denen der Rhein zugefroren war. 1891 zum Beispiel: Damals fuhren beladene Mehl- und Bierfuhrwerke über den Fluß. Ein Bild geschäftiger Arbeit boten immer die Häfen — der Südhafen, 1 km lang, vom Rhein nur durch eine Mole getrennt, sowie der *Kultushafen*, 1868 von der Rheinischen Eisenbahngesellschaft gebaut. Zunächst war er Trajekthafen. Vom Bahnhof Hochfeld-Süd führten Schienen bis ins Wasser hinunter. Mit einer Trajekteinrichtung und Fährschiffen wurden die beladenen Züge über den Rhein gesetzt. Mit dem Bau der Eisenbahnbrücke 1874 wurde der Fähr-

Schmiedestr. 14

⑫

Eschenstraße

Zwei Wanheimerorter Edelweißpiraten 1942 im Hinterhof der Schmiedestraße 27

⑬

Kultushafen

Der Wanheimerorter Rudolf Tappe im Winter 1941 auf dem zugefrorenen Rhein

betrieb eingestellt, die Fährschiffe wurden nach Rußland verkauft. Die großen Firmen — *Stinnes, Haniel, Faber* — nutzten den Kultushafen: Kohle wurde hier auf die Schleppschiffe geladen. Sie wurde zunächst schubkarrenweise von den Eisenbahnwaggons zu den Schiffen gebracht und hier per Kipper aufgeladen — eine mühselige Arbeit! Erst 1905 wurde der Kippbetrieb eingestellt, die Verladung modernisiert.

Mit dem Eisenbahn- und Hafenbau zwischen Hochfeld und Wanheimerort wuchs die Bevölkerung sprunghaft. Ein Blick ins Adreßbuch von 1896 zeigt, wer damals auf der Wanheimerstraße wohnte bzw. arbeitete: unter anderem Schiffsheizer, Flößer, Fuhrmann, Kapitän, Hafenarbeiter, Rangierer, Lokführer, vor allem Fabrikarbeiter und Tagelöhner. Für die Arbeiterschaft des Duisburger Südens hatte die Gegend mit ihren Fabriken, Häfen, Bahnanlagen bis in die jüngste Zeit eine besondere Bedeutung. Hier trafen sich traditionell die Belegschaften der großen Werke, zum großen Teil kamen sie in Bussen, zur 1. Mai-Demonstration.

Kultushafen und Kulturstraße sind nach dem preußischen Kultusminister Dr. Adalbert Falk *benannt, der zur Einweihung des Hafens die Straße befuhr. Er wurde mit dem Vers begrüßt:*
»Hier herrscht statt Wissenschaft und Kunst
Fabrikenstaub und Kohlendunst.
Und rußig ist das Angesicht;
Doch 'schwarz' sind wir im Innern nicht.«
In der Zeit des »Kulturkampfes« sollte dem liberalen Minister die antiklerikale Gesinnung der Duisburger demonstriert werden! Nördlich der Kulturstraße war ursprünglich alles Wiese; hier lag z.B. noch in der Nachkriegszeit die Harcort-Wiese. Die meisten Kleinunternehmen, die sich hier niedergelassen haben, sind erst nach dem Krieg entstanden.

Älter ist die bekannte Firma *Brabender*, ein Unternehmen für Meß- und Regeltechnik, das 1923 in den Räumen einer ehemaligen Treibriemenfabrik errichtet wurde. Die Firma produziert Feuchtigkeitsmesser, Thermostate, Klimaschränke und dergleichen — Produkte, die zum Teil weltweit exportiert werden. Das Unternehmen hat, wie auch die anderen Betriebe an der Kulturstraße, unmittelbaren Bahnzugang.

Hitzbleck-Siedlung

Für die Wanheimerorter Arbeiterbevölkerung wurden vor allem in den 20er Jahren größere Siedlungen angelegt. So errichtete die Wohnungsbau AG, eine Tochtergesellschaft der Fa. *Karl Hitzbleck*, innerhalb von drei Jahren über 800 Wohnungen, überwiegend an der Eschen- und Kulturstraße gelegen. Die Hitzbleck-Siedlung besteht aus vier- bis fünfgeschossigen Wohnblocks, die parkähnliche Innenhöfe haben und sich auf drei etwa gleich großen Straßenquadraten befinden. Sie ist kennzeichnend für die Siedlungsvielfalt in Wanheimerort wie auch die Dickelsbachsiedlung, zu der unser Rundgang zurückführt.

Um die Gedanken von der zum Teil düsteren Industriekulisse abzuwenden, empfehlen wir einen Besuch des »Asia«-Grills — oder einen Erholungsspaziergang durch den naheliegenden Waldfriedhof.

Waldfriedhofs-Bummel

»Komm, wir gond nach'em Bucklebusch (Buchenbusch)!« sagen die Wanheimerorter, wenn sie zum Waldfriedhof gehen. Viele erinnern sich, hier als Kinder in Notzeiten Bucheckern gesammelt zu haben. Schon in den Kriegsjahren 1916/1917, als es den Friedhof noch gar nicht gegeben habe: »Klassenweise sind wir mit unseren Lehrern von der Eschenstraße hierhergekommen, in die Gegend, wo heute das Krematorium steht.« Andere erzählen, sie seien bei der Anlage des Waldfriedhofes als Notstandsarbeiter eingesetzt woren. 1923 beim passiven Widerstand gegen die französische Besatzung habe es einen Streik gegeben, mit Gewalt hätte sie das Aufwerfen der Gräber verhindert. Beinahe unerträglich sei der Gestank der nicht beerdigten Leichen gewesen.

Das »Buchholz«, Teil des früheren Duisburger Königsforstes, aus dem die DuisburgerInnen einst Bau- und Brennholz für den Knüppelmarkt sowie Laub und Heide für die Viehstreu geholt haben, reicht südlich bis zum Dickelsbach. »Ein göttlich schöner Wald« schwärmte Duisburgs letzter Theologieprofessor *Friedrich Adolf Krummacher* im Jahre 1804. Und in Wanheimerort erzählen sie noch immer von den Wildpferden, die früher ihren »Buchenbusch« bevölkerten. Alle 10 Jahre veranstalteten Wildfänger Treibjagden auf das »wilde Gestüt«. Die letzte war 1814: 2.700 Treiber fingen die Tiere mit einer Art Lasso ein. Seitdem war der Wald für die Bürgerschaft freigegeben, auch zum Verkauf, und so entstand ein Vierteljahrhundert später die Rodesiedlung Wanheimerort, von deren schattig-waldigen Ursprüngen der Waldfriedhof heute noch Zeugnis ablegt.

Der Krieg stand Pate bei der Anlage des Friedhofes. Auch der Alte Friedhof am Sternbuschweg war 1870/71 im Deutsch-Französischen Krieg entstanden. Und nach dem Ersten Weltkrieg starben die Menschen schneller und reichlicher, zumal die Kinder. Im Jahre 1920 betrug die »durchschnittliche Leichenzahl« in Duisburg pro Jahr 1103 Erwachsene und 963 Kinder bis zu 12 Jahren. »Platznot« herrschte auf dem Alten Friedhof, nur noch in den alten Familien-Erbgruften sollte beerdigt werden.

Die Stadtverwaltung sah sich genötigt, an der Südgrenze der Stadt die Vorbereitungen zur Anlage eines neuen Friedhofes zu treffen. Dort sollte ein Waldfriedhof entstehen.

Doch das Waldgrundstück — zwischen Wanheimerort und Buchholz gelegen — gehörte den Erben *Haniels*. Sie wollten es nicht abgeben und wurden enteignet. Das alte Hanielsche Forsthaus steht heute noch auf dem Waldfriedhof. Es erinnert an die einstigen Herren des großen Jagdreviers mit reichem Wildbestand. Das Gelände wurde am 21.12.1920 per Ratsbeschluß zum kommunalen Friedhof südlich der Ruhr. Auch andere mußten den Erfordernissen des Todes weichen: die Kleingärtner im Lith und der Spiel- und Sportverein »Germania 1900 e.V.«, der in den alten Hanielschen Waldungen seine Sportanlagen errichtet hatte.

Am 14.6.1923 wurde der Waldfriedhof eröffnet. Schon 2 Jahre später konnte Pfarrer *Spering* aus Wanheimerort für den Totensonntag eine Feier beantragen mit Posaunen- und Gesangchor; denn »mittlerweile liegen Tausende von Toten auf unserem neuen Waldfriedhof begraben«.

Sankt Bürokratius regelte derweil das Beerdigungswesen, verordnete »Einheitlichkeit der Grabzeichen« (»weißer Marmor, polierte Grabsteine ... Porzellanfiguren sind ausgeschlossen«), verfügte die »Belegung getrennt nach Konfession und innerhalb dieser nach Alter«, schrieb die Bekleidung der Leichenhallenwärter und Leichenträger vor: »schwarz-grüne Uniform mit schwarzen Aufschlägen und schwarzen Mützen«. Außerdem wurde »das Befahren der (Friedhofs-)wege mit Pferdefuhrwerken... und das Überfahren der Felder mit Jauche während einer Beerdigung unter allen Umständen untersagt«. Genaue Beerdigungszeiten wurden festgelegt (»vormittags katholische, nachmittags protestantische Leichen«), die Beerdigungsplätze angewiesen: »Die Juden erhalten einen Teil im Kiefernwald der Nordoststrecke«.

Vergeblich bat die Jüdische Gemeinde Duisburg um eine eigene Leichenhalle. Auch der Vorschlag, das Krematorium oder die christliche Leichenhalle (bei verhängtem Kreuz) zu benutzen, wurde abgelehnt. Das *Jüdische Gräberfeld* auf dem Waldfriedhof, wenige Schritte vom Eingang zum Lith entfernt — wurde am 23. Juni 1930 eingeweiht. Keine weiteren Angaben enthalten die verwitterten Steine der im Faschismus getöteten Juden. Nur bei der Verkäuferin Martha Lode heißt es lapidar: »Gestorben in Auschwitz«. Die Reihen der jüdischen Grabsteine sind nicht vollzählig. Während des Krieges wurde befohlen, »die jüdischen Grabfelder einzuebnen« und an Steinmetzfirmen zu verkaufen. Auf Anordnung der Britischen Miltitärregierung mußte die Stadt Duisburg die Steine, die jedoch nicht mehr restlos erhalten waren, zurückkaufen und wieder an den früheren Grabstätten aufstellen.

Auf dem »Judenfriedhof« liegen auch zahlreiche ausländische Kriegsgefangene und Zwangsverschleppte, Franzosen, Holländer, Italiener, Belgier, Tschechen und vor allem Polen und Russen. Haben die Nazis aus praktischen oder ideologischen Gründen »Fremdvölkische« und »rassisch Minderwertige« im Tode vereint und zusammengelegt?

Mehrere *Mahnmale in kyrillischer Schrift* — nach der Befreiung errichtet — erinnern an das Schicksal sowjetischer Kriegsgefangener und »FremdarbeiterInnen«. Auf einer steinernen Stele des jüdischen Grabfeldes steht geschrieben: »Hier ruhen auf diesem Friedhof 510 sowjetische Bürger, umgekommen in faschistischer Gefangenschaft von 1941—45«. Weitere Grabkissen und Gedenksteine liegen im südlichen Teil des Waldfriedhofs in der Nähe des Krematoriums. Insgesamt befinden sich nach den Angaben des Duisburger Friedhofamtes auf dem Waldfriedhof die Gräber von 1.037 Russen und 144 Polen. Auf dem Kinderfeld, wo der Lärm der angrenzenden Stadtautobahn die Stille erstickt, steht inmitten kleiner, meist verwitterter Grabkissen ein Mahnmal für 263 sowjetische Kinder. Lange Jahre stand es vergessen, von Farnkraut überwuchert, bis Schüler es entdeckten und der Öffentlichkeit bekannt machten. Die kyrillische Inschrift lautet: »An diesem Platz liegen Kinder sowjetischer Familien, gestorben von 1941 bis 1945«. Die Mehrzahl der hier ruhenden Mädchen und Jungen ist verhungert, andere — nur wenige Wochen, Monate, Jahre alte — wurden Opfer der Zwangsarbeit, der Bombenangriffe oder der Epidemien in den KZ-ähnlichen Lagern.

Die Bestattung der toten »OstarbeiterInnen« wurde heimlich, bei Nacht und Nebel durchgeführt. »Für die Überführung und Bestattung«, lautet eine behördliche Anweisung, »ist ein Sarg nicht zu fordern. Die Leiche ist mit starkem Papier vollständig einzuhüllen. Die Überführung und Bestattung ist unauffällig durchzuführen. Als Begräbnisort ist ein entlegener Teil zu wählen.« Mit großem propagandistischem Aufwand feierten dagegen die Nazis ihre Toten in aller Öffentlichkeit. Ein Massenmord kurz vor Kriegsende blieb den Duisburgern nicht verborgen. Auf Befehl des Polizeipräsidenten *Franz Bauer* wurden am 21.3. und am 8.4.1945 38 Häftlinge des Polizeigefängnisses, vorwiegend »OstarbeiterInnen«, gefesselt auf LKWs verladen und zum Waldfriedhof gefahren. Vor einem Bombentrichter wurden sie von Offizieren und Wachmeistern der Duisburger Schutzpolizei mit Maschinengewehren niedergemäht und in einem Massengrab verscharrt. Unter den Erschossenen befanden sich zahlreiche Frauen, so die russische Dolmetscherin *Olga Pissarewa* und zwei russische Hilfsärztinnen; sie hatten einem flüchtigen »Ostarbeiter« illegales Quartier gegeben. Die Leichen der Ermordeten wurden nach der Befreiung auf Befehl der Militärregierung ausgegraben und auf den König-Heinrich-Platz in Stadtmitte zwecks Reeducation umgebettet. 1947 kehrten sie jedoch wieder auf den Waldfriedhof zurück.

In der Nähe des Krematoriums steht das *Mahnmal für die politischen Opfer des Faschismus*. Der rote Winkel auf dem Stein war das Zeichen der politischen Häftlinge in den KZs. Auf den kleinen Grabsteinen des Urnengräberfeldes seitlich des Denkmals sind 17 Namen eingraviert. Ihre Lebensgeschichten, Geschichten von Terror und Widerstand, sind vielfach noch nicht aufgeschrieben worden.

Alljährlich findet am Mahnmal der Duisburger AntifaschistInnen eine Gedenkfeier statt, im November am Volkstrauertag, veranstaltet von der VVN/BdA Duisburg. Anwesend sind immer Delegationen aus Frankreich und Holland, zuweilen aus anderen Ländern. Doch bleibt das Ereignis fast immer unbeachtet von der Duisburger Presse und meist fehlen offizielle VertreterInnen der Stadt Duisburg. Dabei ist das Mahnmal aus Naturstein von der Stadtverwaltung gestiftet worden: Sie hatte ein ehemaliges Nazidenkmal für »alte Kämpfer« am Kuhlenwall umgestaltet und auf dem Ehrenhain im Waldfriedhof aufstellen lassen.

Offizielle Gedenkfeiern fanden in den vergangenen Jahren dagegen vor dem »Siegfried« auf dem Kaiserberg oder auf dem *Ehrenhain* für die Gefallenen der Weltkriege auf dem Waldfriedhof statt. Hier wurde, unweit des antifaschistischen Mahnmals, im gleichen Jahre 1947 die bronzene Jünglingsfigur des Bildhauers *Kurt Schwippert* neu aufgerichtet; sie war zu Beginn des Zweiten Weltkrieges zum Einschmelzen abtransportiert worden. Von geschichtlichem Interesse ist zudem das *Denkmal Mutter Erde*, 330 cm breit, aus weißem Marmor. Dieses Material war auf dem Waldfriedhof nicht gestattet, und die Bestellung des Architekten *Alfred Bergk* im Jahre 1930 daher von der Stadt Duisburg abgelehnt worden. Den Nazis gefiel jedoch das Monument des Kölner Kunstbildhauers *A. Hertel*; nicht nur, weil dieser Parteimitglied war, sondern auch, weil das »Blut- und Boden«-Denkmal dem NS-Kunstgeschmack entsprach.

Eine lange Geschichte hat das *Krematorium*. Schon 1912 hatte eine liberale Ratsmehrheit den Bau beschlossen, und bei der Einweihung des »Neuen Friedhofes an der Düsseldorfer Chaussee«, also des Waldfriedhofes, hatte die SPD erneut die Anlage einer Feuerbestattungsstätte beantragt. Immer wieder war das Projekt am Widerstand des katholischen Zentrums gescheitert. Erst am 7.8.1929 wurde der Grundstein gelegt, das Gebäude ein Jahr später fertiggestellt. 12 Jahre nach Beendigung des Krieges! Der Duisburger »Verband für Freidenkertum und Feuerbestattung e.V.«, geleitet von den jüdischen Rechtsanwälten *Liebreich* und *Rosenthal*, hatte seit Beginn des Jahrhunderts für diese Sache gestritten. Für die Freidenker war die Feuerbestattung Weltanschauung und ökonomische Notwendigkeit zugleich. Viele Arbeiterfamilien konnten sich die hohen Erdbestattungskosten nicht leisten. Die Feuerbestattung bezahlte jedoch der Freidenkerverband nach einjähriger Mitgliedschaft bei geringem Beitrag. Der Verband besaß ein eigenes Sägewerk und eine eigene Sargfabrik, so konnte er die Kosten niedriger halten.

Nach der Machtübernahme durch die Nazis wurde der Freidenkerverband gleichgeschaltet, der Vorsitzende des Vereins, *Dr. Richard Rosenthal* (21.9.1886—1.7.1957), verfolgt. Das Mitglied der SPD und der Liga für Menschenrechte war ein entschiedener Nazigegner. 1933 wurde er in der »Nationalzeitung« arg diffamiert, im März in »Schutzhaft« genommen, seine Anwaltspraxis geschlossen und Rosenthal ins Ausland verjagt. Doch sein Werk ist das Krematorium geblieben.

Für die DuisburgerInnen, zumal die Wanheimerorter, bietet der Waldfriedhof Ruhe und Entspannung. Die »fließenden Brunnen«, die Vögel, die Schatten der Bäume, die Grabinseln ... Immer ist ein Spaziergang hier zugleich eine Entdeckungsreise. Wer hat zum Beispiel die beeindruckende Grabstätte *Wilhelm Lehmbrucks* noch nicht gesehen? Oder — nahe dem Eingang Zum Lith — die imposanten *Roma*-»*Fürsten*«-*Gräber:* vier Grabstätten aus schwarzem Marmor, geschmückt mit zahlreichen Kupferleuchten und Blumengebinden... Hunderte von Roma-Angehörigen treffen sich hier; die Straße Zum Lith und die Seitenstraßen sind zugeparkt, wenn sie kommen, um hier ihre Feste zu Ehren der Toten zu feiern. Es wird getanzt, musiziert, getrunken. Die Toten feiern mit. Ein Schlauch, hinter Büschen verdeckt, führt ins Grab des toten »Zigeunerfürsten« und wird bei den Festen mit Wein und dergleichen gefüllt.

Manfred Tietz

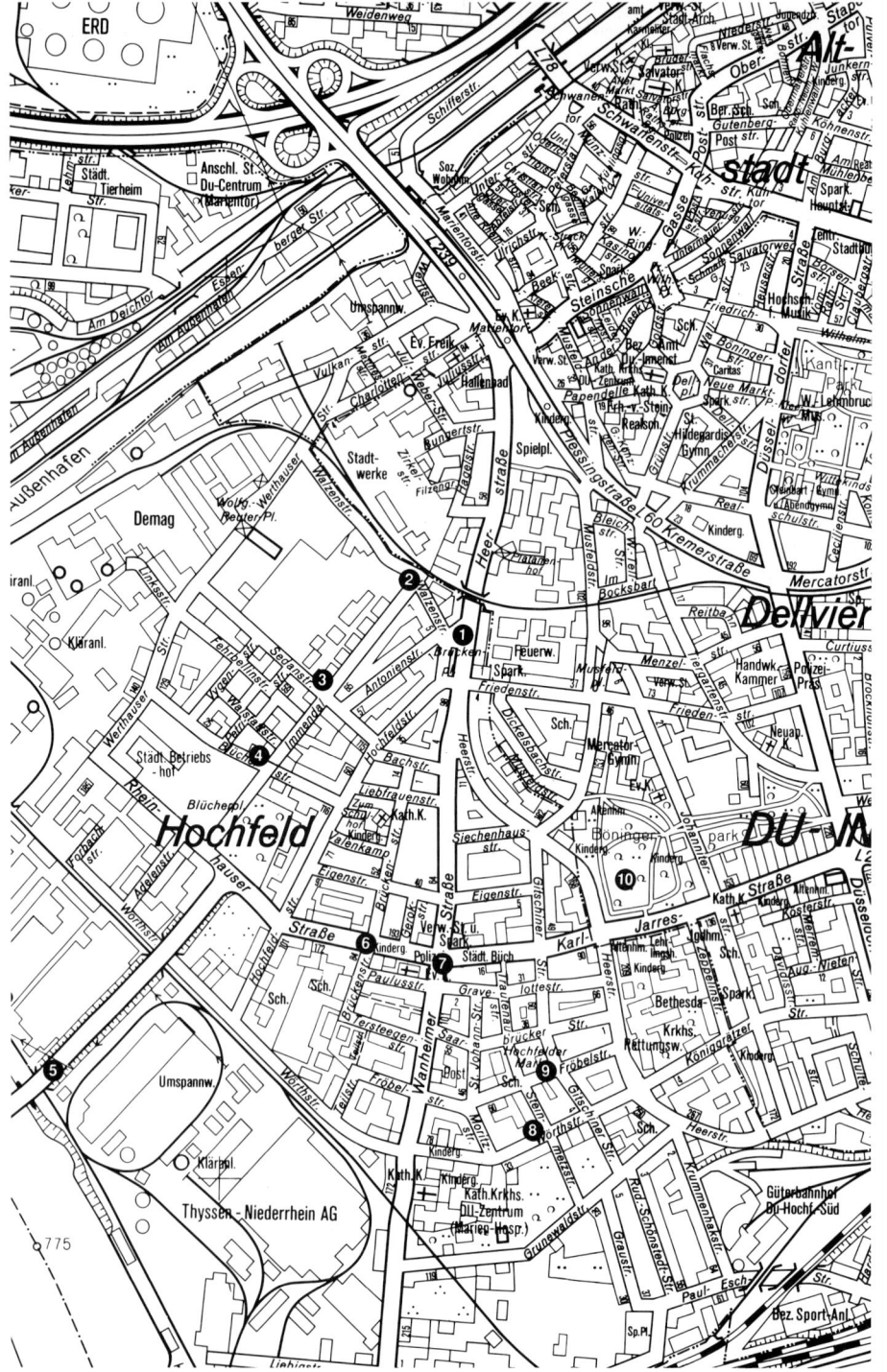

Ein Lehrpfad durch die Geschichte eines Industriestadtteils

Hochfeld

von Herbert Hübner

Ausgangs-
und Endpunkt: Brückenplatz, Linie 934, 944
Dauer: ca. 2 1/2 Stunden

Hochfeld ist nicht reich an Sehenswürdigkeiten. Die Zeiten einer schwerindustriellen Dramatik, wo Hochöfen und Schlote abends ein schaurig-schönes Spektakel an der Rheinfront veranstalteten, sind ebenso vorbei wie zum Glück auch solche Produktionsvorgänge, die wahrhaftig zum Himmel stanken.

Wir wollen unseren Spaziergang durch Hochfeld unter das Thema des Einflusses der Industrie auf die Entwicklung eines Arbeiterstadtteils stellen. Dieser Einfluß ist bis auf den heutigen Tag deutlich ablesbar.

Südwestlich vom alten Zentrum Duisburgs, jenseits des Dickelsbachs gelegen, war das Hochfeld früher mit Wald bedeckt. Nach dem 30jährigen Krieg wurde es ein wichtiges landwirtschaftliches Gebiet unmittelbar außerhalb der Stadt. Das »hohe Feld« hieß es deshalb, weil es sich um ein hochgelegenes Gebiet handelte, dem das Rheinhochwasser wenig anhaben konnte. Diese Situation und vor allem der Umstand, daß auch das Rheinufer selbst sehr hoch gelegen war, machten sich ab den 30er Jahren des 19. Jahrhunderts Unternehmer zunutze, am Rhein und am gerade entstandenen Rheinkanal, dem heutigen Außenhafen, auf dem Hochfeld Industriebetriebe anzusiedeln. Es waren Betriebe der eisenschaffenden und der eisen- und metallverarbeitenden sowie der chemischen Industrie, die zunächst auf die Güterversorgung per Schiff angewiesen waren. Außerdem brauchten sie große Mengen Wasser, das ihnen der Rhein gratis lieferte. Darüber hinaus floß ihnen mit dem Rhein ein bequemer Abwasserkanal direkt an der Werksfront vorbei, und schließlich war Duisburg mit dem Bau der Köln-Mindener Eisenbahn um die Mitte des Jahrhunderts an das deutsche Eisenbahnsystem angeschlossen. Dieser in Nord-Süd-Richtung verlaufenden Linie folgte wenige Jahre später die Bergisch-Märkische Eisenbahn in Ostwestrichtung. Duisburg wurde damit zum wichtigen Eisenbahnknotenpunkt. In einer großen Schleife, die sämtliche Betriebe miteinander verband und außerdem mit den Fernstrecken verbunden war, wurde ein Gleis für den Güterverkehr gebaut, die Bergisch-Märkische Hochfeldbahn. Wenig später wurde im Süden Hochfelds eine Eisenbahnbrücke über den Rhein errichtet, durch die auch das linksrheinische Gebiet mit den Hochfelder Betrieben verbunden wurde. Besser konnten die Hochfelder Industrieanlagen nicht erschlossen sein.

Hochfeld, Blick auf die
Kupferhütte und den
Rhein

Die andere Hälfte des entstehenden Stadtteils, der Wohn-Ort für die Industriearbeiter und ihre Familien, kam wesentlich langsamer zustande. Ältere Pläne zeigen, daß über das Gebiet des Stadtteils seit der Jahrhundertmitte verstreut einzelne Kleinsiedlungen mit Arbeiterwohnhäusern entstanden. Aber dies reichte bei weitem nicht aus. Die Situation kam Bauunternehmern zugute, die damit begannen, das Hochfeld zunächst mit anderthalbgeschossigen, später mit mehrgeschossigen Wohnhäusern zu bebauen. Richtungweisend sollte dabei ein Bebauungsplan der Stadt Duisburg sein, aber die Bauunternehmer kümmerten sich nur wenig um die dort formulierten Vorgaben. Wenn sie sich einen Profit versprachen, errichteten sie ihre Häuser auch da, wo noch gar keine Straßen vorgesehen waren. So verlief die Entwicklung des Stadtteils sehr willkürlich. Mal hier ein paar Häuser, mal dort ein paar andere, zunächst kleine, später große — das läßt sich, wenn man durch die Straßen wandert, noch gut ablesen.

Entscheidend für Hochfeld ist aber das Problem geworden und bis heute geblieben, daß die Industriebetriebe und der Stadtteil, das Wohnen und Arbeiten aufs engste räumlich miteinander verzahnt waren, da für beides zu wenig Platz war und seitens der Stadt die Entwicklung Hochfelds zu wenig gesteuert wurde. Das Ergebnis war nicht nur eine drangvolle räumliche Enge in den Wohnungen, in denen die Arbeiterfamilien leben mußten. Hinzu kam, daß die Wohnverhältnisse infolge der Nähe zu den Betrieben zusätzlich in katastrophaler Weise durch Lärm und Abgase beeinträchtigt wurden.

Zu Beginn der 70er Jahre begann man damit, einen Sanierungsplan für Hochfeld zu entwickeln. Nach diesem Plan sollten nun endlich der Wohnbereich und die Industriebetriebe voneinander getrennt werden.

Mit der zu Beginn der 80er Jahre einsetzenden »Flächensanierung«, was Abriß bedeutet, wurden etwa 1.700 Wohnungen in unmittelbarer Nähe der Werke dem Erdboden gleichgemacht.

Gewiß geschah dies auch mit der Begründung, die Wohnungen seien sehr schlecht erhalten gewesen und hätten eine für unsere Zeit völlig veraltete Ausstattung gehabt. Aber welcher Eigentümer modernisiert schon sein Haus, wenn er Jahre zuvor weiß, daß es über kurz oder lang dem Bagger zum Opfer fällt! Auf jeden Fall bedeutete der Abriß eines großen Gebietes, daß an die 6.000 Bewohner aus ihren teilweise jahrzehntealten Bindungen herausgerissen wurden und innerhalb Hochfelds oder in andere Stadtteile umziehen mußten. Bittere Ironie der Geschichte: Die Sanierung Hochfelds wurde von der wirtschaftlichen Entwicklung überrollt. Denn die Betriebe, vor deren Dreck und Gestank nach offizieller Lesart die Bewohner geschützt werden sollten, hatten teilweise oder überwiegend ihre Produktion eingestellt, noch ehe der Abriß der Wohnhäuser beendet war.

»No Future«, Sanierung, um 1981

Zwar ist Hochfeld auch heute nicht frei von Industrieabgasen, aber die Luftverhältnisse haben sich zweifellos wesentlich verbessert. Nur: um welchen Preis! Man atmet heute eine saubere Luft in Hochfeld, aber viele Hochfelder haben ihren Arbeitsplatz verloren. Auch mit diesen sozialen Spätfolgen der Industrialisierung muß der Stadtteil heute fertig werden.

Wir beginnen unseren Rundgang gleich hinter der Eisenbahnbrücke an der Heerstraße, über die die nördliche Schleife des Industriegleises führt. Das Gleis wird noch heute genutzt. Bis zum Beginn des letzten Krieges war der Brückenplatz eine gepflegte Anlage mit einem Springbrunnen in der Mitte. Rings um den Platz sind noch ansehnliche Teile von Wohnhäusern aus der Zeit um 1900 zu besichtigen, die das bürgerliche Hochfeld, die Welt der Geschäftsleute und Handwerksmeister und ihrer Familien repräsentierten. Der Platz ist heute trotz eines schönen Baumbestandes zu einem häßlichen Parkplatz verkommen. Leider wurde auch die intakte Bebauung an der Nordseite des Platzes abgerissen.

❶
Brückenplatz

An der nordwestlichen Ecke des Brückenplatzes machen wir uns auf den Weg in die Walzenstraße. Links werfen wir einen Blick in die Antonienstraße mit einem ebenfalls noch weitgehend intakten Straßenbild aus der Zeit vor dem Ersten Weltkrieg. Die Häuser sehen denen am Brückenplatz sehr ähnlich, aber hinter den bürgerlichen Fassaden verbergen sich überwiegend typische Kleinwohnungen für die Arbeiterfamilien.

Bereits nach wenigen Schritten endet die Walzenstraße am Immendal. Diese Straße ist die Grenze zur Abbruchzone. Die östliche Seite ist noch bebaut, an der Westseite stehen nur noch wenige Häuser. Eins davon, die Nummer 18, mit einem großen Wandgemälde an der Brandmauer, könnte Vorbild für die Wiederherstellung alter Wohnhäuser und ihrer Hinterhöfe in Hochfeld sein.

❷
Immendal

Hier hat die Internationale Initiative Hochfeld ihre Arbeits- und Veranstaltungsräume — ein Projekte, das wichtige soziale Arbeit und Beratung für ausländische, heute vor allem türkische Familien, Frauen, Schüler und Kinder durchführt und sich um die Verbesse-

Türkische Kinder beim Straßenfest

rung der Beziehungen zwischen türkischen und deutschen Familien bemüht. 1972/73 gegründet, hat sich die Initiative als wesentlicher Bestandteil sozialer Dienstleistungen in Hochfeld erwiesen.

Auf der anderen Straßenseite, ein paar Schritte weiter, kann man abends bei »Giorgio« einkehren. Giorgio hat dort eine waschechte Hochfelder Kneipe — waschecht, weil sie international ist. In der Küche bereitet Giorgios Frau eine schmackhafte Pizza zu. Aber es gibt auch andere italienische Spezialitäten. Wer Sinn hat für Hochfelder Milieu, der ist hier gut aufgehoben.

Wir gehen aber nicht den Immendal entlang, sondern nehmen den Fußweg, der parallel dazu noch etwas weiter westlich auf einem eigenartigen, inzwischen begrünten Wall verläuft. Dieser Wall, der eigentlich gar nicht »in die Landschaft paßt«, wurde als Teil der Sanierungsmaßnahme errichtet und sollte ursprünglich als »Immissionsschutzwall« den Rest des Stadtteils vor dem Lärm und dem Schmutz der Industriebetriebe schützen. Lassen wir die Frage auf sich beruhen, ob ein Wall vor Industrieabgasen überhaupt hätte schützen können — wichtig ist, er braucht dies auch gar nicht mehr, denn wir haben ja bereits erfahren, daß die schlimmsten Emissionen glücklicherweise nicht mehr stattfinden.

Wir benutzen den Wall zur Fortsetzung unseres Spaziergangs und durchqueren ein Gebiet, in dem bis vor wenigen Jahren die Häuser noch dicht bei dicht standen und wo jetzt die Natur sich ihr Terrain zurückerobert. Aber dahinter sehen wir die noch immer ununterbrochene Kette der Industriebetriebe. Ganz rechts liegt jenseits des Industriegleises der große Komplex der Duisburger Stadtwerke mit dem wenig attraktiven, auffälligen dreifachen Schornstein. Rechter Hand begleiten uns dann auf unserem Gang über den Wall in etwa 250 m Entfernung die alten Werksanlagen am Außenhafen und am Rhein.

Geradeaus liegt zunächst die zum Mannesmann-Konzern gehörende DEMAG. Sie ist vor allem im Maschinenbau tätig. 1844 wurde hier die Borussiahütte gegründet. Sie wurde 1872 von den beiden Unternehmern *Bechem* und *Keetman* erworben, die in Neudorf kurz zuvor die Maschinenfabrik *Hülsmann* gekauft hatten. Bald konzentrierten sie ihre Produktion in Hochfeld und gaben den Betrieb in Neudorf auf. Als »Duisburger Maschinenbau AG, vorm. Bechem & Keetman« hatte der Betrieb bereits hohes Ansehen, bevor er Teil von *Mannesmann* wurde.

Sedanstr.

Wir kommen jetzt zu einer Straße, an deren Namen vielleicht noch geschichtsbewußte ältere Hochfelder Erinnerungen knüpfen. Sedan war die Stadt im Norden Frankreichs, bei der im deutsch-französischen Krieg 1870 das französische Heer durch das deutsche besiegt wurde. Da dieser militärische Sieg der politischen Gründung des Bismarckschen Reiches voranging, wurde er zum Namensgeber für Straßen in jeder Stadt, die etwas auf sich hielt. An Siege erinnern in Hochfeld noch einige andere Straßen: Fehrbellinstraße, Wörthstraße, Königgrätzer Straße, Gitschinerstraße und Gravelottestraße. Die Fragwürdigkeit solcher Namensgebungen braucht hier nicht näher erläutert zu werden.

Nahe der Kreuzung Sedanstraße/Immendal konnten sich bisher zwei sehr markante Arbeiterwohnhäuser aus der Gründerzeit bis in unsere Zeit hinüberretten. Mit ihrem Äußeren und vor allem mit den drei Geschossen und den Wohnungsgrundrissen stellen sie einen klassischen Typus Hochfelder Arbeiterwohnungsbaus dar.

An der Sedanstraße wird der Immissionsschutzwall unterbrochen. Wenn wir an dieser Stelle die Straße kreuzen, kommen wir auf einen Platz, auf dem freitags ein kleiner türkischer Obst- und Gemüsemarkt stattfindet. Man hat den Eindruck, als sei dieser Platz dann Treffpunkt sämtlicher 2.500 Hochfelder Türken, die sich im Laufe des Tages hier ein Stelldichein geben. Wer preiswert frisches Gemüse und Obst kaufen will, und dies in einer malerischen Situation, dem sei der türkische Freitagsmarkt sehr empfohlen.

Weiter auf unserer Wallwanderung. Vorbei geht es an einem makabren Baudenkmal aus dem Zweiten Weltkrieg, einem jener Großbunker, von denen in Hochfeld noch zwei weitere existieren. Vom Wall aus gesehen hinter dem Bunker gab es beim »Probewandern« für diesen Rundgang noch ein Stück Filmkulisse. Mitten im Nichts war ein Stück Häuserzeile stehengeblieben, das so aussah wie alle Häuserzeilenstücke, ehe der Bagger sie dem Erdboden gleichmachte. Zugemauerte Fenster unten, eingeschlagene Scheiben darüber. Und immer zwischendrin Gardinen an den Fenstern. Da wohnte tatsächlich noch jemand. Asylanten. An einem miesen Herbsttag Plakate aus den Fenstern: »Wir bleiben drin!« Aber es war nicht der wirkliche Protest wirklicher Bewohner, sondern es war alles inszeniert. Schimanski war da.

50 m weiter auf unserem Höhenweg blicken wir nach links in

Großbunker am ehemaligen Blücherplatz

Moschee in Hochfeld

einen Straßenrest. »Ran wie Blücher« — auch das erinnert an unselige und unfriedliche Zeiten. Genau da, wo wir jetzt stehen, führte die Straße weiter bis an die Werksfront. Hier, nahe bei der Kreuzung Immendal/Blücherstraße, war einmal das Zentrum des Hochfelder proletarischen Milieus.

Weiterhin nach links geht der Blick in den Block zwischen Sedanstraße und Blücherstraße. Die zum Teil riesigen Baublöcke waren früher überwiegend zugebaut mit Werkstätten und Handwerksbetrieben, von denen oft große Störungen ausgingen. Welcher Hochofenarbeiter, der Nachtschicht hatte, wird unter solchen Bedingungen gut geschlafen haben. Nach dem letzten Krieg und dem folgenden Wirtschaftswunder, als die Motorisierungswelle auch die Hochfelder Familien erreicht hatte, wurden in vielen Baublöcken große Garagenhöfe eingerichtet. Sie wurden notwendig vor allem wegen des metalloxydhaltigen Staubs, der von der Kupferhütte über den Stadtteil wehte. Die älteren Hochfelder wissen davon noch zu berichten. »Früher, da hätten Sie mal hier gucken sollen, da war hier alles rot.«

Hinter den Wohnhäusern und den Garagenhöfen erhebt sich der viereckige Turm der neuen katholischen Kirche St. Peter. Sie wurde als Ersatz für die alte Kirche gleichen Namens errichtet, die inzwischen ein Opfer der Sanierung wurde.

In dem grünen Eckhaus rechts an der Blücherstraße ist eine der inzwischen sechs Hochfelder Moscheen untergebracht. Sie gehören zu Hochfeld mit seinen vielen Einwanderern, die den Alltag dieses Stadtteils immer geprägt haben.

Wo früher die Blücherstraße vor den Industrieanlagen endete, liegt noch heute der älteste Hochfelder Betrieb, die Firma *Matthes und Weber*, die als »chemische und namentlich Sodafabrik« bereits 1838 gegründet wurde. Heute gehört der Betrieb dem Düsseldorfer Henkel-Konzern an.

Der Volksmund hat dem Betrieb auch andere Namen eingebracht. Bei der Produktion entstehen große Mengen von Schlamm. Diese Abfälle wurden früher mit Pferdefuhrwerken abtransportiert. Da diese Fuhrwerke für solche Transporte völlig ungeeignet waren, hinterließen sie auf den Straßen regelmäßig beträchtliche Schlammspuren. Dies trug der Firma z.B. den Namen »Matthes und Schlamm« ein.

Unmittelbar angrenzend an Matthes und Weber, nach dem Zweiten Weltkrieg auf das gesamte Gebiet zwischen Außenhafen und Rhein ausgedehnt, liegt das Werksgelände der Duisburger Kupferhütte.

Die Kupferhütte wurde 1876 gegründet und hatte die doppelte Aufgabe, die Schwefelsäurehersteller mit dem hierfür erforderlichen Schwefelkies zu versorgen, andererseits die bei der Schwefelsäureproduktion anfallenden metallhaltigen Abbrände nochmals zu verwerten und die darin enthaltenen Metalle auszuscheiden. Dabei wurde, wie alte Kupferhüttenleute erzählen, sogar Gold gewonnen. Nicht die Wiederverwertung von Stoffen, sondern die

Möglichkeit, aus ihnen nochmals Geld zu machen, dürfte damals die Trieb-
feder für die Gründung des Betriebes gewesen sein.

*Duisburger Kupferhütte,
vor 1900*

Im Verlauf ihrer über 100jährigen Geschichte hat die Kupferhütte ihre
Produktionsverfahren mehrfach erweitert und verändert, aber die Produktion vor allem von Kupfer aus den Abbränden mit zum Teil chemischen, zum
Teil mechanischen Verfahren blieb der wichtigste Produktionsbereich, bis
aufgrund vereinfachter Förderbedingungen und verbilligter Transportko-
sten der Bezug von Kupfer aus Ländern der Dritten Welt den Betrieb unren-
tabel machte. An Stelle der einstmals über 3.000 Beschäftigten arbeiten in
dem heute auf einen Mittelbetrieb geschrumpften Restunternehmen nicht
einmal 300 Leute, die in dem verbliebenen Hochofen spezielle Eisenlegie-
rungen herstellen. Für den Stadtteil Hochfeld ist der Verlust vieler Arbeitsplätze schmerzlich gewesen. Langfristig problematischer ist aber sicher, daß
auf dem riesigen Werksgelände auf der Fläche einer ganzen Kleinstadt chemische Stoffe nicht nur in den Rhein, sondern auch in den Boden gesickert
sind. Die Folgen lassen sich nicht abschätzen.

Mitten auf dem Gelände der Kupferhütte erhebt sich ein weiteres zweifel-
haftes »Denkmal« aus den 70er Jahren unseres Jahrhunderts. Es handelt
sich um Hochfelds höchstes Bauwerk, einen Schornstein von 250 m Höhe.
Dieser Schornstein wurde mit dem Ziel errichtet, die extrem hohe Luftver-
schmutzung durch Staub und Abgase, die sich in Hochfeld konzentrierte,
durch moderne Anlagen zu reduzieren. Die Bundesregierung subventio-
nierte derartige Maßnahmen, darunter auch den Hochfelder Schornstein,
dem zusätzliche Filteranlagen hinzugefügt wurden. Der Effekt der Anlage
war indessen mehr als fragwürdig. Man könnte ihn mit der zynischen For-
mel umschreiben: »Problemlösung durch Umverteilung«. Denn in der Tat
verteilt ein hoher Schornstein den Dreck gleichmäßig auf ein größeres
Gebiet. Zum Glück für die Umwelt hat der Betrieb seinen Immissionsaus-
stoß in letzter Zeit verringert und weiter entgiftet.

Blücherstr.

Ehe wir weitergehen, sehen wir vor der Kupferhütte, kaum 100 m unterhalb der Stelle, wo wir stehen, die neuen flachen Gebäude des Duisburger
städtischen Fuhrparks liegen. Sie wurden in den letzten Jahren auf dem
Gelände errichtet, auf dem bis zum Ende der 70er Jahre die berühmte alte
Kupferhüttensiedlung aus der Zeit um 1900 stammt. Berühmt war die Siedlung aus zwei Gründen, einmal wegen der besonderen architektonischen und
städtebaulichen Qualität, mit der hier auf engem Raum dennoch ein großzügiger Wohnbereich entstand, zum anderen wegen der solidarischen Nachbarschaft der Bewohner untereinander.

Die räumliche Verzahnung von Industriebetrieben und Wohngebieten
prägte auch den Alltag der einzelnen Arbeiter und ihrer Familien. Man lebte
in einer Schicksalsgemeinschaft zusammen, in der jeder von dem, was den
Nachbarn betraf, wußte. Das half bisweilen gewiß, schwere Situationen zu
bewältigen. Aber mit der Privatheit der Wohnung, in der sich bei uns heute
zumeist ein behagliches Familienleben entfalten kann, hatte dies damals
nichts zu tun.

Um so erstaunlicher ist für uns, in welchem Ausmaß sich die Arbeiter bis
in die 20er Jahre unseres Jahrhunderts in sportlichen, kulturellen und politischen Vereinen und Organisationen betätigten. Die Unternehmer kamen
diesen Bedürfnissen entgegen. Zum guten Ruf eines Unternehmens gehörte
nicht nur, freiwillige Sozialleistungen zu erbringen oder Wohnhäuser für
Arbeiter zu erstellen, die dadurch an den Betrieb gebunden wurden, auch die
Förderung von Sportvereinen und Werkschören wurde als Teil der Wohl-
fahrtseinrichtungen verstanden, mit denen man sich der Loyalität seiner
Arbeiter versicherte.

Wer sich bei sommerlichem Wetter zu dem Spaziergang durch Hochfeld
entschließt, wird entdecken, daß sich der begrünte Wall bei der Hochfelder
Bevölkerung großer Beliebtheit erfreut. Da liegen deutsche Sonnenanbeter
und lassen ihr Fell bräunen. Nebenan hockt im Schatten eines Baums eine
Gruppe türkischer Frrauen im Kreis beim Picknick, und wieder etwas weiter
schläft einer im Gras seinen Rausch aus, die Bierdose noch in der Hand. Eine
Oase ist entstanden mitten in dem geschundenen Stadtteil.

Eine Biegung nach links, und unser Lehrpfad durch ein Stück Industriali-
sierungsgeschichte ist zu Ende. Nach ein paar Metern sind wir an der Rheinhauser Straße. Von dort lohnt sich ein kurzer Abstecher auf die Rheinbrücke.

Von der hochgelegenen Brückenauffahrt aus überblicken wir links das ausgedehnte Gelände der ehemaligen Niederrheinischen Hütte von 1851, heute Thyssen Niederrhein. Bis nach dem letzten Krieg stand hier eine beeindrukkende Front von Hochöfen und Schornsteinen. Diese Anlagen sind längst nüchternen Fertigungshallen gewichen, in denen nur noch stahlverarbeitende Produktion stattfindet.

Sommer auf der Wallanlage

Von der Brücke aus bietet sich ein weiter Blick auf die Industrieanlagen beiderseits des Rheins. Einen knappen Kilometer flußaufwärts kreuzt die Eisenbahnbrücke den Fluß. Linksrheinisch erkennt man noch die alte Brückenauffahrt mit den Bögen und den zwei Türmen der Brücke von 1873.

Eisenbahnbrücke

Ehe die Brücke gebaut wurde, wickelte man den Eisenbahnverkehr über den Rhein mit Trajektschiffen ab. Die Lokomotiven und Eisenbahnwagen wurden auf beiden Seiten über schräg angelegte Gleise auf die Schiffe befördert und auf der anderen Seite wieder hochgezogen. Auf der Hochfelder Seite legten die Schiffe im Kultushafen an. Als Grund für diese aufwendige Anlage wurden weniger technische als militärstrategische Überlegungen genannt: 1867, als der Trajektverkehr eröffnet wurde, war Frankreich noch immer der »Erbfeind«, und der Rhein mußte als wichtige Verteidigungslinie dienen. Eine Brücke galt als gefährlich. Aber schon zwei Jahre nach dem deutschfranzösischen Krieg überwog das ökonomische Interesse, und dem Brückenbau stand nichts mehr im Wege.

Niederrheinische Hütte, Hochofenanlage

Hinter der Brücke ist der umfangreiche Komplex der Hütte von Krupp-Rheinhausen zu sehen, jener Betrieb, dessen Ende bis 1990 beschlossene Sache schien, der aber jetzt im Zuge der deutschen Einheit im Rahmen eines Kooperationsgeschäftes mit Brandenburg zunächst mit einem Hochofen weiterproduziert (s. S. 159).

Flußabwärts sehen wir die übrigen Betriebe und ganz am Ende das ausgedehnte Gelände der Kupferhütte. Zur Gründungzeit im 19. Jahrhundert war die Flächenausdehnung der Fabrikanlagen wesentlich kleiner. Daher war die Zahl der Betriebe, die sich an der

Rheinfront drängten, viel größer. Südlich der heutigen Brückenauffahrt, wo jetzt als große blaue Halle die Drahtstraße von *Thyssen*
steht, wurde 1856 von *Krupp* die Johannishüttte gegründet, nördlich der Auffahrt entstand 1888 die Firma *Heckmann*, die sich vor
allem mit der Produktion von Kupfer und Messing beschäftigte.
Daran schloß sich nach Norden die Firma *Vygen* an, die 1856
gegründet wurde und feuerfeste Materialien aus Keramik und Ton,
vor allem für die Hüttenbetriebe, produzierte. Auf dem heutigen
Gelände der Duisburger Kupferhütte befanden sich noch zwei
Betriebe des Unternehmens von *Johann Caspar Harkort*, der 1863
hier seine Brückenbauanstalt ansiedelte und außerdem einen
Betrieb für Waggonbau aufbaute. Die Brückenbauanstalt, die bald
internationales Ansehen genoß, ging später an die heutige
DEMAG über und begründete deren Ruf im Brückenbaubereich.
Ganz im Norden schließlich, in der Einfahrt zum heutigen Außenhafen, wurde bereits 1854 die Hütte Vulkan angelegt, die jedoch
nur kurze Zeit bestand. Ihr Erscheinungsbild muß außerordentlich
imposant gewesen sein.

Vor gut 100 Jahren, als es noch nicht die Straßenbrücke, wohl aber die
Eisenbahnbrücke gab, zitiert ein Führer durch Duisburg die enthusiastische
Beschreibung des Anblicks der Hochfelder Industriekulisse von der Brücke
aus durch den Stadtbaumeister Schülke:
» Steht man Abends auf der stolzen Rheinbrücke, so liegt der ganze Vor-
dergrund in Flammen, weiß, roth, blau, grün, bald mächtig aus schwarzen
Kratern hervorbrechend, bald in feurigem Strome wie Lava herabfließend,
bald hin und her züngelnd, bald fließend und verfolgend. Dazwischen ragen
schwarze, dickleibige Kolosse und schlanke obeliskartige Gestalten starr aus

Hochfelder Rheinfront
nach 1950

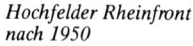

dem Feuermeer hervor, winden sich schlangenartig, klappernde und ras-
selnde Geschöpfe hindurch, wogt, pufft, zischt und pfeift ein dunkler Qualm
und heller Schwalch. Das alles spiegelt und bricht sich in den dunklen Flu-
then des breiten Stromes, aus welchem kleinere und schwächere Lichterchen
aus dunkeln Rumpfen hervorleuchten, andere wieder langsam und zitternd
über die Fluth dahingleiten; dazwischen patschst und schnauft manch Unge-
thüm geschäftig hin und her. Es ist, als ob hier Feuer und Wasser ihren
Hexensabbat feierten und Schlangen und Molche dazu aufspielten.«

Seit Ende 1990 wird die Rheinbrücke aufwendig saniert. Mag
sein, daß dies den Zugang zu dem Rest des Ufergeländes, das bis in
die 50er Jahre hinein noch betreten werden konnte, zeitweilig versperrt. Trotz des lärmenden Autoverkehrs ist dieses Gelände aber
ein interessanter Aussichtspunkt auf den Rhein. Früher, so erzählen
alte Hochfelder, fuhr man mit der Werthauser Fähre auf die andere
Rheinseite, an beiden Anlegestellen gab es Ausflugslokale. Auf der
Werthauser Seite ist davon noch manches geblieben.

Zurück bis zur Rheinhauser Straße und dort nach rechts. Wir
kreuzen die Hochfeldstraße. Rechter Hand sehen wir nach wenigen
Metern beiderseits der Hochfeldstraße einige zweigeschossige
Wohnhäuser, die noch dörfliche Ausmaße haben und wohl noch vor
den rasanten Gründerjahren entstanden sind. An der nächsten
Kreuzung biegen wir rechts ab in die Brückenstraße und gleich wieder links in die Paulusstraße. Dieser schattige Straßenzug mit seinen
großen Bäumen und der geschlossenen, einheitlichen Fassaden-
front auf der einen und der Pauluskirche aus dem Jahr 1877 auf der
anderen Seite ist nach der anstrengenden Auseinandersetzung mit
der Industrieproblematik geradezu wohltuend. Es ist ein gepflegtes
Stück der bürgerlichen Stadtkultur, der wir zu Beginn unseres
Rundgangs bereits am Brückenplatz begegnet waren.

**Rheinhauser
Straße**

❻
Paulusstr.

An der südlichen Außenwand des Kirchturms wurde im Jahre 1988 eine
Gedenktafel angebracht. Sie erinnert an das jüdische Ehepaar Cohnen, das
in dem Haus Paulusstraße 9 wohnte und in Hochfeld ein Textil- und Betten-
geschäft hatte. Noe Cohnen war ein ausgezeichneter Kenner des Nieder-
rheins und seiner Kultur und hatte eine beachtliche Sammlung von Kunstge-
genständen aus diesem Gebiet, insbesondere Gemälde, Fayencen und Glä-
ser, zusammengetragen. Als am 9. November 1938 die Synagogen brannten,
wurde auch die Wohnung der Cohnens von SA-Horden mehrfach heimge-
sucht. Eine alte Hochfelderin erinnert sich, daß Möbel aus dem Fenster auf
die Straße geworfen wurden.

Zuvor war den Cohnens auf Grund einer Verfügung des Naziregimes,
wonach Juden alle Vermögen mit einem Wert von über 5.000 Mark anmel-
den mußten, die Kunstsammlung beschlagnahmt und zum Abtransport in
das Niederrheinische Museum verpackt worden. Die Kunstwerke standen
noch in der Wohnung, als die SA-Trupps dort einfielen. Sie wurden dabei
schwer beschädigt. Ende Dezember 1938 wurden sie in das Museum
gebracht. Adele und Noe Cohen konnten den Drangsalierungen, denen sie
ausgesetzt waren, nicht widerstehen und schieden in der Silvesternacht 1938/
39 aus dem Leben. Ihre Kunstsammlung, die wegen der Luftangriffe mit
dem übrigen Bestand des Museums an den Niederrhein ausgelagert worden
war, fiel dem Kriegsgeschehen zum Opfer. Die Gedenktafel erinnert an den
50. Jahrestag dieses schlimmen Geschehens.

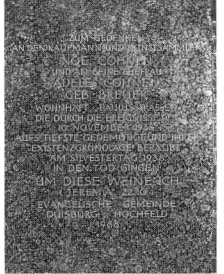

*Pauluskirche, Gedenkta-
fel für N. und A. Cohnen*

Das Grundstück der Pauluskirche grenzt an Wanheimer Straße, die zentrale Geschäftsstraße von Hochfeld. Als solche ist sie ein sensibles Spiegelbild des Stadtteils und seiner Entwicklung. Dies war auch noch nach dem letzten Krieg so, als Anfang der 60er Jahre die Einwohnerzahl von Hochfeld mit dem Wiederaufbau wieder auf über 32.000 anstieg. Aber dann zogen immer mehr Hochfelder weg. 17.000 Einwohner hat Hochfeld heute noch, fast genauso viele wie vor fast genau 100 Jahren.

Wer es sich in den letzten Jahren leisten konnte, schöner und besser zu wohnen, zog in die Außenbezirke, wo es saubere Luft und modernere Wohnungen gab und wo für viele auch das eigene Haus möglich wurde. In die leergewordenen Wohnungen in Hochfeld zogen seitdem zunehmend ausländische Familien, damals noch »Gastarbeiter«, denen es nur auf eine vorübergehende billige Bleibe ankam, und sei sie noch so heruntergekommen. Allerdings hatten sie auch keine Chance, andere Wohnungen in besseren Gegenden zu mieten. Mit der Zeit betrachteten die Hochfelder schließlich — wenn auch zu Unrecht — die vielen Ausländer als den eigentlichen Grund für die Verschlechterung im Stadtteil. Das verstärkte den Fortzug. Kein Wunder, daß auch viele Geschäftsleute aufgaben, nachdem ihre Kundschaft nicht mehr da war. Heute sind nur noch wenige der traditionsreichen Geschäfte vorhanden.

Türkischer Gastarbeiter in seiner Unterkunft

Ein großer Teil der Geschäfte an der Wanheimer Straße gehört inzwischen zu einer der vielen Ladenketten. Zur Belebung der Straße tragen sie wenig bei. Aber es gibt eine neue Art von Geschäf-

ten, die von Italienern, Türken, Griechen und Spaniern gegründet worden sind. Mit ihnen entwickelt sich an der Wanheimer Straße ein Stück neuen Milieus in Hochfeld. Fast 5.000 Hochfelder haben einen ausländischen Paß. Ihre Bedürfnisse und ihre Warenangebote bringen interessante und farbige Akzente in die Wanheimer Straße. Italienische Eisdielen und türkische Cafés gibt es gleich mehrere. Für eine Verschnaufpause ist die Eisdiele gegenüber der Pauluskirche zu empfehlen.

Zum zentralen Abschnitt der Wanheimer Straße muß man von der Paulusstraße aus nach links gehen. Wir biegen aber nach rechts ab und gehen Richtung Süden. Man merkt es den Häusern an der Straße noch an: eigentlich haben sie schon einmal bessere Zeiten gesehen. Bis zur Kreuzung Wörthstraße folgen wir der Wanheimer Straße. Hinter der Kreuzung liegen rechts noch einige Produktionshallen von Thyssen Niederrhein. Hier wurde erst 1989 eine Walzstraße aus den 20er Jahren geschlossen. Auf der linken Seite liegt die katholische Kirche St. Bonifatius aus dem Jahre 1912. Um die Kirche herum entstanden das Marienhospital und das Kolpinghaus. In den letzten Jahren entwickelte sich mit diesen und einigen weiteren Einrichtungen ein wichtiges soziales Zentrum für Hochfeld.

Nach links in die Wörthstraße und dann geradeaus. Die hellen mehrgeschossigen Wohnhäuser hat Anfang der 50er Jahre der Architekt *Poelzig* für die Siedlungsgesellschaft der Duisburger Kupferhütte entworfen. Mit ihren kleinen, aber bequemen Woh-

❽
Steinmetzstr.

St. Bonifatiuskirche mit Marienhospital, 50er Jahre

❾
Hochfelder Markt

Hochfelder Markt

Heerstr.

❿
Böninger Park

nungen, den großzügigen, hellen Treppenhäusern und den Grünanlagen bieten sie ihren Bewohnern weit angenehmere Wohnbedingungen als es in der Nähe der Kupferhütte je möglich war.

Am Ende der Steinmetzstraße gelangen wir auf einen trostlosen Platz mit viel zu wenig Grünanlagen und Bäumen und mit einem weiteren Großbunker, der zu Wohnungen mit zweifelhaftem Komfort für Asylantenfamilien umfunktioniert wurde. Aber mittwochs und samstags früh ist diese Öde vergessen. Da ist Markttag, und da trifft sich hier der ganze Stadtteil, und zahllose Käufer kommen, die sich mit Obst und Gemüse, mit Blumen, Stoffen und Kurzwaren versehen.

Vom Hochfelder Markt gehen wir durch die Saarbrücker Straße bis zum Krankenhaus Bethesda in der Heerstraße, einer Stiftung der evangelischen Kirche von 1904. An der Finanzierung des Baus und der Erweiterung des Krankenhauses und am Wiederaufbau nach dem letzten Krieg beteiligten sich zahlreiche Hochfelder Industriebetriebe. Es sind vor allem ihre Arbeiter und deren Familien, die die Leistungen des Krankenhauses bis heute in Anspruch nehmen.

Wir biegen nach links in die Heerstraße ein und überqueren bald die verkehrsreiche Karl-Jarres-Straße, so genannt nach dem Duisburger Oberbürgermeister aus der Zeit der Weimarer Republik. Wenn wir nach links in diese Straße sehen, erkennen wir auf der linken Seite der Straße eine Reihe größerer Wohnhäuser mit Giebeln. Diese Häuser wurden als Ersatz für von der Sanierung verdrängte Mieter errichtet. Wir kreuzen die Karl-Jarres-Straße und gehen weiter an der Heerstraße entlang. Rechts liegt der Böninger Park, eine weitläufige Grünanlage, ehemals im Besitz der Fabrikantenfamilie *Böninger*. Am Westrand des Parks an der Heerstraße, in der Höhe der Gitschiner Straße, wo in einer Holzbaracke heute ein Kindergarten untergebracht ist, stand eine Wassermühle, die vom Dickelsbach angetrieben wurde. Das elegante barocke Gebäude diente der Familie Böninger als Landhaus. Zusammen mit dem Park wurde es in den 20er Jahren von der Stadt Duisburg erworben. Der Böninger Park ist heute die einzige gepflegte größere Grünfläche in Hochfeld. Böningers Mühle diente zunächst als Jugendherberge und als Treffpunkt der Naturfreunde und anderer Jugendgruppen. Im letzten Krieg wurde sie stark beschädigt. Den Rest trug man leider ab.

An der nordöstlichen Seite des Parks liegt die evangelische Friedenskirche aus den frühen 30er Jahren, im Art-Deco-Stil erbaut und früher Teil einer kirchlichen Sozialeinrichtung. Ein Abstecher dorthin durch den Park lohnt sich, zumal bei schönem Wetter.

Wir folgen der Heerstraße. Nördlich vom Böninger Park schließt sich entlang der Heerstraße eine Arbeitersiedlung der DEMAG aus den 20er Jahren an. Von links mündet einige Schritte weiter die Wanheimer Straße in die Heerstraße ein. Auf dem spitzen Dreieck, wo heute ein ungepflegter und häßlicher Parkplatz ist, stand bis in

die 70er Jahre — wohlgemerkt: unseres Jahrhunderts! — das Sie-
chenhaus aus dem 18. Jahrhundert, ein ehemals außerhalb der
Stadt gelegenes Gebäude, das als Quarantänestation für Patienten
mit ansteckenden Krankheiten diente. Nachdem es den letzten
Krieg überstanden hatte, war es lange Jahre ein bekanntes Hochfelder Lokal mit viel Kolorit und mit einem schönen Biergarten. Welcher Teufel hat wohl die Verantwortlichen geritten, die dieses Haus
abreißen ließen!

Böninger Park mit Mühle, wahrscheinlich 30er Jahre

Nach wenigen Minuten sind wir zurück am Brückenplatz, unserem Ausgangspunkt. Ehe wir den Rundgang beenden, gehen wir
noch ein paar Schritte in die Friedenstraße. Linker Hand steht dort
der dritte Hochfelder Bunker. Der interessiert uns aber nicht sonderlich, sondern ein paar Schritte weiter, am hinteren Ende eines
Platzes liegt die Duisburger Feuerwache, die dort in einem
Gebäude von 1904 untergebracht ist. Früher zierte das Gebäude
noch ein stattlicher Übungsturm. Doch auch bei der Feuerwehr ist
alles prosaischer geworden. Den Turm gibt es nicht mehr, wohl aber
das Gebäude, und dieses wird über kurz oder lang geräumt, wenn
die Feuerwehr an eine andere Stelle zieht. Nichts wäre dann sinnvoller als den Hochfeldern dieses Gebäude als Bürgerhaus zu über-
lassen. Gemeinsam mit Studenten der Universität haben Hochfelder Bürger eine Aktion gestartet, die einem langgehegten Wunsch
in dieser Richtung Ausdruck geben soll.

Brückenplatz

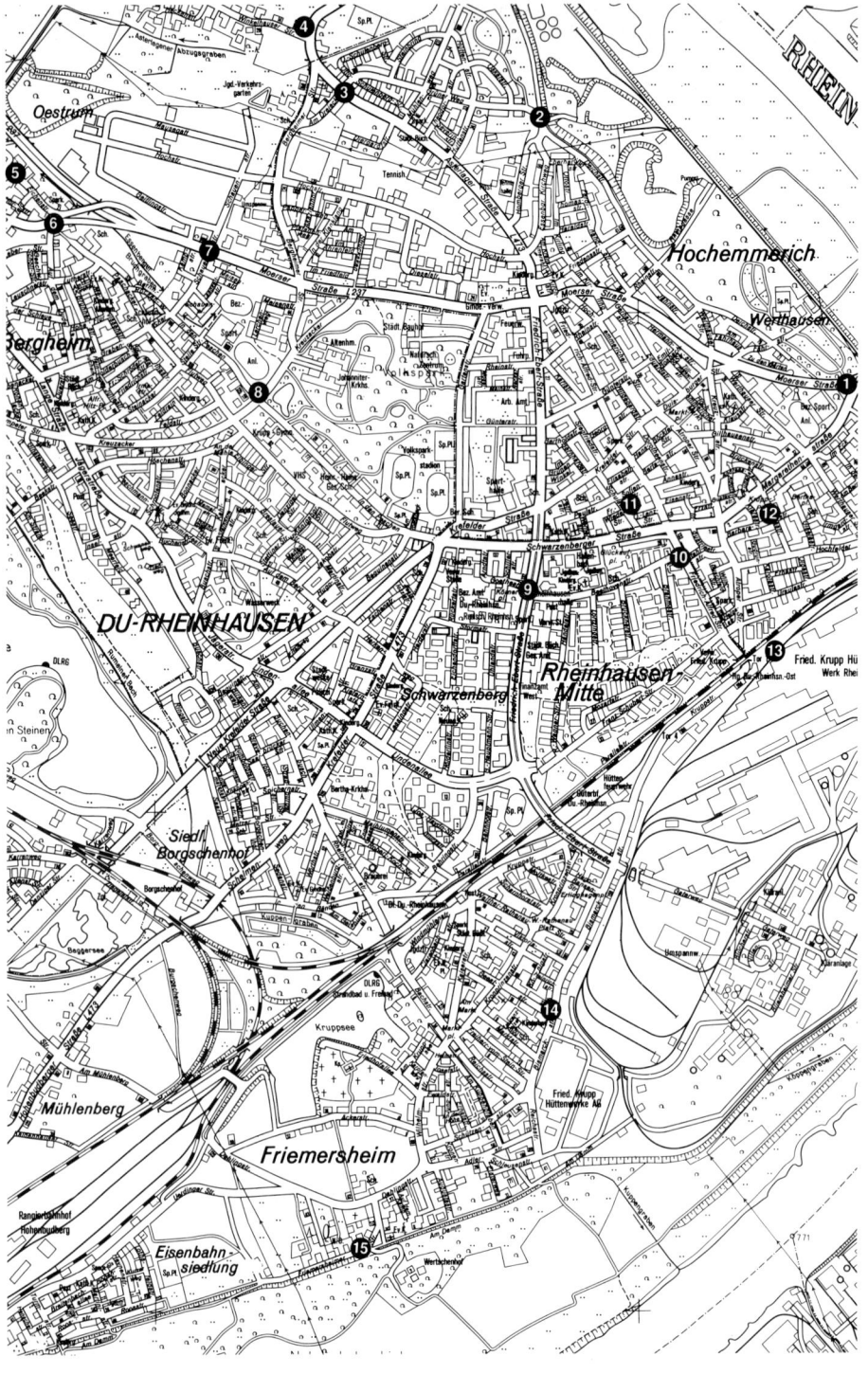

Hier ist die Solidarität zu Hause

Mit dem Rad durch Rheinhausen

von Aletta Esser und Helmut Albrecht

Kurze Wegbeschreibung: Brücke Hochfeld/Rheinhausen, Hinweisschild Moers folgen, Fährstraße, Deichstraße, Grüner Weg, Asterlager Straße, Winkelhauser Straße, Brücke über Autobahnzubringer, Burgfeld, Eichenstraße, Moerser Straße, Schauenstraße, In den Peschen, Schwarzenberger Straße, Friedrich-Alfred-Straße, Kruppstraße, Bismarckstraße, Schleusenstraße, Rheindamm, Friemersheimer Straße, Turmstraße, Henschelstraße.
Dauer: 1 1/2 Stunden

Sonntag, 9. April 1989, ARD-Abendprogramm, zur besten Sendezeit, Viertel nach acht. Gezeigt wird der »Tatort«-Krimi »Der Pott« mit dem Duisburger Kommissar Schimanski. Wer es nicht schon vorher in der Zeitung las, weiß es nach fünf Minuten: Bezugspunkt der fiktiven Story ist der Kampf der Krupparbeiter von Duisburg-Rheinhausen und ihrer Familien gegen die Stillegung ihres Stahlwerks — eine Bewegung also, die von November 1987 bis zum Mai 1988 zumindest das Ruhrgebiet ganz schön bewegte. Der Widerstand, die Unterstützung aus der Region und die Solidarität im Milieu des Arbeiterviertels Margarethenstraße werden von den Filmemachern mit unverkennbarer Sympathie dargestellt.
Kurz einige Informationen zu Anlaß, Ablauf und AkteurInnen der Bewegung. Am 26. November 1987 wird im Duisburger Stadtteil Rheinhausen durch die Rundfunknachrichten bekannt, daß das Hüttenwerk des Krupp-Konzerns mit seinen 5.800 Arbeits- und Ausbildungsplätzen geschlossen werden soll. Es kommt zu einer »stillen Besetzung« des Betriebs durch die Belegschaft. Sie bestimmt den Rhythmus der Produktion, eingeschlossen Arbeitsniederlegungen in zugespitzten Konfliktsituationen. Sie macht das Werk zum Kommunikations- und Organisationszentrum der Widerstandsaktionen, an denen bis zum Februar '88 schon 45% der erwachsenen Rheinhausener teilgenommen haben (Urban 1988). Am 10. Dezember 1987 legen mehr als 200.000 Stahl-, Metall- und Bergarbeiter die Arbeit nieder, demonstrieren und blockieren Straßen; im ganzen Ruhrgebiet steht der Verkehr.

Wir beginnen unsere Radtour durch Rheinhausen an der Rheinbrücke zwischen Duisburg-Hochfeld und Rheinhausen. Sie wurde während des Arbeitskampfes um den Erhalt des Krupp-Hüttenwerkes — noch zur linken Hand hinter der Eisenbahnbrücke zu sehen — von November 1987 bis Mai 1988 von Stahlarbeitern aus dem Ruhrgebiet *Brücke der Solidarität* getauft. Das Namensschild haben Kruppianer an dem Rundbogen der Brücke befestigt.

❶ Brücke der Solidarität

Für die Kollegen, die z.T. 30 Jahre auf der »Hütte« gearbeitet haben — bereits Vater und Großvater waren dort beschäftigt und bei scheinbar siche-

Brücke der Solidarität

ren Arbeitsplätzen verstanden sich alle als » Kruppianer« — und nun in letzter Minute eher zufällig von den Stillegungsplänen erfuhren, brach eine Welt zusammen. Unter dem Schock der Stillegungsnachricht entstand das Gedicht der Rheinhausener Hausfrau Angelika Schydlowski, » Advent, Advent, die Hütte brennt«, das u.a. hier auf der besetzten Rheinbrücke verlesen wurde.

Die schönste Zeit vom ganzen Jahr
zerstört diese Krise ganz und gar.
Wer kann da noch frohen Herzens bleib'n
wenn Rheinhausen wird Totenstadt sein.   (...)
Keine Frau, kein Mann darf jetzt abseits steh'n,
sonst werden wir elend zu Grunde gehen.
Tränen fließen bei Männern und Frauen,
am liebsten würden wir die da oben verhauen.
Jeder Familie, die sich was aufgebaut,
wird in Zukunft alles versaut.

90% der Beschäftigten der Hütte wohnen auch in Rheinhausen. Durch den Arbeitskampf hat sich vieles verändert.

Von der Brücke aus folgen wir dem Hinweisschild Moers. Wir fahren an der Schrebergartenanlage Rheinuferpark vorbei und biegen dann rechts in die Fährstraße ein, vorbei an dem alten Fährhaus aus dem Jahre 1791, heute eine Gaststätte.

Die Fähre zwischen Werthausen, so heißt dieser Rheinhausener Ortsteil, und Duisburg-Hochfeld wurde zum ersten Mal im 13. Jahrhundert erwähnt. 1930 wurde der Fährbetrieb eingestellt. 1945, nachdem die Brücke beim Rückzug der deutschen Truppen gesprengt worden war, wurde er wieder aufgenommen und 1950 endgültig stillgelegt.

Lassen wir das Fährhaus hinter uns und folgen noch eine kurze Weile der alten Fährstraße bis zur Deichstraße. Hier biegen wir links ein.

Neu hinzugekommene Häuser haben dieser Straße, an der Bauern, Fischer und Kätner zu Hause waren, deren Häuser sich hinter dem Deich duckten, ein anderes Gesicht gegeben. Auch der Blick auf den Rhein ist durch Aufschüttungen, die mittlerweile bepflanzt sind, unterbrochen. Zu sehen und in Betrieb ist noch die Kornbrennerei *Lenzen*. Seit 1888 wird hier unter anderem der bekannte Grafschafter, ein schmackhafter Kräuterlikör, hergestellt. Der spitze Kirchturm im Hintergrund gehört zur Christus-Kirche aus dem Jahr 500.

Am Ende der Wohnbebauung biegt die Deichstraße nach links ab. Wir fahren jetzt kurz nach rechts und dann links in den Grünen Weg. Hier ist die *Diergardt-Siedlung*. Sie wurde für die Bergleute der 1909 abgeteuften und 1967 geschlossenen *Zeche Diergardt* gebaut.

An Wochentagen, außer samstags, ist ein Abstecher nach links zu empfehlen. Fahren wir die Asterlager Straße in dieser Richtung, so kommen wir an der Parkanlage Diergardt vorbei, sie entstand aus den Gärten der ehemaligen Direktorenvillen. In dem nachfolgenden Gewerbegebiet führt eine Zufahrt zur Verwaltung der Firma *Götzen & Co.* Im erhaltenen Lichthof der Zeche Diergardt ist eine Ausstellung von zahlreichen Schaustücken aus den Zeiten des Rheinhausener Bergbaus zu sehen. (Anmeldung bei der Firma Götzen unter der Telefon-Nr. 02135/6940)

Deichstr.

❷
Grüner Weg

❸
Alsterlager Str.

9.4.1987: 20.000 demonstrieren gegen Stellenabbau bei Krupp Stahl. Rechts: Dr. Gerhard Cromme, Vorstandsvorsitzender der Krupp Stahl AG, auf einer Belegschaftsversammlung im Duisburger Walzwerk

❹
Winkelhauser Str.

Am Wochenende aber fahren wir vom Grünen Weg rechts in die Asterlager Straße über eine Ampel weiter, bis wir links in die Winkelhauser Straße einbiegen. Direkt auf der Ecke liegt der frühere Hof *Hiltgens-Pelles*. Aus dunklen Feldbrandsteinen gebaut sind die Hausecken, Fenster und Simse mit hellroten Steinen abgesetzt. Dieser Bauweise, die Häuser entstanden um 1880/90, werden wir bei der Weiterfahrt über die Winkelhauser Straße noch einige Male begegnen.

Zur linken Hand vor dem Bahnübergang steht als letztes Gebäude der *Atrops-Hof*. Haus und Stallung sind durch eine Wiese mit einem Teich von der Straße getrennt. Ein weiterer Blickpunkt ist der aus Mühlsteinen errichtete Brunnen. Hier hat der Kinderschutzbund sein Domizil. In jahrelanger Arbeit haben Jugendliche im Rahmen von Arbeitsbeschaffungsmaßnahmen unter Anleitung von Fachleuten den Hof restauriert. Dabei alte und neue Handwerkstechniken kennengelernt.

Hinter dem Atrops-Hof überqueren wir die Bahngleise, die die Firma *Sachtleben* mit dem Trompeter Bahnhof verbinden. Nun sind wir in Winkelhausen. Vor 20 Jahren noch eine Enklave, entwickelt sie sich nun zu einem beliebten Wohnort mit vielen Neubauten. Wir fahren die Winkelhauser Straße weiter bis zur Brücke, die den Autobahnzubringer überquert. Diese Brücke führt uns zur Straße Burgfeld.

Burgfeld

Stellen wir uns vor, statt des Autobahnzubringers würden wir einen Arm des verzweigten Rheinbettes überqueren. Hier, im heutigen *Essenberger Bruch*, einem Naturschutzgebiet, war vor dem Beginn unserer Zeitrechnung ein Altwasser des Rheins, an dem römische Legionäre das Lager *Asciburgium* errichteten.

Die Straße Burgfeld, in die wir nun links einbiegen, führt an der ehemaligen Uferkante vorbei. Ausgrabungen ließen erkennen, daß das Römerlager, ein militärischer Stützpunkt, teils auf Moerser, teils auf Rheinhausener Gebiet stand. Holzpalisaden schützten es vor Überfällen. Wo einst die römischen Legionäre das Lager durch ein Tor betraten, steht heute eine Garage.

Fahren wir nun der Straße Burgfeld entlang über die Bahngleise, dann, nach einem scharfen Knick nach rechts auf einen kleinen Dorfplatz, in dessen Mitte, eingefaßt von einem schmiedeeisernen Gitter, die Friedenseiche steht, das Wahrzeichen des Dorfes Oestrum. Nach ihr wurde auch die Straße, auf der wir uns jetzt befinden, genannt.

❺
Eichenstr.

Die Friedenseiche spielte eine Rolle im dörflichen Leben. Vor Beginn des Ersten Weltkrieges versammelten sich die Schulkinder zum Geburtstag des Kaisers unter der Eiche und sangen:

Der Kaiser ist ein lieber Mann,
er wohnet in Berlin,
und wär das nicht so weit von hier,
dann führ ich gerne hin.

Auch eine Handvoll Dreck kann Heimat sein

Blicken wir zurück ins Jahr 1982, kurz vor Weihnachten. Das Walzwerk sollte stillgelegt werden. 5.000 Arbeitsplätze standen auf dem Spiel. 3.500 wären somit noch erhalten geblieben, für die aber niemand eine Garantie abgeben konnte oder wollte. Zum ersten Mal kämpften die Stahlarbeiter mit der IG-Metall gegen diesen Beschluß. Nach 8 Wochen ergab ein Kompromiß: Das Walzwerk blieb erhalten, allerdings mit dem Verlust von 2.500 Arbeitsplätzen. Aber die Auseinandersetzungen wurden fortgeführt. 1983 wollte der Vorstand die Tarifverträge brechen. Die Jahressonderzahlung sollte nicht ganz erfolgen. Nach Einberufung der Einigungsstelle wurde sie dann verspätet, aber voll ausgezahlt. In den folgenden Jahren konnten nur durch Druck und Proteste der Stahlarbeiter die Übernahme der Auszubildenden und der Erhalt der Richtzahlen erreicht werden.

Im Frühjahr 1987 kam der Schlag. Der Vorstand wollte abermals 2.000 Arbeitsstellen abbauen. Ca. 2/3 der Belegschaft sollten die volle Produktion aufrechterhalten; damit wäre, so Vorstandsmitglied *Cromme,* die Zukunft der Hütte in Rheinhausen gesichert. Das Bürgerkomitee — gegründet 1982 — trat wieder zusammen. Rheinhauser Bürger, Geschäftsleute und Politiker standen Seite an Seite mit den Betriebsräten.

Im September 1987 einigte man sich nach schweren Auseinandersetzungen auf Betriebsvereinbarungen und Sozialpläne. Zwei Jahre Arbeitspause, anschließende Wiedereinstellungsgarantie und 90% Lohnfortzahlung sollten die restlichen Arbeitsplätze mit Unterstützung von Land und Kommune sichern. Doch der Vorstand brach diese Verträge. Noch Ende 1987 sollte die Krupp-Hütte geschlossen werden. Der Arbeitskampf um den Erhalt des Werkes entbrannte.

26. November 1987

Die Wellen der Empörung schlugen hoch. Alles was Beine hatte, machte sich auf den Weg, um gegen diese geplante Schließung zu demonstrieren. Alle erkannten: Nicht nur die direkt Betroffenen, die Stahlarbeiter, würden unter dieser Schließung zu leiden haben, sondern die ganze Region. Die Menschen würden sich gezwungen sehen, aus ihrer Heimat wegzuziehen und woanders nach Arbeit zu suchen.

Alle wurden aus dem Dornröschenschlaf wachgerüttelt, in den die meisten nach '82 wieder versunken waren.

Frauen, die sich nie nach außen orientiert hatten, erkannten, daß nun auch ihr Widerstand gebraucht wurde. Erfahrene Frauen an der Spitze der Fraueninitiative gaben Halt und Hilfestellung in der Zeit der Unsicherheit und Angst.

Gemeinsam waren die Menschen stark, machten sie sich Mut, bei den Protestaktionen mitzumachen. Die Sperrung der Rheinbrücken am 10. Dezember und die Besetzung der wichtigsten Straßenkreuzungen war wohl eine der größten und spektakulärsten Aktionen während dieses fast sechs Monate dauernden Arbeitskampfes. Überall im Revier wurde an diesem Tag gestreikt, die Stahlarbeiter Rheinhausens besaßen alle Sympathie der Region. Das Bürgerkomitee traf sich zweimal wöchentlich in der Krupp-Menage, wo sonst das Mittagessen ausgegeben wird. Hier konnten sich alle Bürger der Stadt die neuesten Informationen holen. Und so erfuhr man, daß der DGB am 18. Dezember zu einer Kundgebung aufrief. Gleichzeitig planten aber die Pastoren beider Konfessionen einen Walzwerkgottesdienst. So kam es, daß wohl erstmalig in der Geschichte Gewerkschaft und Kirche gemeinsame Sache machten. Nach der Kundgebung auf dem Marktplatz gingen 25.000 Menschen in einem endlos scheinenden Fakkelzug durch die dunklen Straßen zum Walzwerk.

Mit der Zeit aber erkannten die Organisatoren dieses Kampfes und alle anderen, daß der Kampf verloren gehen würde. Daß das ursprüngliche Ziel »Die Hütte muß bleiben« gegen den Widerstand des Konzerns, der Politiker und Banken nicht zu erreichen sein würde. Und unmerklich, für fast alle in der Bevölkerung, erschien ein neuer Slogan auf den Plakaten: »Altes darf nur abgebaut werden, wenn Neues geschaffen wird«. Und dann kam der 19. Mai 1988. Der Tag, an dem entschieden werden sollte, ob das Werk erhalten bleibe oder nicht. Die Nachricht war niederschmetternd. Die Enttäuschung war abends in der Menage allen ins Gesicht geschrieben. Zug um Zug sollte das Werk stillgelegt werden, Arbeiter über den Sozialplan ausscheiden oder zu Mannesmann und Thyssen versetzt werden.

Zum Glück entwickelte sich die Krupp-Geschichte nicht so schlimm wie befürchtet. Durch einen anhaltenden Stahlboom wandte sich das Schicksal. Im August 1990 stand fest, daß die Hütte mit einem Hochofen weiterbetrieben würde. Der Ein-Hochofen-Betrieb, wie schon am Anfang des Arbeitskampfes vom Betriebsrat vorgeschlagen, beschäftigt nach Umbesetzung zu Mannesmann und Thyssen und dem Ausscheiden vieler über den Sozialplan noch 2.500 Leute. Gerade die Zahl, die der Krupp-Vorstand versprochen hatte, neu zu schaffen.

Sechs Monate Arbeitskampf: Mahnwachen rund um die Uhr, Straßensperren, Autokorso, Versammlungen ... was bleibt?

Menschen, die sich nie kennengelernt hätten, sind heute Freunde. Die Stadt hat für viele einen neuen Stellenwert bekommen. Mancher fühlte wie *Helmut Laakmann* — Betriebsführer bei Krupp — als er am 3. Dezember 1987 den Schülern auf dem Rheinhauser Marktplatz zurief: »Auch eine Handvoll Dreck kann Heimat sein, die man liebt!«

Ingrid Lenders

Jedes Kind bekam an diesem Tag ein Stütchen und eine Tasse Kakao. Nach dem Krieg wurde der Baum, der etwa zwischen 1880 und 1890 gepflanzt worden sein muß, von den belgischen Besatzungssoldaten abgeschlagen und verheizt. Der Stumpf schlug aus, bildete neue Triebe und entwickelte sich wieder zu einem Baum.

Wenn die Zeit reicht, sollten wir in der Gaststätte *Jägerhof* einkehren. Sie stand bereits, als die Eiche gepflanzt wurde. Die gute Küche verführt zu einem längeren Aufenthalt. An der Theke ist wohl auch der ein oder andere Oestrumer anzutreffen, der erzählen kann, wo der langjährig hier tätige Pastor Reyter gewohnt hat. Ihm wurden nach dem Zweiten Weltkrieg aus einem Stall hinter dem Pfarrhaus Hühner entwendet. Einige Gemeindemitglieder prägten daraufhin in Grafschafter Mundart den Spruch: Ossen Herrgott ös öwerall. Äwer niet in Pastor Reyter sinne Hennestall.

Bevor wir die gastliche Stätte verlassen, probieren wir den Grafschafter Magenlikör. Und wenn er schmeckt, allenfalls noch einen zweiten. Aber nicht mehr, denn wir haben noch einige Kilometer zu fahren.

Wenn wir den Jägerhof verlassen, wenden wir uns nach rechts, fahren an der Gaststätte *Pauels,* dem Gründerlokal des Arbeitergesangvereins Concordia 1859 vorbei, bis zum Ende der Straße. In dem rechteckigen Haus oberhalb der Treppe auf der linken Seite war von 1895 bis 1936 das Oestrumer Postamt.

Wir aber fahren bzw. gehen dieses Mal über den schmalen Fußweg um die geschlossene Hofanlage der Familie Ohlmann, vormals Kempken, herum. Über das genaue Alter des Hofes kann leider nichts gesagt werden, da, wie in der Rheinhausener Stadtgeschichte nachzulesen ist, die Familienpapiere 1942 bei einem Brand, verursacht durch eine Brandbombe, zum überwiegenden Teil vernichtet worden sind. Ein *Heinrich Kempken* wurde aber bereits 1732 erwähnt.

Nachdem wir über den Fußweg die Moerser Straße erreicht haben, gehen wir bis zur Fußgängerampel vor der Bushaltestelle.

❻
Moerser Str.

Wir überqueren die Moerser Straße, wenden uns auf dem Radweg nach links und fahren an dem in einer kleinen Senke liegenden Haus des Malers *Volkram Anton Scharf,* der hier bis 1987 lebte, vorbei den Hügel hinunter.

Auf der Fahrt zur Schauenstraße sehen wir links ein Gewerbegebiet. Hier stand bis 1974 die *Zeche Mevissen.* 1973 ist die letzte Kohle gefördert worden. 1.820 Belegschaftsmitglieder gingen zum Teil in den Ruhestand oder fanden Arbeit auf anderen Zechen. Als 1974 das Fördergerüst gesprengt wurde, soll ein Schwarm Tauben in der Höhe gekreist und vergeblich den Landeplatz, der in der Spitze des Gerüstes war, gesucht haben. Von der Zeche Mevissen ist nichts geblieben. Auch die Baracken nicht, in denen russische Fremdarbeiter hausen mußten, die, nur karg ernährt, die deutschen Kumpel ersetzten, die als Soldaten an den Fronten standen. Russische Gräber auf dem Trompeter Friedhof erinnern an die unselige Zeit des Zweiten Weltkriegs.

Wenn wir von der Moerser Straße dem Hinweisschild Bergheim folgend rechts in die Schauenstraße einbiegen, sehen wir links um den Schauenplatz noch die Häuser der Steiger und Angestellten.

❼
Schauenstr.

Etwas weiter an der Ecke Schauenstraße/Bernhard-Röcken-Weg, fast von Bäumen verdeckt, das frühere Herrenhaus und weiter den Hügel hinauf die ehemaligen Stallungen des Schauenhofes. Der Schauenhof wird urkundlich zum ersten Mal 1481 erwähnt. Unter dem Besitzer *Johann Schauen* verfügt der Hof über 173 Morgen Ländereien. 1910 von den Erben zum Teil an die Zeche Mevissen verkauft, beherbergte die Hofanlage bis zur Schließung der inzwischen zusammengeschlossenen Zechen Diergardt/Mevissen die Verwaltung. Heute ist der Hof in Privatbesitz und in Eigentumswohnungen unterteilt.

Wir fahren aber nicht den Hügel hinauf, sondern biegen vorher links in die Straße In den Peschen ein.

Am Eingang der Straße auf der rechten Seite liegt der *Peschmannshof.* In Verbindung mit diesem Namen wird der Hof erstmals 1678 erwähnt. Am Ende der Anlage stand eine Kornbrennerei, sie wurde inzwischen mit viel Einfühlungsvermögen dem Hof angepaßt in eine Wohnanlage umgewandelt.

❽
In den Peschen

Wir fahren weiter, werfen rechts einen Blick auf das an der Steile Straße gelegene weißgestrichene T-Haus, einer alten Hausform am Niederrhein.

An der Kreuzung In den Peschen/Kreuzacker fahren wir ein kurzes Stück links und überqueren die Straße an der Ampel in Höhe des Johanniter-Krankenhauses. Auf der Gegenseite fahren wir zurück bis zur Straße In den Peschen.

Der folgen wir vorbei am Krupp-Gymnasium, das auf dem Gelände des bereits 1477 erwähnten Höschen-Hofes errichtet wurde. Dahinter liegt die Heinrich-Heine-Gesamtschule. Hier stand bis 1963 die *Ziegelei Schrooten*. Den Ton förderte sie aus dem Gelände links der Straße. Die jetzt hier stehenden Häuser grenzen mit ihren Gärten an den Rheinhausener Volkspark.

Hier fanden drei »kulturelle Höhepunkte« der Rheinhauser Widerstandsbewegung 1987/88 statt: der ökumenische Gottesdienst mit 25.000 Beteiligten; das »AufRuhr«-Konzert vor 40.000 Menschen; und der Reviersolidaritätstag mit rund 15.000 BesucherInnen.

Eine Rheinhausener Besonderheit waren kirchliche Veranstaltungen und »Inszenierungen« im Betrieb. Engagierte Pfarrer organisierten Massenerlebnisse, die das Gemeinschaftsgefühl und das Bewußtsein stärkten, für eine gerechte Sache zu kämpfen. Z.B. der ökumenische Gottesdienst, der sich an den Fackelzug von 25.000 Menschen aus der Stadt ins Walzwerk anschloß: Predigten und kürzere Beiträge von Laien, die um die Forderung »Rheinhausen muß leben« kreisten, führten auf den Höhepunkt zu; von Scheinwerfern bestrahlt, rollte ein Gabelstapler Körbe mit 5.000 roten Rosen herein; die wurden unter die Anwesenden verteilt; die Menschen ergriffen sich bei den Händen und schwenkten die Rosen rhythmisch über den Köpfen, während sie »Brot und Rosen« sangen — das klassische Lied der amerikanischen Gewerkschaftsfrauen, das von der hiesigen Frauenbewegung populär gemacht worden ist.

Die Initiative zum AufRuhr-Konzert ging von der Jugendvertretung aus. Vorbilder waren das WAAhnsinns-Festival und das Londoner Konzert für Mandela. Aber schnell verständigte man sich darauf, daß es ein Angebot »für Leute von 16 bis 80« geben sollte. Stars waren Hauptattraktionen der Musikszene und bekannntere Gruppen wie Bernies Autobahn Band, Katja Epstein, Herbert Grönemeyer, Anne Haigis, Klaus Lage, Manfred Maurenbrecher, Ulla Meinecke, Morgenland-Yarinistan, Stoppok, Die toten Hosen, Hannes Wader und die Zeltinger-Band. Es begann mit dem Gewerkschaftslied »Brüder, zur Sonne«; aber dann spielte die Knappenkapelle Zarah Leanders Durchhaltesong: »Ich weiß, es wird einmal ein Wunder geschehn«, worauf die Schalmeien mit dem revolutionären »Auf, auf zum Kampf« antworteten. Dietrich Kittner und ein szenisches »Cromme-Tribunal« (Gerhard Cromme war als Vorstandsvorsitzender der Krupp Stahl AG direkter Widerpart der Belegschaft) brachten satirische Elemente ins Programm. Die größte Überraschung für das Publikum war wohl das 92 Menschen starke Rhein(Auf)Ruhrorchester in Frack und schwarzem Kleid, das mit sinfonischer Musik in der alten Walzwerkhalle auftrat.

Völlig überraschend kam die Begeisterung für das avantgardistische Orchesterstück »Die Eisengießerei«, das der sowjetische Komponist Mossolow 1925 geschrieben hatte.

Den Höhepunkt des Konzerts bildete der Auftritt von Herbert Grönemeyer. Sein Lied über Bochum (»Tief im Westen, wo die Sonne verstaubt, ist es besser, viel besser als man glaubt«) wurde von Tausenden inbrünstig mitgesungen.

Nach zwei Ampelanlagen geht die Straße In den Peschen in die Schwarzberger Straße über. Das dunkle langgestreckte Ziegelgebäude rechts mit der großen Treppe ist das ehemalige Gymnasium, heute ein Kultur- und Freizeitzentrum, in dem auch der Rheinhausener Maler *Karl Siegmund Färber* sein Atelier hat.

Machen wir einen kurzen Abstecher zum Rheinhausener Rathaus. Wir fahren hinter dem Kultur- und Freizeitzentrum in die Arndtstraße, dann wieder links in die Goethestraße. Auf der rechten Seite liegt das Rathaus. Auf dem Rathausturm dreht sich eine Kanone im Winde.

In der Vorhalle, durch die großen Glasscheiben gut sichtbar, steht ›Das Pastorale‹, eine Plastik des Bildhauers *Edwin Scharff,* der von 1887 bis 1955 lebte. Sie ist Eigentum der Stadt Duisburg. Der Künstler schuf sie zwischen 1921 und 1939.

Vor dem Rathaus, dem Parkplatz zugewandt, steht die Kontischicht, von Kruppianern zu den Ruhrfestspielen geformt und geschweißt. Über die Schillerstraße fahren wir wieder zurück auf die Schwarzenberger Straße.

Vor der Ampel Friedrich-Alfred-Straße/Franz-Schubert-Straße stand rechts das Lager für die Fremdarbeiter der Krupp-Hütte, Frauen und Männer, die aus Rußland verschleppt worden waren. Sie durften die hinter Stacheldraht liegenden Baracken auch bei Bombenangriffen nicht verlassen. Wie viele von ihnen verbrannten, als das Lager von Brandbomben getroffen wurde, ist nicht bekannt. Heute sind in dem Gebäude auf diesem Gelände die Krankenkasse und die Werksärztliche Abteilung des Krupp-Hüttenwerkes untergebracht.

Zwischen der Ampel und der nahen Unterführung steht die Menage. 1896 war mit den Bauarbeiten an der Hochofenanlage begonnen worden. 16.000 Menschen verdienten noch während der 60er Jahre ihr Brot auf der Hütte.

Rathaus von Rheinhausen

⑨ Goethestr.

⑩ Friedrich-Alfred-Str.

Kunst vor dem Rathaus:
Kontischicht

Das Speisehaus, die heutige Menage, wurde damals für die unverheirateten Arbeiter gebaut.

Das alte Kantinengebäude wurde neben den verschiedenen Betriebshallen zu öffentlichen Räumen der Widerstandsbewegung. Über 40 Veranstaltungen der vom Betriebsrat koordinierten Aktionswochen fanden statt; Frühschoppen und gemeinsames Frühstück wurden von Solidaritätsliedern und -filmen begleitet. In der Menage wurden auch die Drohbriefe der Unternehmensleitung massenhaft aufgehängt.

Wir fahren über eine Ampelanlage bis zu dem kleinen Hallenbad und biegen links in die Paulstraße ein. An der Kirche St. Peter, der größten Kirche Rheinhausens, zu der 1914 der Grundstein gelegt wurde, geht es vorbei bis zur Schulstraße. Hier biegen wir rechts ab und kommen so in die *Margarethen-Siedlung.* Mit dem Aufbau des Krupp'schen Hüttenwerkes 1897 mußten auch Wohnungen für die zugewanderten Arbeiter gebaut werden. So wurde 1903 mit dem Bau der Häuser für die Arbeiterkolonie »Margarethenhof« begonnen. Bis 1905 war der Kern der Siedlung fertig. Sie wurde in den Jahren 1912/13, nach dem Ersten Weltkrieg bis 1922 und nach 1939 erweitert.

Auffallend an der Margarethensiedlung, die nach der Frau des damaligen Firmeninhabers benannt wurde, ist die unterschiedliche Bauweise der Häuser in Anlehnung an den englischen Landhausstil (Cottage-System). Fast alle besaßen einen Garten oder wenigstens einen Hof, meistens auch einen Stall. Sie zählt heute zu den schönsten Arbeitersiedlungen des Ruhrgebietes. Überraschend kündigte

1979 die Krupp Stahl AG den Verkauf der Häuser an die Belegschaftsmitglieder an. Heute ist der größte Teil der Häuser in den Besitz der früheren Mieter übergegangen. Bevor Krupp mit dem Verkauf der Häuser begann, wurde die gesamte Siedlung unter Denkmalschutz gestellt.

Von der Schulstraße biegen wir links in die Otto-Lenz-Straße ein, wo typische Siedlungshäuser stehen. Nach Überqueren der Friedrich-Alfred-Straße kommen wir durch die Eisenstraße zur Atroper Straße, wo rechts an der Ampel Ecke Schwarzenberger Straße die »Krupp'sche Bierhalle« stand. Doch wir kreuzen die Atroper Straße und fahren durch die Gustavstraße zum »Krupp-Platz«. Ein typischer »Dorfplatz«, wie es noch mehrere in der Siedlung gibt.

Am 16. Januar wurde hier eine Mahnwache eingerichtet, um die um ihre Arbeitsplätze kämpfenden Kruppianer zu unterstützen. Nach dem Arbeitskampf schufen die Mahnwächter auf dem Krupp-Platz einen Freizeit-Treff mit Tischen und Bänken zur Erinnerung an die Mahnwache und zur Pflege der Gemeinsamkeit.

Nun geht's weiter durch die Klarastraße, Gudrunstraße zur Hochfelder Straße. Rechts steht noch ein Betonbunker aus dem Zweiten Weltkrieg. Wir fahren daran vorbei bis zur Atroper Straße, wo sich links die alte Gaststätte »Zum Reichsadler« befindet, und nach links weiter bis zur Ampel Friedrich-Alfred-Straße.

Der kleine Bahnhof Rheinhausen Ost, gegenüber der Menage, mit dem Holzhaus, in dem eine Gaststätte ist, die aus unerfindlichen Gründen seit eh und je Ritzendiele genannt wird, wurde 1906 angelegt. Anlaß war der Besuch des Deutschen Kaisers auf dem Hüttenwerk. Bis zur Stillegung des Werkes wird hier auch weiterhin der Hippelandexpreß halten, der so genannt wird, weil er aus dem weiten niederrheinischen Raum die Kruppianer zu ihren Arbeitsplätzen bringt. Wir fahren durch die Unterführung.

Kruppstr.

Auf der kleinen Wiese zwischen Bahndamm und Tor 1 stand während des Arbeitskampfes die Mahnwache. Ein Zelt, das Tag und Nacht besetzt war. Hier gab es neben den neuesten Nachrichten auch Kaffee und an kalten Tagen Glühwein. Die Mahnwache an Tor 1 war der Treffpunkt für Besucher aus dem gesamten Bundesgebiet und darüber hinaus. Sie war auch ein Symbol für alle Betriebe, die durch Schließung bedroht waren.
Die Rheinhausener praktizierten eine ganze Reihe von neuen Massenaktionsformen: Eine Menschenkette von 80.000 quer durchs Ruhrgebiet bis zum Hoesch-Stahlwerk in Dortmund; eine »Kette der Solidarität«, die SchülerInnen und Belegschaft zum symbolischen Schutz der Arbeitsplätze rings um das Werk schlossen; Luftballonaktionen, die das Anliegen der Stadt in die Region und über die Grenzen trugen, eine Malaktion von SchülerInnen zum Thema Zukunftswünsche.

An Tor 1 der Hütte beginnt die Kruppstraße. Der folgen wir vorbei an dem langgestreckten Gebäude, dem Ausbildungswesen der Krupp Stahl AG. Hier soll ein überörtliches Ausbildungszentrum entstehen.

Stahlaktionstag

Am erfolgreichsten ist bislang das Qualifizierungszentrum, das seit einem Jahr arbeitet, mit Schwerpunkt auf zukunftsfähigen Metallberufen, in denen im Ruhrgebiet ein Nachholbedarf besteht, z.B. in den Elektroberufen. Es ist gelungen, den Anteil junger Frauen unter den Auszubildenden beispielhaft auf fast 30% auszubauen. Es gibt auch einen Schwerpunkt Logistik in Zusammenhang mit dem Ausbau des Duisburger Hafens.

An der Ampelanlage fahren wir geradeaus auf die Bismarckstraße. Sie führt vorbei an Teilen des Hüttengeländes. Nach einer scharfen Rechtsbiegung befinden wir uns auf der Schleusenstraße. Nach etwa 50 Metern fahren wir über eine Asphaltstraße ohne Namensschild links auf den Damm. Wir halten uns rechts und kommen auf schmalem Weg vorbei an dem bereits 1570 erwähnten *Frentzen-Hof,* der heute noch von einem Nachfahren Arnold Frentzen mit seiner Familie bewirtschaftet wird.

Damm

Wir kommen an der alten Dorfschenke vorbei, die überwiegend von Jugendlichen besucht wird, und dem *Terlinden-Hof* mit seinem Fachwerk-Backhaus. Der Hof wird zum ersten Mal 1678 erwähnt. Vom Damm aus ist der Hausgarten einzusehen, in dem die Beete noch mit »Palm«, wie der Niederrheiner sagt, also mit Fuchsbaum, eingefaßt sind, der bei Hochzeiten zu Girlanden gewunden über den Haustüren angebracht wurde.

Links sehen wir im Rheinvorland, und bei Hochwasser nur mit einem Kahn zu erreichen, den *Werthschen Hof.* Um 1487 baute hier der Graf von Moers ein Jagdschloß. Ein Turm der Anlage ist heute noch erhalten.

Wir nähern uns jetzt der Friemersheimer Dorfkirche, deren Ursprung noch im dunkeln liegt. Sie wurde 1447 neu erbaut, 1586 schwer beschädigt und 1756/70 wieder auf dem alten Grundriß errichtet. Während des Zweiten Weltkrieges brannte sie aus. Nach dem Krieg wurde sie wieder hergestellt. Neben der Kirche steht das alte Pastorat, heute Gemeindehaus.

Friemersheimer Str.

Hinter der Kirche mit dem weiten baumbestandenen Dorfplatz verlassen wir den Damm und kommen auf die Friemersheimer Straße. Auf der Ecke steht das alte Friemersheimer Schul- und Lehrerhaus. Während in den Schulklassen des Anbaues die Rheinhausener Segelflieger ihr Domizil haben, hat in der unteren Etage des Wohnhauses der Freundeskreis lebendige Grafschaft e.V. Grafschafter Stuben eingerichtet. Küche, Schlafzimmer, Wohnraum und ›Deel‹ zeigen mit vielen Einrichtungsgegenständen, wie die Menschen vor der Jahrhundertwende auf dem Lande lebten und wohnten.

Die Grafschafter Stuben sind samstags und sonntags geöffnet. Nur bei Regenwetter bleiben sie geschlossen. Die Öffnungszeit ist von 14 bis 18 Uhr. Wer eine Besichtigung in der Woche wünscht, muß sich frühzeitig anmelden bei Hans Gerd Dohmen, Telefon 02135/4302.

Um zur Eisenbahnsiedlung zu gelangen, folgen wir der Friemersheimer Straße immer längs des Deiches. Auf der rechten Straßen-

seite reiht sich Hof an Hof. Jeder hat eine lange geschichtliche Ver- *Krupp-Platz*
gangenheit.

Das Dorf Friemersheim unter Denkmalschutz zu stellen, ist der
größte und schon lange angestrebte Wunsch des Freundeskreises
lebendige Grafschaft e.V. mit seinen ca. 260 Mitgliedern. Der Reiz
des beschaulichen Dorfes besteht nicht zuletzt in seinem Kontrast
zu den Mannesmann-Industrie-Anlagen auf der anderen Rheinseite.

Hinter dem letzten Haus auf der Friemersheimer Straße fahren
wir wieder auf den Damm auf schmalem Pfad vorüber an den Gärten der Eisenbahnsiedlung. Das Gelände des stillgelegten Verschie-
bebahnhofes Hohenbudberg soll als Gewerbepark ausgewiesen
werden und mit neuen Betrieben auch neue Arbeitsplätze für
Rheinhausen und Bewohner der Eisenbahnsiedlung bieten.

In Höhe des Wasserturms verlassen wir den Damm. Er wurde
1927 gebaut und Anfang der 80er Jahre über Zeitung und Rund-
funk von der Deutschen Bundesbahn für einen symbolischen Preis
von wenigen Mark zum Verkauf angeboten. Ein Architektenteam
griff zu und bewahrte den Turm somit vor dem Abriß. Übrig blieb
schließlich der Architekt *Harald Jochums,* der den Wasserturm zum
Wohnturm umbaute.

Wir fahren hinter dem Wasserturm links in die Henschelstraße
und machen eine wohlverdiente Rast in der Gaststätte »Haus
Rheindamm«, bevor wir zurückfahren.

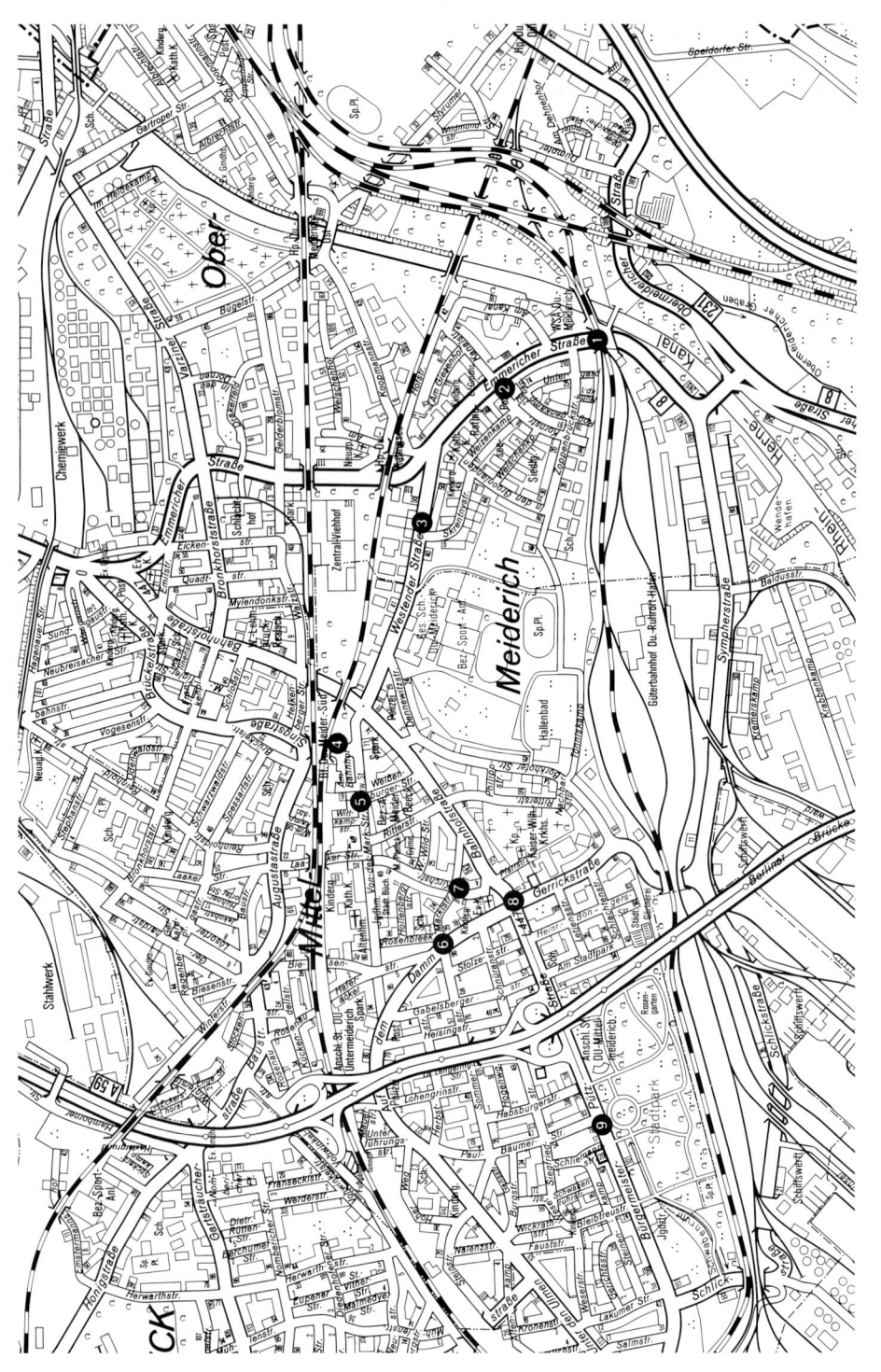

Wo das Christkind Plätzchen backt

Der Industrievorort Meiderich

von Arno Kleine

Ausgangspunkt: *Haltestelle Ratingsee, Am Kanal,*
Straßenbahnlinie 909
Endpunkt: *Meiwdericher Stadtpark*
(Bürgermeister-Pütz-Straße)
Dauer: *ca. 2 Stunden*

An langen, dunklen Winterabenden ist das Schauspiel regelmäßig zu beobachten: Glutrot und unnatürlich hell strahlt der Himmel über Meiderich. Die Kinder, die angesichts des merkwürdigen Sonnenuntergangs Fragen stellen, werden seit langer Zeit mit dem Hinweis beruhigt: Das Christkind backt Plätzchen. Die Verfärbung des Himmels stammt vom *Thyssen Stahlwerk Meiderich/Ruhrort*, wenn dort die bei der Roheisenherstellung anfallende Schlacke abgegossen wird.

Meiderich ist heute ein Stadtteil, der hauptsächlich von der Industrieansiedlung bestimmt ist (Thyssen, Rütgers und viele zu- und weiterverarbeitende Klein- und Mittelbetriebe). Die Meidericher Hafenbecken (Meidericher Schiffswerft) als Teil des größten Binnenhafens der Welt sind Umschlagplatz für Güter aus aller Welt.

Die Anfänge Meiderichs reichen vermutlich bis in die fränkische Zeit zurück. Die früheste Erwähnung ist um 900 festzustellen, der Name geht wahrscheinlich auf einen *Rutjer von Meyrich* (1230) zurück. Seit dem 9. Jahrhundert gab es neun Bauernschaften, die z.T. erst der Industrialisierung Meiderichs im 19. Jahrhundert weichen mußten. Der dörfliche Charakter Meiderichs blieb bis zur Industrialisierung erhalten. So hatte Meiderich um 1800 1.200 und um 1900 33.693 Einwohner.

Gedenkstein KZ-Außenlager Ratingsee

Diese Siedlung entstand nach 1911 auf dem Gebiet des bis dahin vorhandenen Ratingsees. Der Ratingsee war ein natürlicher See, der durch Bodensenkungen (bis zu vier Metern) als Folge des Bergbaus entstand. Er war reich an Fischen und Wasservögeln, wurde im Sommer zum Baden genutzt und diente im Winter den Schlittschuhläufern als Eisfläche. 1911 wurde der gegen Ende des 19. Jahrhunderts gewonnene See mit Erdmassen, die beim Bau des Rhein-Herne-Kanals anfielen, zugeschüttet.

Emmericher Straße 1

Diese Häuserzeilen lassen nicht ahnen, was sich zwischen 1942 und 1945 auf diesem Gelände abgespielt hat. Hier stand das KZ-Ratingsee, ein Außenlager des KZ-Sachsenhausen (später Buchen-

Emmericher/ Kornstraße

wald). Bis zu 400 Gefangene waren hier untergebracht (SS-Sprach-gebrauch: Arbeitssklaven), die in der Umgebung »arbeiten« muß-ten (z.B. in der Teerverwertung, den heutigen Rütgerswerken).

Das Lager war auf freiem Feld aufgebaut, mit Stacheldraht umzäunt, von Wachtürmen mit Schießscharten umgeben. Für die Häftlinge (z.T. Kriegsgefangene) gab es keine Schutzmöglichkeit bei Bombenangriffen. Todesfälle — Grausamkeit der Wachen, Hunger, mangelnde medizinische Versorgung — waren an der Tagesordnung. Die Zahl der Insassen oder die der Toten ist nicht genau bekannt. Vermutlich haben nur wenige das Lager 1945 lebend verlassen; viele sind beim Rückzug der SS ermordet worden.

Westender Straße

Die Ereignisse um das KZ-Ratingsee tauchen — wenn überhaupt — in den vielen Stadtchroniken nur mit einem Satz auf. Schüler eines Gymnasiums entdeckten 1983 dürftiges Material über ein KZ in Meiderich. In mühevoller Arbeit sammelten sie Material, befrag-ten Zeitzeugen und wurden belächelt oder beschimpft.

Parkplatz

Die Ergebnisse ihrer Arbeit schilderten sie in einer Dokumenta-tion, eine Modellrekonstruktion des Lagers entstand und — unter-stützt durch die Stadt Duisburg und mit der Hilfe einiger Arbeiter der Gießerei Meiderich — ein Mahnmal, das 1984 aufgestellt wurde.

❸
Westender Straße 3

Hier ist Duisburgs bekanntestes Sport-Aushängeschild zu Hause. 1902 als *Meidericher Spielverein 02* gegründet, gelang 1963 der Aufstieg in die Bundesliga. Das entscheidende Spiel fand im Stadion Westenderstraße statt (6.5.63). Im Spiel gegen den Lokal-rivalen Hamborn 07 fiel das 2:1 Siegtor durch *»Pidder« Danzberg* nur eine Minute vor Spielschluß. Beim anschließenden Freuden-taumel stürzte das Torgestell zusammen. Es wurde, in Anbetracht der restlichen Spielzeit, dürftig wieder aufgestellt. 1964 wurde der Meidericher SV Vizemeister; 1966 hieß er MSV Duisburg; 1982 stieg der Verein in die 2. Bundesliga ab und fiel anschließend sogar in die Amateuroberliga ab. 1989 schaffte der MSV dann wieder den Aufstieg in den bezahlten Fußball. Neben dem Clubhaus befindet sich die Sportanlage, die bis heute das Trainingsgelände für die Spieler des MSV ist. Auch die Spiele der Jugendmannschaften wer-den hier bestritten. Hinter den Übungsplätzen befand sich zu Ober-ligazeiten das alte Stadion.

MSV-Clubhaus

Auf den verschiedenen Übungsplätzen mußten zwischen 1942 und 1945 auch die Häftlinge des benachbarten KZ Ratingsee Fußball spielen. Dies diente natürlich nicht der Abwechslung im Lager, sondern der Zurschaustel-lung der Kraft, Vitalität und Gesundheit der KZ-Insassen.

Von-der-Mark-Str. 4

Der Bahnhof Meiderich Süd liegt am Ende der Fußgängerzone mit dem neugestalteten Vorplatz. Dort stehen »Park and Ride«-Plätze zur Verfügung, umgeben von Grünflächen und Sitzbänken. Im Sommer sind die Bänke ringsum besetzt — zwischen zwei Ein-käufen halten die Menschen für ein Päuschen inne. Der Bahnhofs-bau, den man dabei erblickt, stammt aus dem Jahre 1912.

Der Meidericher Bahnhof

Meiderich hat in seiner Geschichte drei Bahnhöfe besessen, nur der erste lag an der Straße, die heute noch seinen Namen trägt (Bahnhofstraße). 1848 wurde die Eisenbahnstrecke Ruhrort — Oberhausen errichtet, doch zum Leidwesen der Meidericher wurde auf ihrem Gelände kein Bahnhof gebaut. Nach vielen Protesten und zähen Verhandlungen erhielt der Wirt von der Laden *von der Bahngesellschaft die Erlaubnis (1856), eine Bude mit Restaurationsbetrieb aufzustellen und unentgeltlich als »Haltestellen-Aufseher« tätig zu sein. Fortan hielten dann jeden Tag zwei Züge in beiden Richtungen in Meiderich. Der zweite Bahnhof wurde weiter an die Augustastraße herangebaut, weil die neue Bahnlinie nach Styrum nicht an den alten Bahnhof herangebaut werden konnte.*

Am 21. Juni 1902 sollte Kaiser Wilhelm II. auf seinem Weg nach Ruhrort durch Meiderich fahren. Schon früh war alles auf den Beinen. Die Meidericher hatten sich in Schale geworfen. Feuerwehr, Gesangvereine, der Turnverein in Uniformen — alles bevölkerte die Straßen. Der Weg zum Bahnhof war von Menschen gesäumt, denn um 12 Uhr sollte der Kaiser Meiderich mit seinem Salonwagen passieren. Punkt zwölf schlugen die Kirchturmglocken, die Gleise am Meidericher Bahnhof waren dicht umlagert. Als sich der Zug näherte, riefen die Meidericher »Hurra«. Doch schnell machte sich große Enttäuschung breit, vom Kaiser war nichts zu sehen gewesen, nur fünf Offiziere fuhren vorbei.

Wilhelm Lembrucks
»Mutter und Kind« auf
dem Bahnhofsvorplatz

Gegenüber dem Bahnhof, eingerahmt von Blumen und Sträuchern, steht auf der Wiese der Bronzeguß *Mutter und Kind* von Meiderichs berühmtestem Künstler *Wilhelm Lehmbruck*. 1881 wird Wilhelm Lehmbruck als Sohn eines Bergmannes in Meiderich (Hühnerorter Straße 4) geboren. Bereits während seiner Volksschulzeit wird sein Talent erkannt, und ein Stipendium der Stadt ermöglicht ihm eine Ausbildung an der Kunstgewerbeschule Düsseldorf. Zwischen 1910 und 1914 folgt eine sehr wichtige Schaffensperiode Lehmbrucks in Paris. Mit seiner Frau und seinem Sohn lebt und arbeitet er in der Seine-Metropole. Dort trifft er Künstler wie *Picasso* und *Matisse*. Wegen des Kriegsbeginns 1914 muß die Familie Paris verlassen und zieht nach Berlin. 1915 entsteht die als Anti-Kriegsdenkmal interpretierte Plastik *Rückblickende*. Immer häufiger leidet er unter Depressionen. Er versucht mit seiner Arbeit die Kluft zwischen seinen Idealen und der Realität zu verringern. Dieses Bemühen mißlingt. Am 25. März 1919 begeht er in seinem Berliner Atelier Selbstmord.

Nach dem Tod seiner Frau fand Lehmbruck 1963 seine letzte Ruhestätte auf dem Duisburger Waldfriedhof.

Zum 70. Todestag schenkte die Familie Lehmbruck der Stadt Duisburg einen Bronzeguß der Plastik *Mutter und Kind* (1907), die am 1. April 1989 in Meiderich aufgestellt wurde.

❺
Von der Mark Str.

Im Zentrum Meiderichs liegt die Hauptgeschäftsstraße dieses Stadtteils. In den 70er und 80er Jahren wurde sie nach und nach zu einer Fußgängerstraße ausgebaut. Das neue Bahnhofscenter beherbergt auch das Bezirksamt. 1880 wurde die Straße angelegt und diente bis zur Fertigstellung der Bürgermeister-Pütz-Straße (1930) als Hauptverkehrsstraße. Den Namen erhielt sie von *Carl von der Mark*, der von 1875–1881 der erste Bürgermeister Meiderichs war und dessen Name in den Annalen für Aufschwung und Selbständigkeit Meiderichs steht.

Mitten in der Fußgängerzone liegt die katholische Kirche St. Michael. Sie wurde um 1883 erbaut, die katholische Kirchengemeinde wurde 1891 zur eigenen Pfarre erhoben.

Von-der-Mark-Straße

Unmittelbar neben der Kirche liegt das St. Elisabeth Altenheim, ursprünglich ein Krankenhaus. Die denkmalgeschützte Fassade von 1899 und der Springbrunnen mit seinen großen Steinen im Vordergrund ergeben ein schönes Bild.

An der Ecke Kirchstraße/Marktstraße steht die Kneipe »Mismahl am Markt«. Schon seit Generationen trinken Meidericher und auswärtige Marktbesucher hier ihr Bier. Früher befand sich an der Kirchstraße ein zum Lokal gehörender Garten, in dem häufig Konzerte stattfanden. Manchmal — besonders an den Markttagen — trifft man hier noch altes Meidericher »Urgestein«; Menschen, die reden, wie ihnen der Mund gewachsen ist und die noch Geschichten vom alten Meiderich aus eigenem Erleben erzählen können, so daß man glatt das Bier auf dem Tresen vergißt.

❻ Marktstraße

Sein heutiges Aussehen hat der Meidericher Marktplatz erst seit 1988/89. Das alte Kopfsteinpflaster verschwand, die kleine, holprige, mitten über den Marktplatz führende Zufahrtsstraße für die Anwohner ebenfalls. Rings um den Marktplatz entstanden hufeisenförmig alten- und behindertengerechte Wohnungen mit einer Altentagesstätte. Ein Teil des Platzes wurde mit Holz überdacht, mittwochs und samstags findet hier ein Wochenmarkt statt. Trödel-Antikmärkte nutzen den Platz ebenfalls.

❼ Bahnhofstraße/ Kirchstraße

Der Meidericher Marktplatz wurde 1875 angelegt, nach der politischen wie administrativen Trennung Meiderichs von Ruhrort (1874). Der nun notwendige Rathausausbau wurde 1876 begonnen.

Auf der dem Markt gegenüberliegenden Bahnhofstraße befinden sich noch heute einige wenige Häuser mit der um die Jahrhundertwende modernen gotisch-klassizistischen Renaissance-Giebelarchitektur. Ein unscheinbares Haus mit einem Schild »Kulturwerkstatt« und dem Meidericher Hahn darüber läßt kaum erahnen, was sich alles hinter der Toreinfahrt auf dem Hinterhof einer 100 Jahre alten Schmiede verbirgt.

Bahnhofstraße 157

Am 17. Mai 1978 gründeten 25 kulturinteressierte Meidericher ihren Kulturverein. Mit viel Arbeit renovierten sie die alte Schmiede und gingen dann daran, Meiderich aus seinem kulturellen Dornröschenschlaf zu erwecken. So richteten sie — für sich selbst und andere interessierte Bürger — verschiedene ständige Arbeitskreise ein, bildende Kunst, Modellieren, Literatur. Später folgten regelmäßige Kurse, z.B. Töpfern, Portraitzeichnen, Malen, Radieren, die auch Nichtmitgliedern offenstanden. In den Räumen finden in loser Folge Ausstellungen internationaler Künstler statt. Auch die Arbeiten der verschiedenen Gruppen finden hier (z.T. das erste Mal) eine Ausstellungsmöglichkeit, abseits der großen Galerien und städtisch finanzierten Ausstellungen.

Der »Meidericher Hahn«, ein Symbol der Kulturwerkstatt

Der Kunstmarkt im Mai bildet den Höhepunkt der Kulturarbeit. 1978 das erste Mal auf dem gegenüberliegenden Marktplatz veranstaltet, zählt er inzwischen zu einem der größten in freier Trägerschaft organisierten Kunstmärkte in der Bundesrepublik. Aussteller

Meiderich   177

»Meidericher Eisenhütte« bleibt. Im Park.

Am 4.4.1985 gingen in den Hochöfen eines der kleineren Hüttenwerke der Stahlstadt Duisburg an der Emscherstraße die Feuer aus. Für immer? Jedenfalls fanden sich manche Bürger und Fachleute nicht damit ab, sondern reklamierten die Bauten und Anlagen als hochrangiges Denkmal der Industriegeschichte. Was nicht zu erwarten war, trat doch ein: Im Rahmen der »Internationalen Bauausstellung Emscher Park« ergaben sich Chancen, in einem großen Landschaftspark, dessen attraktive Mitte die Hütte bildet, an die Geschichte des Werkes und seiner Menschen zu erinnern, aber gleichzeitig für die bedrohte Natur einzutreten, die sich in den großen Flächen, immerhin ca. 200 Hektar, wichtige Gebiete eroberte.

Die Geschichte der Industrialisierung der Emscherzone ist kurz, schmerzreich und folgenschwer: Im Gebiet des zukünftigen »Landschaftsparkes Duisburg-Nord« war es vor der Umformung durch die Thyssensche Hütte zu keinem wesentlichen Eingriff des Menschen in die Natur gekommen. Die »Alte Emscher« durchfloß mäandernd eine Urlandschaft, die nur von wenigen Bauernhöfen besiedelt war.

In den Jahren 1902 bis 1912 entstand hier (neben der Kohle des benachbarten Schachtes Friedrich Thyssen 4/8) die »AG für Hüttenbetrieb«, eine Neugründung August Thyssens. Aufgabe des Betriebes war die Schmelze verschiedener Spezialroheisensorten in 3, später 5 Hochöfen. Dieses Eisen diente im Konzernverbund der benachbarten Gießerei als Rohstoff, aber auch den Stahlwerken des Konzerns zur Erzeugung bestimmter Stahlsorten, besonders von Panzerstählen für die Kriegsschiffbau Kaiser Wilhelms II.

Die Entstehung der Hütte und ihrer Schwesterbetriebe ließ keinen Stein und keine Pflanze an ihrem Platz. Wo man ehedem in Einklang mit der »Um-Welt« lebte, entstand eine neue Alltagskulisse, die unverständlich, fremd und belastend war. Ihre Altlasten geben uns heute noch Anlaß zur Sorge.

Dies gilt besonders für die Menschen des Stadtteils, die keinen Zutritt zu den Werksanlagen hatten. Die »Verbotene Stadt« verwehrte ihnen Einblicke und Einsichten, beschränkte sie buchstäblich in ihrem Horizont. Selbst den Arbeitern aber verschlossen sich alle die Werksteile, die nicht zu ihrem unmittelbaren Arbeitsplatz gehörten. So entstand eine städtische Bevölkerung, deren Wurzeln sich nicht mehr verbreiten konnten, ohne Mitgestaltungsrecht an ihrer Lebenskulisse.

Heute wird hier ein Landschaftspark geplant, d.h., die Verwirklichung der Pläne hat begonnen. Das bedeutet: natürliche Landschaft wieder aufbauen, Altlasten abtragen. Das kann und muß mehr sein als reine Grünplanung. Es sollte darum gehen, den Menschen ein Stück ihrer Identität zurückzugeben. Dazu gehört die modellhafte Rekonstruktion natürlicher Umgebungsbedingungen ebenso wie die Möglichkeit, Einblicke in die geschichtliche Entwicklung der Region zu geben. Duisburg wird ein Stahlstandort bleiben, der Bevölkerung könnte auch in Zukunft etwas mehr Einblick in die Zusammenhänge gewährt werden, wenn die denkmalwerte Hochofenanlage erhalten und erklärt wird. So ist der Erhalt nicht in erster Linie als rückwärtsgewandte Historientümelei zu begreifen.

Was bliebe nach der Erfüllung dieser Forderungen an Altlasten der Geschichte noch zu bewältigen? Alle Planungsteams sahen in ihren Plänen den Erhalt des Hüttenwerkes als historischen Erlebnisraum vor. Bisher gab es auch eine fruchtbare und optimistisch stimmende Zusammenarbeit zwischen Planern und Bürgern, von denen sich viele (als Einzelperson oder Gruppe) in der »Interessengemeinschaft Nordpark« zusammengefunden haben.

Wer heute bereits einen Blick hinter die Kulissen des Parkes werfen möchte, wer sich über die Geschichte des Werkes oder die Zukunft des Projektes informieren möchte, kann dies bei einer der beliebten Führungen tun. Anmeldungen an die »Gesellschaft für Industriegeschichte e.V.«, Mainstraße 51.

Wolfgang Ebert

aus dem In- und Ausland dürfen hier nur handgefertigte Produkte anbieten, maschinell hergestellte Massenware wird nicht zugelassen.

Er ziert die Kulturwerkstaat, sein Konterfei schmückt jedes Jahr die Plakate für den Kunstmarkt; es gibt die Kneipen »Meidericher Hahn« und »Meierksche Hahn«, und das in Stein gehauene Bildnis des Meidericher Hahns steht heute in einem Privatgarten (Auf dem Damm). Der Hahn ist Wahrzeichen und Symbol für Meiderich. Die Geschichte vom Meierkschen Hahn geht auf Meidericher Arbeiter zurück, die in den Wirtschaften häufig Streit und Schlägereien anfingen. Auch die Herbst-Kirmes bot reichlich Gelegenheit, »Fremde« zu verprügeln. »Sie zanken und beißen sich wie die Hahnes«, soll bei dieser Gelegenheit gesagt worden sein. Gingen die Meidericher dann zur Kirmes nach Beek oder Ruhrort, so hieß es: Da sind die Meierkschen Hahnes. Bei der Tausendjahrfeier Meiderichs (1925) wurde der »Urhahn« durch die Straßen Meiderichs geführt, bevor er in einem Garten aufgestellt wurde.

Die Jahreszahl 1487 steht auf der Glocke, die heute auf den Grünanlagen vor der evangelischen Kirche Mittelmeiderichs steht.

Auf dem Damm

➑
**Auf dem Damm/
Bahnhofstraße**

*Bis 1905 hing sie im
Turm der Georgskirche*

Bis 1905 hing sie im Glockenturm. Die alte — vormals katholische (im romanischen Stil erbaute) Georgskirche — sollte 1862 teilweise renoviert werden. Bei diesen Arbeiten stürtzte alles ein bis auf den Turm. Ein Essener Stadtbaumeister errichtete daraufhin aus Backstein den Neubau auf kreuzförmigem Grundriß im gotischen Stil. Am 13. September 1863 fand in der neuen Kirche der erste Gottesdienst statt. Der erhaltene Turm aus dem Jahr 1502 ist auch heute noch der Stolz der evangelischen Kirchengemeinde.

Auf dem Damm

Direkt neben der Kirche lag der Welschenhof. *Er gehörte wohl zu den ersten landwirtschaftlichen Siedlungen in Meiderich, aber das genaue Alter dieses Hofes läßt sich nicht mehr genau feststellen. Unmittelbar neben der Kirche standen das Wohnhaus und das Wirtshaus. Bis 1890 brauten die Meidericher dort ihr eigenes Bier. In der alten Wirtsstube wurden Versammlungen des Meidericher Gerichtes abgehalten und die fremden Richter, Schöffen und Schreiber beherbergt. Die Scheune des Hofes und seine Wiesen- und Weideflächen lagen gegenüber dem Wohn- und Wirtshaus. So idyllisch dem heutigen Betrachter diese Zeit auch vorkommen mag, ganz ungefährlich ging es im Meiderich im 11. Jahrhundert nicht zu. In alten Chroniken steht zu lesen, daß viele Kaufleute und Reisende die Nacht im Welschenhof verbrachten, um eine Weiterfahrt bei stockdunkler Nacht zu vermeiden. Haus, Hof und Wirtsstuben existieren heute nicht mehr.*

Schon vom Kirchplatz aus kann man die alles überragenden Bauten des *Kaiser-Wilhelm-Krankenhauses* erblicken. Das Krankenhaus wurde 1895 für 80.000 DM gebaut und bereits 1908 erwei-

Das neue Herzzentrum des Kaiser-Wilhelm-Krankenhauses

Im Stadtpark

tert. Der Pflegesatz pro Tag und Bett betrug in jenen Jahren 1,80
DM. Der Erweiterungsbau von 1908 erwies sich schon 1928 als zu
klein. Die Zahl der Betten stieg in diesen Jahren von 45 auf 230, so
daß der Neubau 1928 unumgänglich wurde. Das KWK wurde noch
einmal zwischen 1966 und 1970 erweitert.

Gerrickstraße

1986/87 wurden Pläne bekannt, nach denen das Akutkranken-
haus geschlossen und das Haus in ein Herzzentrum für das westliche
Ruhrgebiet umgebaut werden sollte. 1987 kam es zu einer nie
geahnten Protestwelle aller Gegner der Pläne. Bürger organisierten
Informationsstände und sammelten Unterschriften für den Erhalt
des Krankenhauses, es gab Rockkonzerte mit Unterschriftenlisten,
es nützte nichts. Noch während der Umbauarbeiten wurde im
August 1989 die erste Herzoperation durchgeführt. Nach
Abschluß der Umbauarbeiten wurde das neue Herzzentrum Kai-
ser-Wilhelm-Krankenhaus am 8. Juni 1990 offiziell eingeweiht.
Nur wenige Monate nach Eröffnung dieser Klinik sind die Kapazi-
täten bereits erschöpft, so daß Pläne für einen Erweiterungsbau diskutiert werden.

Nur einen Katzensprung entfernt liegt Meiderichs »grüne
Lunge«, der Stadtpark. Bis zur Berliner Brücke (A59) gibt es Wan-
derwege, einen schön angelegten Rosengarten und einen großen
Kinderspielplatz.

⑨
Bürgermeister-
Pütz-Straße

Die große Wiese wird im Sommer von vielen Bürgern als Ruhe-
und Picknickmöglichkeit genutzt. Zum Fußballspielen eignet sie
sich offenbar besser als der angrenzende Sportplatz. Im Sommer
finden hier Rockkonzerte statt.

*Den Park (1911 angelegt) umgab zwischenzeitlich ein hoher Stachel-
drahtzaun. Die Planung aus dem Jahre 1911 sah einen Erholungspark mit
Badeanstalt und Stadthalle vor. Der Grundstein für die Badeanstalt wurde
zwar 1914 — an der Stelle des heutigen Tennisplatzes — gelegt, doch der Erste
Weltkrieg vereitelte diese Pläne, später wurden sie aufgegeben.*

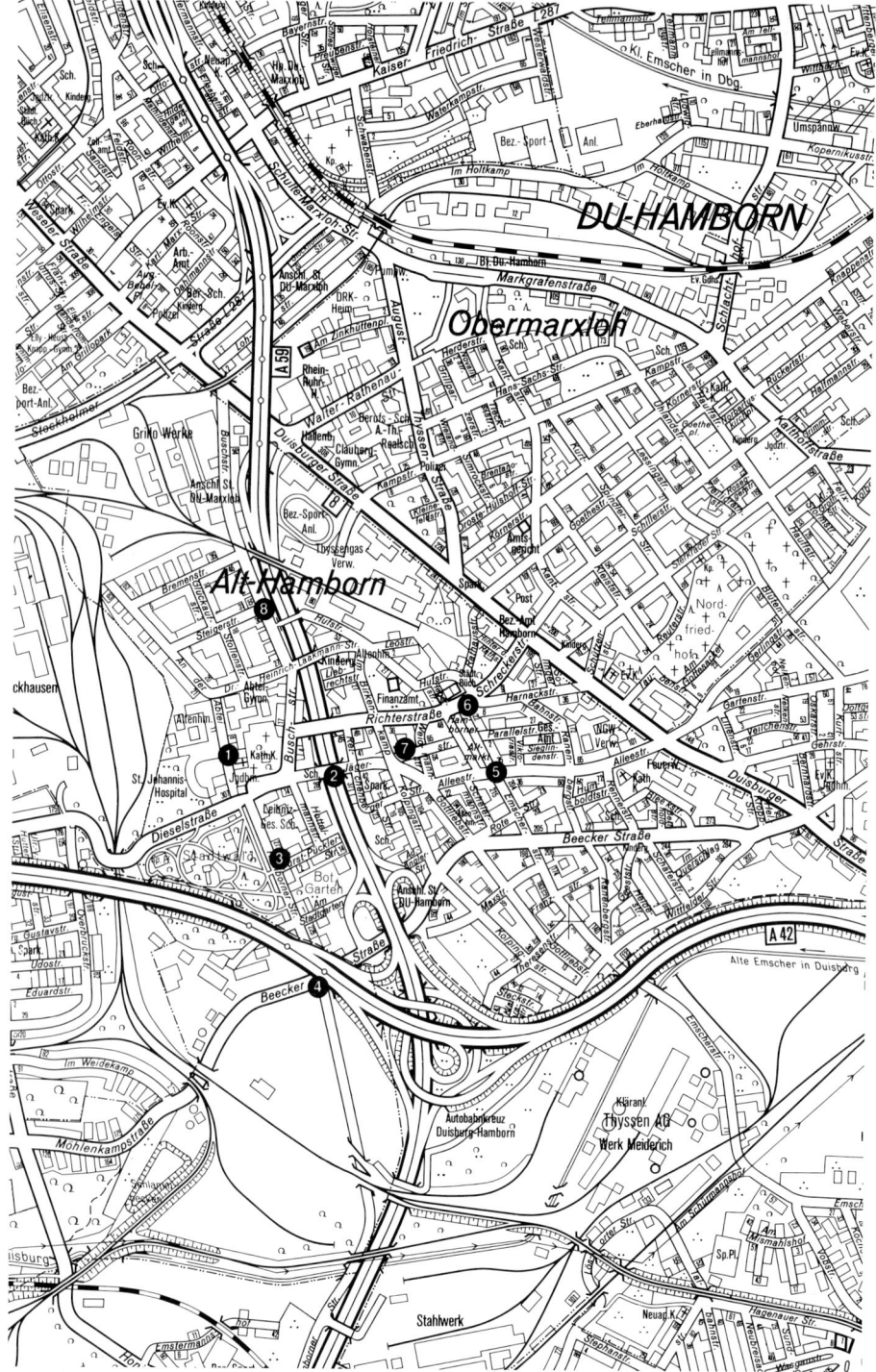

Heiliger Geist und Schwarzes Gold

Alt-Hamborn

von Manfred Tietz

Ausgangs- und
Endpunkt: Abteikirche
Dauer: 2 Stunden

Hamborn war bis 1929 selbständige Großstadt. Daran erinnern in Alt-Hamborn »Stadtpark«, »Stadtbad«, »Alte Stadthalle« ... Auch hat der Stadtteil ein eigenes Kultur- und Einkaufszentrum, ein Rathaus, Amtsgericht, Gefängnis (JVA) usw. Die Bevölkerung hat sich bis heute nicht ganz mit dem Verlust ihrer kommunalen Selbständigkeit abgefunden (60 Jahre danach!): ihre Mannschaft, das ist *Hamborn 07*, nicht der *MSV Duisburg*. Wenn HambornerInnen in die Innenstadt fahren, sagen sie: »Wie fahren nach Duisburg«, als ginge es nach Essen oder Oberhausen. Dabei ist durch B 8 und Stadtautobahn (Nord-Süd-Achse) die verkehrsmäßige Anbindung gut; früher war die Fahrt über Häfen, Schienen, Kanäle und Ruhr eine kleine Weltreise.

Stadt Hamborn

Doch liegen immer noch Welten zwischen Hamborn und Duisburg. Hamborn bleibt »die graue Stadt der Arbeit.« »Ich kann mich nicht erinnern, je eine reiz- und seelenlosere Stadt gesehen zu haben!«, schrieb *Graf Alexander Stenbock-Fermor* 1928. »Tödlich langweilig und abschreckend.« Industriebetriebe und -arbeiterschaft prägen die »Thyssenstadt«: Staub und Ruß — Blick auf die Hütte — Schienen und Gasrohre, die über Straßen führen — Autobahnen, die den Stadtteil zerschneiden — Fabrikmauern und Werksruinen — Bergmannshäuser und Direktorenvillen ..., das alles wirkt chaotisch und wild gewachsen, aber auch dynamisch und widersprüchlich.

Vor etwa 100 Jahren, »fast über Nacht«, wurde aus dem Bauerndorf Hamborn eine industrielle Großstadt. Um die Jahrhundertwende hatte Hamborn die »größte Bevölkerungsdichte im Ruhrgebiet«. Straßen, Häuser, Arbeiterkolonien wurden in rasendem Tempo, zum Teil völlig planlos, gebaut. Größter Bauherr war *August Thyssen;* er kaufte fast die Hälfte des Hamborner Bodens. Und das Thyssen-Imperium wuchs auch nach seinem Tod (1926): »Anlagen und Grundbesitz der Thyssenwerke«, heißt es in einem Bericht aus dem Jahre 1931«, »erstrecken sich fast sternförmig vom Mittelpunkt des Stadtgebietes nach allen Seiten hin aus (...) Umfangreiche Fabrikbetriebe, gewaltige Zechenanlagen, unzäh-

Karikatur von 1951

lige Eisenbahndämme liegen in willkürlichem Durcheinander mit den Wohngebieten über das ganze Stadtgebiet zerstreut.«

Von den ehemaligen dörflichen Strukturen Hamborns — den Höfen, den Wäldern, den Feldern — sind kaum noch Spuren vorhanden. Und was *Thyssen, Haniel, Grillo* übrigließen, wurde weitgehend durch den Bau der Autobahnen vernichtet.

❶
An der Abtei

Am ehesten wird der dörfliche Urprung Hamborns noch hier an der früheren Klosterstraße sichtbar. Dort, wo sich heute der Hamborner Brunnen erhebt, befand sich eine Wasserstelle namens Havenburn, aus dem sich der Name Hamborn entwickelt hat. Den Brunnen schmücken 8 Bronzetafeln, die die Entwicklung Hamborns vom dörflichen Kirchflecken zur Industriestadt illustrieren.

Die Abteikirche und das Prämonstratenser-Kloster waren im Mittelalter der religiöse Mittelpunkt des Ritterguts Hamborn. Es reichte mit seinen zahlreichen Unterhöfen bis nach Oberhausen (Holten, Sterkrade) gegen Morgen; es grenzte gegen Abend an das Kirchspiel Beeck (Duisburg) und umfaßte die Bauerschaften Wittfeld, Buschhausen, Schmidthorst und Fahrn, lag zwischen der Emscher und dem Aldenrader Bach.

Die Abteikirche St. Johann (Kirchenpatrone: Johannes der Täufer und Johannes der Evangelist) entstand Ende des 9. oder Anfang des 10. Jahrhunderts. Mehrmals zerstört, blieb nur wenig erhalten: aus dem 12. Jahrhundert stammen ein Taufstein, der romanische Kreuzgang und der Westturrm in seinen beiden unteren Geschossen. Die Abtei Hamborn selbst wurde 1136 gegründet, 1806 durch Murat (Herzog von Kleve und Berg) aufgehoben, jedoch nach dem Zweiten Weltkrieg wieder aufgebaut.

*1936, beim 800jährigen Jubiläum, war die Gestapo wachsam: Das Ponti-
fikalamt hielt der Bischof von Münster Clemens August Graf von Galen.
Der »Löwe von Münster« war Symbolfigur des katholischen Widerstandes
gegen den Nationalsozialismus, und die Hamborner Abtei stand in Opposition zum Naziregime (im Abteikeller gab es illegale Trreffs mit dem später im
KZ umgekommenen Arbeitersekretär Gottfried Könzgen). Um den Widerstand der »Katholischen Aktion« zu brechen, wurde das bischöfliche Abtei-
Oberlyzeum 1938 auf Befehl der Nazis geschlossen. Katholische Arbeiter-
vereine wie z.B. der Arbeiterknappenverein St. Barbara, Hamborn, wurden
aufgelöst (Begründung der Gestapo: »Das Verhalten der Vereinsmitglieder
beweist, daß ihnen jedes Verständnis für die Würde des nationalsozialistischen Staates abgeht. Der Verein hat daher keine Existenzberechtigung
mehr.«) Katholische Pfarrer, auch an der Abtei, wurden bespitzelt und nicht
selten von der Gestapo »besucht«* ...*

An der Abtei

Sehr beliebt sind heute die Orgelkonzerte in der Abteikirche mit
bekannten Organisten. Sie locken auch Nichtkatholiken in die Kirche, ähnlich wie früher der Abteichor St. Johann oder die polnischen Chöre mit ihren schönen Gesängen. Im Prämonstratenser-
Kloster leben heute nur noch 6 Ordensmitglieder. Die jungen Fra-
tres, Padres und Chorherren, zwischen 25 und 30 Jahre jung, haben
sich dem Zeitgeist angepaßt: Sie tragen Turnschuhe und unter der
Kutte Jeans. Im Dienst ihres Seelsorgeordens unterrichten sie an
den benachbarten Schulen (Abteigymnasium, Abteigrundschule
...), arbeiten in der Propstei-Gemeinde St. Johann und helfen im
gegenüberliegenden Johannes-Hospital.

Das Sankt-Johannes-Hospital wurde 1873 von Pfarrer *Klösges*
gestiftet. In dem Gebäude des alten Gesindehauses, das schräg
gegenüber der Abteikirche lag, betreuten zwei Klemens-Schwe-
stern aus Münster die Kranken. Heute gehört das Johanneshospital
zu den größten Privatkrankenhäusern der Bundesrepublik. Es
wurde immer wieder um- und ausgebaut. Nachdem Schacht 1 in der
Nähe des Krankenhauses abgeteuft worden war (1871), strömten
Tausende von Arbeitern herbei. 1880 wurden die ersten zehn Bergmannshäuser fertiggestellt: schmucke Backsteinhäuser, einstöckig,
für zwei Familien mit Garten, Acker und Stall. Als immer mehr
Bergleute aus dem Siegerland und den östlichen Landesteilen
kamen, ließ Thyssen zwei- oder dreistöckige Miethäuser rund um
die Abtei errichten. Die »Juppkolonie« entstand (genannt nach der
Josefstraße, heute Steigerstraße). Heute wiederum läßt »Thyssen
bauen und wohnen« alte Bergmannshäuser an der Abtei abreißen:
Billiger Wohnraum wird vernichtet, damit das Johanneshospital
erweitert und modernisiert werden kann und weitere Parkplätze
bekommt ...

*Tafel am Hamborner
Brunnen vor der Abtei
(1977 erbaut)*

An der Abtei 7—11

An der Abtei

*Auf dem dem Krankenhaus gegenüberliegenden Abteifriedhof erinnert
ein Stein an »unsere Verunglückten« (hinter der Kirche). Auf den beiden
Hamborner Thyssen-Zechen verunglückten zu Anfang des Jahrhunderts im
Jahresdurchschnitt 27 von 100 Bergarbeitern. Die in der Nähe der Jupp-
bzw. Klosterkolonie gelegenen Schachtanlagen I und IV waren als »Kno-
chenmühlen« und »Unglücksschächte« bekannt: Mangelhafte Sicherheits-*

1925: In der Mitte die Gastwirtschaft »Opgen-Rhein«, genannt »Heiliger Geist«, vor der Abteikirche rechts

vorkehrungen und Antreiberei durch Thyssen-Beamte, Reviersteiger oder Rutschenmeister forderten immer neue Opfer. So gab es z.B. auf Schacht 1 (damals »Deutscher Kaiser«) am 19.5.1918 ein Explosionsunglück: 15 Bergleute wurden verschüttet und erst Tage später tot geborgen.

Auf vielen Grabsteinen des Abteifriedhofs stehen polnische Namen. Domanski, Duszinski, Simolka ... Die Thyssen-»Seelenverkäufer« hatten mit Hilfe von Wirten (»Schleppern«) vor allem im Osten — in Masuren, Galizien usw. — Arbeitskräfte angeworben. Nach dem Zweiten Weltkrieg waren etwa ein Drittel der Hamborner Bevölkerung Ausländer, in der Mehrzahl Polen. Überall in Hamborn wurde polnisch gesprochen, über vielen Geschäften hingen Schilder mit Inschriften in polnischer Sprache. Nicht selten gab es von seiten der alteingesessenen HambornerInnen Abwehr und Fremdenhaß: »Unsere Eltern warnten uns vor den sogenannten ›Wasserpolacken‹«, erinnert sich ein älterer Hamborner Bürger, »und als Kinder sind wir hinter buntgekleideten Polenfrauen hergelaufen und haben gerufen ›Grün-weiß-blau — Polackfrau‹.« Und heute? Allzu häufig kommt es vor, daß das angrenzende Bruckhausen als »Türkhausen«, die Jupp-Kolonie als »Türkenghetto« oder »Kanacken-Siedlung« diffamiert wird oder daß sogenannte »Kopftuch-Türkinnen« beschimpft werden.

Gegenüber von Abtei-Kirche und -Friedhof liegen Kultur- und Freizeiteinrichtungen der katholischen Kirche, u.a. der »Abteikeller«, ein in Hamborn sehr angesehenes Speiserestaurant. An gleicher Stelle stand bis 1898 der Bauernhof der Familie *Opgen-Rhein*. Mit dem Geld, das die Kirche für den Hof zahlte, erwarb der Landwirt die gegenüberliegende Gastwirtschaft. Das *»Haus Opgen-Rhein«*, im Volksmund auch »Heiliger Geist« genannt, wurde 1828 erbaut, steht unter Denkmalschutz und wird in der dritten Generation (demnächst, wie die Wirtin glaubwürdig versichert, in der vierten Generation) betrieben.

Die gegenüberliegende Schule gehörte ursprünglich zur Abtei, zum katholischen Kern Hamborns. Sie war die erste höhere Schule

❷
Jägerstr. 2

Hamborns. Die verschiedenen Gebäudeteile der heutigen *Gott-fried-Wilhelm-Leibniz-Gesamtschule* spiegeln den Wandel der Schule und des Zeitgeistes. Der älteste Baukomplex ist die 1903 vom Bischof eingeweihte Rektoratsschule, nach dem Stifter des Prämonstratenser-Ordens Norbertinum genannt. Der schmale Sakralbau wurde 1927 durch einen massiven barocken Bau erweitert: Das Realgymnasium galt als »Zierde des Stadtparkviertels«. Der gläserne Anbau des Leibniz-Gymnasiums aus dem Jahr 1959 und die bunteren einstöckigen Zweckbauten aus den 70er und 80er Jahren zeigen dagegen moderne Nüchternheit. In einem festlichen Trauerzug durch Hamborn wurde 1989 das Leibniz-Gymnasium, einst »Schule für die höheren Stände« Hamborns, beerdigt. Die neue Gesamtschule hat heute die höchste Anmeldequote aller weiterführenden Schulen in Duisburg. Sie wurde erst nach erbittertem Schulkampf durchgesetzt, ähnlich wie 1912 das Städtische Realgymnasium gegenüber dem katholischen Norbertinum.

Hamborner Straße

Die Schule liegt am nördlichen Rand des Stadtparkviertels. Hier beeindrucken massive Villen, die Macht und Wohlstand der früheren Thyssen-Beamten verdeutlichen. Welch ein Gegensatz zu den schlichten Bergmannshäusern der nahegelegenen Juppkolonie! Die Villen sind sehr geräumig, mit Weinkellern, Terrassen, Dienstmädchenzimmern, großen Gärten usw. ausgestattet. Es erstaunt, daß die Thyssen-Direktoren früher in unmittelbarer Nähe der Betriebe, des Lärms und der Abgase der Werke wohnen mußten. August Thyssen wollte, daß die Bergwerksassessoren und Hüttenchefs bei Streiks, Unglücksfällen usw. sofort vor Ort sein konnten.

❸ Hamborner Straße/ Fürst-Pückler-Str.

Zwischen den Thyssen-Beamten-Häusern liegt der *Botanische Garten*, »Lehr- und Erholungsstelle« der Hamborner. Bänke, Spazierwege, Blumenbeete, Wasserbassins, Schulgärten, Aquarien, Gewächshäuser ... Hier wachsen bei tropischer Schwüle Palmen und Kakteen, Bananen und Feigen, Pfefferbaum und Sauersack ... In den Schauhäusern Vogelgezwitscher und Papageiengekreisch, riesige Pflanzen, zum Teil ineinander verschlungen. Ein Stück Dschungel im Industrierevier — wenige Meter von Autobahnen, Fabrikmauern und rußgeschwärzten Hausfassaden entfernt.

Hamborner Straße

Wie der Botanische Garten gehört auch der gegenüberliegende Stadtpark zu den traditionellen Ausflugszielen der Hamborner Bevölkerung. Auf alten Karten und Plänen wird er noch Stadtwald genannt: »Schattige Waldwege (...)«, heißt es im Hamborner Stadtführer von 1914, »laden zum Spaziergang ein.« Doch ist der Baumbestand heute stark gelichtet, viele Bäume sind krank, Spaziergänger selten geworden. Hier gab es früher große Konzerte, einen Teich, mehrere Sportplätze. Zuletzt hat der Bau der Emscherschnellstraße einen großen Teil des Stadtwaldes weggefegt — im Interesse Thyssens! Geblieben sind das Stadtparkrestaurant, der Tennisplatz des Traditionsvereins Hamborn 07, ein Schießstand und Schützenheim des Bürger-Schützen-Vereins Hamborn 1837

Hamborner Straße

e.V., ein paar Wiesen, auf denen türkische Familien picknicken und türkische Jugendliche Fußball spielen. Empfehlenswert ist ein nächtlicher Spaziergang im Stadtpark, wenn auf der Thyssenhütte die Feuer lodern: Der rotglühende Himmel über den uralten Kastanienbäumen ist ein sehenswertes Spektakel.

Ein Gedenkstein im Hamborner Stadtpark erinnert an die vielen Toten der Hamborner Sport- und Turnvereine im Ersten Weltkrieg. Die Arbeiterstadt Hamborn hatte damals die relativ meisten Kriegsteilnehmer im gesamten Deutschen Reich (40% der männlichen Bevölkerung) und entsprechend viele Opfer des sinnlosen Völkergemetzels zu beklagen. Nach dem Krieg wurden in Hamborn allein 2.391 unterstützungsbedürftige Kriegerwitwen und -waisen registriert.

Nichts erinnert mehr an die Opfer einer spektakulären Gestapoaktion am 14. Oktober 1933. Hamborn war zu dieser Zeit eine Hochburg des antifaschistischen Widerstandes an Rhein und Ruhr, und an diesem Tag war im Stadtpark ein Treffen des illegalen KPD-Dreierkopfes mit Funktionären der verbotenen Arbeitersportbewegung, die im Park einen Sportplatz hatte, geplant. Die Gestapo besetzte sämtliche Ein- und Ausgänge, vor allem an der Hamborner Straße; sie verhaftete die meisten Widerstandskämpfer und verschleppte einige von ihnen in Konzentrationslager.

Hinter dem Stadtpark erhob sich — zum Teil bis Ende der 70er Jahre — die gewaltige Industriekulisse der »Gewerkschaft Friedrich Thyssen 4/8«. In einem Stadtführer von 1927 heißt es: »Wer an der Meidericher Straße (heute: Hamborner Str., d.Vf.) die Kokereiöfen, Transportbrücken, Bunkertürme der Gasgewinnungsanlage schaut — der staunt nicht nur über die Ausmaße, sondern erkennt in der Formgebung das Werden eines neues Stils. Nürnberg und Burg Eltz zu sehen, ist ein kleineres Erlebnis als ein Blick auf die Gasgewinnungsanlagen.« Hier klingt Hamborner Bürgerstolz an. Dabei wurde das eindrucksvolle Industriepanorama noch ergänzt durch das 50 m hohe Zechengerüst der Schachtanlage Thyssen 4/8, eine Sinteranlage mit einem Riesenschornstein und eine Schwebebahn, die Koks zur Meidericher Hütte transportierte ... 1977 wurde die alte Zentral-Kokerei Friedrich Thyssen 4/8 abgerissen — zur Freude der meisten HambornerInnen, die jahrzehntelang unter dem schwarzen Ruß des Werks zu leiden gehabt hatten. Wie oft hatte auf dem Autodach, auf Balkonen, auch Büchern usw. eine dicke dunkle Staubschicht gelegen! Und Lungen und Bronchien vieler Menschen waren angegriffen. Thyssen ließ seinen Plan, eine neue Kokerei auf demselben Gelände zu bauen, fallen. Jetzt plant Thyssen den Bau einer neuen Kokerei auf dem Bruckhausener Werk. Auf 4/8 ließ der Großkonzern hochvergifteten Boden zurück, umgeben von hohen düsteren Fabrikmauern. Eine Entsorgung würde Millionen kosten ...

Das seit Jahren brachliegende, total verseuchte Gelände ist auch historischer Boden. Ein germanisches Gräberfeld wurde u.a. gefunden. Es heißt, in der Nähe, »auf dem Wittfeld in Hamborn«, habe

Otto Erdmann (geb. 1903) wurde bei der Aktion im Stadtpark verhaftet. Es folgten: KZ Börgermoor, 2 Jahre und 9 Monate Zuchthaus in Hameln, KZ Sachsenhausen

**❹
Hamborner Straße/
Beecker Str.**

die »Schlacht im Teutoburger Wald« stattgefunden (Teutoburgium = Duisburgium). So berichtet es jedenfalls der erste Geschichtsschreiber Duisburgs, *Henrich Thybius*. Das Gerücht hielt sich bis in die frühe Neuzeit hinein. *Castristinum Geldorpius*, Rektor und Geschichtsschreiber aus Duisburg, dichtete im Jahre 1560 (»Carmine«): »Hier (in Hamborn, d. Vf.) sind die Gefilde, die jetzt triefen von Latiums Blut, hier sank in den Staub die Ehre der weltbeherrschenden Stadt.« Belegbar ist nur, daß es im Wittfelder Distrikt germanische Siedlungen und römische Grenzwehren gegeben hat, sicher auch Scharmützel jeder Art. Mehr nicht!

Auf dem Gelände von 4/8 wurde belegbar Industriegeschichte geschrieben. Auf Initiative des damaligen Gutsbesitzers *Daniel Morian* aus Hamborn-Neumühl fanden hier 1856 die ersten (erfolgreichen!) Probebohrungen nach Kohle statt.

Damit setzte der Run auf das schwarze Gold am hiesigen Gebiet ein. Es dauerte jedoch noch 20 Jahre, bis die erste Zeche in Betrieb genommen wurde, und Schacht 4 wurde erst 1899 abgeteuft, die Förderung am 15.10.1903 begonnen. Die Zeche erstreckte sich von der Hamborner und Beecker Straße bis hin zur Alten Emscher.

Auf Schacht 4 arbeitete 1922/23 der »rote Baron« — *Alexander Graf Stenbock-Fermor* — als Bergmann; der Gutsbesitzersohn aus dem Baltikum wohnte im Ledigenheim direkt am Schacht und konnte so das Leben und die Kämpfe der Hamborner Bergarbeiter studieren und in einem Buch authentisch beschreiben (»Meine Erlebnisse als Bergarbeiter« — Stuttgart, 1928). Die Zeche Thyssen 4/8 war eine Bastion der KPD: trotz der Entlassung oder Inhaftierung zahlreicher »Kumpels« und »roter Betriebsräte« blieb sie in der Zeit des Nationalsozialismus immer oppositionell eingestellt, Widerstandsaktionen der Belegschaft sind nachweisbar. Allerdings

Der Hamborner Stadtpark wurde 1905 angelegt. Das Restaurant Parkhaus wurde 1906 eröffnet

Daniel Morian (1811–1887). Der Pionier des Hamborner Bergbaus schuf 1867 die »Gewerkschaft Hamborn«, die 1871 in »Gewerkschaft Deutscher Kaiser« umbenannt wurde

Ein Bier und ein offenes Ohr

Sie sind über und über mit Reklame für Zigaretten und Zeitungen beklebt. Die Getränkewerbung ist meist beleuchtet. Unterschiedlich im Angebot, unterschiedlich in der Tradition und sehr unterschiedlich im geschäftlichen Erfolg. Seit rund 100 Jahren existieren nun schon die Trinkhallen und Kioske, die Verkaufsstellen mit Straßenverkauf, die im Ruhrgebiet ganz einfach als Bude bezeichnet werden. Aber alle Buden sind Mittelpunkte der Nachbarschaften. Rentner, Ausländer, Schichtarbeiter, Angestellte und Hausfrauen des Wohnbezirkes kaufen dort ihre Zeitungen und Zigaretten. Die Kinder lassen dort ihr Taschengeld für Süßigkeiten oder Sammelbilderalben. Manche trinken dort — obwohl verboten — auch mal schnell ein Bier. Dabei wird über Gott und die Welt geredet. Süppeln und ausquatschen, das ist das Wesentliche für die Stammkundschaft an der Bude.

Schon um 1890 wurden vor den Toren der Industrieanlagen, aber auch in den neu entstandenen Arbeitersiedlungen, Buden als Verkaufsstellen errichtet. Nach dem Ersten Weltkrieg wurden sie meist von Kriegsversehrten oder Frührentnern gegründet und geführt. Auch heute sind viele Budenbetreiber Frühinvaliden. Der Drang zur Selbständigkeit hat bei manchem Arbeiter zur Budeneröffnung beigetragen. Oder die Arbeitslosigkeit. Oft wird die ganze Familie eingespannt, weil die Bude von morgens um 6 bis abends um 9 oder 10 Uhr laufen muß. Da die Buden Gaststätten gleichgestellt sind, dürfen sie auch bis in die Nacht hinein geöffnet sein. Wenn die Lebensmittelgeschäfte und Getränkemärkte schon geschlossen sind, kann an der Bude das Fehlende gekauft werden. Dann macht der Budenbetreiber sein Geschäft.

Die Buden sind Umschlagplätze für alle Ware, die als ›Gegenstände des täglichen Bedarfs‹ umschrieben werden können. Das Angebot ist riesig; es reicht von der Salzgurke oder der Frikadelle über Getränke, Zeitungen und Tabak bis hin zum Kinderpüppchen, diversen Konserven oder dem Toastbrot. Der Vergeßliche kauft hier die Büchsenmilch oder die Tomatensuppe, der Sonntagsbesucher die Schachtel Pralinen als Mitbringsel, die Kinder aus der Nachbarschaft bekommen ihre Schleckereien, Wundertüten oder Comics, der Junggeselle die Knabbereien für den gemütlichen Abend.

Je nach Standort der Bude herrscht Hochbetrieb, wenn die Arbeiter des nahegelegenen Werkes die Frühschicht oder woanders die Schüler ihren Unterricht beenden. Es gibt Leute, die kaufen ihr Bier nur an der Bude, obwohl sie für den Kasten im Getränkemarkt weniger bezahlen müßten. So billig wie ein Verbrauchermarkt kann der Budenbetreiber nicht verkaufen. Manche Kioske liegen deshalb im harten Clinch mit der mächtigen Konkurrenz. Der Boom, den die Duisburger Buden in den 60er Jahren erlebten, ist lange vorbei. Die Zahl der Buden ist unter die 1000-Marke gesunken, weil die Kioskbetreiber dem Konkurrenzdruck nicht standhalten konnten.

Was früher die sogenannten Tante-Emma-Läden für ihre Kunden waren, sind heute die Buden im Ruhrgebiet. Die familäre Atmosphäre ist eine Dienstleistung an der Bude, die für viele Kunden noch nicht einmal durch ein Sonderangebot im Supermarkt ersetzt werden kann. Die Nachbarn kommen zum Schwatz, die Schichtarbeiter holen sich noch um 22 Uhr Bier und Zigaretten. Die Buden sind Anlaufpunkte für Arbeitslose, für daherjagende Vertreter und gestreßte Geschäftsleute. An der Bude ist immer was los. Ob Geburt oder Tod, Krankheit, finanzielle Sorgen oder Liebeskummer — in den engen Buden, zwischen Katzenfutter und Gummibärchen, wissen die Besitzer oder Pächter mehr über ihre Kundschaft als früher der Frisör. Als im Zweiten Weltkrieg Hamborn ausgebombt war, wurde die Post für das Viertel an einer Bude abgeliefert. Die Inhaberin sorgte dann dafür, daß der Adressat erreicht wurde.

Die Buden und die Männer und Frauen hinter der Theke haben einen festen Platz im Leben der Revierbewohner; sie sind ein Stück Heimat und empfinden wie Vater und Mutter. Die Portion Menschlichkeit gibt es an der Bude gratis!

Detlef Böhning

gab es kaum Widerstand, als die Schachtanlage 1959, zu Beginn der
Kohlenkrise im Revier, stillgelegt wurde. Die Fördertürme fielen
1960 und 1961.

*Wilhelm Hottelmann
(1894–1920) im Jahre
1915 mit seiner Familie*

*Gegenüber von Schacht 4 lag der »Schützenhof«, eine Gaststätte mit
einer prachtvollen Renaissancefassade. Eigentümer war der Landwirt und
Ziegeleibesitzer Wilhelm Hottelmann, dem auch der danebenliegende
»Hottelmannshof«, vorher Bremmenkammshof, gehörte. Der Hof gehörte
bereits 1173 zur Abtei Hamborn und wurde 1963 wegen des Baus der Stadtautobahn abgerissen – ebenso wie ein Jahr später der gegenüberliegende
Hof Schulte-Abteloh (1139 zum erstenmal urkundlich erwähnt). Ältere
Hamborner Bürger können sich noch erinnern, wie sie als Kinder in den
Kornfeldern dieser Höfe gespielt haben. Wilhelm Hottelmann war in Ham-
born sehr angesehen: Er war seit 1900 Mitglied des Gemeinderates und der
Stadtverordnetenversammlung (bis zu seinem Tod im Jahre 1920), und er
galt als großzügiger Förderer der Stadtentwicklung Hamborns; u.a. schenkte
er der Gemeinde das Grundstück, auf dem 1902 das Rathaus gebaut wurde.
Eine Straße in der Nähe seines ehemaligen Hofes ist nach Wilhelm Hottelmann benannt worden.*
*Nichts in Hamborn erinnert dagegen an Julius Adler. Wie W. Hottelmann
war er Hamborner Stadtverordneter (1924–28), und zwar Fraktionsvorsit-
zender der KPD. Der Kranführer, der von 1928 bis 1933 auch Reichstagsabgeordneter war, wurde nach der Machtübernahme durch die Nazis mehrmals
verhaftet, ins KZ Sachsenhausen verschleppt, von dort ins Lager Bergen-
Belsen »evakuiert« und Anfang 1945 ermordet.*

Beecker Straße

*Julius Adler
(1894–1945), KPD-
Reichstagsabgeordneter
aus Hamborn*

Emscherstr. 177

❺
Altmarkt

Von der Emscherstraße aus fuhr früher die Elektrische zum Altmarkt, dem Mittelpunkt des heutigen Hamborns. Seit 1898 ist hier
Wochenmarkt, an drei Tagen in der Woche. »Der Hamborner
Wochenmarkt ist der bedeutendste der ganzen Umgebung«, heißt
es im Stadtführer aus dem Jahre 1914. Heute gehört er zu den far-
bigsten Märkten des Ruhrgebiets. Er gleicht einem orientalischen
Basar, nicht zuletzt durch die zahlreichen türkischen Menschen, die

*Agitation auf
Briefmarken*

**❻
Altmarkt/
Harnackstr.**

**❼
Jägerstraße**

hier kaufen und verkaufen. In dem kleinen Pavillon in der Mitte des Altmarktes werden heute Döner-Kebab und Gyros angeboten. Eine italienische Pizzeria und ein italienisches Eiscafé gegenüber sind so beliebte Treffpunke der Hamborner Jugend wie der nahegelegene »Marktplatz«, eine urige Kneipe in der Alleestraße.

Zugleich ist der Altmarkt traditioneller Festplatz Hamborns. Von hier geht z.b. der »größte Kinderkarnevalszug Europas« aus, am Sonntag vor Aschermittwoch. Er ist Teil des rheinischen Straßenkarnevals und wird mit fast südländischem Temperament gefeiert.

Für die Hamborner Arbeiterbewegung war der Altmarkt jedoch nicht nur Festplatz, sondern auch Kampf- und Demonstrationsort. Im Winter 1978/79 demonstrierten hier beim Stahlarbeiterstreik Zehntausende von Metallern für die 35-Stunden-Woche. In den Jahren nach 1918 fanden hier riesige Kundgebungen und Protestaktionen der radikalisierten Bergarbeiterschaft statt; Zehntausende demonstierten nach der Ermordung Rosa Luxemburgs, Karl Liebknechts (1919), Matthias Erzbergers (1921) und Wather Rathenaus (1922). 1922/23 fanden die Hamborner »Teuerungsunruhen« mit dem Sturm auf den Altmarkt ihren Höhepunkt.

Stürmisch verliefen häufig auch die 1.-Mai-Kundgebungen, zum Beispiel die vom 1.5.1918 (Protest gegen den Krieg) oder die vom 1.5.1981: Die Rede von Bundeskanzler Helmut Schmidt wurde von Protesten begleitet. Am Tag zuvor waren bei einer spektakulären Polizeiaktion 160 Jugendliche, die an einer unangemeldeten Demonstration gegen Wohnraumvernichtung teilnehmen wollten, eingekesselt und verhaftet worden.

Ein halbes Jahr zuvor hatte hier die erste Aktion der Hamborner »Wohnungsraumrettungsgesellschaft« stattgefunden, die sich gegen den Abriß von drei alten Altmarkthäusern sowie Ladenlokalen richtete. Kurz vor Weihnachten 1980 wurde der Altmarkt von einer Polizeihundertschaft mit Hundestaffel abgeriegelt. Mit Brechstangen stürmte ein Sonderkommando der Polizei das besetzte Eckhaus »Jägersruh«, nahm die Besetzer fest und transportierte sie zur Wache. Nach der Zwangsräumung kamen sofort die Abrißbagger und zerstörten die Häuser. Der Protest der Politiker beschränkte sich auf Kritik am Abriß dreier alter Kastanien. Doch die Hausbesetzung am Altmarkt war ein Erfolg: Die Häuser wurden unter Denkmalschutz gestellt, die Aktion ermutigte zu weiteren Besetzungen, u.a. des Hamborn-Neumühler Bahnhofes (31.1.1981).

Vom Altmarkt aus führt die Jägerstraße, Hamborns Einkaufszentrum, zurück zur Abtei. Seit 1968 ist sie Basarstraße; viele politische und kulturelle Veranstaltungen finden hier statt. Schöne, reich dekorierte Häuserfassaden schmücken sie. Diese Bürgerhäuser gehören zweifellos zu den ersten der Stadt Hamborn; einige sind um die Jahrhundertwende gebaut, andere in den »Goldenen Zwanzigern«, in denen Hamborn einen Baumboom erlebte. Zu den letzteren zählt das Kaufhaus Braun. Bis 1938 hieß es Kaufhaus Berger; da

wurde es — 14 Tage nach der »Kristallnacht« — »arisiert«, d.h. für billiges Geld von den »arischen« Kaufleuten *Albers* und *Braun* erworben. Der vormalige jüdische Besitzer des renommierten Kaufhauses *Alfred Berger* wurde in der Pogromnacht des 10. November 1938 festgenommen und ins Hamborner Polizeigefängnis geführt, nachdem seine Wohnung und das Kaufhaus demoliert worden waren (die 24 Schaufenster eingeschlagen, die Ladeneinrichtung zertrümmert, ein großer Teil der Waren vernichtet ...). Später konnte sich der über 60jährige Kaufmann mit seiner Familie durch Flucht in die Schweiz vor der Vernichtung retten.

Kinderkarneval 1965

Jägerstraße/ Weidmannstr.

Besuchen sollte man die Gaststätte »Zur Alten Post«. In dem Haus mit der schmucken Fassade (Baujahr 1871, Jahr der Reichsgründung!) war früher das »Kaiserliche Postamt« (seit 1897) eingerichtet. Ein fahrender Landbriefträger brachte Briefe, Postkarten usw. nach Neumühl oder zurück — mit der Postkutsche.

Jägerstraße 52

In der Gaststätte finden sich viele historische Erinnerungsstücke (alte Fotos, Dokumente etc.). Das Vereinslokal der Handballabteilung von *Hamborn 07* wirbt mit »guter Küche zu bürgerlichen Preisen«. Am Donnerstag vor Karneval treffen sich traditionell die Hamborner Jugendlichen vor der »Alten Post«, »hauen so richtig auf den Putz«, und in der Tat endet das große Besäufnis und Straßenhappening fast immer mit einer Riesen-Keilerei.

Ein beliebter Treffpunkt der Hamborner aller Jahrgänge war früher das Metropol-Filmtheater auf der Jägerstraße, das älteste Lichtspielhaus am Ort. Es wird erzählt, daß — in Notzeiten wie zum Beispiel im Ersten Weltkrieg — »die Leute massenhaft gekommen seien nicht wegen der Filme, sondern

wegen des Ofens«, um sich hier zu wärmen und Kohlen zu sparen. *Das Metropol wurde im August 1971 geschlossen: In Alt-Hamborn gibt es keine Kinos mehr, dafür »Spielotheken« und dergleichen. Abends ist die Innenstadt heute wie ausgestorben, die Bürgersteige sind hochgeklappt.*

Buschstr.

Mit dem alten Sportplatz verschwand — durch den Bau der Stadtautobahn — auch ein anderer geselliger Mittelpunkt Alt-Hamborns. An dieser Stelle war viele Jahrzehnte lang — im Schatten des Förderturms von Schacht 1 — der Traditionsverein Hamborn 07 zu Hause, einer der größten und populärsten Reviervereine, durch seine Erfolge im Fußball, Handball, Boxen und Judo weit über die Grenzen Deutschlands bekannt. Doch die »glorreichen« Zeiten sind vorbei, da die Hamborner »Löwen« fast ausnahmslos Thyssenmalocher waren, wo sie das Geld für die Fußbälle selbst sammelten, in Tag- und Nachtschichten mit Hacke und Schaufel (1912/13 bzw. 1945/46) die Anlage (ursprünglich ein bewaldetes Landstück) herrichteten oder »Kalorienspiele« auf dem Lande (1946) durchführten (Fußball gegen Speck und Kartoffeln) und zugleich zu den deutschen Spitzenmannschaften gehörten. Die »Fahrstuhlelf« von Hamborn 07, die einst Oberligageschichte schrieb (mit *Rolf Schafstall* z.B. als Spieler, dem späteren Trainer renommierter Mannschaften), sank immer tiefer, als Fußball vor allem mit der Einführung der Bundesliga eine Sache des Geldes wurde. Ein ähnliches Geschick erlitt die Handballmannschaft, 1958 noch Deutscher Meister im (Feld-)Handball. Damals spielten im Trikot der »Gelb-Schwarzen« zahlreiche Nationalspieler, unter ihnen *Walter* (»Spitze«) *Schädlich*, zweifacher Weltmeister ...

Vereinslokale von Hamborn 07 waren viele Jahre lang die über 150 Jahre alte Gaststätte »Alt-Hamborn« (Hufstraße 65a) sowie der »Hamborner Hof« (Baujahr 1850), das erste Hotel in Hamborn. In dem Gebäude aus der Frühzeit Hamborns feierten Thyssen, Haniel und andere »Zechenbarone« ihre Betriebsfeste, hier gab es große Konzerte und seit 1934 einen kleinen Privatzoo. Bei »Buschmann« tranken auch die Bergleute der Jupp-Kolonie ihr »Köpi« (König-Pilsener) oder ließen ihre Flachmänner (»Töt«) per Pumpe mit Schnaps nachfüllen (1/2 l). Heute liegt die Gaststätte, seit dem Umzug von Hamborn 07 nach Bruckhausen bzw. nach Marxloh, etwas vergessen und abseits am Rande der »Juppkolonie«.

❽
Buschstraße 23

Viele Bergmannshäuser der Siedlung sind in den letzten Jahren restauriert und modernisiert worden; die heutigen Bewohner, zumeist Menschen aus der Türkei, haben in Eigeninitiative schöne Gärten und lauschige Plätze angelegt. Bis Mitte der 80er Jahre war hier alles völlig verfallen, das »Türkenghetto« sollte, so schien es, kaputtsaniert werden. Zuletzt wurde zum Beispiel das traditionsreiche Ledigenheim (Menage) auf der Steigerstraße (früher Josefstraße) abgerissen, nachdem es viele Jahre lang als Asylantenheim gedient hatte und völlig verwahrlost war. Hier wohnte vor 1939, so berichten Augenzeugen, der Arbeiterschriftsteller *Hans Marchwitza.* Er arbeitete als Bergmann auf der Thyssen-Zeche, direkt vor Kohle. Er hielt Vorträge und Lesungen vor den Arbeitern der Region und schrieb sein fesselndes Buch »Walzwerk — Roman aus dem Duisburg-Hamborner Industriegebiet« (1932).

Der »Hamborner Hof« war auch Vereinslokal der »Hamborn 07«-Ringer (Aufnahme um 1910)

Nach dem anstrengenden Rundgang durch Hamborns Industriegeschichte und -gegenwart kann man/frau sich aussuchen, wo er/sie essen und trinken will (»Heiliger Geist«, Alt-Hamborn, Hamborner Hof, Abteikeller, Stadtparkrestaurant ...) oder wo er/sie sich ausruht (Botanischer Garten oder Stadtpark). Alles ist nur ein paar Schritte entfernt und garantiert rußfrei.

Thyssen contra Spartakus

»Dichterviertel« Obermarxloh

von Manfred Tietz

Ausgangspunkt: Förderturm Schacht 1
Endpunkt: Rathaus Hamborn
Dauer: 2 1/2 Stunden

Am 31.5.1981 brachte die ARD den Fernseh-Film »No Future. Kein Bock auf Illusionen!«. Die Hauptdarsteller: *Surro, Kicki, Zokker, Schnorrer, Kotzkitt, Fred Banane* ... — Punker-Jugendliche aus Hamborn. Hier fand Regisseur *Michael Braun* eine knallharte »von der Arbeitswelt total bestimmte Szene«. Die Aussteiger-Jugendlichen lassen ihren Frust und ihre Wut raus durch »wahnsinnige Punk-Konzerte« und aggressive Pogotänze.

Einige der »Darsteller« stammten aus der ehemaligen Bergarbeiterkolonie Obermarxloh, »Dichterviertel« genannt (wegen der Straßennamen), aber auch »Schweineviertel«. Hier sind: Arbeitslosigkeit, hoher Ausländeranteil, relative Armut, (Klein-)Kriminalität, Ausländerhaß ... »Für die Jugend ist hier nichts«. Viele sind ohne Arbeit, hätten Zeit. Aber wohin? Spätabends liegt das Viertel dunkel und ausgestorben. Ein selbstverwaltetes Jugendzentrum gibt es nicht. Kneipen? »Da ist das Bier zu teuer!« Der »Kohlenkasten«, eine Szenekneipe in der Halfmannstraße, war nicht lange. Umlagert sind jedoch immer die zahlreichen Trinkhallen: »Da kriegst du 'n Bierchen für 1,30 DM«. Man trinkt hier sein Pilschen oder Alt im Stehen, direkt aus der Flasche, im Gespräch mit Kumpels.

Nach dem Zechensterben in den 60er Jahren hat sich das Leben in der Kolonie verändert. Viele ehemalige BewohnerInnen sind weggezogen, alte Läden und Geschäfte sind verschwunden, von dem einstmals regen Vereinsleben sind nur noch Reste vorhanden. Vorbei sind die Zeiten, in denen das Kino auf der Freiligrathstraße oder der Zirkus am Zinkhüttenplatz die Menschen zusammenführte. Auch der Rest ist Geschichte: Die Obermarxloher Zechenhauskolonie war die stärkste Bastion des »roten Hamborn«, des »Spartakistennestes«, in dem laut *Clara Zetkin* »das reifste Proletariat der Welt« wohnte und dessen Widerstand gegen Thyssen und Hitler legendär war. Und statt der »Kumpels« aus Polen oder Österreich prägen heute mehr die türkischen BewohnerInnen das Stadtviertel: türkische Vereine, Teehäuser, Moscheen.

Auf dem Gelände der früheren Schachtanlage Thyssen 1/6 liegt das imposante Thyssengas-Verwaltungsgebäude (1980 erbaut), in dem etwa 500 Angestellte beschäftigt sind. Die Thyssengas GmbH

❶
Duisburger Str. 277

gehört zu den größten Gasversorgern der BRD: Zahlreiche Unternehmen sowie über 100 Städte und Gemeinden werden mit Erdgas beliefert. Sie ist die älteste Ferngasgesellschaft Deutschlands (schon 1905 wurde die Stadt Walsum mit Gas versorgt, seit 1910 die Stadt Barmen etc.). Bis 1971 stand das alte Thyssen-Ferngaswerk im Winkel Duisburgerstraße/Alleestraße, wo sich heute die NGW (Niederrheinische Gas- und Wasserwerke) befinden und seit 1898 der 62 m hohe Wasserturm, ein Wahrzeichen Hamborns.

Hinter dem Thyssengas-Gebäude ragt der restaurierte Förderturm von Schacht 1 hoch. Das Denkmal auf der alten Hoevelschen Hufe markiert den Beginn von 90 Jahren Bergbau in Hamborn. Seine Abteufung im Jahre 1871 drohte zunächst ein finanzielles Fiasko zu werden (Krise von 1873!). Doch dann kam *August Thyssen,* der eine Kohlenbasis für sein Werk in Mülheim/Styrum schaffen wollte. Er kaufte die Mehrheit der Kuxen der »Gewerkschaft Deutscher Kaiser« (bis 1871 »Gewerkschaft Hamborn«), ließ sich in den Grubenvorstand wählen und investierte ein riesiges Kapital, um von 1888 bis 1909 fünf weitere Schächte in Hamborn niederzubringen (Schacht 6 im Jahre 1903).

*August Thyssen
(1842—1926)*

Förderten 1880 noch 390 Bergleute 80.000 t Kohle, so waren es 1909 15.700 Kumpels mit einer Produktion von 3.600.045 Tonnen. Bis 24-Stundenschichten waren die Regel, tödliche Unfälle keine Seltenheit. Gegen die Auspressung ihrer Arbeitskraft durch Thyssen wehrten sich die Bergleute mit äußerster Radikalität, allen voran die Arbeiter von Schacht 1. Bei den Bergarbeiterstreiks von 1889/90 und 1912 ließen sie sich auch von berittener Polizei, die mit blankem Säbel auf die Streikenden einhieb, nicht einschüchtern. Und im Dezember 1918 erkämpften sie eine kürzere Arbeitszeit durch Generalstreik, Großkundgebungen und bewaffnete Demonstrationen zu den Nachbarzechen. Auch in den folgenden Jahren gaben die Kumpels der Hamborner Thyssenschächte trotz militärischen Ausnahmezustands häufig das Signal für Streiks und Aufstände im Ruhrgebiet.

1927 wurde die Schachtanlage Friedrich Thyssen 1/6 stillgelegt, die Kohlenfelder gingen an 2/5 und 4/8. Die Nebengebäude — Lehrwerkstatt, Zentralmagazin usw. — blieben bis 1972 in Betrieb. Das einst billig erworbene Gelände ist heute Spekulationsobjekt. Seit Jahren wird eine Bebauung angestrebt: Rund 400 Wohneinheiten sollen hier entstehen. Doch verzögerte sich die Bebauung bisher. Wieweit ist der Boden des Morian-Geländes belastet — durch Schwermetalle, chlorierte Kohlenwasserstoffe ...?

Direkt gegenüber Schacht 1 bzw. der Bergbau-Verwaltung lag die Straßenbahnhaltestelle *Reinartz,* benannt nach dem Besitzer der Gastwirtschaft »Zum Stern« (seit 1905), einer Bergarbeiterkneipe. Nicht selten wurden die »Püttmänner« von ihren Frauen erwartet und abgefangen, vor allem an Zahltagen, damit der karge Inhalt der Lohntüte nicht sofort in der Gaststätte umgesetzt wurde. Die Kampstraße führte in die Kolonie, ins »Dichterviertel«, hinein.

❷
**Duisburger-/
Kampstr.**

198   Obermarxloh

Thyssen siedelte seine Arbeiter unmittelbar in der Nähe des Schachts an, dort, wo die Luft am drückendsten und giftigsten war. Die Bergleute sollten so stärker an die Zeche und an den Zechenherren gebunden werden, für die Kapitalinteressen verfügbarer sein.

Gegenüber der Schachtanlage 1/6 — dort, wo heute das Clauberg-Gymnasium steht —, lag bis Ende der 60er Jahre noch ein Stück der bäuerlichen Vergangenheit Hamborns: der Bogardshof (vorher Hoffmannshof); das ehemalige Rittergut stammte aus dem hohen Mittelalter. Zum Bogardshof gehörten das Gelände von Schacht 1/6 und viele Felder, auf denen die Kolonie entstand. Dort, wo noch im 17. und 18. Jahrhundert Hopfen angebaut wurde, standen und stehen jetzt die Thyssenschen Mietskasernen.

Um die unruhige Bergarbeiterschaft des Dichterviertels besser unter Kontrolle zu halten, wurde 1927 am Rande der Obermarxloher Kolonie das Polizeigefängnis errichtet, und zwar nachdem das alte Polizeigefängnis an der Parallelstraße 20 sich als unzureichend erwiesen hatte; in den nachrevolutionären Wirren (1918 bis 1920) war es mehrmals von Spartakisten gestürmt worden. In der Nazizeit war das Polizeigefängnis an der Kampstraße häufig die erste Station der Verfolgung für die Hamborner Antifaschisten/innen: Im März 1933 »saßen« hier schon über 300 »Schutzhäftlinge«.

Aus den 20er Jahren stammt auch das Amtsgericht (1927), Schauplatz recht spektakulärer Prozesse: 1946 gegen Naziverbrecher (»Duisburger Maimorde«) oder 1980 die »Neumühl-

❸
Kampstr./August-Thyssen-Str.

28.3.1945: US-Soldaten besetzen die ehemalige Schachtanlage Thyssen 1/6 an der Duisburgerstraße

HAMBORN, Rathaus

Das Hamborner Rathaus vor 1910

Duisburger Str.

Prozesse«. In der Nazizeit, besonders während des Krieges, fanden auf dem Platz vor dem Amtsgericht propagandistische Veranstaltungen statt. Vor 1927 war hier noch Sumpf- und Wiesengebiet: Die Bergleute der Kolonie weideten hier ihre Schafe, Gänse, Ziegen (»Kuh des Bergmanns«) und Schweine (»Schweinekolonie«).

Die neben dem Amtsgericht liegenden Großbauten stammen noch aus der Kaiserzeit (Postamt, Ecke Goethestraße, 1915; Reichsbankgebäude, 1908). Gegenüber befindet sich das Hamborner Rathaus (Renaissance- bzw. Barockstil), am 18.6.1904 eingeweiht, damals noch auf freier Fläche stehend. Der Prachtbau — in den Brüstungen sind die Embleme von Schiffahrt, Bergbau, Hüttenwesen usw. — verkörpert den kometenhaften Aufstieg Hamborns zur Industriemetropole. Am 1.4.1911 wurden dem »größten deutschen Dorf« die Stadtrechte verliehen (mit jetzt 103.000 Einwohnern).

» Hamborn«, hieß es am » Freuden- und Jubeltag« in der Festschrift der Gemeindeverwaltung, » hat sich innerhalb zweier Jahrzehnte nicht nur zur Industriegroßstadt, sondern auch zu einem durchaus modernen Gemeinwesen entwickelt. Wohl nie entfaltete sich eine Gemeinde nach fast tausendjährigem wirtschaftlichen Stillstand in so verhältnismäßig kurzer Zeit aus eigener Kraft zu solcher Blüte und Machtfülle wie Hamborn.« Doch war bewußt, woher die Kraft kam, die alles schuf: Im Amtszimmer des Oberbürgermeisters stand eine Bronzebüste vom » Begründer und Ausgestalter von Hamborns Industriegröße«, August Thyssen. Dagegen sah die KPD-Fraktion, die in den 20er Jahren im Stadtverordneten-Sitzungssaal fast die Hälfte der Sitze innehatte, in Thyssen den » größten Ausbeuter, den die Erde je sah«.

Der bekannteste Hamborner Stadtverordnete ist *Mathias Thesen* (1891—1944): Der Thyssen-Hüttenarbeiter, von 1928 bis 1933 auch Mitglied des Deutschen Reichstages, wurde nach über 11 Jahren Folter und Haft am 11.10.1944 im KZ Sachsenhausen von der SS erschossen. In der DDR und in der Sowjetunion sind z.b. Werften, Schiffe, Schulen usw. nach ihm benannt. Der Arbeiterschriftsteller *Willi Bredel* setzte ihm in seinem Roman »Die Prüfung« ein Denkmal (Prag, 1934), in dem er »Mattes'« Thesen als Symbol des deutschen antifaschistischen Widerstandes darstellte. In Duisburg erinnert nichts an den Arbeiterführer — kein Platz, keine Straße.

Duisburger Str.

1918—20 war das Rathaus Schauplatz revolutionärer Kämpfe. Im November 1918 hißten Spartakisten hier die rote Fahne. In den Rathausräumen, wo zuvor die Bildnisse der deutschen Kaiser hingen, herrschten die Arbeiter- und Soldatenräte, fast durchweg Bergleute der Hamborner Zechen. Und nach dem Kapp-Putsch im März 1920 regierte hier das Oberkommando der Roten Ruhrarmee, die außer Wesel das gesamte Ruhrgebiet besetzt hielt. Nach der Niederlage kam Reichswehr und übte Terror vom Rathaus aus.

Bis 1929 — dem Jahr des Zusammenschlusses mit Duisburg — zeigte sich die Bedeutung des Rathauses in der Tatsache, daß hier u.a. das städtische Heimatmuseum, eine Lesehalle sowie die Volksbücherei untergebracht waren. Nach dem Zweiten Weltkrieg gewann Hamborn für kurze Zeit — unter US-Militärkommando — noch einmal kommunale Selbständigkeit. Schon am 30.6.1945 mußte der Hamborner Oberbürgermeister Wilhelm Bambach einem Duisburg untergeordneten Bezirksstellenleiter weichen.

Im Rathaus befindet sich heute ein Kultur- und Freizeitzentrum. Es ist ein beliebter Treffpunkt von Vereinen, politischen und kulturellen Gruppen. Es gibt Konzerte, Politveranstaltungen, Ausstellungen. Recht beliebt sind auch die Kleinkunst-Veranstaltungen in der »Alten Wache«, die neben Theater, Kabarett, Jazzabenden, Liedvorträgen usw. neuerdings auch Filme zeigt (Stummfilmklassiker, Kult- und Jugendfilme); die ehemalige Polizeiwache, nach 1918 mehrmals von Spartakisten erstürmt, ähnelt im Innern heute einem Kleinkino.

Eingang zum Kultur- und Freizeit-Zentrum im Ratskeller

Das benachbarte Dichterviertel entstand nach der Jahrhundertwende als Wohngegend neueren Thyssen-Stils: eine endlos scheinende Reihe hoher Miethäuser — ohne Balkone, ohne Schmuck, in schmutzigem Braun-Gelb. Der Blick fällt auf riesige quadratische Innenhöfe, wo türkische Familien Hackfleisch grillen, Kinder spielen, Frauen häkeln. Bunte Wäsche auf Teppichstangen, Kleingärten, Müllcontainer. Schilder: »Schlagballspielen ... verboten«. Auf einem Gehsteig aufgeschüttete Kohle: Die meisten Wohnungen haben noch Kohleöfen, was in kalten Wintern eine heikle und kostspielige Angelegenheit ist. Die Häuser sind in Karrees angelegt.

Schillerstr.

Frühere Beschreibungen der Siedlung klingen abschreckend: »Wuchtige, rußgeschwärzte, jeglicher architektonischer Feinheit oder Lebhaftigkeit bare, melancholisch stimmende Mietskasernen (...) Im Sonnenlicht erscheint dieser Riesensteinblock fast wie eine Totenstadt, in der der unbarmherzige Lichtstrahl nur auf Elend trifft«. Die Straßen waren anfangs nicht kanalisiert, die Abwässer liefen über die Asche, den Schotter und später über das Pflaster ...

Schillerstr.

④
Schillerstr./
Kleiststr.

Den heutigen Betrachter überkommt bestenfalls Wehmut, wenn er verfallene und verkommene Wohnhäuser sieht, oft mit zugemauerten Fenstern und Eingängen, oder Löcher in der Reihe, wo vor einigen Jahren noch Häuser standen. Das Dichterviertel ist kein Slum, kein Schmuddelviertel, vor allem keine tödliche Hochhaussiedlung. Tagsüber und am frühen Abend wirkt es recht belebt.

An vielen Hausmauern stehen die Parolen und Zeichen linker türkischer Gruppen, zum Teil auch Appelle der alten KPD, die unter den Bergleuten hier bis zum Parteiverbot stark verankert war. Zu sehen sind antifaschistische Sprüche. Das Dichterviertel war eine Hochburg des antifaschistischen Widerstandes an Rhein und Ruhr.

Vergeblich versuchte die SA vor 1933 ins Viertel einzudringen: Zweimal war sie auf der Kalthoffstraße (vom Bahnhof kommend) und auf der Schlachthofstraße gescheitert; dabei wurde am 11.3.1932 am Emscherkanal Josef Trinczek, ein 27jähriger Kommunist aus dem Dichterviertel, ermordet. Im Juli 1932, vor einer Hitlerrede im Duisburger Wedaustadion, versuchte die SA erneut die Kolonie zu stürmen — unter massivem Polizeischutz. Die Bergleute hatten vor der Ecke Schillerstraße/Kleiststraße Barrikaden aus stacheldrahtverbundenen Aschenkübeln gebaut und stoppten den Zug; es gab einen Toten und mehrere Schwerverletzte.

Erst Mitte April 1933 — 2 1/2 Monate nach der »Machtergreifung« — gelang den Nazis die Eroberung des Viertels durch eine militärische Großaktion. 1.400 Schwerbewaffnete — SA, SS, Stahlhelm, Schupos — kamen bei Nacht und Nebel mit Lkws und Panzerwagen, durchkämmten Haus für Haus, Wohnung für Wohnung und führten zahllose »Verdächtige« fort.

Schillerstr./Kurt-
Spindler-Str.

Der braune Terror erinnerte an den »Weißen Terror« 13 Jahre zuvor: »Die ›Noskes‹ kamen im April 1920 in unser Dichterviertel«, erzählen Alois Nikkel und Johanna Spindler. »Sie schrien: ›Fenster zu! Es wird scharf geschossen!« Wie Reichswehr und Freicorps in den Arbeitervierteln wüteten, faßt der Brief eines Hamborner Volksschullehrers (vom 7.4.1920) zusammen: »Mord, Plünderung, Vergewaltigung, bestialisches Zerstückeln von Menschen ist an der Tagesordnung«.

Zu den Opfern des NS-Regimes gehörten u.a. *Paul Fichtner* (1904—1944) und *Kurt Spindler* (1904—1943), beide von der Kleiststraße 25. Der Bergmann Kurt Spindler ist der einzige Nichtdichter, nach dem eine Straße im Dichterviertel benannt ist; bis 1933 hieß sie *Heine*straße. Den Nazis war der jüdische Dichter unangenehm und sie ersetzten ihn durch *Gorch Fock*, den Heimatdichter, der in der Seeschlacht am Skagerrak fiel. Kurt Spindler dagegen, Betriebsrat und Streikführer von Thyssen 4/8, KPD-Fraktionsvorsitzender im Duisburger Stadtparlament sowie Bergarbeiterführer im antifaschistischen Widerstand 1934/35, kam 1943 im KZ um.

Kurt Spindler
(1904—1943). Foto: 1932

Vor 1933 war das Dichterviertel ein Zentrum des KPD-orientierten »Rotsports« (Arbeiter-Sport- und Kultur-Kartell — Duisburg-Hamborn). Fritz Spindler, ein Bruder des Bergarbeiterführers, leitete den Turnverein »Fichte Hamborn«, *Richard Hiepe den Arbeiter-Turn- und Sportverein Zukunft Hamborn. Im November 1929 zählte »Zukunft« 714 Mitglieder (282 Männer, 181 Frauen, 251 Jugendliche); das Vereinslokal war das heutige Restau-*

❺

Mitglieder des Arbeiter-radsport-Vereins »Solidarität« Hamborn

rant *»Zum Grunewald«*. *»Zukunft Hamborn«* nannte sich auch der benachbarte Spiel- und Sportverein, der sich mehr auf Fußball konzentrierte und sein Vereinslokal in der Wirtschaft Giske hatte. Weitere mitgliederstarke Rotsport-Vereine waren im Dichterviertel der Arbeiterschach-Club, der Arbeiter-Schützenbund oder der Radfahrerverein *»Freiheit Hamborn«*.

Die Radfahrer trafen sich u.a. in der Wirtschaft *»Biederblick«* (Haus Columbus), von wo aus sie ihre Ausflüge oder Sternfahrten nach Möllen oder Sterkrade starteten. Wie eine kleine Burg mit Zinnen und Türmchen thront das Haus Columbus über den Bergmannshäusern. Die kleine Christoph-Kolumbus-Figur am Turm gibt es nicht mehr, doch erinnern Fotos am Eingang und alte Stiche an die vergangenen Zeiten und das Rumpsteak *»Columbus«* an den Namensgeber des Restaurants. Kaum vorstellbar, daß in dem modernisierten Bau früher Großveranstaltungen der KPD stattfanden, die von der Polizei mit Knüppeln gesprengt wurden, oder daß hier Anfang Februar 1933 der Arbeiter Koprian *von der Kantstraße* von Nazis niedergeschossen wurde.

Holtener Str.

Blütenstr.

Auf dem Nordfriedhof erinnert nichts an die zahlreichen Opfer des Braunen und des Weißen Terrors aus dem Dichterviertel. Das Denkmal »für die Opfer der Revolution 1920 — gewidmet von der Hamborner Arbeiterschaft«, an dem zahlreiche Gedenkfeiern stattfanden, wurde von den Nazis zerstört. Dagegen steht noch ein Stein für die im März 1920 beim Kapp-Putsch umgekommenen Freischärler und Reichswehrsoldaten, gestiftet vom »Kreis-Krieger-Verband Hamborn«.

Ein Zwangsarbeiterlager mit 160 zwangsverschleppten Russen befand sich einige Schritte entfernt. Die Gefangenen mußten im Krieg für die »Gelsenkirchener Bergwerks AG, Gruppe Hamborn«, die früheren Thyssen-Zechen, Sklavenarbeit leisten, viele starben an Erschöpfung oder Unterernährung. Es ist anzunehmen,

❻
Freiligrathstr. 13

daß die »Ostarbeiter« auf dem Fiskusfriedhof begraben liegen (dort sind 607 Menschen aus der Sowjetunion und 92 aus Polen bestattet).

Freiligrathstr.

Hier sammeln sich auf kleinstem Raum Geschäfte und Gaststätten. Das alte (katholische) Vereinshaus mit dem Erkerturm steht immer noch. Dagegen besteht nicht mehr das »Capitol«; in den 50er und 60er Jahren standen die Menschen vor der Kinokasse Schlange. Trotz modernster Vorführapparate und bester Akustik mußte das Filmtheater 1971 schließen. Auch die Gaststätte van Leuwen existiert nicht mehr. In der Zeit der großen Erwerbslosigkeit (1929—1933) fanden hier große KPD-Versammlungen und erbitterte Auseinandersetzungen mit der Polizei statt. Mehrmals stürmten hungernde Bergarbeiterfamilien die Stempelstelle, die sich hier befand. In der heutigen Eckkneipe »Zum Steinbeißer« war in den 30er Jahren das Haushalts- und Eisenwarengeschäft *Josef Braun*, daneben ist heute die »Kaffee- und Teestube Dogu Kirathanesi«, ein beliebter Treffpunkt türkischer Männer.

❼
Sterkrader Str./
Felix-Dahn-Str.

In der angrenzenden Sterkrader Straße laden einige urige Kneipen (z.B. »Bier-Box«) oder Trinkhallen zu einem Bier ein. Wer gerne Billard spielt, sollte in der Gaststätte »Zum Schrebergarten« halt machen; früher hieß sie »Zum gemütlichen Wilm«.

Grimmstr.

Weniger anheimelnd als die gemütliche Gaststätte, die im Grenzbereich zwischen Obermarxloh und Neumühl liegt, wirkt die städtische Hauptschule. Der mächtige Bau aus der Kaiserzeit schüchtert eher ein.

Wie eine Schulanfänger-Klasse 1913 aussah, schildert der Hamborner Volksschullehrer Heinrich Kautz: »Da sitzen 70 oder mehr kleine Burschen. Ihre Gesichter sind nichts weniger als frisch. Schmale Wangen, tiefumrandete Augen, überhohe Stirnen, verbildete Schädel, verwachsene Wirbelsäulen, spindeldürre Arme und Beine, Glotzaugen«. Zu dieser Zeit war Kinderarbeit noch weit verbreitet, die Bergarbeiterkinder litten an TBC, Skrofulose, Verkrüppelungen, Erblindungen, Gehördefekten usw. Jeder zweite Leichenzug galt einem Säugling. Und die Kinder, die überlebten, wuchsen in den kinderreichen Bergarbeiterfamilien im Elend auf.

Grimmstr.

Am Eingang der Schule steht heute ein Schild: »Bissiger Hund«, auch auf türkisch. Bei den deutschen Bewohnern des Dichterviertels (sie heißen z.B. Walinski, Komorowski oder Skibka) gilt die Schule als Türkenghetto. Im Schuljahr 1988/89 gab es über 80% türkische Schüler/innen (Hamborner Durchschnitt: 50%), mehrere rein türkische Regelklassen. Die Schule bemüht sich um »Integration«, bekämpft Vorurteile: Begegnungsfahrten der Abschlußklassen in die Türkei, Partnerschaft mit einer Istanbuler Schule, türkische Sprach-Fortbildung für deutsche Lehrer.

Kalthoffstr./
Schillerstr.

Es gibt gemeinsame Projekte mit dem Städtischen Jugendzentrum, aus dem sich vor Jahren die deutschen Jugendlichen zurückgezogen haben. Das Zentrum — mit einer hervorragenden türkischen Volkstanzgruppe — tritt besonders aktiv gegen Ausländerfeindlichkeit ein.

Dichterviertel: Die Goethestraße in den 20er Jahren

Rechte Parteien waren bei der Europawahl '89 erfolgreich in Ober-marxloh: 7,4%. Und es gibt eine Chronik der Gewalt: 1982/83 terrorisierten jugendliche Neonazis auf der Halfmannstraße (im Haus Nr. 53 ist eine Moschee!) türkische Bewohner/innen ... Am 2.3.1985 versuchten zum Teil bewaffnete Skinheads — nach einem FAP-»Gautreffen« im Ratskeller — das Dichterviertel zu stürmen.

Um den Abbau von Vorurteilen bemüht sich auch der Pfarrer der Norbertuskirche; so veranstaltete er einen Weihnachtsgottesdienst mit türkischen Kindern und engagiert sich für die Sanierung der alten Bergwerkskolonie. Viele Häuser um den Goetheplatz herum und in der näheren Umgebung sind schon vorbildlich renoviert.

❽
Goetheplatz

Auf dem Goetheplatz sollte man/frau eine Ruhepause einlagen, auf einer Bank unter schattigen Platanen am Kinderspielplatz oder in der hübschen Grünanlage vor der Norbertuskirche. St. Norbert ist 1902 im neugotischen Stil erbaut worden und wird wegen seiner Turmhöhe auch »Hamborner Dom« genannt.

1933 zerstörten Nazis das katholische Jugendheim an der Norbertuskir-che. HJ-Kolonnen zogen vor dem Norbertus-Kirchplatz vorbei und sangen Haßlieder gegen den Bischof von Münster, der als NS-Gegner bekannt war: »Clemens August Graf von Gahlen hat den Arsch verbrannt«. Vor der NS-Zeit gab es hier große Demonstrationen der Arbeiterbewegung; zum Bei-spiel am 5.8.1927 eine Solidaritätsveranstaltung für Sacco und Vanzetti, 1930 Protestzüge der Rotsportler gegen die Entziehung der Sportanlagen, Mai/Juni 1932 »Hungermärsche«, Stürmung der Stempelstellen durch Erwerbslose, Sprechchöre gegen Hunger und Arbeitslosigkeit, Barrikaden-kämpfe, Polizeischüsse und Verhaftungen ..., am 27.7.1932 Proteste gegen Thyssen bzw. die Vestag (Vereinigte Stahlwerke), die »als Hauseigentümerin (...) von den Anwohnern der Kolonie an Dächer und Kamine angebrachte Fahnen und Transparente der KPD entfernen ließ« ... Am 31.5.1932 wurde

⑨
Körnerstraße/
Kalthoffstr.

das Vestag-Konsumgebäude von einer großen Menschenmenge unter Rufen »Wir haben Hunger« gestürmt; dabei wurde der Arbeiter Fritz Perlich (Knappenstraße 24) von Polizei erschossen.

Hinter dem ehemaligen Thyssen-Konsum (heute Disco »Top 2000«) klafft ein riesiges Loch. Hier standen Bergmannshäuser, die in der Tat abbruchreif waren. Gleich gegenüber — Eingang Rükkertstraße — liegt die Moschee mit Koranschule.

Markgrafenstr.

Der Hamborner Hauptbahnhof, am 14.10.1912 eröffnet und recht zentral — unweit der Marxloher »City« gelegen — , ist seit 1983 stillgelegt. Seit Sommer 1989 befindet sich hier das türkische Restaurant »Sultan«. In der großen Bahnhofshalle, wo früher Fahrkarten verkauft wurden und die Reisenden auf die Züge nach Oberhausen oder Wesel warteten, können heute Veranstaltungen mit bis zu 300 Personen stattfinden, z.B. türkische Hochzeiten. Im Speiselokal wird auf einem echten Holzkohlengrill Kebab oder Kuzu Pirzula (Lammkotlett mit Reis) zubereitet.

Im Güterbahnhof, wo früher täglich 10 Güterzüge abgefertigt wurden, hat sich ein türkischer Großmarkt eingerichtet, auf dem fast immer ein orientalisches Treiben herrscht. Schafskäse, Raki, Frischobst usw. sind hier relativ billig zu bekommen.

In der NS-Zeit war der Hamborner Hauptbahnhof Treffpunkt für Illegale. Erstaunlich war die Menge der hier übergebenen Aufklärungsliteratur: so erhielt ein Literaturobmann der kommunistischen Widerstandsgruppe um Kurt Spindler bei einem einzigen Treff im Bahnhof 5.000 Exemplare verbotener Schriften.

⑩
Im Holtkamp 4

Der Hamborner Bahnhof wurde 1912 eröffnet

Hinter den Gleisen des Hauptbahnhofs liegt das Gebäude der früheren Brotfabrik »Germania«. Eine Gedenktafel im Hof der heutigen Spielzeugfabrik vermerkt, daß hier 1934/35 die Zentrale und Schaltstelle des sozialdemokratischen Widerstandes an Rhein und Ruhr war.

Der Besitzer der Brotfabrik, *August Kordahs,* hatte frühere Funktionäre der verbotenen SPD und des Reichsbanners, unter ihnen den Schlosser *Hermann Runge,* als Brotfahrer eingestellt. Mit der Brotkutsche brachten sie illegale Zeitungen und Tarnbroschüren der SPD, in Zwiebacktüten versteckt, in die Arbeiterviertel des Ruhrgebiets und des linken Niederrheins. Auch gingen per Geheimcode verschlüsselte Nachrichten (in Grammatikheften) ins Ausland, vor allem an den Prager SPD-Exil-Vorstand, um über die Kriegsvorbereitungen der Hitlerdiktatur zu informieren.

Gegenüber dem Hauptbahnhof liegt ein modernes Altenzentrum: Morian-Stift, Herbert-Grillo-Haus. Früher befand sich hier ein gut besuchtes Licht- und Luftbad (seit 1922) mit Planschbecken und Liegehalle; es war zugleich Jugendherberge und Kinderkurbad; täglich weilten winters wie sommers 50 Kinder zur »Bade«-Kur. Die Kinder litten an Tuberkulose oder anderen Seuchen, die bei der Industriebevölkerung weit verbreitet waren.

Hermann Runge, Initiator des Widerstandskreises » Germania «; nach 1949 SPD-Bundestagsabgeordneter

Markgrafenstr.

Im Licht- und Luftbad gab es auch schon FKK-Anhänger/innen, die sich — hinter einem Lattenzaun versteckt — im Adams-, Evakostüm sonnen konnten. Doch galt eine penible Badekleiderordnung, die der sog. » Zwickelerlaß « vorschrieb: So dürfen » Frauen nur öffentlich baden, falls sie einen Badeanzug tragen, der Brust und Leib an der Vorderseite des Oberkörpers vollständig bedeckt, unter den Armen fest anliegt sowie mit angeschnittenen Beinen und einem Zwickel versehen ist. Der Rückenausschnitt darf nicht über das untere Ende der Schulterblätter hinausgehen. « Der » Reichsbadeerlaß « sah allerdings auch für Männer einen » Badeanzug « vor.

⑪

Rathenaustr.

Der Weg zur Rhein-Ruhr-Halle führt an der Berufsschule vorbei; das 1929 eingeweihte »hervorragende Hamborner Kulturdenkmal« mit den monumentalen Steinfiguren steht seit 1979 unter Denkmalschutz. Am Ende der Rathenaustraße (1933—45 Horst-Wessel-Straße) liegt das Stadtbad (der Bau wurde in den 20er Jahren begonnen — und wegen der Wirtschaftskrise erst 1936 vollendet). Zu empfehlen ist die alte Sauna mit dem irischen Dampfbad und der Dampfdusche; frühmorgens treffen sich hier schon Thyssensenioren oder auch heutige Thyssen-Malocher zum Schwitzbad oder zum Kartenspiel. Die alten Hamborner erinnern sich vor allem an die spannenden Boxkämpfe, die in den 50er und 60er Jahren im Stadtbad stattfanden, auch an internationale Vergleiche gegen die Staffeln von *Lazio Rom, Partizan Belgrad* usw. Hamborn 07 hatte eine starke Boxabteilung (seit 1922); in ihren Reihen kämpften zahlreiche Westdeutsche und Deutsche Meister (z.B. *Ulli Kienast* im Halbschwergewicht).

Nationale und internationale Boxmeisterschaften finden heute in der gegenüberliegenden Rhein-Ruhr-Halle statt. Duisburgs größte und vielseitigste Mehrzweckhalle liegt günstig, unmittelbar neben der A 59 (Stadtautobahn) bzw. an der B 8 (Straßenbahnhaltestelle). Neben Konzerten, Messen, Ausstellungen, Tanz- und Bühnenshows, Kongressen und internationalen Sport-Großereignissen (Hallenhandball-Weltmeisterschaft, Tischtennis-Europa-

**Rathenaustr./
Duisburger Str.**

Figurengruppe vor der Berufsschule

Wilhelm Theodor Grillo (1819–1889)

⑫
Weser Str./Buchstr.

Zirkuselefanten auf dem Weg vom Güterbahnhof zum Zinkhüttenplatz

meisterschaft, Universiade) gibt es hier auch politische und gewerkschaftliche Großveranstaltungen. Seit einigen Jahren ist die Halle beim Fernsehen sehr beliebt — wegen der technischen Voraussetzungen (Beleuchtung, Möglichkeit des raschen Auf- und Abbaus der Dekorationen usw.): Fernsehshows wie »Wetten daß«, »Melodien für Millionen« usw. werden aus der Rhein-Ruhr-Halle gesendet.

Die Halle befindet sich auf dem Gelände des früheren Zinkhüttenplatzes, wo große Schützenfeste, Kirmes oder Zirkusveranstaltungen Tausende von Menschen anlockten; wenn Krone, Sarrasani, Hagenbeck, Althoff, Barum usw. kamen, waren die Zirkuszelte immer voll. Der Platz und auch die benachbarte Zinkhüttensiedlung haben ihren Namen von den gegenüberliegenden Grillo-Werken. *Wilhelm Grillo* gehört neben A. Thyssen und D. Morian zu den Pionieren der Industrialisierung Hamborns bzw. Duisburgs. Er gründete 1848 in Hamborn-Neumühl an der Emscher ein Zinkwalzwerk, nachdem Zinkblech in immer größeren Mengen für den Bausektor benötigt wurde. Der Bau einer Zinkweißfabrik folgte, dann 1879 — an der Grenze zwischen Alt-Hamborn und Marxloh — der Zinkhütte, in der das Rohmaterial für die Blecherzeugung erschmolzen wurde, und schließlich 1894 eine Schwefelsäurefabrik, um die schwefelhaltigen Zinkerze zu verarbeiten. Die im Zweiten Weltkrieg weitgehend zerstörten Anlagen wurden nach 1945 wiederaufgebaut, so daß der Schwerpunkt der Produktion für den Metall- und Chemiebereich heute immer noch in Hamborn liegt.

Die Zinkhüttengase, die beim »Rösten« der Erze entstanden, vergifteten jahrzehntelang Land und Leute, stachen schmerzlich in

die Lungen der Menschen. Per Gerichtsbeschluß mußte Grillo den Bauern das Land abkaufen, dessen Pflanzenwuchs nachweislich durch die Giftgase zerstört war. Heute sorgen moderne Filter und Hochschornsteine dafür, daß zumindest die nähere Umgebung nicht verpestet wird. Wo die Industrie wuchs, blühte der Handel. In dem großen vielfenstrigen Eckgebäude eröffnete im Oktober 1929 das Kaufhaus Tietz seine Pforten, eines der größten und modernsten Warenhäuser Westdeutschlands. Die Nazis führten in den Krisenjahren eine schlimme Verleumdungskampagne gegen das jüdische Warenhaus, »eine von rassefremden Elementen ersonnene Kopie des orientalischen Basars«. 1933 erreichte die antisemitische Hetze gegen die »Warenhaus-Juden« einen Höhepunkt, die Leonhard-Tietz-AG wurde von der Westdeutschen Kaufhof AG übernommen, die jüdischen Angestellten entlassen. Nach dem Krieg wurde der Kaufhof 15 Monate nach der Währungsreform wiedereröffnet und in Hamborn zum Symbol des Wirtschaftswunders und des Kaufrausches der 50er/60er Jahre. August 1972 schloß der Kaufhof (Konkurrenzdruck durch Horten, der in Duisburg und Marxloh ein Kaufhaus eröffnet hatte, sowie Käuferschwund durch Kohlenkrise!). Der mächtige Bau stand jahrelang leer, wurde wie »saures Bier« angeboten, bis sich ein Elektromarkt und ein Fitness-Center hier einrichteten.

⓭ Duisburger Str./August-Thyssen-Str.

Der Straßenname und die Realschule erinnern an den Mann, der Hamborn zur Industrie-Großstadt machte. Durch Hamborn wurde August Thyssen andererseits um die Jahrhundertwende zum bedeutendsten Bergwerkbesitzer Deutschlands und 1904 zum Besitzer der größten stahlproduzierenden Industrie Europas. Bei seinen Hamborner »Mitarbeitern« galt er als hart und gerecht. Mit großer Brutalität ließ er z.B. 1889 den Bergarbeiterstreik für den 8-Stundentag unterdrücken. Im Ersten Weltkrieg plädierte er engagiert für die Eroberung fremder Länder, ihrer Kohle- und Erzvorkommen.

August-Thyssen-Str.

Am 9.9.1914 verfaßte er eine Denkschrift an den Reichskanzler: » Unsere Armee ist geradezu großartig. Sie stellt alles in den Schatten (...) Rußland muß uns die Ostseeprovinzen, vielleicht Teile von Polen und Dongebiet mit Odessa, die Krim sowie asowisches Gebiet und den Kaukasus abtreten (...) Der Kaukasus ist heute noch das Land, welches die größte Produktion an Manganerzen hat, das zur Herstellung von Stahl unumgänglich notwendig ist. « Daher verhafteten ihn in der Novemberrevolution die A- und S-Räte als » Kriegsverbrecher «; doch ließ ihn die Ebert-Regierung frei und entschädigte ihn mit 246 Mio. Reichsmark für die verlorenen Lothringer Werke.

Auch sein Sohn und Haupterbe *Fritz Thyssen* wurde 1945 als Kriegsverbrecher verhaftet und später entschädigt: Er hatte Hitler finanziert und der Nazipartei den Weg geebnet.

Wer darüber nachsinnen möchte, sollte am Ende des Rundgangs ein Pilschen im Hamborner Ratskeller nehmen oder gegenüber im China-Restaurant (ehem. Reichsbankgebäude) essen gehen; besonders empfehlenswert das Gericht »Vier Jahreszeiten«.

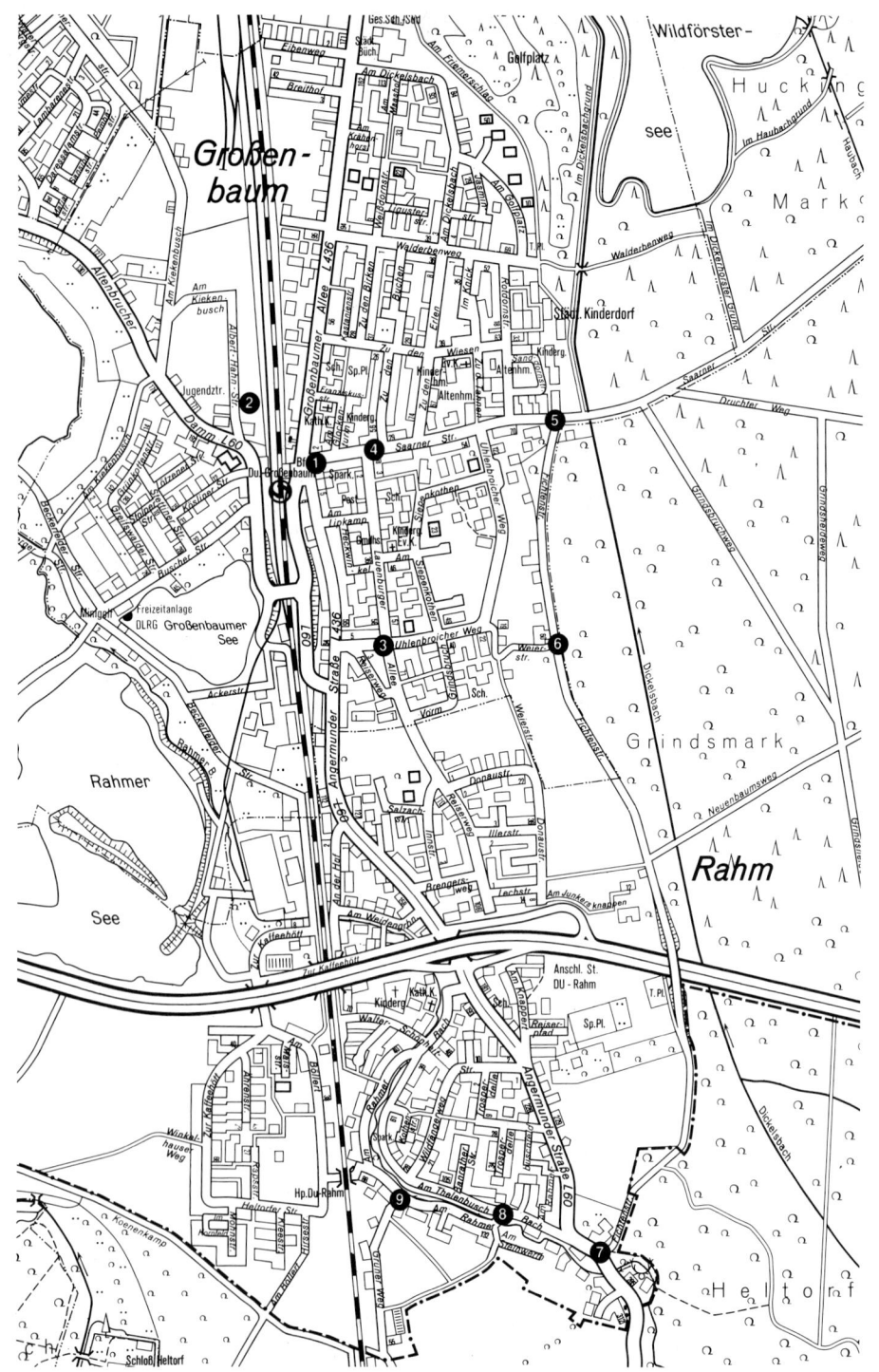

Stahl macht ein Dorf zur Stadt

Großenbaum/Rahm mit Ausflug nach Serm und Mündelheim

von Edith Dürbaum

Ausgangspunkt: Großenbaumer Bahnhof
Endpunkt: St. Hubertus Kirche in Rahm
Dauer: ca. 1 1/2 Stunden

Die heutigen Ortsbilder von Großenbaum und Rahm sind relativ jung. Erst nach dem Zweiten Weltkrieg entdeckten die Duisburger den Süden als bevorzugte Wohnlage. Der Wald mit seinen Seen lockte als Naherholungsgebiet. 1968 betrug der Neubauanteil 68%. Die Bevölkerung in beiden Ortsteilen wuchs enorm. Ende 1977 war in Großenbaum ein Höchststand mit 12.189 Einwohnern erreicht. Noch in der Mitte des vorigen Jahrhunderts bestanden Rahm und Großenbaum lediglich aus einigen verstreuten Bauernhöfen mitten im Wald.

Der große Baum

Rahm wird heute durch die A 524 in zwei ungleiche Teile zerschnitten. Das Ortszentrum liegt südlich der Autobahn, wo sich auch die früheste Ansiedlung befand, deren Name Rahm ein Gelände in sumpfiger Niederung bezeichnet. Noch bis zum Beginn des 20. Jahrhunderts war auch hier das Siedlungsbild ausschließlich von der Landwirtschaft bestimmt. Sowohl östlich als auch westlich vom alten Dorfkern erstreckten sich noch vor dem Zweiten Weltkrieg Wiesen und Felder. Auch die Bebauung nördlich der A 524 entstand erst nach dem Krieg. 1895 zählte man 964 Einwohner, 1925 waren es 1.233 und heute sind es ca. 6.000. Dabei rühmt man sich, im Vergleich mit anderen Duisburger Ortsteilen den höchsten Akademikeranteil zu beherbergen.

Der große Baum, dem Großenbaum seinen Namen verdankt, war kein altehrwürdiger Baumriese, sondern ein Schlagbaum, der sich etwa im Bereich des heutigen Bahnhofs befand. Es handelte sich dabei um eine Zollstelle aus dem 16. Jahrhundert, die von der bergischen Regierung in der Nähe der bergisch-klevischen Grenze angelegt worden war. Hier überschritt man die Grenze nach Norden in das Gebiet des Herzogtums Kleve. Das seit dem 450jährigen Bestehen Großenbaums regelmäßig im September gefeierte Schlagbaumfest, ein Volksfest, an dem sich Großenbaumer Geschäfte und Vereine beteiligen, erinnert an diese Einrichtung.

Erst später wurde in Erinnerung an den alten Schlagbaum die heutige Linde gepflanzt. Am großem Baum errichtete man 1715 ein

❶ Bahnhofsplatz

Haus des Bahnhofs-meisters

Kreuz, das auch heute noch auf dem Bahnhofsvorplatz zu sehen ist. Lange war dort der Treffpunkt für die katholischen Kirchgänger, die von hier aus zum Gottesdienst nach Huckingen zogen, bevor 1909 der Bau einer eigenen Kirche begonnen wurde.

In einem Gebäude am großen Baum tagte in früheren Zeiten außerdem das »Holzgericht«. Das Holz war neben der Landwirtschaft eine wichtige Erwerbsquelle der Großenbaumer. Die damaligen Ansiedler schlossen sich schon früh zu »Markgenossenschaften« zusammen, und Namen wie »Grindsmark«, »Huckinger Mark« usw. haben sich bis heute gehalten. Die Markgenossen oder »Walderben« — an die heute noch der Walderbenweg erinnert — hielten unter Vorsitz des Waldgrafen viermal im Jahr ihr »Holzgericht« ab. Hier wurden Streitigkeiten geschlichtet und neue Erben feierlich eingeführt.

Dieser genossenschaftlichen Wirtschaftsform machten die neuen Landesherren, die Preußen, 1831 den Garaus.

Großenbaumer Allee

Eine Grenzgängerkneipe gehörte zu den frühesten Ansiedlungen in Großenbaum. 1532 wurde zum ersten Mal ein Wohn- und Gasthaus »an dem großen Baum« erwähnt, das *Jan Meypels* und seiner Frau *Bele* gehörte, und in dem sie offenbar Waldarbeiter, Grenzgänger — und auch Schmuggler — bewirteten. Die Nachfolge dieses ältesten Gasthofs trat in späteren Zeiten die heutige Gaststätte Hundgeburt an.

Von entscheidender Bedeutung für die Entwicklung der Ortschaft Großenbaum war die Anlage der Köln-Mindener Eisenbahn, die 1846 ihren Betrieb von Düsseldorf nach Duisburg aufnahm. Großenbaum erhielt einen Haltepunkt, der lange Zeit hauptsächlich der Holzabfuhr diente. Dieser Bahnhof lag etwas nördlich vom heutigen Großenbaumer Bahnhof. Eine Gasse zwischen dem Haus Großenbaumer Allee Nr. 11 und dem benachbarten schönen Fachwerkhaus, in dem früher der Bahnhofsmeister wohnte, führte dorthin.

Der heutige Bahnhof entstand in den 20er Jahren unseres Jahrhunderts, und in seinen besten Zeiten waren dort 60 bis 70 Menschen beschäftigt. Anfangs ausgestattet mit einer Gaststätte und Wartesaal 1. und 2. Klasse, beherbergt er heute das Großenbaumer Musikcafé. In der ehemaligen Schalterhalle finden regelmäßig Live-Konzerte statt. Im Verwaltungsgebäude, wo auch einmal eine Zeitlang eine Galerie ihre Räume hatte, hat nun der Verein zur Förderung des Freizeitlebens (VFF) sein Domizil, der aus einer Bürgerinitiative gegen den weiteren Hochhausbau in Großenbaum entstand und sich nun der Freizeitgestaltung widmet.

Der heutige Bahnhofsparkplatz bot einer weiteren Gaststätte Platz. Scherzhaft nannte man die Gaststätte Brockerhoff den »Gasthof zur ewigen Lampe«, da dort, auch wenn kein offizieller Gaststättenbetrieb war, immer ein Schalter für Schichtarbeiter der Hahnschen Werke geöffnet war, wo diese sich mit der notwendigen flüssigen Nahrung versorgen konnten. Weiterhin diente der Saal der Gaststätte als Kino. 1928 wurden dort von der katholischen Pfarre Großenbaum die Pfarrlichtspiele eröffnet. Filme für Kinder, Jugendliche und Erwachsene wurden gezeigt; der Eintrittspreis betrug 10 Pfennig. 1938 wurde das Anwesen abgerissen, da die Reichsbahn zusätzliche Gleise benötigte.   *Bahnhof Großenbaum*

Hahnsche Werke

❷
Albert-Hahn-Str.

Im heutigen Gewerbegebiet Großenbaums, direkt neben der Eisenbahnlinie Düsseldorf-Duisburg, wurde 1888 der Grundstein für ein Stahlwerk, die *Hahnschen Werke* gelegt. Damit hielt die Industrialisierung in Großenbaum Einzug. Nachdem der Betrieb mit 105 Arbeitern begonnen hatte, fanden 1913 bereits 2.000 Menschen bis hin nach Lintorf Arbeit. Welchen Einfluß die Niederlassung der Industrie — speziell der Hahnschen Werke — auf die Entwicklung Großenbaums hatte, zeigen die Einwohnerzahlen der Siedlung: 1820 — 254/1925 — 3.716. Zahlreiche Arbeitersiedlungen entstanden. Während der 20er Jahre richtete *Albert Hahn* für arbeitslose Arbeiter sogar eine Sozialküche ein.

Da sich das Werk im Besitz einer jüdischen Familie befand, behinderten ab 1937 die Nationalsozialisten den Absatz der Produkte, indem sie auf die Kunden Druck ausübten. Als zudem die Gefahr drohte, von den Rohstofflieferungen abgeschnitten zu werden, mußten die Besitzer verkaufen, das Werk wurde »arisiert« und 1939 als Mannesmannröhren-Werke Abt. Großenbaum in den Konzern eingegliedert. Der Kaufpreis betrug weniger als 25% des realen Firmenwertes.

Weil das Werk im Zweiten Weltkrieg kaum zerstört wurde, konnte bereits am 15.9.45 der Betrieb wieder aufgenommen werden. Zu dieser Zeit wurden 90% des gesamten deutschen Stahls hier hergestellt. 1952 war die Familie Hahn wieder mit 55% im Besitz der Aktienmehrheit, das Werk hieß wieder Hahnsche Werke AG. Aber auch die Eingliederung in den Mannesmann-Konzern 1958 und die spätere Aufteilung der Produktionsbereiche des Werkes zwischen Mannesmann AG und Thyssen AG retteten das Werk nicht vor der Schließung.

Im Oktober 1974 kaufte die Stadt der Mannesmann AG das Gelände ab. 415.000 Quadratmeter wechselten für 6,8 Mio. DM den Besitzer. Das Gelände wurde zum Gewerbegebiet. Heute prägen zahlreiche Klein- und Mittelbetriebe das Bild.

Dem Beispiel der Bergwerksgesellschaft folgend, die ihre Arbeiter in der Nähe der Arbeitsstätte ansiedeln wollten, entstand hier um die Jahrhundertwende an der ehemaligen Albert-Hahn-Straße, die unter den Nationalsozialisten umbenannt wurde, eine der Arbeitersiedlungen der Hahnschen Werke — die *Alte Kolonie* —, deren Struktur noch heute erhalten ist und die derzeit Arbeitern von Mannesmann Wohnraum bietet. Die Häuser mit ihren kleinen Gärten sind auch heute äußerlich in ihrer ursprünglichen Form erhalten und beherbergen ganze vier Zimmer, die früher von großen Familien bewohnt wurden. Die Mieter wechselten selten, und ganze Generationen von Hahnschen Arbeitern lebten dort. Die Toiletten waren ehemals auf dem Hof neben einem Stall untergebracht, in dem sich die Waschküche befand. Auch Hühner und Kaninchen wurden dort gehalten und dienten zusammen mit dem Gemüsegarten der Versorgung der Familie.

Die Villa mit dem eigenwilligen Namen Mihlo entstand um die Jahrhundertwende. Marta, Ilse, Herta, Lene und Otto waren die Vornamen der Kinder des damaligen Besitzers, deren Anfangsbuchstaben dem Haus seinen Namen gaben. Heute befindet sich eine Kneipe im Erdgeschoß, die ›Mihlo-Klause‹, in der regelmäßig Jazz-Frühschoppen stattfinden.

Zwischen den Häusern Saarner Straße 38b und 40 liegt versteckt die Einfahrt zu einem der alten Großenbaumer Gehöft, dem *Siepenkottenhof* der Familie *Rothkopf,* nach dem auch die rückseitig verlaufende Straße Am Siepenkothen benannt ist. Diese alten Bauernhöfe machten in früheren Zeiten die gesamte »Siedlung Großenbaum« aus.

An der Saarner Straße liegen noch weitere kleine Kotten, die zu den ältesten Gebäuden von Großenbaum gehören. Während das Haus Ecke Lauenburger Allee/Saarner Straße 1989 einem Neubau weichen mußte, erinnern die Häuser Nr. 62 und 64 noch an Großenbaums bäuerliche Vergangenheit.

Jedes Jahr zu Pfingsten findet auf dem vom Grafen *Spee* zur Verfügung gestellten Platz das Vogelschießen und ein Jahrmarkt der St. Hubertusschützen statt. Die Schützenbruderschaft ist fester Bestandteil des Duisburger Vereinslebens und seit ihrer Gründung 1911 in der Gemeindearbeit aktiv. Die Schützen arbeiteten stets karitativ, leisteten aktiv Nachbarschaftshilfe und kümmerten sich um Waisen und Witwen. Sie ersetzten aus ihrer Kasse gestohlene Kirchengeräte, stifteten eine Glocke und halfen tatkräftig beim Kirchenumbau mit. Selbst in der Nazi-Zeit ließen sie sich nicht unterkriegen und nahmen einmal trotz Verbotes, sich in Uniform zu zeigen, in vollem Ornat an der Fronleichnamsprozession teil, was zur Folge hatte, daß ihr Brudermeister *Kleinbölting* von zwei »Leder-

❸
Uhlenbroicher Weg/
Lauenburger Allee

Die alte Kolonie

Lauenburger Allee 6

❹
Saarner Str.

❺
Saarner Str./
Fichtenstr.

mantelträgern« aus der Prozession heraus abgeführt wurde. Da man ihm jedoch nicht nachweisen konnte, ein offizielles Verbotsschreiben erhalten zu haben, wurde er nach kurzer Zeit wieder auf freien Fuß gesetzt.

❻
Fichtenstraße 56

Einer der ältesten Höfe ist der ehemalige *Weierhof* — so genannt nach einem im Wald gelegenen See, der heute einen Reitstall beherbergt. Das jetzige Haus »Waidmannsheil« — ein schönes altes Fachwerkgebäude — ist das frühere Gesindehaus des Hofes. 1905 wurde es verkauft und hat sich heute zu einem beliebten Ausflugslokal direkt am Wald entwickelt. Im Sommer sitzt man draußen im Grünen und genießt die Waldesruh' — wenn die Mücken es erlauben.

❼
Fichtenstr./Anger-
mündener Str.

Einer der alten Rahmer Höfe ist der *Ventenhof*, ein typisches niederrheinisches Bauerngehöft aus Backstein, dessen Besitzern große Ländereien zwischen Rahm und Großenbaum gehören.

Schräg gegenüber auf der anderen Straßenseite liegt der Schützenplatz, der auf eine wechselvolle Geschichte zurückblicken kann: Die etwas weiter am Rahmer Bach gelegene Bushaltestelle Am Kloster erinnert an ein Erholungsheim für Krankenschwestern. Es war in einem ehemaligen Sommerhaus eingerichtet worden, nachdem der frühere Besitzer das gesamte Grundstück mit Haus dem Vin-

Waidmannsheil

cenz-Hospital vermacht hatte. Eine Zeitlang diente das »Kloster« der Firma *Mannesmann* als Gastarbeiterwohnheim, und aus der Kapelle wurde eine Moschee. Heute schießt die Schützenbruderschaft St. Sebastianus an jedem ersten Sonntag im Juli dort den Vogel ab und errichtet das Festzelt.

Die Bruderschaft kann auf eine lange Tradition zurückblicken. 1511 wurde sie zum ersten Mal urkundlich erwähnt. Notzeiten hatten ehemals zum Zusammenschluß der Bürger zu wehrhaften Bruderschaften geführt. Sie wurden zur Verteidigung der Ortschaften herangezogen und versahen wichtige Aufgaben im karitativen Dienst. In Seuchenzeiten begruben sie die Toten, pflegten die Kranken und kümmerten sich um die Armen des Dorfes. Darüber hinaus boten sie den Prozessionen Geleitschutz. Tatkräftig unterstützten die Rahmer Schützen auch den Bau der Kirche.

Die beiden Straßen, zwischen denen sich der Rahmer Bach schlängelt, bilden den alten Kern von Rahm. Bis 1928 war die Straße Am Rahmer Bach die Hauptstraße des Ortes. Heute bewegt sich der Hauptverkehr über die Angermunder Straße und hat der alten Dorfstraße ihre Geruhsamkeit zurückgegeben.

Die beiden parallel verlaufenden Straßen sind von etlichen älteren Häusern und kleinen Gärten gesäumt, die noch von einer früheren Bebauung zeugen, während ansonsten viele moderne und auch weniger schöne Einfamilienhäuser das Ortsbild prägen. Mehrfach führen Brückchen und Stege über den Bach und lassen die vormals beschauliche dörfliche Atmosphäre erahnen. Am Rahmer Bach liegen auch zwei alte Rahmer Gasthöfe — »Kornwebel« und »Chargé« — in friedlicher Eintracht direkt nebeneinander. Fragt man einen alten Rahmer, warum sich dort gleich zwei Gasthöfe angesiedelt haben, so bekommt man zur Antwort: »Das war schon immer so.« Während »Kornwebel« früher mit einem Bäckereiwagen den gesamten Süden von Angermund bis Schloß Heltorf belieferte und alle Feste von Rahmer Vereinen im dortigen Saal stattfanden, war »Chargé« immer die Kneipe der jüngeren Generation.

Rahm gehörte früher zur Pfarre Angermund und erhielt erst 1925, nach einem längeren Provisorium in einem Gaststättensaal und der alten Schule, eine eigene Kirche, die dem damaligen Pfarrer *Walter Schönheit* zu verdanken ist. Als er erfuhr, daß die alte »Scheunenkirche« in Karken bei Heinsberg auf Abriß zu erwerben war, kaufte er die Kirche mit Hilfe einer einzigen Sonntagskollekte und mit ihr die wertvolle barocke Inneneinrichtung. Mit tatkräftiger Unterstützung der Bevölkerung wurde die alte Kirche in Karken abgerissen und die Möbel wurden nach Rahm transportiert. Mit der Übernahme der Möbel hatte sich der Pfarrer dazu verpflichtet, ein zu der barocken Innenausstattung passendes Gotteshaus zu bauen. So entstand die an süddeutsche Bauten erinnernde neobarocke Rahmer Kirche mit dem weithin sichtbaren Zwiebelturm. Der Hauptaltar stammt aus dem Jahre 1781, zwei Seitenaltäre sind von 1783. In Friesenhagen im Westerwald stöberte Walter Schönheit

❽ Am Rahmer Bach/ Am Thelenbusch

❾ Am Rahmer Bach

noch eine passende Barockorgel auf. Eine Madonnenfigur aus der Zeit um 1720 ging möglicherweise aus der Schule des Düsseldorfer Künstlers *Gabriel de Grupello* hervor.

Die Mauern der Kirche, die ursprünglich — aus Sparsamkeitsgründen — aus selbstgeformten Lavaasche-Ziegeln errichtet worden waren, wiesen mit den Jahren gefährliche Risse auf. Lediglich der Kirchturm hielt stand, der dank einer großzügigen Spende des Grafen Spee aus richtigen Ziegelsteinen gemauert worden war. Ein Abriß schien unvermeidbar und war schon vom Bischof angeordnet worden. Doch die Rahmer wehrten sich; sie wollten ihre Kirche behalten. So wurde sie in einer einzigartigen Aktion »runderneuert«, was heißen soll: Stück um Stück wurden die Wände herausgebrochen und durch Ziegelsteine ersetzt, während das stabile Dach das Gebäude zusammenhielt.

Zu einem Besuch per Fahrrad durch Felder und Wiesen laden die beiden ganz im Duisburger Süden gelegenen alten Dörfer südlich der B 288, Serm und Mündelheim, ein.

Es gibt verschiedene Möglichkeiten, dorthin zu gelangen. Reizvoll ist eine Strecke, die von Rahm am Gutshof »Groß Winkelhausen« und an der dortigen — von einer Bürgerinitiative instandgesetzten — Kapelle vorbeiführt. Weiter führt der Weg mitten durch die *Holtumer Höfe* und gestattet einen Blick auf Wiesen und Stallungen — man ist mit Pferden und Kühen sozusagen per Du.

An der kleinen Dionysius-Kapelle vorbei führt der Weg nach Serm, einem langgezogenen Straßendorf, dessen Name zum ersten Mal 1072 auftaucht. Die Dorfstraße bietet kein einheitliches Bild.

Bochumer Weg

Die Rahmer Kirche mit Zwiebelturm

Zahlreiche Neubauten sind hier im Laufe der Zeit entstanden. Aber bei genauem Hinsehen entdeckt man eine Reihe alter Häuser.

Zu einem deftigen Imbiß lädt der Gasthof »Zu den drei Linden« an der Ecke Bockumer Weg ein. Zum Stichwort »Essen« ist folgendes zu bemerken: Will man sich nicht auf ein Picknick im Grünen beschränken, so sollte man die Gasthäuser am Wege tunlichst vor 14 Uhr aufsuchen, da dort später dörfliche Ruhe herrscht, was heißt: Die Küche ist zu.

Folgt man der Dorfstraße, dann Sermer Straße, so gelangt man nach Mündelheim, das bereits 947 zum ersten Mal urkundlich erwähnt wurde. Besonders interessant ist hier die St. Dionysius Kirche, eine dreischiffige spätromanische Säulenbasilika aus Tuffstein, die aus dem frühen 13. Jahrhundert stammt.

Die St. Dionysius Kirche

Sie gilt als älteste und besterhaltene der mittelalterlichen Dorfkirchen im Duisburger Stadtgebiet, auch wenn an ihren Mauern inzwischen der Zahn der Zeit oder besser der saure Regen nagt. Ihre Anfänge sind legendenumwoben. Glaubt man alten Erzählungen, so verdankt sie ihre Entstehung einer von drei frommen reichen »Juffern« (Jungfrauen), die in karolingischer Zeit gleichzeitig in Mündelheim, Düsseldorf-Wittlaer und Düsseldorf-Kalkum Kirchenbauten gestiftet haben sollen. Grabungen bestätigen tatsächlich einen karolingischen Vorgängerbau, der etwa so groß war wie das heutige Mittelschiff.

Der Glockenturm hatte ursprünglich wohl die Funktion eines Wehrturmes zum Schutze der Bevölkerung. Er wurde bis auf die beiden unteren Geschosse 1945 zerstört und in schlichterer Form nach dem Krieg wieder aufgebaut.

Die farbliche Gestaltung des Kircheninnenraums orientiert sich an Spuren der originalen Bemalung. Erhalten blieb außerdem eine Anzahl älterer Ausstattungsstücke, während die übrigen Duisburger Dorfkirchen des Mittelalters zumeist unter dem Einfluß der hier calvinistisch geprägten Reformation ihre frühere Ausstattung verloren haben.

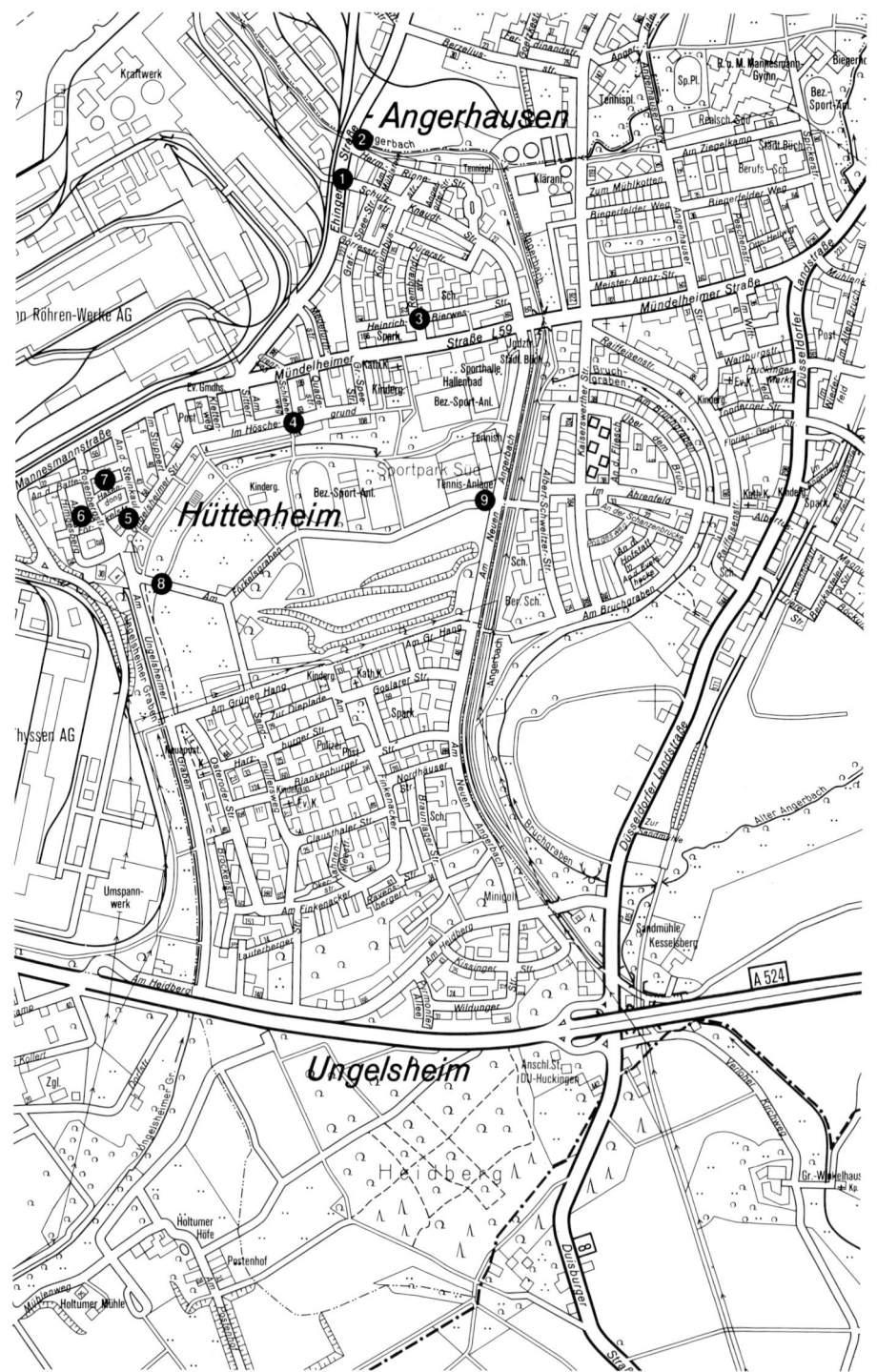

Kakabulla Negerdorf

Hüttenheim

von Harald Molder

Ausgangspunkt: *Mannesmann Tor 1, Straßenbahnlinie 904*
Endpunkt: *Neuer Angerbach, Buslinie 941*
Dauer: *3 Stunden*

Der heutige Stadtteil Hüttenheim entstand seit 1910 durch das Zusammenwachsen mehrerer Arbeitersiedlungen der Firma *Mannesmann.* Seit seiner Gründung ist der Arbeiterstadtteil auch durch das Hütttenwerk, das früher auf Huckinger Gebiet lag, gekennzeichnet. Die Entstehung der Werkssiedlungen für die später von Mannesmann übernommenen Anlagen der Firma *Schulz-Knaudt* ist typisch für das Industriegebiet an Rhein und Ruhr und typisch für eine Zeit, die noch keine Zweifel am »Segen« des technischen Fortschritts kannte.

Der heute vom Alten und Neuen Angerbach, dem Grünen Hang, dem Förkelsgraben und Heidberg sowie dem Thyssen- und Mannesmann-Werksgelände begrenzte Stadtteil fügt sich in das Gesamtbild der Ortschaften des Duisburger Südens ein, die allesamt durch einen hohen Grünanteil gekennzeichnet sind. Diese Form des Siedlungsbaus sollte sicherlich auch dazu beitragen, die Arbeiter und ihre Familien an das Werk zu binden.

Die Definition des Stadtteilnamens als Zusammenfügung von »Hütte« und »Heim« ist falsch. Die ersten Hüttenheimer Familien brachten den Namen aus ihrer alten Heimat mit, dem 1850 in Essen-Huttrop erbauten Hüttenheim. Aber wegen ihrer Abgeschiedenheit wurde die neue Siedlung anfangs Kakabulla Negerdorf genannt, oder man sprach davon, daß hier die Welt mit Brettern vernagelt sei. Die verschiedenen Siedlungteile entstanden in fünf Bauabschnitten in unterschiedlichen Bauformen: 1911−1913 Alt-Hüttenheim und Beamtenkolonie, 1918−1923 Ungelsheimer Straße/An der Steinkaul, 1928−1929 Im Höschegrund/Medefurthstraße sowie Teile der Kolumbus- und Graf-Spee-Straße, 1930−1932 Schlehenweg und Quadestrraße, 1938−1940 Apothekensiedlung/Heinrich-Bierwes Straße.

Treffend schilderte beim 75jährigen Stadtteiljubiläum 1987 der Grüne Ratsherr *Paul Bigalski* das heutige Bild Hüttenheims:

» Wenn ich durch die Straßen der Siedlung gehe, fühle ich mich in eine andere Welt versetzt. Hier bestimmt ein eigener Pulsschlag das Leben. Vielleicht empfinde ich deshalb die Atmopshäre in Hüttenheim als so wohltuend. Die Atmosphäre, die die alten Gebäude und Plätze ausstrahlen. Die Atmosphäre, die aber auch bestimmt ist von den Menschen, die in dieser Siedlung

Blick vom Mannesmann Tor 1 von der Schulz-Knaudt-Straße, 1989

wohnen, die hier leben und arbeiten. *Die in jüngster Zeit dafür gekämpft haben, daß diese Siedlung erhalten bleibt — ihre Siedlung. Die Atmosphäre schließlich, die ein Gefühl von »Heimat« aufkommen läßt. »Heimat« verstanden als Verbundenheit untereinander, Engagement füreinander und Offenheit gegeneinander — auch gegenüber den »Fremden«.*

❶
Ehinger Str.

Das Mannesmann Tor 1, Schauplatz vieler Streiks und ungezählter Schichtwechsel der Hüttenwerker, ist unser Ausgangspunkt. Es war seit 1910 das Haupttor des Werkes. 1908/1909 verlagerte das 1855 vom Kaufmann *Karl-Julius Schulz* und dem Ingenieur *Adolf Knaudt* in Essen errichtete »Puddlings und Walzwerk Schulz-Knaudt & Cie.« seine Werksanlagen in die damalige Gemeinde Huckingen auf ein »für industrielle Zwecke günstig gelegenes Terrain« am Zusammenfluß von Angerbach und Rhein. Die heute noch existierende Anschlußbahn an den Bahnhof in Hochfeld wurde 1908 eingerichtet.

Schulz-Knaudt-Str.

Diese Straße erinnert an die alten Firmengründer. Hier entstand 1910 die Wohnsiedlung der »Beamten«, d.h. der leitenden Angestellten, Werksingenieure, Meister und des Werksdirektors. Villenähnliche Bauten finden wir an der Schulz-Knaudt-, Kolumbus-, Angerorter- und Hermann-Rinne-Straße.

Am 18. Mai 1914 kam es zur Fusion der »Schulz Knaudt AG« mit den »Mannesmannröhren Werken« in Düsseldorf, die seitdem hier ansässig ist und sich ihre Rohstahlbasis im Laufe der Jahrzehnte ausgebaut hat.

222   Hüttenheim

Im heutigen Werksgelände versteckt liegt das frühere Schloß Angerort, um 1425 als Grenzfestung des Herzogtums Jülich Berg gegen das Herzogtum Cleve Mark am Zusammenfluß von Anger und Rhein erbaut und 1908 an die Firma Schulz-Knaudt verkauft.

Angerorter Str.

Angerort wird 1444 als Konferenzort bei einem Zusammentreffen des Grafen Friedrich von Moers mit dem Herzog von Jülich Berg vorgeschlagen. 1514 finden bergisch-klevische Verhandlungen dort statt. Seit 1584, im Kölner Krieg, erscheinen immer wieder Niederländer oder Spanier und deren Verbündete vor Angerort, so 1601 und 1623, also bereits im 30jährigen Krieg. 1629 nehmen die Niederländer Angerort ein und plündern es aus. 1642 verwüsten hessische Truppen das Haus. 1742 werden Wohnhaus und Wirtschaftsgebäude so neu gebaut, wie sie zu Beginn des 20. Jahrhunderts noch erhalten waren. Heute erinnert nur noch ein Straßenname an die Geschichten der Vergangenheit.

1271 wurde zum ersten Male die Wassermühle Medefurth mit einem gleichnamigen Hof genannt, die am Angerbach etwa dort stand, wo sich heute der Hochspannungsmast des RWE in Höhe der Brücke Ehingerstraße befindet. Diese Mühle war eine landesherrliche Mühle ohne Mahlzwang für die Bauern der Umgebung. Sie war 1843 eine der wenigen gewerblichen Niederlassungen im damaligen Huckingen. 1921 wurde sie durch das damalige Rheinhochwasser zerstört. Auch hier erinnert nur noch ein Straßenname an dieses Zeugnis vergangener Jahrhunderte.

Früher endete am Tor 1 von Mannesmann die Straßenbahnlinie 8, die man im Mai 1912 von der Kirche in Wanheim bis hier durchgelegt hatte. 1923 hatten hier die Arbeiter einen Galgen aufgestellt, um ihren Lohnforderungen Nachdruck zu verleihen. Durch die Inflation war es der Firma nicht mehr möglich, die Arbeitslöhne zu

Schulz-Knaudt-Str.

Zeugen ländlicher Vergangenheit in Hüttenheim: der Hof Medefurth (hinten) und die Angerorter Mühle (vorne), 1909

zahlen.. Im August 1923 bildete sich in der Siedlung Hüttenheim eine »Proletarische Hundertschaft«, um die Geldauszahlung zu erwirken. Um den größten Hunger ihrer Familien zu stillen, gingen die Hüttenheimer damals in das benachbarte Bauerndorf Serm, um Kappes zu klauen. In einem Feuergefecht starben damals die Arbeiter *Max Wutke* aus Hütttenheim und der Feldgendarm *Otto Brockhorst.*

Der Luftschutzbunker an der Ehinger Straße war nach dem Zweiten Weltkrieg zum Werkskonsum umfunktioniert worden. Das Geld für die hier gekaufte Ware wurde direkt vom Lohn einbehalten.

Auf dem Gelände Ecke Ehinger Straße/Medefurthstraße lebten im Zweiten Weltkrieg in einem von vier Arbeitslagern der Firma Mannesmann insgesamt 1.250 Menschen unter menschenunwürdigen Bedingungen.

An der Schulz-Knaudt-Straße sehen wir die Anfang der 50er Jahre errichtete Mannesmann »Hüttenschenke«, die als Veranstaltungsort neben Belegschaftsversammlungen, Kameradschaftsabenden und Varietéveranstaltungen auch Aufführungen des »Mannesmann Werksorchesters« gesehen hat. Vor dem Krieg stand hier die Baracke der »Hitlerjugend«. Im Haus Nr. 20 befand sich ab 1934 die Ortsgruppenleitung der NSDAP und ihrer Untergruppierungen.

Im alten »Mannesmann Kasino« (Haus Nr. 2) ließen sich 1945 die Amerikaner häuslich nieder, wie auch in der gesamten »Beamtenkolonie«. Auf dem Grundstück des Neubaues (Nr. 4 und 4a) stand bis zu Beginn der 60er Jahre das im Oktober 1911 fertigge-

❷
Hermann-Rinne-Str.

Mannesmann Kessel-böden, 1925

stellte Wohnhaus des Werksdirektors der Firma Schulz-Knaudt, *Hermann Rinne,* nach dem die Straße ihren Namen erhielt. Nach ihm wohnte hier Werksdirektor *Gille.* Auch hier hatte die »Proletarische Hundertschaft« 1923 einen Galgen errichtet und das Haus gestürmt sowie dessen Einrichtung zertrümmert.

Seit 1927 befindet sich hier auch die Platzanlage des »Tennisclub Süd«, der schon weit vor dem Zweiten Weltkrieg den »weißen Sport« im Stadtteil Hüttenheim etablierte.

Hier steht die 1930 erbaute Gaststätte »Ommer«. Auf der Freifläche gegenüber lag bis in die 70er Jahre das Haus des Fuhrunternehmens *Stellbrink.* Bis zur heutigen Tankstelle standen noch lange nach dem Krieg kleine Bauernkotten aus der vorindustriellen Zeit Hüttenheims.

Auf dem heutigen Schulgrundstück an der Heinrich-Bierwes Straße befand sich vor dem Krieg die Kiesgrube der Firma *Stocks.* Die Straße selbst hat ihren Namen in Erinnerung an den früheren Direktor der Mannesmannröhren Werke erhalten. Auch das Werk in Huckingen erhielt im Jahr 1932 anläßlich seines 65. Geburtstages den Namen »Heinrich Bierwes Hütte«.

Die Schule entstand Mitte der 50er Jahre als Ersatz für die 1958 abgebrochene, 1911/1912 erbaute Schule in Ehingen.

Hier beginnt die sogenannte »Apothekensiedlung«, nach der 1938 hierhin verlegten *Hüttenapotheke* benannt.

Die Wohnsiedlung entstand zwischen 1938 und 1940 für die Arbeiter, die die Rüstungsaufträge bei Mannesmann in den Vorkriegsjahren zu bewältigen hatten. Es sind schlichte, profane Wohnhäuser, die den Arbeitskräften schnell ein Zuhause bieten sollten. Die Rembrandtstraße hieß vor dem Zweiten Weltkrieg nach einem bekannten U-Bootkommandanten Weddigenstraße.

Die Kolumbusstraße hieß anfangs Tirpitzstraße und die Dürerstraße Mannesmannstraße. Da die Namen *Tirpitz* und *Weddigen* die bekannter Admiräle aus dem Ersten Weltkrieg sind, ist anzunehmen, daß die Graf-Spee-Straße ebenfalls nach dem Admiral benannt wurde und nicht nach dem früheren Besitzer der Ländereien rund um Hüttenheim.

Die Verbindungsstraße zwischen Huckingen und Mündelheim glich noch bis in die 30er Jahre eher einem breiteren Feldweg und war nur mit Schotter befestigt. Zahlreiche öffentliche Einrichtungen findet man hier südlich des »Neuen Angerbaches«: Stadtbibliothek, Jugendzentrum, Sporthalle und Schwimmbad entstanden zwischen 1958 und 1970. Letztere gehören bereits zum heutigen »Sportpark Süd«. Ebenfalls finden wir hier das Pfarrzentrum der katholischen Gemeinde St. Mariä Himmelfahrt, das 1958 als Ersatz für die im Zuge der Mannesmann Werkserweiterung abgerissene alte katholische Kirche erbaut wurde.

Bis Juni 1988 stand an der Ecke zur Graf-Spee-Straße der alte »Danes Kotten«. Eines der ältesten Gebäude Hüttenheims mußte aber einem Neubau weichen.

**❸
Rembrandtstr.**

Mündelheimer Str.

④ Schlehenweg

Eigenheime für Schichtarbeiter entstanden in den Jahren 1930 bis 1932 am Schlehenweg, der damals noch Bergstraße hieß, und an der Quadestraße, die nach dem ersten Verwalter des Schlosses Angerort, *Alf Quade,* benannt worden ist. Die Häuser hatte der Bruder des damaligen Werksdirektors, *Wilhelm Gille,* entworfen. Von der alten Tradition abweichend, Mietwohnungen für Arbeiter zu bauen, begann in dieser Siedlung der Bau von Einfamilienhäusern.

Im Oktober 1936 wird hier zwischen Cleverstraße (heute Am Sittert) und der Bergstraße das » Größte Kriegerehrenmal des Niederrheins und des deutschen Westens « in Erinnerung an die 125 im Ersten Weltkrieg gefallenen Hüttenheimer eingeweiht. Als Krönung des Bauwerkes reckte sich auf einer hohen Steinsäule ein wuchtiges Bronzeschwert in » symbolhafter Deutung wie ein Schwur gegen den Himmel «. Schöpfer des Ehrenmals war der Architekt F.J. Krings aus Königswinter. Es war auf Initiative eines Denkmalausschusses aus den Hüttenheimer Vereinen mit finanzieller und materieller Unterstützung der Firma Mannesmann gebaut worden.

Im Höschegrund

Aufruf der Proletarischen Hundertschaft, 1923

Grenzweg

Bis 1950 war die Quadestraße die nördliche Baugrenze der Siedlung Hüttenheim. Wenig später wurden die ersten Einfamilienhäuser hier gebaut. Die Wohnsiedlung entstand trotz der miserablen wirtschaftlichen Lage in den Jahren 1928/29, weil die Werksanlagen von Mannesmann um ein Hochofenwerk, ein Thomasstahlwerk und den Werkshafen erweitert wurden. 122 Arbeiter- und 37 »Beamten«wohnungen wurden von März bis September 1928 gebaut. Das Gelände hinter den Häusern Im Höschegrund fällt stark ab, da hier in früheren Jahrhunderten ein Rheinarm floß. Bis zur Verlegung des Angerbachs und der Rheineindeichung zwischen 1925 und 1927 waren jedes Jahr Kahnpartien notwendig, wollte man bei Hochwasser trockenen Fußes nach Huckingen gelangen. Jetzt soll die gesamte Siedlung privatisiert werden. Die neuen Besitzer verschönern ihre Häuser, weil der Vorgänger das versäumt hat. Daß der ursprüngliche Charakter der Siedlung dadurch jedoch verloren geht, ist wohl unvermeidbar.

Der Straßenname erinnert an die alte Gemeindegrenze zwischen Huckingen und Mündelheim bis zum Ende der 20er Jahre. Das Gelände, auf dem heute die Siedlung steht, war der alte Hüttenheimer Sportplatz. Er war nach dem ersten Platz am Heidberg, der 1920 angelegt und hochfeierlich »mit vielen Zylindern« und einem Freundschaftsspiel gegen den damaligen Gründungspaten, die Düsseldorfer *Turnrunde* (TURU), eingeweiht worden war, seit 1922 die zweite Platzanlage des 1920 gegründeten TURA (Turn- und Rasensportverein) Hüttenheim. 1930 wurde er verlegt und liegt seitdem am Ende der Lindenstraße, heute An der Batterie. 1923 hatte die Hüttenheimer KPD ihre Parteigenossen aus dem gesamten Reichsgebiet auf dem Gelände zusammengerufen, um den erschossenen Führer ihrer »Proletarischen Hundertschaft«, *Max Wutke,* zu Grabe zu tragen.

An der früheren Jülichstraße errichtete die evangelische

Gemeinde in den Jahren 1927/1928 ihr Gemeinde- und Vereinshaus. Die Firma *Hitzbleck* hat es gebaut, und es ist seither nicht nur Gottesdienstraum, sondern auch Versammlungsort für unterschiedlichste Gruppen.

Klettenweg

Bis zum Anfang der 60er Jahre trug sie noch den Namen Huckinger Straße. 1962 wurde sie in Höhe der Ungelsheimer Straße nach Süden verschwenkt. Im Haus 25 ist das Postamt, das 1929 hierhin verlegt wurde. Mit dem Neubau der Straße verschwand ein großer Teil des alten Hüttenheimer Kneipen- und Vergnügungsviertels. Die Gaststätten *Dickmann* und *Hickmann*, das Eiscafé *Aschoff*, die Hüttenheimer Lichtspiele waren weit über Hüttenheims Grenzen hinaus bekannt. Aus dem gesamten Stadtgebiet kamen die Menschen mit der Straßenbahnlinie 8, die seit 1928 vor der Gaststätte Hickmann endete, im Sommer und an den Wochenenden, um unter den schattigen Linden an der Rosenbergstaße bei einem kühlen Bier zu sitzen oder abends zu »schwofen«. Die Hüttenheimer Lichtspiele lockten mit dem neuesten UFA-Film oder auch einer Varietévorstellung.

Mannesmannstr.

Die älteste Hüttenheimer Kneipe steht am Mannesmann Tor 2, das frühere »Deutsche Eck«, um die Jahrhundertwende vom damaligen Oberförster des Grafen Spee, *Wilhelm Hegener*, erbaut und 1907 von *Fritz Lösken* übernommen. Seine Tochter Hanny führte die Gaststätte noch bis Mitte der 60er Jahre. Auf dem heute nicht sehr schönen Gelände einer Tankstelle lag früher ein beliebter Biergarten. Das »Deutsche Eck« war Vereinslokal des 1913 gegründeten »Männerquartett Hüttenheim«, des »Bürgerschützenvereins Hüttenheim« (in den 60er Jahren), und im Saal in der ersten Etage gab es an Wochenenden Tanz. 1923 hatten sich die Kommunisten hier verschanzt, und ab 1931 war hier das erste »Sturmlokal« der NSDAP, Bezirk Hüttenheim, wo zahllose Propaganda- und Schulungsabende stattfanden. Heute ist die Gaststätte gemütlicher Treffpunkt der Hüttenheimer, Zwischenstation für Umsteiger von Bus und Bahn und Feierabendkneipe der Hüttenarbeiter. Von 1925 bis 1938 befand sich im gleichen Gebäude die »Hüttenapotheke«.

An diesen beiden Straßen wurden 1918 bis 1923 für die Arbeiter aus dem Osten mit Garten und Stallgebäude doppelseitige Einzelhäuser und Reihenwohnhäuser erbaut. Auch heute findet man in diesem Siedlungsteil Kleintierhaltung, und auch hier werden die Häuser verkauft.

❺
Ungelsheimer Str./
An der Steinkaul

Die frühere Wohnstraße, 1975 abgebrochen, da sie den »modernen« Anforderungen nicht mehr entsprach, war auch nur als solche konzipiert. Sie war so schmal (3 Meter), daß selbst Rettungsfahrzeuge kaum durchkamen. Der Verkehr wurde per Verordnung auf Feuerwehr-, Kohlen-, Möbel- und Leichenwagen beschränkt.

Im Stuppert

An der Ecke Ungelsheimer Straße/An der Steinkaul finden wir die letzten Zeugnisse eines Unikums, den früheren »Bauhof« der Firma Mannesmann, der heute die Büroräume des neuen Eigentü-

Blick in die Mittelstraße in der »Alten Kolonie«, 1930

Rosenbergstr./ Am Himgesberg

An der Battterie

Rosenbergstr.

mers von Alt-Hüttenheim, der Münchner Wohnungsbau Schwaben & Co., sowie eine türkische Moschee beherbergt.

Wir befinden uns nun am Ursprung des Stadtteils Hüttenheim, in der Alten Kolonie. 1984 geriet die Alte Kolonie in das öffentliche Interesse, als hunderte türkischer Familien aufgrund einer groß angelegten »Rückkehrhilfe-Aktion« der Bundesregierung, unterstützt durch eine Extrasumme der Firma Mannesmann, Hüttenheim und die Bundesrepublik verlassen mußten. Abbruchabsichten wurden für die alte Siedlung laut und Bürgersinn regte sich. Eine Bürgerinitiative »Rettet Hüttenheim« schaffte es in dreijährigem Kampf, Hüttenheim zu retten.

Am Haus Nr. 1 an der früheren Lindenstraße sehen wir zwei Grundsteine aus dem Jahr 1911/1912. Hier finden wir auch den Namen des Architekten, der für die Planung zeichnete, *Hans Werner Eggeling* aus Essen. Beim 75jährigen Stadtteiljubiläum 1987 wurde eine Erinnerungstafel angebracht, die Künstler der Huckinger »Galerie quadr-art« entworfen und angefertigt haben.

Das Haus Nr. 2 war am 27. März 1984 Gründungslokal der »Bürgerinitiative Rettet Hüttenheim« und am 17. März 1987 des »Heimat und Bürgervereins Hüttenheim«.

An der Ecke zur Rosenbergstraße finden wir die zweite Grundsteintafel. 1908 war das Gelände, auf dem die Siedlung steht, in der Größe von 32 Morgen angekauft worden. Am 4. März 1911 wurden die Baupläne vom Regierungspräsidenten abgesegnet. Der Wert der Kolonie wurde mit 3 Millionen Mark veranschlagt.

Im Haus Nr. 3 hat am 2. August 1923 die schon erwähnte »Proletarische Hundertschaft« das Kolonialwarengeschäft von *Mathias Hetjens* wegen der herrschenden Lebensmittelknappheit geplündert. Im früheren KONSUM (Haus Nr. 6—8) richtete sich Mitte der 70er Jahre die türkische Gemeinde Hüttenheims ihre neue Moschee ein, die 1990 in das Haus An der Batterie 18 verlegt wurde.

Rosenberg-str. 12—14

Hier finden wir auch das Wahrzeichen des Stadtteils Hütten-heim, den Uhrenturm. Er sollte in den Siedlungsanfängen die Arbeiter zur Pünktlichkeit anhalten. Im Ersten Weltkrieg waren hier russische Kriegsgefangene untergebracht, und bis 1919 war hier auch der Bauhof. 1966 richtete die Künstlergruppe »TURM 66« ein Atelier ein, und ab 1984 stand der Turm als Symbol für den Widerstand und gegen den Abriß Alt-Hüttenheims.

Im Haus Nr. 28 befand sich das erste Postamt von Hüttenheim sowie die Polizeiwache. Seit der Verlegung des Postamtes 1929 in die »Neue Kolonie« befinden sich hier Wohnungen.

**❼
Hasendong 11**

1920 wurde im ehemaligen Friseursalon *Paul Fastenrath* der »TURA Hüttenheim« gegründet, nachdem Lehrer *Nikolaus Lenz* von der katholischen Volksschule in Ehingen im Spätsommer des Jahres in den Kuhwiesen am Ungelsheimer Graben, dort, wo heute das Blechwalzwerk der »Thyssen Stahl AG« steht, ein Jugendsport-fest mit ca. 300 Teilnehmern veranstaltet hatte. Der einmal geweckte sportliche Geist war nicht mehr wegzudenken. Im Okto-ber 1920 wurde der neue Verein beim »Westdeutschen Spiel Ver-band« eingetragen: »Turn- und Rasensportverein Hüttenheim, Mittelstraße 11, 126 Mitglieder, Vereinsfarben: Blauer Jersey und weiße Hose.

Es begann mit dem Volkssport Fußball, 1923 wurde eine Leicht-athletikabteilung und 1930 eine Handballabteilung gegründet. Und als 1931 der »Hütttenheimer Ring- und Stemmklub Jugendkraft«

*Kindergarten Hüttenheim
»Am Hingesberg«, 1938*

Demonstration der BI
»Rettet Hüttenheim«
1985 vor der Mercator-
halle Duisburg

dem Verein beitrat, wurde der Vereinsname in »Verein für Leibesübungen (VfL) Hüttenheim« geändert. In den 30er Jahren wurde der Verein »aus wirtschaftlichen Gründen« in die »Betriebssportgemeinschaft (BSG) Mannesmann« überführt. Neben der Fußballabteilung machten sich auch die Leichtathletik, die neugegründete Boxabteilung und die Schwerathletik einen Namen.

Im Herbst 1942 wurde der BSG auf Betreiben der HJ die Führung von Jugendabteilungen entzogen. Da man Sport aber ohne Heranbildung von Nachwuchs als wertlos ansah, traten die Wettkampfgruppen aus der BSG aus und fanden sich wieder unter dem alten Namen »VfL Hüttenheim«.

1946 wurde das sportliche Angebot um Tennis erweitert. 1953 ging die Leichtathletikabteilung als erste Klubmannschaft des Deutschen Leichtathletikverbandes nach dem Krieg im Ausland, in Tegelen/NL, an den Start. Die Ringerstaffel unter Mathias Staub *wurde 1954/1955 in der Oberliga, hinter dem mehrfachen deutschen Mannschaftsmeister »HEROS Dortmund«, westdeutscher Vizemeister. 1958/1959 wurde die 1. Mannschaft auf der neu errichteten Platzanlage des Vereins Am Förkelsgraben Meister der Bezirksklasse Gruppe 2.*

Zahlreiche Sportler des VfL Hüttenheim errangen außerhalb Duisburgs Rang und Würden und machten sich weltweit einen Namen. Hans Biallas wurde Ende der 30er Jahre Nationalspieler der deutschen Elf. Beim Länderspiel gegen Jugoslawien im Berliner Olympiastadion am 26. Februar 1939 schoß er den Siegtreffer zum 3:2 vor 80.000 Zuschauern. Waltraud Dengel-Grünberg wurde 1950 deutsche Jugendmeisterin im Kugelstoßen und erreichte mit 12,03 Metern eine neue deutsche Jugendhöchstleistung.

Rolf Milser, der 1983 von der sowjetischen Presse »Sputnik« zum »elegantesten Gewichtheber der Welt« gewählt wurde, wurde mehrfacher Welt-,

Europa- und Deuttscher Meister im Gewichtheben in der 100 kg-Klasse. Weltrekorde im Stoßen sowie olympische und deutsche Rekorde sind ebenfalls auf seinem Erfolgskonto.

Der gleiche Hauseingang wie Hasendong 11: Solche Situationen, wo ein Hauseingang zu zwei verschiedenen Straßen und Hausnummern führt, finden wir auch noch an einigen anderen Eckbereichen der Siedlung, die ein architektonisch hervorragend gestaltetes Beispiel für die Reformarchitektur der Stadtbaukunstbewegung zu Beginn des 20. Jahrhunderts ist. Formale Vielfalt und sorgfältig entwickelte Straßen- und Platzräume lassen Monotonie nicht aufkommen. Krönung und städtebaulicher Höhepunkt ist das vom Architekten *Hans Werner Eggeling* entworfene, alle Häuser überragende und an Rathäuser erinnernde Turmhaus. Solche Bauten machten Hüttenheim zu einem bedeutenden Denkmal, und als solches wurde es am 3. November 1986 in die Denkmalliste der Stadt Duisburg eingetragen.

Rosenbergstraße 7

Die Straße hieß früher Gartenstraße, da sich hinter den Häusern die Kleingärten der Siedlung befanden. Im Haus Nr. 2 wurde 1916 der erste Hüttenheimer Kindergarten als »Kriegskinderhort« eingerichtet, da zahlreiche Mütter aus Hüttenheim im Mannesmann-Werk beschäftigt waren.

Am Himgesberg

Während des Kampfes um den Erhalt der Siedlung Alt-Hüttenheim nannte ein Architekt das Haus Nr. 16 den »Hüttenheimer Römer«. Es ist ein Beispiel für die Formenvielfalt und die Liebe zum Detail bei der Planung Eggelings.

Am Giebel des Hauses Nr. 24 wurde 1925 ein Übungsturm der freiwilligen Feuerwehr Hüttenheim erbaut. Diese Straße war früher die bevorzugte Wohnlage im Bereich der Alten Kolonie, da man von hier aus über Feld und Wiesen noch freien Blick bis Serm, Mündelheim und Ehingen hatte.

Diese Straße führt uns in den schönen, ausgedehnten Grüngürtel, der sich im Süden des Stadtteils erstreckt. Auf unserem Weg kommen wir durch die Kleingartenanlagen »Gute Ernte« in den Sportpark Süd mit Tennishalle, dem »TC Grunewald«, dem 1957/ 1958 errichteten Gelände des »VfL Hüttenheim« (heute VfL Süd), Sporthalle und Schwimmbad. Kurz vor dem Eingang der früheren Mannesmann-Schlackenhalde, die heute ein kleines Feuchtbiotop ist, finden wir das gemütliche Vereinsheim der Kleingärtner, die Gartenwirtschaft »Zur Grünen Hölle«. Von hier aus nach rechts abzweigend, aber auch auf dem Weg zum Sportplatz, finden wir noch einige der zahllosen »Behelfsheime«, die sich Ausgebombte und Flüchtlinge während und nach dem Zweiten Weltkrieg hier aufgestellt und bis heute zu einem wohnlichen Heim ausgebaut haben.

Am Förkelsgraben

Entlang des 1927 verlegten Neuen Angerbachs legte man 1953 beim Bau der Siedlung Ungelsheim diese Verbindungsstraße zum Stadtteil Hüttenheim an.

An Neuen Angerbach

Ausflugsziele

Sportpark Wedau

Neben der Regattabahn mit 2100 m Länge, findet man hier das Duisburger Stadion mit 10.000 Sitzplätzen. Schwimmstadion, Eissporthalle, Wasserski-Anlage und die Bezirkssportanlagen vervollkommnen den Sportpark. In diesem Leistungszentrum treffen sich Sportler aus aller Welt, da die vorhandenen Trainingsmöglichkeiten, besonders im Bereich des Kanu- und Sportbootsportes, hervorragende Bedingungen haben.

Sechs-Seen-Platte

Mit einer Gesamtfläche von 2.830.000 Quadratmetern ist hier das Naherholungsgebiet für Duisburg entstanden. Wanderwege mit einer Gesamtlänge von 14 Kilometern, Spielplätze und Reitmöglichkeiten ziehen auch aus den Nachbarstädten an den Wochenenden ganze Heerscharen nach Wedau. Wambachsee, Masurensee, Böllertsee, Wolsee und Wildförster See bieten Möglichkeiten zum Segeln, Rudern und Angeln. Das am Wolfsee liegende Freibad bietet besonders Familien mit Kindern hervorragende Bademöglichkeiten.

Revierpark Mattlerbusch

Der historische Mattlerhof bietet mit bäuerlicher Tierhaltung, Ponyreiten und Kutschfahrten Kindern die Möglichkeit, Kontakt mit Haus- und Nutztieren zu bekommen. Auf einer Gesamtfläche von 380.000 m² bieten Wanderwege, Spielplätze, Freibad und das Niederrhein-Thermalbad gute Erholungsmöglichkeiten. Es gibt Restaurant, Kneipe und Café. Besonders empfehlenswert sind die regelmäßigen Jazz-Frühschoppen.

Häfen

Der größte Binnenhafen besteht bei einer Wasserfläche von 213 ha aus 19 Hafenbecken. Mit einer Uferlänge von 43 km, 25 km Hafenstraßen und 148 km Gleisanlagen ist der Hafen ein gewaltiger Umschlagplatz für die Binnenschiffahrt.

Hafenrundfahrten

In der Saison, von April bis Oktober, planmäßige Rundfahrten von den Steigern »Schwanentor« (Innenstadt), »Schifferbörse« (Ruhrort), »Rheingarten« (Homberg). Eine Rundfahrt dauert ca. 2 Stunden. Zudem Tages-, Kaffee- und Tanzfahrten, Sonderveranstaltungen wie Jazz-Frühschoppen, Feuerwerk und Nikolausfahrten. Für private Sonderfahrten, Tagungen, Pressekonferenzen stehen die Schiffe zur Verfügung. Kartenvorverkauf für alle Fahrten: DVG-Information.

Zoo Duisburg

Der Duisburger Zoo ist eines der reichhaltigsten Tiergehege Deutschlands, mit der größten Menschenaffenanlage Europas. Mit dem ersten Delphinarium und der Wal-Anlage besitzt der Zoo zwei besondere Magnete. Ein Streichelzoo für die kleinen Besucher bietet hautnahe Kontakte mit der Tierwelt. Der mit Hilfe der chinesischen Partnerstadt Wuhan errichtete Chinesische Garten ist ein Kleinod. Für viele Besucher ist er ein Ruhepol, der durch seine Gestaltung eine ganz eigene, fast exotische Welt in der heutigen Hektik darstellt.

Zu Fuß um Duisburg herum

Der Sauerländische Gebirgsverein Duisburg e.V. richtete einen Rundwanderweg ein. Es besteht die Möglichkeit, von der Fähre Walsum ausgehend über Mattlerbusch (= 12,5 km), Wiener Straße in Neumühl (= 6,5 km), Aakerfährbrücke (= 6 km), Entenfang (= 10,5 km), Rahm (= 6,5 km), Uerdinger Brücke (= 11,5 km), Friemersheimer Kirche (= 7 km), Toeppersee (= 5,5 km), Rheindeich Georgstraße (= 9 km) zu dem Walsumer Ausgangspunkt zu wandern. Insgesamt kann man 85 km zu Fuß zurücklegen. Einen Streckenplan bekommt man in der DVG-Information und der bei dem Werbe- und Touristikamt.

Ausflugsziele außerhalb Duisburgs

Von Duisburg mit öffentlichen Verkehrsmitteln gut erreichbar sind:
Freizeitzentrum Kemnade in Bochum
Traumlandpark in Bottrop-Kirchhellen
Revierpark Vonderort in Bottrop/Oberhausen
Westfalenpark in Dortmund
Aquazoo in Düsseldorf
Grugapark in Essen
Revierpark Nienhausen in Gelsenkirchen
Stausee in Haltern
Revierpark Gysenberg in Herne
Zoo in Krefeld
Zoo in Wuppertal
Archäologischer Park in Xanten

Praktische Tips

Wir beschränken uns hier auf wenige zentrale Angaben. Wer detaillierte Informationen benötigt, sollte zu den lokalen Tageszeitungen greifen. Hier gibt es mittwochs und samstags aktuelle Veranstaltungsübersichten. Das Informationsamt hält monatliche Veranstaltungskalender, *Duisburg heute,* bereit.

Auskünfte

Werbe- und Touristik GmbH, Stadtinformation, Königstraße 53, 41 Duisburg 1, Tel. 283—2189/ 2904

Verkehrsmittel

Öffentliche Verkehrsmittel sind S-Bahn, Straßenbahnen, Busse, demnächst U-Bahn. Sie sind zusammengefaßt im Verkehrsverbund Rhein-Ruhr (VRR). Kundenberatung und Information gibt es bei der Duisburger Verkehrsgesellschaft (DVG) Harry-Epstein-Platz. Es gibt Einzel-, Mehrfahrten-, Gruppenfahrausweise, daneben Fahrscheine für bestimmte Gültigkeitsdauer. Letztere sind für Touristen am günstigsten.

Ein Streckennetzplan ist an den Fahrkartenverkaufsstellen erhältlich.

Stadtrundfahrten

DGB, Stapeltor 17—19, 41 Duisburg 1, Tel. 20347
Volkshochschule, König-Heinrich-Platz 1, 41 Duisburg 1, Tel. 283—2616

Frauen

Lila-Frauentreff, Dellstraße, 41 Duisburg 1, Tel. 22563; *Lila-Frauentreff Marxloh,* Kaiser-Wilhelm-Str. 264a, 41 Duisburg 11, Tel. 409803
Notruf und Beratung für vergewaltigte Frauen e.V., Grabenstraße 20, 41 Duisburg 1, Tel. 358256
Gleichstellungsstelle der Stadt Duisburg, Rathaus, Burgplatz, 41 Duisburg 1, Tel. 283—2047/ 283—3316/283—2871
Frau und Beruf, Rathaus, Burgplatz, 41 Duisburg 1, Projektleitung/Berufliche Neuorientierung, Tel. 283—2823, Berufliche Frauenförderung/Neue Technologien Tel. 283—3137, Berufswahlorientierung/Lebensplanung, Tel. 283—3137, Vorzimmer Tel. 283—3985

Wichtige Rufnummern/Notdienste

Notruf und Beratung für vergewaltigte Frauen, Tel. 358256

Frauenhäuser, Kontakt Tel. 409803, 664821 oder 370073
AWO-Beratungsstelle für Inhaftierte/Entlassene und Familien, Tel. 3005—255
Institut für Jugendhilfe, Tel. 335379 oder 334845
Kindernothilfe e.V., Tel. 7789-0
Kinderschutzbund, Tel. 17/65387
Schuldnerberatung Diakonie Innenstadt, Tel. 2951169/2951170
Diakonie-West, Tel. 02136/3077
Die Hütte, Tel. 17/7151
Zukunftswerkstatt e.V., Tel. 400040
Arbeitsloseninitiative, Tel. 779733
Arbeitslosenzentrum Atropshof, Tel. 17/65387
Treffpunkt für Arbeitslose, Tel. 30051
Alkoholikerberatung: Sozialpsychiatrischer Dienst des Gesundheitsamtes, Tel. 283—2288
Psychosoziale Beratungs- und Behandlungsstelle für Suchtkranke Nikolausburg, Tel. 870986
Verbraucherzentrale, Tel. 22144

Feuerwehr Krankentransporte

Duisburg, Tel. 6001—234, Baerl, Tel. 80688, Rumeln-Kaldenhausen, Tel. 407470
Arztrufzentrale, Tel. 19292
Aids-Hilfe e.V., Friedenstraße 100, 41 Duisburg 1, Tel. 666633
Beratungstelefon, Tel. 19411
Polizei Notruf, Tel. 110
Feuerwehr Notruf, Tel. 112

Behinderte

Verein zur Förderung und Betreuung spastisch Gelähmter u.a. Körperbehinderter e.V., Windhuker Straße 61 (Tel. 703738), Böhmer Straße 12 (Tel. 790600), 41 Duisburg 28

Kino

Kommunales Kino, Filmforum, Dellplatz 14, 41 Duisburg 1
Hollywood Kino, Königstraße 63, 41 Duisburg 1
Bambi, Kaiser-Friedrich-Straße 13, 41 Duisburg 11
Europa-Palast, Düsseldorfer Straße 5, 41 Duisburg 1
Gloria-Theater, Königstraße 40, 41 Duisburg 1
Residenz-Theater, Tonhallenstraße 5, 41 Duisburg 1

Theater

Theater der Stadt Duisburg, König-Heinrich-Platz, 41 Duisburg 1

Musik

Niederrheinische Musikschule, Duissern Str. 16, 41 Duisburg 1

Duisburger Sinfoniker, Neckarstraße 1, 41 Duisburg 1

Kartenvorverkauf

Theater und Konzertamt, Theater der Stadt Duisburg, Duisburger Sinfoniker

Theater- und Konzertkassen, Neckarstraße 1, 41 Duisburg

Veranstaltungshallen

Mercator-Halle, König-Heinrich-Platz, 41 Duisburg 1

Rhein-Ruhr-Halle, Walter-Rathenau-Straße 1a, 41 Duisburg 11

Rheinhausen Halle, Beethovenstraße 20, 41 Duisburg 14

Begegnungsstätten für ältere Bürger

Auf dem Berg 9, 41 Duisburg 14, Tel. 17/303−502

Clarenbach Str. 16, 41 Duisburg 14, Tel. 17/303−232

Emil-Bosbach-Str. 1, 41 Duisburg 14, Tel. 17/57819

Essenberger Str. 236, 41 Duisburg 1, Tel. 310913

Hans-Böckler-Straße 8, 41 Duisburg 14, Tel. 17/303−268

Martini-Straße 9, 41 Duisburg 14, Tel. 17/40687

Mevissen-Straße 12, 41 Duisburg 14, Tel. 17/303-377

Oskar-Str. 82A, 41 Duisburg 14, Tel. 17/303−282

Kultur- und Freizeitzentren

Augusta-Straße 48, 41 Duisburg 17, Tel. 1299

Dellplatz 19, 41 Duisburg 1, Tel 23394

Dreigiebelhaus, Nonnengasse 8, 41 Duisburg 1, Tel. 22389

Internationales Zentrum, Niederstraße 5, 41 Duisburg 1

Künstlerhaus, Goldstraße 15, 41 Duisburg 1, Tel. 29294

Künstler- und Atelierhaus, Schulstraße 64, 41 Duisburg 74

Ratskeller Hamborn, Duisburger Straße 213, 41 Duisburg 11

Museen

Museum der Deutschen Binnenschiffahrt, Museumsschiff Oskar Huber, Damm Str. 11, 41 Duisburg 13

Museum Haus Königsberg, Mülheimer Str. 39, 41 Duisburg 1

Niederrheinisches Museum, Corputius-Platz, 41 Duisburg 1

Städtische Sammlungen Rheinhausen, Händelstraße 6, 41 Duisburg 13

Wilhelm-Lehmbruck-Museum der Stadt Duisburg, Düsseldorfer tr. 51, 41 Duisburg 1

Naturwissenschaftliches Museum, Am See 22, 41 Duisburg

Haus der Naturfreunde, Düsseldorfer Str. 565, 41 Duisburg

Haniel Museum, Franz-Haniel-Platz 3, 41 Duisburg 13

Bibliotheken/Archive

Stadtbibliothek, Düsseldorfer Str., 41 Duisburg 1

Stadtarchiv, Karmelplatz, 41 Duisburg 1

Universitätsbibliothek, Lotharstraße, 41 Duisburg 1

Jugendherberge

Kalkweg 148E, 41 Duisburg 26

Zoo Duisburg

Mülheimer Straße 273, 41 Duisburg 1

Literatur

Stadtführer

Duisburg, Behindertenplan der Stadt Duisburg, Duisburg ca. 1984

Führer durch Hamborn am Rhein, Hamborn 1914

Wagner-Roemmich, Klaus: Führer durch die Stadt Hamborn, Hamborn 1927

Schneid, Theo: Widerstand und Verfolgung in Duisburg, eine politische Stadtrundfahrt, Duisburg 1983

Verkehrsverein für die Stadt Duisburg (Hrsg.): Duisburg am Rhein, Duisburg 1911

Duisburg und seine Umgebung in Wort und Bild, Duisburg 1902

Fest, Walter: Duisburger Wanderwege, o.J. und Ort

Tremöhlen (Hrsg.): Der Niederrhein, Duisburg 1914

Stadtgeschichte, Kulturgeschichte, Arbeiterbewegung, NS-Zeit

Bätz, Helmut; Steeger, Heinrich (Hrsg.): Heimatatlas Duisburg, Bielefeld 1968

Domke, Helmut: Duisburg, München 1960

Ring, Walter: Heimatchronik der Stadt Duisburg, Köln 1954

von Roden, Günter: Geschichte der Stadt Duisburg, Duisburg 1970

Naunin, Helmut: Die Besetzung der Stadt Duisburg durch belgische und französische Truppen nach dem Weltkriege, Berlin 1930

Averdunk, Heinrich: Geschichte der Stadt Duisburg, Essen 1927

Billau, Heinz (Hrsg.): Wie et früher so wor, Duisburg 1983

Dieler, Petra: Die Duisburger Juden, Duisburg 1983

Heid, Ludger: Duisburg. Eine kleine Stadtgeschichte für türkische Schüler, Duisburg 1984

Kraume, Hans-Georg: Duisburg im Krieg 1939–1945, Düsseldorf 1982

Hannoschöck, Erich; Klother, Annelie: KZ-Außenlager Duisburg-Meiderich (Ratingsee), Duisburg o.J.

Bludau, Kuno: Widerstand und Verfolgung; in: Duisburg 1933–1945, Duisburg 1973

Goebel, Ulrich; Petrs, Martin: Widerstand und Opposition in Duisburg, Duisburg 1983

Progressiver Eltern- und Erzieherverband Duisburg (Hrsg.): Duisburger im Dritten Reich, Augenzeugen berichten, Duisburg 1983

Lowe, Eleonore: Chronik der Stadt Duisburg

Adolphs, Lotte: Kinderarbeit im 19. Jahrhundert, Duisburg 1979

Vinschen, Klaus-Dieter: Erster Weltkrieg und Weimarer Republik (1914–1933); in: Kleine Geschichte der Stadt Duisburg, Duisburg 1983

Meyer, F.A.; Pietsch, Hartmut: Industrialisierung und soziale Frage in Duisburg, Duisburg 1982

Wachenheim, Hedwig: Die deutsche Arbeiterbewegung 1844–1914, Köln und Opladen 1967

Mihm, A.: Die Chronik des Johann Wassenberch, Duisburg 1983

Duisburger Forschungen, Schriftenreihe für Geschichte und Heimatkunde Duisburgs. Hrsg. vom Stadtarchiv Duisburg in Verbindung mit der Mercator-Gesellschaft (seit 1957 insgesamt 37 Bände und Beihefte).

Tietz, Manfred: Tatort Duisburg. Dokumentation der VVN, Duisburg 1988

Lucas, Erhard: Zwei Formen von Radikalismus in der deutschen Arbeiterbewegung, Frankfurt/Main 1976

Geschichte einzelner Stadtteile und Institutionen

Meyer-Markau, Wilhelm: Heimatluft. Duisburger Geschichten, Duisburg 1907

Rheindorf, Peter: Alt-Duisburg in Wort und Bild, Duisburg 1911

Korn, Elisabeth: Die Einhornapotheke, Duisburgs älteste Apotheke; in: Annalen des Historischen Vereins für den Niederrhein.

Cremer, Liselore: Hamborn. Eine Bibliographie, Duisburg 1979

Bloemers, Kurt: Hof Hotel Duisburg, Berlin, Leipzig, Wien 1928

Ring, Walter; Wildschrey, Eduard (Hrsg.): Rund um Alt Duisburg, Duisburg 1929

Averdunk, Heinrich: Die Duisburger Börtschiffahrt, Duisburg 1905

Graeber, Hermann Johann: 1000jährige Geschichte von Meiderich von 874–1874, Moers 1877

Rommel, Franz: Duisburg-Beek, Neustadt 1958

Blum, Robert: Hamborn am Rhein, Emsdetten 1933

Molder, Harald: Duisburg Hüttenheim in alten Ansichten, Zaltbommel/Niederlande o.J.

Ring, Walter: Geschichte der Duisburger Familie Böninger, Duisburg 1930

Duisburger Verkehrsgesellschaft (Hrsg.): 100 Jahre Duisburger Verkehrsgesellschaft 1881–1981. Festschrift zum 100. Geburtstag des öffentlichen Nahverkehrs in Duisburg, Duisburg 1981

Duisburger Kupferhütte, Festschrift zum hundertjährigen Bestehen (1876–1976)

Meyer, F.A.: Rheinhausen am Niederrhein im geschichtlichen Werden, Rheinhausen 1956

Lenders, Ingrid: Frauen in Rheinhausen, Duisburg

Jahrbücher Rheinhausen

Achilles, Fritz-Wilhelm: Rhein-Ruhr-Hafen Duisburg, Duisburg 1985

Bakker, Albert: Die Niederländischen Kirchen in Duisburg und Ruhrort; in: Duisburger Forschungen Bd. 17

Bumm, H.: 250 Jahre Entwicklungsgeschichte der Duisburger und Ruhrorter Häfen, o.J. und Ort

Bergstermann, Manfred; Danckwerts, Dankwarts: Von der Kohlenschaufel zum modernen Kran. Zur Geschichte der Hafenarbeit in Duisburg, Duisburg 1983

Haarbeck, Cornelius: Geschichte der Stadt Ruhrort nebst historischen Urkunden von einem alten Ruhrorter, Ruhrort 1882

Müller, Jochen: Häfen in Duisburg; in: Jahrbuch der Hafenbautechnischen Gesellschaft Bd. 37, Berlin 1979/80

Giese/Wessler (Hrsg.): Die Diakonen-Anstalt Duisburg mit ihren Töchteranstalten und Zweigarbeiten; Düsseldorf 1928

Wilhelm-Lehmbruck-Museum Duisburg; in Zusammenarbeit mit Westermanns, Braunschweig 1987

Schilling, Konrad: Zehn Jahre Duisburger Akzente – Eine kulturpolitische Konzeption wird umgesetzt; in: Duisburger Journal 5.86, S. 4–9

Braun, Ingrid: Kommunale Filmarbeit als zukunftsorientierte Kulturpolitik im Dschungel der Medien; in: Kommunalpolitische Blätter, Heft 12/86, S. 998–999

Esser, Aletta; de Jong, Klaus: Rheinhausen in alten Bildern, Duisburg, o.J.

Corsten, Renate; Rautenberg, Christa: Geschichte und Geschichten aus der Rheinpreußensiedlung, Duisburg o.J.

von Roden, Günter: Geschichte der Stadt Duisburg. Die Ortsteile von den Anfängen. Die Gesamtstadt von 1905. Duisburg 1974

Thüer, Heinz: Von der Einheitsgewerkschaft Deutsche Arbeitnehmer Groß-Duisburg zum Deutschen Gewerkschaftsbund Ortsausschuß Duisburg, Duisburg 1985

Heid, Ludger; Vinschen, Klaus-Dieter; Krings, Josef (Hrsg.): Ein Leben für Demokratie und sozialen Frieden. Zum 80. Geburtstag von August Seeling, Duisburg 1986

Fischer-Eckert, Li: Die wirtschaftliche und soziale Lage der Frauen in dem modernen Industrievorort Hamborn im Rheinland, Hagen 1913

Zoo Duisburg (Hrsg.): 50 Jahre Zoo Duisburg, Duisburg 1984

Seven, Trude: Erlebtes, Erstrebtes. Duisburger Frauen für Frieden und Abrüstung, Duisburg o.J.

Chronik-Gruppe im Nachbarschaftstreff »Die Ecke« (Hrsg.): Frauenbilder aus Untermeiderich, Duisburg-Untermeiderich 1985

Hamborn

Arnst, Paul: August Thyssen und sein Werk, Leipzig 1925

Baum, Marie: Die wirtschaftliche und soziale Lage der Frauen in der modernen Industriestadt Hamborn; in: Concordia. Zeitschrift der Centralstelle für Arbeiterwohlfahrtseinrichtungen, 21. Jg. Berlin 1914

Bentrop, Wilhelm: Die industrielle Entwicklung der Stadt Hamborn am Rhein bis Ende des Jahres 1922, Würzburg 1923

Blum, Robert: Hamborn a.Rh. Diss. Köln 1932

Cornelissen, Theodor: Hamborn, Land und Leute, Duisburg 1939

Fischer-Eckert, Li: Die wirtschaftliche und soziale Lage der Frauen in dem modernen Industrieort Hamborn im Rheinland, Hagen in Westf. 1913

Franz, Fritz: Ich war ein Bergmannskind. Eine Zeitgeschichte aus dem Kohlenpott, Duisburg-Neumühl 1981

Freundlieb, Karl: Allgemeine und wirtschaftliche Entwicklung der Stadt Hamborn a. Rhein. Diss. Würzburg, 1930

Führer durch Hamborn am Rhein, Hamborn 1914

Gottlob-Schnadde, S.; Wieczorek, H.: Hamborn, Duisburg 1979

Hamborn, Bilder und Skizzen über Heimat, Wirtschaft, Stadtplanung, Kultur und Baukunst, Düsseldorf 1928

Havenburn, Hamborn, Duisburg-Hamborn. Bd. 1 Geschichte und Geschichten. Hrsg. vom Hamborner Bürgerverein. Duisburg 1979

Kautz, Heinrich: Um die Seele des Industriekindes, Donauwörth o.J.

Lucas, Erhard: Zwei Formen von Radikalismus in der deutschen Arbeiterbewegung, Frankfurt/M. 1976

ders.: Ursachen und Verlauf der Bergarbeiterbewegung in Hamborn und im westlichen Ruhrgebiet 1918/19 in: Duisburger Forschungen, Bd. ?

Napierala, Frank u.a.: »Und vor allen Dingen dat is' wahr«, Duisburg 1979

Peters Martin u.a.: Hamborner Arbeiter im Widerstand. Beitrag zum Schülerwettbewerb Dt. Geschichte, Duisburg 1980

Tampke, Jürgen: Revolution from Below, Hamborn and the Western Ruhr, 1975

Tenfelde, Klaus: Sozialgeschichte der Bergarbeiterschaft an der Ruhr im 19. Jahrhundert, Bonn-Bad Godesberg 1977

Treude, Karl-Heinz: Syndikalismus und Revolution in Hamborn. Ein Beitrag zur Sozialgeschichte des Syndikalismus, Duisburg 1980

Wagner-Roemmich, Klaus: Führer durch die Stadt Hamborn, Hamborn 1927

Weiser, Leo: Hamborn. Ein Heimatbuch, Duisburg 1925

Wollschlaeger, Cornelia: Entwicklung Hamborns im 19. und 20. Jahrhundert, Duisburg 1975

Wanheimerort

Grothe, Hermann: Die Dickelsbachsiedlung zu Duisburg. Ernst und Scherz in Hausspielen und kritischen Versen, Duisburg 1927

Kran, Ingrid: 50 Jahre Dickelsbach-Siedlung, Duisburger Journal 1977, H. 3

Niepoth, Heinrich: Wanheimerorter Chronik, Wanheimerort 1936

ders.: 60 Jahre Bürgerverein Wanheimerort 1874—1934, Duisburg 1935

Schumacher, Ulrike: Sielungsgeographische Strukturanalyse des Stadtteils Duisburg-Wanheimerort, Aachen 1980

Tunrverein Wanheimerort 1880 e.v.: 100 Jahre Turnverein Wanheimerort 1880 e.V. Festbuch, Mülheim 1980

Duissern

Duisserner Heimatfest 1962. Duisburg 1962

Fünftes Duisserner Heimatfest 1963. Duisburg 1963

Heintges, Karl: Das Bauerndorf Duissern. Duisburger Heimatkalender 1965

Krause, Günter: Germanische Gräber der Römischen Kaiserzeit aus Duisburg-Duissern, in: Niederrheinisches Museum der Stadt Duisburg 1979 Prinz-Albrecht-Straße, Duissern. Eine Dokumentation der Vereinigung der Verfolgten des Naziregimes/Bund der Antifaschisten, Kreis Duisburg, Duisburg 1988

Roden, Günter v.: Zur Geschichte von Duissern, in: Duisburger Heimatkalender 1962

Scheller, Hans: Duissern. Seine frühere Lage an der Ruhr in: Duisburger Forschungen Bd. 14, 1970, S. 153−59

Wolf, Wilhelm: Aus Duisserns alter Zeit in: Heimat Duisburg, Jb. 1968, Jg. 10

Kaiserberg, Duissern

Ehrenfriedhof. Die Enkel sagen:nein. Eine Dokumentation der DFG/VK, Duisburg 1984

Festschrift zur Feier des 25 jährigen Bestehens der Kaiserbergfeste, Duisburg 1907

Verein Kaiserbergfest Duisburg 1883. 87. Kaiserberg-Fest Duisburg Duisburg-Ruhrort 1973

Osenberg, Curt und Hans: Erlebnisse des »Stoßtrupp Kaiserberg« der Einwohnerwehr Duisburg, Duisburg 1919.

Vaterländische Festspiele, Duisburg 1913

Ruhrort

Achilles, Fritz Wilhelm: Rhein-Ruhr-Hafen Duisburg, Mercator-Verlag Duisburg 1985.

Bakker, Albert: Die Niederländischen Kirchen in Duisburg und Ruhrort, in: Duisburger Forschungen, Bd. 17, Duisburg: Walter Braun 1973. Hrsg. vom Stadtarchiv Duisburg in Verbindung mit der Mercator-Gesellschaft.

Bumm, H.: 250 Jahre Entwicklungsgeschichte der Duisburger und Ruhrorter Häfen. O.J. und Ort. erhalten von der Hafag Duisburg.

Von der Kohlenschaufel zum modernen Kran. Zur Geschichte der Hafenarbeit in Duisburg. Hrsg. von Manfred Bergstermann und Dankwart Dank-werts. Verlag Sozialwissenschaftliche Kooperative e.V., Duisburg 1983.

»Duisburg«. Häfen und Industrie an der Rheinreede. Hrsg. von der Hafag. Nr. 1/89.

Eickenberg, Klaus: Der Bau der Pfarrkirche St. Maximilian in Ruhrort; in: Duisburger Foschungen Bd. 17 a.a.O.

Haarbeck, Cornelius: Geschichte der Stadt Ruhrort nebst historischen Urkunden von einem alten Ruhrorter. Im Selbstverlag Ruhrort 1882.

Heid, Ludger: Von der Zunft zur Arbeiterpartei. Die Sozialdemokratie in Duisburg 1848−1878; in: Duisburger Forschungen, Bd. 32, Duisburg: Braun 1983.

Konzept zur erhaltenden Stadterneuerung Duisburg-Ruhrort. Erarbeitet im Stadtplanungsamt von der Arbeitsgruppe Ruhrort (Ardelt, Funke, Irmer, Kopope, Spindler, Stein), November 1982.

Lehmann, H.: Ruhrort im 18. Jhd.; in: Duisburger Forschungen a.a.O. Beiheft 8.

Müller, Jochen: Hafenentwicklung, Verkehr und Technik im Binnenhafen Duisburg. Vortrag im Wasserwirtschaftlichen Kolloquium an der Uni Hannover im Wintersemester 1986/87.

Müller, Jochen: Häfen und Schiffe; in: Jahrbuch der Hafenbautechnischen Gesellschaft, 37. Band, 1979/80 Springer Berlin/Heidelberg/New York 1980.

Richartz, Erika: Duisburg-Ruhrort in seiner wirtschaftsgeographischen und sozialgeographischen Struktur; in: Duisburger Forschungen, 4. Bd., Verlag für Wirtschaft und Kultur, Duisburg 1961.

von Roden, Günter: Geschichte der Stadt Duisburg. Die Ortsteile von den Anfängen. Die Gesamtstadt von 1905, Duisburg: Walter Braun 1974.

ders.: Geschichte der Duisburger Juden. Duisburg

Tietz, Manfred: Tatort Duisburg. Dokumentation der VVN Duisburg: Mai 1988.

Werner, Ernst: Die Ruhrort-Homberger Trajektanstalt; in: Duisburger Forschungen, Bd. 14, Duisburg: Walter Braun 1970.

Zeitungsausschnittsammlung des Duisburger Stadtarchivs.

Straßenverzeichnis